教育部人文社会科学研究规划基金项目：汉字字形与理据的历时互动研究(18YJA740044)
中央高校基本科研业务费项目：汉字理据信息的历史传承研究(2014094)

文澜学术文库

Diachronic Interaction between
Chinese Character Form
and Motivation

汉字字形
与理据的历时互动研究

谭飞 著

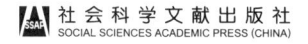

社会科学文献出版社
SOCIAL SCIENCES ACADEMIC PRESS (CHINA)

总　序

　　中南财经政法大学新闻与文化传播学院建院虽然只有十余年，但院内新闻系、中文系和艺术系所辖学科专业都是学校前身中原大学1948年建校之初就开办的，后因院系调整中断，但从首任校长范文澜先生出版《文心雕龙讲疏》开始其学者生涯，到当代学者古远清教授影响遍及海内外的台港文学研究，本校人文学科的研究可谓薪火相传、积淀丰赡。

　　1997年，学校重新开办新闻学专业，创建新闻系，相关学科专业建设开始步入新的发展阶段。2004年，新闻与文化传播学院组建。近年来，在学校建设"高水平、有特色的人文社科类研究型大学"的发展目标的指引下，中文系和艺术系相继在2007年和2008年成立，人文学科迅速得到恢复和发展。

　　为了检阅本院各学科研究工作的实绩，进一步推动研究的深入和学科的发展，我们将继续编辑出版本院教师系列学术论著"文澜学术文库"丛书。

　　丛书以"文澜"命名，一是表达我们对老校长范文澜先生的景仰和怀念，二是希望以范文澜先生的道德文章、治学精神为楷模自律自勉。

　　范文澜先生曾在书斋悬挂一副对联："板凳要坐十年冷，文章不写一句空。"这种做学问的自律精神在今天更显得宝贵和具有现实意义。《文心雕龙讲疏》是范文澜先生而立之年根据在南开大学的讲稿整理完成的第一部学术著作，国学大师梁启超为之作序："展卷诵读，知其征证详核，考据精审，于训诂义理，皆多所发明，荟萃通人之说而折衷之，使义无不明，句无不达。是非特嘉惠于今世学子，而实大有勋劳于舍人也。"学术研究之意义与价值，贵在传承文明、承前启后、继往开来、推陈出新。范文澜先生之《文心雕龙讲疏》后又经多次修订，改名《文心雕龙注》以传世，作者有着严谨的学风、精益求精的精神，实为吾辈楷模。正因如此，其著作乃成为《文心雕龙》研究史上集旧注之大成、开新世纪之先河的里程碑式的巨著。

先贤已逝，风范长存。高山仰止，景行行止。虽不能至，然心向往之。

是为序。

胡德才

2015 年 7 月 6 日于武汉

序

汉字是表意体系的文字，虽然在漫长的岁月中经历了整齐化、符号化的过程，但至今仍保留这一基本性质。汉字在造字阶段，除了本无其字的假借，每一个字都有它的造字意图，都有理据可寻。其后，伴随甲骨文、金文、大篆、小篆、隶书、楷书的递变，伴随繁化、简化机制的运作，汉字形体不断发生变化。在这个变化的过程中，字的理据有的保留了下来，有的丧失殆尽，有的则通过调整而重建。

对汉字的造字理据，历代都有研究。象形、指事、会意、形声实际上是对汉字造字理据类型的宏观概括，历代学者对单个汉字的研究也多有揭示其理据者，近几十年来诸多学者对汉字文化的探究则从文化角度揭示了相关汉字的造字理据。汉字形体演变是文字学研究的重要内容，近几十年来这方面的研究取得了突出成就，北京师范大学王宁教授带领她的学术团队进行各种字体、各个时代汉字构形系统的研究，初步形成了一部汉字构形史。

谭飞勤奋好学，学风扎实，于古文字研究用力甚多。他2014年6月进入武汉大学文学院博士后流动站，与我商定在古今学者汉字造字理据研究和汉字形体演变研究成果的基础上，以理据调整研究为突破口开展博士后研究。经过两年多的艰苦努力，2017年初提交博士后研究工作报告《常见汉字形体演变中理据信息的调整研究》,顺利出站。出站后,他又认真修改,精心打磨,承蒙社会科学文献出版社大力支持,现在推出了这部专著。

  这部专著的突出特点是将理据研究和形体演变研究有机结合起来,从动态的角度探讨汉字形体演变过程中理据的调整,探求字形变迁与理据变化的互动关系。这方面,专著有三点值得关注。一是从笔画的角度探讨了形体调整与理据的关系。作者条列了三种具体情形。①笔画变形可增加字形的区分度。如"米"与"釆"(biàn)。"米"甲骨文作❋、❋、❋,《说文》:"❋,粟实也。象禾实之形。""釆"甲骨文作❋、❋,象兽足之迹,与"米"的甲骨文字形颇相似,金文作❋天舟作父乙卣、❋釆卣,《说文》:"❋,辨别也。象兽指爪分别也。"为别于"米",金文小篆皆将其中间的一竖变为曲笔。②加区别符可增加字形的区分度。如"玉"甲骨文作❋、❋,金文作❋乙亥簋,小篆作❋。"王"甲骨文作❋、❋,金文作❋戍甬鼎、❋沈儿钟,小篆作❋。它们的甲骨文、金文字形区别较为明显。但随着字形的演变,差异越来越小,于是,小篆以三横的间距来相区别,"玉"中横居中,"王"中横偏上。不过,这样的区分还不是很有效。汉孔宙碑作❋,樊安碑作❋,通过加点的形式来表"玉"。索靖作❋,王羲之作❋,渐成今形。③减省笔画亦可增加字形的区分度。如"準"本从水隼声,而小篆"隼"与"隹"相似度高,为免"❋"(準)与水名"❋"(淮水)相乱,遂省"準"之"氵"为"冫",古书中已多写为"准"。二是从部件变形的角度揭示了理据的重构。如"折"甲骨文作❋,金文作❋兮甲盘、❋多友鼎,《说文》:"❋,断也。从斤断艸。"睡虎地秦简作❋。甲骨文、金文、篆文及秦隶断艸之形十分清晰。马王堆帛书作❋、❋,汉代碑刻作❋衡方碑、❋曹全碑,断艸渐讹作"扌",于是"折"的理据就调整为以手持斤(斧)断物。三是从部件增加或更换的角度讨论了理据的调整。"亩"甲骨文作❋,象仓廪之形。《说文》:"❋,谷所振入。宗庙粢盛，仓黄㐭而取之，故谓之㐭。从入，回象屋形，中有户牖。廪，㐭或从广禀。”廪对㐭增部件禾与广，禾为积禾，广为屋宇，理据信息更丰富了。又如“振”与“赈”，《说文》：“𢪘，举救也。从手辰声。”段玉裁注：“诸史籍所云振给、振貣是其义也。凡振济当作此字。俗作赈，非也。”振济往往在钱物上提供帮助，故俗字把部件“手”换为“贝”。俗字的这种调整，其实是有合理性的。这些论述，构成了专著的亮点。

在讨论字体演变和理据调整的互动关系之前，专著还在数目干支、天文地理、人体部位、宗族姻亲、服饰、器用、居处、动作、情状九类汉字中选取一些常用汉字对其形义进行了分析，归纳了汉字形变的主要类型，探讨了形变的主要动因，这些内容为后面的讨论做好了铺垫。

当然，本书也存在一些不足之处，主要是有些板块之间少数例证似有交叉的情况，不过这也反映了字形演变的情形是错综复杂的，很多汉字由多个部件组成，这些部件的具体演变情形存在着差异，很多时候并非单一因素影响着字形变化的历程，同一现象可以从不同的角度分析。我们可以清楚地看到作者的努力，尽量严谨科学地将所涉及的字形变化情况及原因讲清楚，不难发现，书中呈现了不少有价值的细节，进行了颇为深入的探索，但是因为汉字历史实在太悠久，少数汉字目前还无法还原出一条清晰完整的脉络来，存在着一些断层，这就使得对它们的相关讨论还有待时间的检验。

谭飞热爱学术，很有发展潜力，期待他在文字学研究方面不断取得新成绩！

卢烈红

2019年7月于珞珈山

目　录

绪　论 / 001

第一章　常见汉字形义溯源 / 008
　第一节　数目干支字溯源 / 008
　第二节　天文地理字溯源 / 027
　第三节　人体部位字溯源 / 043
　第四节　宗族姻亲字溯源 / 056
　第五节　服饰相关字溯源 / 071
　第六节　器用类汉字溯源 / 090
　第七节　居处类汉字溯源 / 109
　第八节　动作类汉字溯源 / 123
　第九节　情状类汉字溯源 / 177

第二章　汉字形变的主要类型 / 185
　第一节　构字中的形变 / 185
　第二节　发展中的形变 / 201
　第三节　发展形变与造字形变之比较研究 / 258

第三章　汉字形变的主要动因 / 266
　第一节　同源异构现象例析 / 266

第二节　异源同形现象例析 / 281
第三节　异源类构现象例析 / 319

第四章　字形对理据的动态承载 / 330
　第一节　书写变形记录理据 / 330
　第二节　书写变形湮没理据 / 334
　第三节　字形调整补充理据 / 340

第五章　理据对字形演变的影响 / 353
　第一节　汉字形体演变的主要情形 / 353
　第二节　理据对汉字演变的影响 / 358

主要参考文献 / 375

后　记 / 379

绪　论

一　相关研究综述

目前，与本书相关的研究，或以单个字为观照对象，或将注意力放在某几个特殊现象上，或侧重于古文字视角的文化分析，或重在探讨某一时期的构形体系，较少能在完整的演变链条中对汉字理据信息的调整情况作全局的、动态的观照，特别是在面上的拓展空间还很大。关于理据的界定一般局限于形义关系，而不太考虑形音关系。而近年来新的文字材料及研究成果的公布也为本书的研究提供了新的条件。

在汉字构形理据相关理论方面，学者们进行了诸多有益的探索。王宁《汉字构形理据与现代汉字部件拆分》指出"现代汉字理据大量保留是历史的事实"，象形部件义音化之后仍在为现行汉字提供理据信息，一些古文字中的部件在演变中粘连融合为一，但作为一个整体仍大体保留着原来的理据，现代汉字的理据"只有参照其历史来源，才能作出准确的判断"。可见，历史链条与构形系统的整体观照是理据研究中必须注意的问题。李大遂《汉字理据的认识、利用与维护》指出汉字的理据主要体现在偏旁表示音义的功能上，现在有些汉字必须经过溯源才能显示其理据，"如果把可以借助古文字显示其形义相关理据的独体字也计算在内,有理据常用字的比例约近95%",语音演变、字体演变、形体简化等因素已造成汉字理据的严重缺失,纯形体结构的部件切分、俗文字学等还在加剧理据的流失,提出理据研究无论是对外汉字教学,还是维护汉字的系统性、保留汉字中的文化基因,都意义深远。可见,汉字理据的整理与研究是有价值且迫切的。王立军《汉字形体变异与构形理据的相互影响》指出形体变异可以导致构形理据的变化,构形理据对形体变异有制约作用甚至可能促使形体发生变异,该文提醒我们进行相关研究时要注意理据与形体演变的互动。齐元涛、符渝《汉字的理据缺失与重构》对汉字理据缺失的原因、理据重构的内容、理据重构的方式、理据重构对汉字发展的影响等问题进行了讨论,例证不多,但涉及的问题很全面,十分具有启发意义。齐元涛《重新分析与汉字的发展》讨论了重新分析对汉字演变中的特殊现象——会义构形、借形、异构、重构等的影响,指出"重新分析是为了满足人们追求构形理据的心理",该文不是将汉字的理据信息定位在造字之初,而是以动态发展的眼光看待字形中的理据,认为"重新分析不但会形成个体汉字的新理据,而且会衍生汉字构形方式的新机制",关注了汉字理据与字形演变的一种特殊关系,为相关研究提示了一个容易忽视的重要方面。丁秀菊《论汉字的构形理据及其演变》认为汉字的构形理据就存在于汉字的笔画形态、部件的组合关系中,讨论了隶变、楷化、简化对构形理据的影响,该文未论及理据中的形音关系。毛远明《试论汉字的理据》,林志强、龚雪梅《汉字理据的显隐与汉字和汉语的内在关系》,李运富《论汉字结构的演变》《字理与字理教学》,史文磊《汉字理据重构及构形学、符号学阐释》,何山《汉字的书写理据及汉字理据的二层划分》,周妮《现代汉字构件的表义性分析》,张素凤、杨洲《汉字演变中的理据重构现象》,张会《古今汉字理据的差异》,陈拥军《汉字构形理据的历史演变与汉字的记号化》,何林英《试析构形理据下汉字结构的变化》,单侠《谈汉字构形理据的历史演变》,邢霞《动态考察汉字理据的演变》,庄义友《汉字的造字理据与字形构造模式》,李海涛《汉字构形理据的历史演变》等也有相关的思考。这些研究中不乏在理论方面的有益探索。学者们都注意到了汉字是蕴含着一定的理据信息的,理据信息会随着形体的演变而有所调整,对形体变异与构形理据间的关系有一些思考,为深入研究提示了方向。

在解读汉字的理据信息方面,多从古文字视角切入、侧重于传统文化内含,研究成果颇为丰硕。如:郭沫若《卜辞中的古代社会》《周代彝铭中的社会史观》"从古物中去观察古代的真实情形",从甲骨文、金文入手解读了古代生产状况、社会组织、观念等。因其重在社会历史方面的讨论,具体涉及的文字数量其实不多。傅永和等《汉字演变文化源流》采用字典的形式,按笔画数分立840个字头分别讨论了字形的演变、字义的引申与文化内含,文化内含的讨论主要从本义切入,广泛参考古代文献,侧重于传统文化方面的阐释,较少涉及字形演变中理据信息调整的问题。另外,因各字自成短篇,没有从整体上对汉字演变中理据信息调整的情形与规律的探讨。何九盈等《汉字文化大观》探讨了汉字反映的汉民族文化、文学艺术、意识形态、思维方式、物质生活等信息,被誉为"第一部汉字文化的百科全书"。李玲璞等《古汉字与中国文化源》结合一些古文字讨论了古代的审美、道德、哲学、祭祀、神灵、婚姻、葬俗、服饰、礼乐等方面的一些情形。每个话题下均以几个代表字切入,通过造字心理探讨中国历史文化信息。陈炜湛《古文字趣谈》以80多篇论文的形式讨论了100个左右古汉字的造字理据,讲析了字形中蕴含的文化信息。还有,如王贵民《汉字与文化》、王立军等《汉字的文化解读》、王宝珍《汉字与中国文化》

等,均从文化的视角对汉字进行了考察。学者们的研究为我们展开了一幅蔚为壮观的中华文化图景。然而,这些著作讨论的对象多为古文字,对汉字承载的理据信息变化的历时观照不够,对理据信息在今文字中的存留状况及如何从今文字中探寻理据信息涉及不多。

关于汉字形体演变的研究不少,但基本限于字形变化、构形体系的分析方面。如梁东汉《汉字的结构及其流变》对古文字构形演变规律作了深入的研究,认为绝大部分汉字的义符都失去了表示类属的作用,提出了"表音趋势"说。这说明在汉字演变过程中符号化比较突出,其承载的理据信息正在逐渐弱化。王宁《汉字构形学讲座》对构形元素、构件功能、构形模式、构形的历时传承、构形系统、构形规律等进行了具体的讨论,建构了汉字构形学的基础理论。刘钊《古文字构形学》提出了"古文字构形学"的概念,研究了甲骨文、金文的构形特点,探讨了古文字基本构形原则和演变规律,对古文字研究的理论建设意义深远。赵平安《隶变研究》用秦汉时期的金文、简帛文、陶文、印文、石刻文、古币文等与隶书比较,阐述了隶变现象,分析了隶变的原因,总结了隶变的规律。张桂光《古文字中的形体讹变》中分省简、偏旁同化等8类探讨了讹变的情形及原因。齐元涛《汉字发展中的跨结构变化》注意了汉字形体演变中的一种特殊现象,视角独特,颇有启发意义。还有郑振峰《甲骨文字构形系统研究》、陈婷珠《殷商甲骨文字形系统再研究》、罗卫东《春秋金文构形系统研究》、赵学清《战国东方五国文字构形系统研究》、陈立《战国文字构形研究》、李国英《说文小篆构形系统研究》、陈淑梅《东汉碑隶构形系统研究》、王贵元《马王堆帛书汉字构形系统研究》、洪应熙《居延汉简构形系统研究》、刘延玲《魏晋行书构形研究》、齐元涛《隋唐五代碑志楷书构形系统研究》、王立军《宋代雕版楷书构形系统研究》、易敏《云居寺明刻石经文字构形研究》、黄文杰《秦至汉初简帛文字研究》、任平《说隶》、郑婕《魏晋南北朝简牍文字研究》、张素凤《古汉字结构变化研究》等分别对某一历史时期的文字构形系统进行了详尽的考察,初步形成了一部汉字构形史。学者们对特定时期字形的观察与描写非常细致,为科学地认识汉字演变奠定了坚实的基础。可以发现,这些研究侧重点多在某一历史阶段汉字的构形系统上,对汉字形体演变细节的完整链条的描写不够充分,特别是汉字演变中形体调整的动因及诸多影响因素的探讨,字形变迁中其承载的相关理据信息的增删、更替等的讨论有待进一步深化。在常用字演变研究方面,有李新魁的《论"醋、酢"互易》,李恩江的《"另"字探源》《"份"字琐议》《"呆"字源流初探》《"周"字溯源》《从"造"、"前"等字的兴废看汉字发展的规律性》《释"作"、"做"》,何华珍的《"國"字辨正》《也说"贰"字》,杨宝忠的《"勾"字出现的时间及相关问题》,张涌泉的《简化字探源三题》《数目大写字探源》《準?凖?准?》《现代字源:从"塗"到"搽"》《现代字源:靈》《现代字源:"雙"字小考》《现代字源:说"擋"——从"螳臂擋车"说起》《"坏 pī"和"壞 huài"》《字形的演变与字义的分工》,张靖华的《从"回""迴"看古今字的应用》,杜朝晖的《"襪"字源流考》,等等。这些研究对某个字的具体演变情况讨论深入,时有一些精辟的理论阐发,为全面研究提供了一些范例与研究思路上的启示。

有些研究在关注汉字形体变迁的同时,注意了其中理据信息的调整,但受著作体例和研究重点的限制,存在进一步探讨的空间。如《辞源》《汉语大字典》各字头下列有各阶段代表性的字形,但因重点在义的追溯上,有关字形调整的情况讨论不多。黄德宽主编的《古文字谱系疏证》揭示了甲骨文、金文、战国文字、秦文字同源孳乳的状况,构建了先秦文字发展的谱系,为进一步揭示汉字发展演变的规律奠定了基础,然而由于当年编纂条件的限制,个别字形与原拓有细微出入。李学勤主编的《字源》以说文部首为序，收7000余字，力求厘清字形演变、字义引申的脉络，然因其书为字典性质，基本没有进行理论方面的探究，各字条均十分简扼，很多细节还可进一步探究。曾宪通、林志强的《汉字溯源》有对汉字初文、字族等的专题梳理，详细论述了探索汉字源流的路径，然较少涉及理据对形体演变的影响。李乐毅和张书岩等的《简化字源》《简化字溯源》，勾勒了众多简化字的简化轨迹，但限于条件，溯源还可进一步深入。学者们在字源追溯的同时，多少都关注到了字形演变与理据调整的问题，但多未对理据的调整情况、理据与字形演变的相互关系展开细致、深入、系统的讨论。

本书希望在前人研究的基础上，将常见汉字的形体演变与其承载的理据信息的调整结合起来，作为一个整体进行动态的全局观照，以期建立起古今汉字形体演变及其理据信息的调整情况的清晰链条，厘清形体演变与理据信息的相互影响情况，形成对现行汉字更为理性与科学的认识。

二 研究重点

本书的研究重点大致为三点。

（1）汉字形体演变的主要情形及动因分析。分类具体讨论一些常用部件、常见汉字的形体演变情况，建立完整清晰的链条，在此基础上，总结基本的演变模式，分析演变的原因及相关影响因素。

（2）汉字符号化、简化过程中，理据信息的调整情况分析。文字是语言的符号，从世界范围看，文字起源时均有浓厚的表意特性，但历史发展中纷纷走上了彻底符号化的道路。甲骨文中的指事字也引进了符号性质的部件，而在由甲骨文到金文到小篆的演进过程中，抽象化也十分明显，隶变与楷化中的符号化处理更是常见。

符号化引起的字形变化的具体表现是复杂的，相应的，其中理据信息的调整情形也十分复杂。简化是汉字发展的一大趋势，这个过程中，很多理据信息被删减、离析，破坏较为严重。我们拟对相关的情况进行考察与分析。

（3）汉字演变与理据信息调整之间关系的探讨及汉字发展前景的思考。在现象分析的基础上，期望得出一些规律性的认识。

三　研究方法

本书研究方法主要为两种。

（1）共时比较与历时考察相结合。通过共时比较准确厘清汉字中的理据信息，结合汉字的历时演变考察理据信息的调整情况。

（2）微观与宏观相结合，个案分析与整体观照相结合。既重视某一个体字形承载的理据信息的探讨，也注意与之相关的字群的集体讨论和整体规律的思考。

第一章

常见汉字形义溯源

第一节　数目干支字溯源[①]

数目干支字借助文例推勘、典籍比较，均已成定论。然而关于其本原目前仍有不同的意见，一则年代久远，单从字形已难寻线索，再则数目干支是比较抽象的概念，造字之初难有合适的取象，故多同音假借，而被借之后因其使用频率很高，不少字甚至逐渐不用其本义，或为本义另造新形，或对原形作了一些调整，后世遂难从古文字资料中探求其本义了。无有确论造成的后果是异说纷纭。其中不乏为求新解，徒凭主观想象，杜逞臆说的情形。

甲骨文是我国目前所见最古老的成体系的文字，之前应该走过了漫长的历程，可惜因文物和文献资料缺乏，目前还没能对更古的文字有清晰的认识，这必然成为古文字研究的瓶颈。正如后人对《说文解字》[②]多有修正一样，因许慎当年系据演变之后的小篆立

[①] 本节曾以《数目干支字辨疑》为题发表于《鲁东大学学报》（哲学社会科学版）2015年第6期。此处略有修改。

[②] 本书中所引字典《说文解字》《輶轩使者绝代语释别国方言》均为中华书局出版，文中均简称《说文》《方言》。"十三经"如《诗》《书》等，均为中华书局2009年版，后不赘述。

说，难免会有些错误。今天我们对甲骨文的认识或许也存在一些问题。正因为此，对资料不足或认知有限一时无法说清的问题，前贤均谨守不知盖阙的原则。

学术研究总是不断承继积累，不断推进的。前辈学者甘为人梯，皓首穷经，编纂了大量集释类工具书，为后学者研究提供了极大的便利，使得我们可以重新审视前人的成果，发表一些个人的见解。

我们参详众家之言，查核周遍之著录，尽力对各字源流作出合理分析。然因甲骨文本非最古远之文字，去今又历史悠久，很多字已难推析其造字之原，自然无法给出完满的解释，我们不作强解，存疑待论。

一　数目

（1）一。一。一昌鼎。一。[①]
（2）二。二。二番生簋。二。
（3）三。三。三兮甲盘。三。
（4）四。三。三师遽簋。四。

甲骨文"一""二""三""四"，均为积画记数。文字起源于刻画符号和绘画，数目难以在生活中找到合适的形象来表示，遂以刻痕多少为记。一、二、三、三均以基本等长的横线数表数。类似的做法在世界范围内各民族的古老文字中常见，如公元前 3400 年前后的古埃及数字"一""二""三"分别为 ❙、❙❙、❙❙❙；公元前 2400 年前后的古巴比伦数字以楔形 ▼ 代表"一"，"二""三""四"分别为 ▼▼、▼▼▼、▼▼▼▼ 或 ▼▼▼▼；公元初年的古玛雅文字以点记数，"一""二""三""四"分别为 ●、●●、●●●、●●●●。

[①]　依次为现行汉字、甲骨文、金文、小篆的字形。甲骨文、金文均录其最典型之形体。下同。

金文有将"二"写作◯_{召伯虎敦}、◯_{中山王響壶}、◯_{邵大叔斧}、◯_{曶鼎}、◯_{緻㠱君鉼}者。古文字中弋戈作偏旁时时有通作，《说文》所收"一""二""三"之古文弌、弍、弎，均为加弋繁化。值得注意的是，金文里还有复增表义部件"貝"繁化为"貳"者，与我们今天用作大写的"貳"基本相同，或有将部件"貝"改作"肉"者。

《说文》"四"之古文作◯，然甲骨文"四"均作☰，金文☰多见，亦有作◯_{郤王子旃鐘}、◯_{邵鐘}、◯_{大梁鼎}者。古陶文有作◯者①，先秦货币文则☰、◯、◯均见②。《说文》所载古文◯已见于先秦货币文，"四"从口从八，象气流从口中呼出之形。一般认为"四"为"呬"之初文，因音同假借为数目字。《方言》："呬，息也。"货币文中◯形多见。

（5）五。✕。✕_{元年师兑簋}。✕。

甲骨文中"五"作兆序时偶有作☰者③，与一、二、三、四造字原理相同，均为积画记数。然记数若以此类推下去，必然是行不通的，古人遂开始寻找新的表数方式。④ 第一期甲骨用以记占卜次数的"五"均作✕。✕为"交午"之本字，甲骨文中假借为"五"。后为与"交午"字相别，于其上下加横成✕。

（6）六。◯。◯_{保卣}。◯。

早期卜辞记占卜序数"六"均作◯，合文"六牛"中亦作◯。"◯"为"入"之初文，"六""入"古旁纽双声⑤，遂假借为"六"。后为与"入"相区别，于字形上有所调整，作◯、◯等

---

① 高明、葛英会编著《古陶文字徵》，中华书局，1991，第52页。
② 商承祚、王贵忱、谭棣华合编《先秦货币文编》，书目文献出版社，1983，第203页。
③ 先秦货币文亦偶有作☰、◯者。
④ 古玛雅文字"五"也未沿点数类推，而是以"—"示之。"六""七""八"则于横上加点，分别为◯、◯、◯，至"十"则用"="。
⑤ 丁山：《数名古义》，国立中央研究院《历史语言研究所集刊》第1本第1分，1928年，第92页。

形。古陶文、先秦货币文中仍时见作"∧"者①。

（7）七。十、┼王铸觯、十大梁鼎、⇥。

十本象横竖交错之切口形，为"切"之本字，借为"七"。"切"武威汉简作"⬚"，北魏《北海王元详造像记》作"切"、《牛橛造像记》作"切"，隋智永楷书作"切"，唐欧阳询楷书作"切"、柳公权楷书作"切"，时代虽均晚于小篆，但仍存古文遗意。罗振玉曾作《古文间存于今隶说》列有54个字例，他还曾在《聋鼎跋》中云："往者予尝谓古文时存于隶楷中，而孰知世所诋为六朝鄙别字者，其中亦间存古文耶？"发现隶书、楷书、鄙别字中时有保存古文形体者。"七"之古形间存于隶楷部件中。因借字为数字"七"所专，本字遂加刀以别之。甲骨文中"甲"字作十，象甲片缝隙形成的十字形，与"七"的甲骨文形体相似。书写中"甲"有于其外加框而为⊞者，为与"七"相别，⊞形被保留下来，而⊞又易与"田"相混，遂引长其中竖而成"甲"。②后来"十"字在演变中渐写作十③，为与之区别，"七"遂曲其竖笔，小篆作⇥。

（8）八。)(。八晋壶。八。

甲骨文字形)(本象两物分开之形，借用来表数字"八"。《说文解字》："八，别也。象分别相背之形。"八部所收之分、兊、尒、余、曾、尚、詹、公等均有分开、分散义。"分，别也。从八刀。会意。"即以刀将物分解。"兊，分也。从重八。"段玉裁注："从重八者，分之甚也。""尒，词之必然也。从入丨八。八象气之分散。"

---

① 参见高明、葛英会编著《古陶文字徵》，中华书局，1991，第27页；商承祚、王贵忱、谭棣华合编《先秦货币文编》，书目文献出版社，1983，第204页。
② 甲骨文、金文中仅见十、⊞二形，古陶文始见甲。于省吾先生以十、⊞为两字，"⊞，首甲也，从囗象首甲之形，十声，十，古文甲乙之甲"（于省吾：《释甲》，见《甲骨文字释林》，商务印书馆，2010，第349页）。秦汉以来二字合流，⊞行而十废。
③ 古陶文、先秦货币文基本都作此形。先秦货币文"十""甲"多不分。

"余，语之舒也。从八，舍省声。"段玉裁注："从八。象气之分散。""曾，词之舒也。从八从曰，⊞声。"段玉裁注："从八者，亦象气之分散。""尚，曾也，庶几也。从八向声。"段玉裁注："从八亦象气之分散。""詹，多言也。从言从八从厃。"段玉裁注："从八，多故可分。""公，平分也。从八从厶。八犹背也。"背之义系由分引申而得。)(本是以分向张开的两段抽象线条表示分开、分散、分别之意。

（9）九。⺄孟鼎、ㄋ。九。

与"六""七""八"一样，"九"为假借字。本形为何，学界未有定论。丁山、明义士、马叙伦、李孝定以为象臂肘之曲，于省吾以为象虫形之上曲其尾，徐中舒以为象曲钩之形。要之，诸家均以为其本形象某物屈曲之形。

（10）十。❙。师酉簋、✚守簋。十。

甲骨文"十"均为一竖线，至金文始有隆其中部作❙令簋、❙卯簋、❙公贸鼎、❙我鼎者，或中间加点作✚守簋、✚虢季子白盘、❙陈侯午镦、❙鄂君启舟节、✚秦公簋，亦有变点为横作✚申鼎、✚者沪钟。意其字形演变之链条为：❙→❙→✚→十。由❙到❙，当为与竖线明显区别开来，由❙而✚而十，动因为就书写之便也。《说文》云："十，数之具也。一为东西，❙为南北，则四方中央备矣。"乃据小篆字形立说，不足为训。"十"与"一"初形之别在于纵横，意古人系通过变动书写方位来表新字。公元前2000年前的古克里特人以"❙"表"一"，以"一"表"十"，古埃及人以"∩"表"十"，以"℗"表"百"，造字心理与甲骨文"一""❙"十分相似，均以同一字形的方位变化来别出新字。罗振玉发现卜辞中记月、记物数中有"十"时每多合书。①然其云"十五作𠄡"，误。𠄡当为"五十"，甲骨文"六十"作𠅃，"八十"作

---

① 罗振玉：《殷虚书契考释三种》，中华书局，2006，第387页。

小，体例相同，均竖作，且"十"居上。横作者❌才是"十五"，亦作❌。诚如罗振玉所言，甲骨文记月之"十月""十一月""十二月""十三月"均合书之，但"十一月"无有作"❌"者，"月"上短横殆误写，当为"❌"。与"十二月"或作❌体例相同，"十一月"亦有类似之❌，"十三月"也有类似之❌。

（11）廿。❌、❌、❌、❌献钟、❌伊簋、❌曾姬无卹壶。❌。

（12）卅。❌、❌、❌。❌沈子簋、❌禹攸比鼎、❌毛公厝鼎、❌中山王䁲兆域图。❌。

（13）卌。❌。❌舀鼎。

"廿""卅""卌"与"二""三""四"体例相仿，均是将某一基础笔画累积而成。二、三、亖是在一的基础上累加横画而成。❌、❌、❌是在❌的基础累加竖画而成，为与"二""三""四"迥然相别而连其底端。金文"十"常作❌、❌，因"廿"是积"十"而成，故金文中有❌多友鼎、盂鼎等、❌伊簋、颂壶、大梁鼎等形，也有写两点为短横进而连为一横作❌曾姬无卹壶、鄂君启车节、东周左师壶等者。"卅"的情况与"廿"基本一样。"三十"为"一世"，"世"金文作❌、❌、❌、❌，当是"卅"之形变。《说文》无"卌"，但甲骨文、金文见之。卜辞"四十一"作❌一，舀鼎"卌秭"之"卌"亦作❌。

（14）百。❌、❌、❌、❌。❌弔伐簋、❌沈儿钟。❌。

"百"借自"白"，初文作❌。"白"本作❌，甲骨文中表"百"的"白"在形体上有所调整。于省吾先生认为："百字的造字本义，系❌字中部附加一个折角形的曲划，作为指事字的标志，以别于白。"① 卜辞"一百""二百""三百""四百""五百""六百"

---

① 于省吾：《释古文字中附划因声指事字的一例》，见《甲骨文字释林》，商务印书馆，2010，第450页。甲骨文中也有将"百"写作❌《铁云藏龟》六五·一者，以"一百"为"百"，"白"之中部未加曲画。

013

"八百""九百"均为合文,分别作 ▢、▢、▢、▢、▢、▢,仍用其初文。百始于一百,后遂以"一百"合文为"百",客观上也与"白"区别开来。

(15) 千。✦、✦ 翏生盨、✦ 散盘、✦。

"千"是假借字,可能本借自"人"。戴家祥通过分析《诗经》发现有以"人""千"押韵者,认为"人千同音通假"①;于省吾认为千"因人字以为声(人千叠韵)"②。✦、✦、✦、✦均是直接在✦上加数,表示二千、三千、四千、五千,"✦"字甲骨文本表"一千",因其为千数里的最小数,遂被当作"千"字使用。人形上的横线虽本为表数目的"一",但客观上有与"人"相区别的作用,这使得"✦"被当作一个字易于接受。这一情形可能产生得比较早,甲骨文中"六千""八千"作✦、✦,"千"均写作✦。

(16) 萬。✦。✦ 默叔簋、✦ 师奎父鼎、✦ 师酉簋、✦。

✦本象蝎子形。甲骨文"三萬"作✦。甲骨文"萬"写作"✦"者仅一见,即以"一萬"为"萬"。金文作"✦"者就比较普遍了。而自金文始,讹 ✦ 为 ✦ 作"✦"者也十分常见,"萬"遂失其初形。后 ✦ 形又美化为 ✦③,小篆又化为 ✦,与蝎尾 ✦ 合作 ✦,《说文》遂误以为从"厹"矣,段玉裁云"从厹盖其虫四足象兽"系承许书而误。

数目字中假借字占了很大的比例。在积划成字无法表达更多的数字时,必然会想其他的办法。诚如李孝定所言:"盖缘积画成象意虽明确,然数愈多则事愈不便,乃不得不假同音字以当之。"④

---

① 戴家祥:《释千》,《国学论丛》第一卷第四号。
② 于省吾:《释古文字中附划因声指事字的一例》,见《甲骨文字释林》,商务印书馆,2010,第451页。
③ 此形与"九"形似,遂被误以为"九"。金文"九"作✦ 扬簋、✦ 曶卣、✦ 克钟。
④ 李孝定:《甲骨文字集释》,中研院史语所专刊,1965,第4307页。

二 天干

（1）甲。十、十、十、田。十 杠觯、十 颂鼎、田 甲鼎。中。

十，本义为何？林义光以为象皮开裂之裂纹①，郭沫若以为鱼鳞之象②，林说乃由许书"成于木之象"衍发而来，郭说则系据《尔雅·释鱼》"鱼枕谓之丁，鱼肠谓之乙，鱼尾谓之丙"推想而来③，均不足信。"戎"甲骨文作𢦏，从戈从甲，戈、甲均与战争相关，"十"殆本象甲片之缝隙，甲骨文中借以表天干地支。甲骨文作天干地支用的"甲"均作十，而指先王之"上甲"的"甲"加外框作田④，金文二形混用不别。陶文有作甲、甲者，系由田演变而来。《汗简》有作甲、甲者，第一形与小篆同，第二形与《说文》古文同，甲当是加饰笔人而成。《说文》云"戴孚甲之象"，乃据已变化之形体立说，不足为据。形体演变大体可见图示。

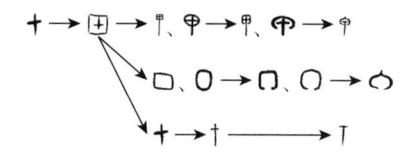

十→田→甲、甲→甲、甲→甲
　　↘ ロ、〇→ ロ、〇→ 〇
　　↘ 十→十————丁

（2）乙。乀、乁、乁 父乙鼎、乁。

作天干的"乙"系假借字，乁本取象于何已难知晓，学界亦纷如聚讼，莫衷一是。《说文》以为"象春草木冤曲而出"之状，李孝定疑象水流形，章炳麟以为履之初文，郭沫若赞同《尔雅》"鱼

---

① 林义光：《文源》，卷三，中西书局，2012。
② 郭沫若：《释支干》，见《郭沫若全集·考古编·甲骨文字研究》，科学出版社，1982，第170页。
③ "鱼"甲骨文作𩵋、𩵋，鳞甲之形并非作"十"。
④ 称谓中的"大甲""小甲""羌甲""帝甲""祖甲""妣甲""父甲""母甲""兄甲"等仍作十。

肠"之说，吴其昌以为象刀形，方濬益以为象燕子侧飞形①。诚如《甲骨文字诂林》按语所云："凡此均徒滋纷乱，不足以解释'乙'之初形，只能存疑待考。"②"乙"可能本为抽象符号，以曲线表难出之状，典籍多有以"乙乙"表难出之貌者，如《史记·律书》："乙者，言万物生轧轧也。"轧轧，难出状。唐陆龟蒙《送豆卢处士谒宋丞相序》有："子云轧轧，不足当也。"是说说话不顺畅，结结巴巴。陆机《文赋》："理翳翳而愈伏，思乙乙其若抽。"李善注："乙，难出之貌。"聊备一说，以待高明。

（3）丙。囗、囗父乙鼎、囗何尊、囗父丙卣。丙。

甲骨文有写"丙"为囗者，当是囗之变体，类似的还有如囗、囗、囗、囗等均为手写原因产生的变体。囗本义为何，已不可考。《尔雅》以为象鱼尾，吴其昌以为"象戈矛之属植立之'柄'"，于省吾以为象物之底座。综观古文字字形，于说最切，惜无音、义方面的更多证据。甲骨文、金文均未见上加横划者，古陶文有上加短横作囗、囗者，先秦货币文有作囗者，至睡虎地秦简文字上部则均有横划，作丙、囗、囗、丙，与小篆字形十分相似。"丙"金文有作囗鼏侯簋、囗子禾子釜者，《汗简》亦有从火作囗者，大概就是《说文》所谓"位南方，万物成，炳然"之所本，《说文》系据已变化之字形立说，当非溯义。

（4）丁。囗、囗、囗、囗。囗戊寅鼎、囗且丁尊、囗虢季子白盘、囗且丁父癸卣、囗王孙寿甗、囗者减钟、囗冉且丁尊、囗。

"丁"为"钉"之本字，然又非《说文》之"钉"，《说文》："钉，炼鉼黄金。从金丁声。"许书之"钉"指的是饼状黄金。但从包含部件"丁"的诸字来看，"丁"或非饼状。阠，《说文》：

---

① 谓象鸟飞者当自由"鳦"生发，《广韵》："鳦，燕也。"
② 于省吾主编，姚孝遂按语编撰《甲骨文字诂林》，中华书局，1996，第1180页。

"丘名。"町，《广韵》："田区畔埒也。"朾，《说文》："橦也。"橦，即旗杆、桅杆。顶，《说文》："颠也。"亭，亭楼也。这些字或非单纯的形声字，它们都含有高出周围平面的义素，或非偶然，可能与钉子本身的形态有关。甲骨文里的"丁"作囗、▭、〇、〇、◯、⊙①、●、▮、▬，形态并不规整，金文亦然。大概象钉帽形，故此。小方块状常被称"丁"，如"丁点""肉丁"。古陶文作丁、𠄌，钉之整形始现。先秦货币文作丁者数见，睡虎地秦简𠄌数见，古玺文𠄌数见，均象完整钉形。丁形与人形均硕其头部，外形颇似，故又有"人丁""家丁"之称。

（5）戊。𢁕、𢁕、𢁕、𢁕、𢁕、𢁕戊寅鼎、𢁕且戊鼎、𢁕墙盘、𢁕辥簋。戌。

古文字形甚明，本为兵器，借用为干支字。古之兵器形制复杂，各有专名，"戊"可能是斧钺类形制兵器之通称。"戊"的甲骨文中常见𢁕、𢁕、𢁕、𢁕、𢁕、𢁕形，由丁、𢦏（戈）与卜（平刃刀）或𠃌（月牙刀）或𠂉（钺）②组合而成，至金文则多作𢁕，戈上钺形甚为明晰，也有平口者如𢁕吴方彝、𢁕段簋、𢁕史懋壶。古陶文多作𢁕，先秦货币文多作𢁕，均引长戈上平刃刀。后线条美化遂成小篆之戌。

（6）己。乙、乙父己鼎、𠃌。

"己"为"纪"之本字。《广雅·释言》："己，纪也。"《释名》："己，纪也。""乙"为绳索之象。《方言》："纪，绪也。"《说文》："纪，丝别也。"甲骨文中丝缴之象均如此作，如"雉"甲骨文有作𢆉者，"弗"甲骨文作𢎨、𢎨。经传史籍载有纪国，纪国在春秋鲁庄公四年为齐所灭，历33年。传世纪国青铜器几乎全是西周时期铸造，其上"纪"均作"己"，如出土于山东寿光纪侯台

---

① 金文且丁尊"丁"作⊙，与此相似。
② 钺与斧形制相似，较斧体薄刃宽且成圆弧形。

的己侯钟作 ⺄，还有如己侯貊子簋作 ⺄、⺄，己侯壶、己侯鬲、己侯貊子卣①等均如此作。被借作干支字后，别造"纪"以表其本义。《遯庵秦汉印选》载战国后期印上有"紀釿"二字，为目前所见最古之"纪"。

（7）庚。ㅂ、ㅂ、ㅂ、ㅂ、ㅂ 兮甲盘、ㅂ 商尊、ㅂ。

从甲骨文、金文来看，该字从卩、从丫为何？历来争论颇多。李阳冰谓为干，系据小篆立说，不足据。朱骏声曰"从干，象树形"，为络丝之柎，"从干"是有问题的，"象树形"纯是据形联想，缺乏更有力的证据。郭沫若以为象有耳可摇之乐器，即后世之"钲"②，"然于文献记载及实物征验之，钲皆无耳，且以槌击之"③，与庚形难合。"庚"卜辞中均借用为干支字，其初义待考。因刻写比较困难，甲骨文中有作ㅂ、ㅂ者，ㅂ形仍尽力大致保留着双手形，ㅂ则将双手平直粘连到一起了，在ㅂ的基础上又有简作ㅂ者。金文情形与甲骨文大致相似，倒是小篆较清晰地保留了双手形，整体上与字之初形甚是相近。然《说文》："位西方，象秋时万物庚庚有实也。庚承己，象人齎。"非为字之初义，惜未提供任何有价值的线索。文字起源古远，物事已非，后人无由溯其源矣。

（8）辛。𢆉、𢆉、𢆉 且己父辛卣、𢆉 子辛卣、𢆉 父辛盉、𢆉。

作天干的"辛"是假借字。"辛"本象用来黥劓的刑具，郭沫若云："由其形象以判之，当系古之剞劂。"④ 是也。《说文》辛部字："辠，犯法也。""辜，辠也。""辭，辠也。""辯，讼也。"还

---

① 貊子是纪侯的私名。
② 郭沫若：《释支干》，见《郭沫若全集·考古编·甲骨文字研究》，科学出版社，1982，第173页。
③ 徐中舒主编《甲骨文字典》，四川辞书出版社，1998，第1558页。
④ 郭沫若：《释支干》，见《郭沫若全集·考古编·甲骨文字研究》，科学出版社，1982，第181页。《说文》："剞劂，曲刀也。"

有从"辛"的"宰，辠人在屋下执事也。""辟，法也。""辩，辠人相与讼也。"等均与狱讼刑罚有关，是其明证。"辛"本作𛰭，𛰭上所加之横划为饰笔。

（9）壬。工。工_{宅篆}、工_{縣改篆}、王_{汤弔盘}。壬。

甲骨文均作工，至金文常于中竖上加点以饰之，作壬_{吕鼎、员尊、竞篡等}，偶有化点为短横者，作王_{汤弔盘}，包山楚简作壬，睡虎地秦简作王，中间一横均较短，字形演变之迹仍较清晰。因年代久远，难觅其原初取象为何，故有诸多推测。《释名》曰："壬，妊也。"然甲骨文本有"妊"作𛰭、𛰭，卜辞中用为姓氏，与从女的姬、姜、妫、姚等造字心理相同，与宗法血统有一定的关系。此外，甲骨文中也本有表怀妊的字作𛰭，即"孕"。吴其昌以为"壬""工"一字，初义为斧①，然甲骨文"工"多作𛰭，卜辞中用为干支的"壬"无一为此形者，至于其本义的推析更是纡曲，恐未足据。林义光以为"滕壬双声旁转"，"壬"系"滕"之古字，象绕丝的工具，"巠"金文作𛰭_{虢季子伯盘"经"字偏旁}，正象其形，其下半部件即为"壬"。② 可备一说。汉字还有一"𡈼"，与"壬"形似，书写者多不留意，常将二形混同为一，其实含义完全不同。"𡈼"下形为"土"，"廷""望""望"从之，"𡈼"甲骨文作𛰭，从人在土上，有所希企之形态也。《说文》："𛰭（廷），朝中也。""𛰭（望），出亡在外，望其还也。""𛰭（望），近求也。"义素中包含有"𡈼"的因素③。后因"企"的广泛使用，"𡈼"被忽视，仅作部件留存在一些汉字中，甚少有人追究其形体、意义了。

---

① 吴其昌：《金文名象疏证》，《武大文哲季刊》五卷第三期。
② 林义光：《文源》，卷一，中西书局，2012。
③ 当然，《说文》关于前两字的解释亦有未当处。"廷"金文作𛰭_{毛公屠鼎}，本义为堂前空地，古代君王坐于堂上，臣则立于廷中。"望"本以登高望月会意，金文改象眼睛的"臣"为声符"亡"。

(10) 癸。❋、❋、❋戍父癸甗、❋兄日戈、❋郡公鼎、❋向作父癸簋、✤保癸爵。❋。

假借字。罗振玉以为"❋乃✤之变形"①，郭沫若、李孝定从之。《尚书·顾命》："一人冕，执戣。"郑玄注："戣、瞿，盖今三锋矛。"《说文》："戣，兵也。"✤形上象三锋，下象着地之柄（犹戉下半之柄形），字形正合，✤为"戣"之本字应无疑义，加戈者当为后起字形。甲骨文中有✤，与✤形十分相似，孙诒让以为"癸"之异文，"与日名不同"②，义不可考。然若按罗说，❋既是✤之变形，早于或同时代应有该形，惜无更早之古文字资料，而甲骨文中亦未见，唯金文有作✤保癸爵、❋向作父癸簋者，与✤相类，癸作父乙鼎作✤，用为人名，与❋是否为同一字，有待进一步研究。姑存疑。

《说文》以"近取诸身"的原则来析解天干，云"甲，一曰甲象人头""乙承甲，象人颈""丙承乙，象人肩""丁承丙，象人心""戊承丁，象人胁""己承戊，象人腹""庚承己，象人齎""辛承庚，象人股""壬承辛，象人胫""癸承壬，象人足"，无论是就甲骨文字形还是就小篆字形来看，都是十分牵强的。

三　地支

(1) 子。❋、❋、❋、❋、❋、❋、❋利簋、❋传卣、❋所觚、❋。

《说文》："❋，古文子，从巛，象髮也。❋，籀文子，囟有髮，臂胫在几上也。"甲骨文字形与籀文颇近，当为籀文之初形，籀文细节更为完备，头发、双臂、双胫均表现了出来，籀文下"几"形或由腿形讹变而来。"子"的初形前辈学者多以为象小儿之形，借

---

① 罗振玉：《唐风楼金石文字跋尾》，见《永丰乡人稿》刻本，1910，第 21 页。
② 孙诒让：《契文举例》，齐鲁书社，1993，第 4 页。

做干支字。然甲骨文中"子孙"之"子"作🔲、🔲,也象小儿形。二字何以取象相同,而书写有异?"子孙"之"子"表现的是襁褓中的幼儿状。地支之"子"可能为区别故①,将幼儿的诸多细节进行了刻写,而🔲、🔲、🔲、🔲则为🔲之省变。

(2) 丑。🔲、🔲。🔲三年癲壶。🔲。

甲骨文"又"作🔲,此字形明显与"又"有异,其指端屈曲,殆为用力抓握物件状。假借为干支字。后世"貌丑"之"丑"本作🔲,繁体作"醜",与此非一字,系简化时因音同择取而合二字为一形。"丑"金文作🔲庚嬴卣、🔲同簋,将屈曲的指端变为独立的两小划,后小划又相粘连写作一笔,睡虎地秦简作🔲、🔲,小篆线条美化后遂成🔲。

(3) 寅。🔲、🔲、🔲、🔲、🔲。🔲小子省卣、🔲元年师旋簋、🔲师趛鼎。🔲。

"寅"甲骨文中写作🔲者多见,🔲为"矢",与"寅"古音透纽双声,脂真对转,借为干支字。殆因"弓矢"义使用较多,甲骨文遂于表干支义的🔲上加"—""口"等区别符号作🔲、🔲、🔲,有时则是增加双手形作🔲。金文多作🔲,短横与双手形均有。在此基础上,箭簇形渐成"∩",捧矢之🔲🔲笔画粘合,遂成🔲古陶文、🔲睡虎地秦简文字。小篆作🔲,箭簇变化最大,其他构件仍能大致见其演化之迹。金文多饰笔,还有作🔲师趛鼎、🔲录伯簋、🔲师奎父鼎者,后世不传,对字形演变影响不大。

(4) 卯。🔲、🔲。🔲友簋、🔲旅鼎。🔲。

作干支用时为假借字。"卯"之造意由字形已难推知。卜辞多见卯几牛、卯几羊、卯几牢,用为动词,王国维"疑卯即刘之假借

---

① 地支"巳"也借"子"为之。李孝定云:"十二辰中有二子字,各据一形而不相乱者,以子巳之音本近而鼅子之形各殊故也。"(李孝定:《甲骨文字集释》,中研院史语所专刊,1965。)

021

字"①,《释诂》:"刘,杀也。"卜辞用为动词时义或为杀。

(5) 辰。☒、☒、☒矢方彝、☒伯晨鼎、☒。

"辰"为"蜃"之本字,《说文》:"祳,社肉,盛以蜃,故谓之祳。""蜃"为古之耕器,《淮南子·泛论训》有"古者剡耜而耕,摩蜃而耨",高诱注:"蜃,大蛤,摩令利,用之耨。"《玉篇》:"蜃,大蛤也。"也就是说"辰"本为用大蛤打磨加工而成的一种农具,往往用于除草木之类的农活。农事相关之字多从"辰",如辱、蓐、耨、晨、農、晨等。"辰"专用为干支字后,加手(寸)作"辱"以示持蜃劳作。后"辱"借作耻辱字,遂加农作对象"艹"作"蓐",或添加农作工具"耒"作"耨"。《说文》:"晨,早昧爽也。"因农作往往是夙兴夜寐,"晨"本为加双手形(臼),构意实与"辱"相同,指劳作开始的时间当为引申义。《说文》:"農,耕也。从晨囟声。""晨"为义符,即耕义之所源来。《说文》:"晨,房星;为民田时者。""晶"为"星"之本字,"晨"即辰星,指示农时之星宿。

(6) 巳。☒、☒、☒、☒、☒辛巳簋、☒吴王光鑑、☒毛公𨌷鼎、☒。

"巳"在甲骨文中与"子孙"之"子"为一形,本象襁褓中的婴儿之形。借为干支字。甲骨文中还有☒、☒、☒等形,当为☒、☒之书写变体。先秦货币文作☒,小篆作☒,均是沿☒之路径的书体。《说文》云巳象蛇形,乃据已变化之形体立说,不足据。

(7) 午。☒、☒、☒、☒效卣、☒陈侯午錞、☒弔朕匜、☒。

"午"甲骨文有作☒,亦有填实作☒,还有将填实的两点简写成短横作☒者。《玉篇》《广韵》均云:"午,交也。"从☒形看正象交午之绳索形。午时为上下午交替时段,抽象的时间概念无形可象,遂借形象的绳索相交接来示之。金文仍可见到☒效卣,然☒、☒二形也十

---

① 王国维:《戬寿堂所藏殷墟文字考释》,上海仓圣明智大学,1917年石印本。

分普遍,殆为误以为象杵形而导致的形体讹变。上一填实的点形讹变作▲。♆为小篆￥之所本,也是后世认为"午"系"杵"之初文所本。① 然以"午"之最初形来看,殆非舂杵形。文字之形愈古,愈易见其初义。

(8) 未。¥、¥、¥。¥史獸鼎、¥矢尊、¥。

"未"字学界多认为是在"木"的基础上创制。卜辞中屡见¥形,下半之"木"尤为清晰。与"木"相较,该字形甲骨文最突出的特征是上半部分基本为"业"形。业究竟象什么,至今未有统一意见。郭沫若以为象穗形,叶玉森以为象木之末。甲骨文"ᢩ(禾)""ﾊ(黍)"均有表现穗形,均着意表现其下垂状,无一如此向上伸展者,郭说或可商。"末"甲骨文未见,然金文有之,作ᴚ,于"木"之上部加指事符号示末梢之意。造字方法与"朱(ᴚ)""本"相似。叶说亦难使人信服。《说文》:"ᴚ,味也。六月,滋味也。五行,木老于未。象木重枝叶也。"许慎以为象重叠的枝叶,似乎仍保留了一些线索。该字或本为"木",借为干支字后,因"木"常用,为区别开来,遂在形体上有所改易,延长其枝条。地支字中多有被借后,为与原字相区别而变得繁复者,如前文讨论的"子""寅"。"木"字金文也有作¥木工鼎、¥散盘者,枝条向上伸展。"未"字甲骨文也有径作¥、¥者,与"木"差异很小。金文"未"则为与"木"相别,刻意复写上半枝条,作¥或¥。另甲骨文有"ᛦ",于省吾先生以为"象木形,上象其枝条,视而可识。……虽象木形,其非木字,自不待言。此字之特征,即上部作枝条弯曲形。……当象木条形,即條之古文也。"② 而¥、¥则枝条平直,或非着力表现的对象,可能是为区别于"木"而进行的改易。木未古音

---

① 林义光、饶炯、杨树达等主此说。
② 于省吾:《释條》,见《双剑誃殷契骈枝》,中华书局,2009。

同在明纽，疑本同源，后衍为两字。

(9) 申。⚡、⚡、⚡、⚡。⚡丙申角、⚡竞卣、⚡戈弔鼎、⚡窦儿鼎、⚡此簋。申。

甲骨文"申"象电形。《说文》载"虹"之籀文作🀄，从申，云："申，電也。"因虹往往是雷雨过后才出现，而闪电雷雨往往相关联，故从申。① 小篆作申，是形体讹变的结果。甲骨文、金文均未见从⚡的"申"。金文中除与甲骨文基本相同的⚡形外，还有一些笔画美化变形的写法，如⚡竞卣、⚡戈弔鼎、⚡窦儿鼎、⚡此簋。后⚡渐成直线，⚡、⚡变作⚡、⚡，睡虎地秦简就写作申，小篆与之同。今之"申"是两手形笔画粘连后的结果。借为地支字后，于原形上加雨作"電"以表其本义。"神"也是在"申"的基础上衍生出的新字。《说文》："申，神也。"郭沫若先生发现克鼎、杜伯盨有直接用"申"为"神"者。② 商承祚先生云："初民浑噩，穴居野处，或不能蔽风雨。一旦迅雷风烈，触电而死。电降自天，见而畏之，乃以为神。"③ 从先民心理的角度揣摩了"申"用为"神"的原因。疑"神"为后起孳乳字，文字发展中类似的情形颇多，如"祖""禮"等所从之"礻"均为后加，因这些字与祭祀有关，"示"为祭台，后人遂加"示"以更清楚地提示其意义。《说文》还收有"魖"，也训为"神"。殆"鬼"为祭祀对象，故也可提示与"礻"相似的意义。

(10) 酉。⚡、⚡、⚡、⚡臣辰盉、⚡永盂、⚡。

甲骨文"酉"象酒器形，借为地支字。《说文》酉部字意义多

---

① "虹"从虫则是因为古人以为虹是雨后出现的一种动物。《说文》："螮蝀也。状似虫。"《尔雅·释天》："虹双出，色鲜盛者为雄，雄曰虹。暗者为雌，雌曰蜺。"甲骨文"虹"作⚡，正像双出之虫。卜辞有"有出虹自北，饮于河"，可见这种观念由来已久。
② 郭沫若：《释支干》，见《郭沫若全集·考古编·甲骨文字研究》，科学出版社，1982，第214页。
③ 商承祚：《字说》，《师大国文学会丛刊》1924年第一卷第二期，1924。

与酒有关，如"釀，作酒曰釀"、"酴，酒母也""醨，下酒也""醥，浊酒也""醲，厚酒也""醰，酒味苦也""酌，盛酒行觞也""酣，酒乐也""醺，醉也""醒，醉解也"等等。《说文》所载"酉"之古文作丣形，或为后世因其引申义而仿"卯"新创。"卯"小篆作卯，为5~7时，为开始工作的时间，今俗语仍有"打个卯"的说法。"酉"为17~19时，为停止工作时间。所谓"日出而作，日落而息"。这样"卯""酉"就形成了一对反义词。《说文》云："卯为春门，万物已出。酉为秋门，万物已入。"在作息义素上一致，由时辰推及季节、由人推及万物，是合乎语言规律的引申。"卯"被解为开，有人仿之将其上封口，以示关之义，于是就有了丣。

(11) 戌。𢍺、𢍺、戌_{师虎簋}、戌_{㝬簋}、戌_{颂壶}。戌。

甲骨文"戌"上半部多作卜，象一展口利器，下象戈柲，其形制与斧钺颇似，本为一种兵器。甲骨文"斧"作𠂇，从斤父声。甲骨文中"斤"及作构件的"斤"均作𠂇，写得过于简捷，看不出细节，于省吾先生以为字形"已有讹变，犹非斤之初文"，其初文为𠂇。^① 有人以为上为横刃，下为曲柄。甲骨文"戊"作𢍺、𢍺，上部之形多为圆刃。可见，"戌"与斧钺形制虽相似，但可能并非一器。张日升曰："戌象广刃之兵，其特点在器身粗阔，略小于刃，与今之斧最似。戌与戊戉歲等皆为广刃兵器，形制大同小异，然不同混为一也。"^② 李孝定然之，云："戌、戊、戉皆为兵器象形，盖其形制相近，故字形亦相类。"^③ 张李二位先生得之矣。殆古之兵器形制稍异则各有专名，后渐失传，后世遂不知，或统称为一名矣。如斧、钺本有小异，后不再细究，笼统并称。又如《诗·大雅·公

---

① 于省吾：《释斤》，《甲骨文字释林》，商务印书馆，2010，第341页。
② 周法高主编《金文诂林》，香港中文大学出版社，1975，第8439页。
③ 李孝定：《〈金文诂林〉读后记》，卷十四，中研院史语所，1992年2月。

刘》："弓矢斯张，干戈戚扬"，"干"甲骨文作 ▆，"戈"甲骨文作 ▆，因常配套使用，典籍里多有并称。"戉"假借为地支字后，本义因器物湮灭而不再使用，犹"我"借自兵器"▆"，后这种形制的兵器消失，该形遂成为第一人称代词之专字矣。与"戊"相较，"戌"多一短横。由金文可清晰看到此一短横的来源：▆、▆、▆——▆ 形在书写中笔画逐渐分离而成。

（12）亥。▆、▆、▆ 天亡簋、▆ 扬鼎、▆ 王孙钟、▆ 钟伯鼎、▆ 子璋钟、▆ 王孙寿甗、▆。

"亥"甲骨文中用为干支字和人名，人名实来源于干支，卜辞中所见先公先王名多用干支字，如上甲、报乙、报丙、报丁、示壬、示癸等。"亥"本义为何，已不可考。吴其昌、商承祚等疑其为"豕"，非也。一则字形有别，甲骨文"豕"作 ▆，象豕之短尾硕腹；二则文献无征，《说文》从亥之字均不见豕义。因商人的图腾为玄鸟①，故卜辞有将"王亥"之"亥"加隹作 ▆ 者。甲骨文"亥"上均仅一横，至金文始有加饰一笔，作 ▆ 钟伯鼎、▆ 子璋钟、▆ 王孙寿甗者，小篆字形沿袭了这一横，作 ▆，其下半也由原来一个部件讹变为两个部件了，遂有《说文》所谓"一人男，一人女也"之误释。

结　语

数目干支属于比较抽象的概念，无可取象，故多假借其他字或用符号来表示。有的字后来为本义造出了新的字形，旧形遂为借字所专，如"七"。而有的字其本身就一直是常用字，为与原字相区别，不少字在形体上进行了一定的调整，有的是有意变化笔形，如"巳""未"，更多的为加区别性的笔画或部件，如"五""六"

---

① 《诗经·商颂·玄鸟》："天命玄鸟，降而生商"，可为佐证。

"百""甲""寅"。有的字形在演变中笔画发生粘连、离析、变形，如"申"，理据渐隐，增加了追溯本原的难度。还有一些字过于抽象或因其取象之物早已湮没，而更远古的文字尚未发现，加之文献资料也无相关线索，欲推析其造字之本原自然困难重重，有的甚至已无可能。

前辈学者因为资料的匮乏，难免有一些主观想象成分过多的讨论，有些错误甚至仅通过文字材料的排比即可明晰其解说之失，但不能因此而否定前辈学者的贡献。学术研究正是在前人的基础上，不断讨论、不断反思而不断进步的。

第二节　天文地理字溯源①

在人类对自然界依赖程度很高的时代，日月风云、山川河流等对人类生存的影响几乎是决定性的。相关字的产生必定较为古远。《春秋元命苞》说仓颉"穷天地之变，仰观奎星圜曲之势，俯察龟文、鸟羽、山川、指掌，而创文字"。虽然是传说，但也反映了天文地理字产生的年代之古，它们的创制蕴含着造字年代人类对自然现象的认识。

一　天文

（1）天。𠂇、𠀑、𠀒、𠀓。𠂭禾作父乙簋、𠂭默钟、𠀑史颂簋、𠀒洹子孟姜壶、𠀓。甲骨文"大"作𠂇、𠂉，象人形，与"天"的甲骨文相较，区

---

① 本节曾以《天文地理字溯源》为题发表于《重庆师范大学学报》（哲学社会科学版）2015 年第 1 期。此略有修改。

别在于其头部①，诚如王国维所云："所以独坟其首者，正特著其所象之处也。"②"天"的本义指人的头顶，引申之则凡物之颠顶皆谓之天。《说文》："天，颠也""颠，顶也"。"颠""顶"二字均从页，甲骨文"页"作🈳，人的头部尤为凸显，故古从页之字均与头部有关，如頭、颅、颜、题、额、颊、颌、颔、颈、项、领、硕、颗、颁、顾、顿、鬒、領③等。许慎以颠训天，殆因天颠同源。《山海经》："刑天与帝争神，帝断其首，乃以乳为目，脐为口，操干戚以舞。"刑天因"帝断其首"而得名，就是他的天被刑了，犹英布受过黥刑而被称为黥布矣。《易·睽卦》："其人天且劓"，虞翻注："黥额为天。""天"大概即秦之凿颠，《汉书·刑法志》："秦用商鞅，连相坐之法，造参夷之诛；增加肉刑、大辟，有凿颠、抽胁、镬亨之刑。""天"在甲骨文中多有简省之文，🈳即将人形上之头形简作短横，后又于其上加短横以示其所在而成🈳，🈳则为🈳之变体。⑤金文情形与甲骨文相仿，可见字之本义书写者是明了于胸的，但在实际书写中时有因草率而致笔画相粘连者。小篆页系在🈳的基础上演化而成，"∩"为两臂变化而成。

（2）日。▭、⌒、☉、🈳、▢。○日癸簋、☉师虎簋、▭服尊、▢。"日"本象日形，甲骨质地坚硬，刀笔不易作圆形，故多为方

---

① 前贤发现卜辞中"天""大"常相混，"天邑商"即"大邑商"，"天乙"即"大乙"，"天戊"即"大戊"。徐中舒更是指出"天"字："卜辞中仅个别辞例用为颠顶之义，其余各处皆当读为大。"（徐中舒主编《甲骨文字典》，四川辞书出版社，1998，第4页）
② 王国维：《释天》，见《观堂集林》，中华书局，1959，第282页。
③ 《说文》："頭，首也。""颅，首骨也。""颜，眉目之间也。""题，额也。""领，项也。""硕，头大也。""颗，小头也。""颁，大头也。""顾，环视也。""顿，下首也。""鬒，鬒领也。""領，鬒领也。"
④ 唐兰先生指出古人"凡字首是横画，常加一画"（唐兰：《古文字学导论》，齐鲁书社，1981，第224页）。确为客观事实，有些短横画仅为饰笔，无特别含义。
⑤ 与🈳省作🈳，又加横成🈳情况相似的有"正"，甲骨文作🈳，金文作🈳陈侯鼎，亦有加横作🈳钟伯鼎者。

形或不规则多边形，中空处一般有一点或一短横、短竖，以短横居多，有时中空处无笔画。金文外框近于圆形，中间多有点或短横。甲骨文、金文于中空处常加点或横，客观上增加了与"口"的区别。有人以为点画为太阳黑子、踆乌、充盈之意等，于省吾先生认为"必欲以日字中间之点画为实有所象，未免任意附会"。因为"在先秦古文字，尤期是较早的古文字中，日字中间之有无点、画，并不十分严格。"① 于说得之。

（3）月。）、）、D。D 妣卣、⌓ 殷穀盘、⌓ 筝儿钟、⌓ 鄂君启舟节。⌓。

月之常态为缺形，故甲骨文作）。客观上也与"日"区别开来，使文字体系不致混乱。月中加点者本为"夕"，加点的目的是为与"月"相区别，然二字甲骨文中就有相混的情况，"在偏旁中则互见较多"②。金文"夕"多作 D，月形中无点画，少数情况作 D 仲殷父簋、D 曆鼎。何以出现与甲骨文相反的情况？一则"月""夕"意义相近，造字时又关系密切。再则"月"为常用字，金文追求庄重典雅往往有笔形变化且多饰笔，遂常以"夕"为"月"。字形演变之迹大致为：）→⌓ 鄂君启舟节→⌓ 东周左师壶→⌓ 先秦货币文→⌓ 睡虎地秦简文→⌓。

（4）星。晶、品、品；曐、曑；曐 麓伯星父簋。星。

"星"之本字作 品③，象闪耀的星星，依形隶写即"晶"。《说文》："曑，商星也。从晶㐱声。""曟，房星，为民田时者。从晶辰声。"曑、曟是星名，因此义符均为晶。然甲骨文已有 曐、曐，为象形字加注声符也，犹"鳳"于"鳳"形旁加声符"凡"矣。睡虎地秦简已有省写作"星"者。《说文》："晶，精光也。"当为后起

---

① 于省吾：《释日》，《郑州大学学报》（哲学社会科学版）1982年第1期，第3页。
② 于省吾：《释古文字中附划因声指事字的一例》，见《甲骨文字释林》，中华书局，1999，第450页。
③ "星"之数不可数，故复写之者三，以示其多也。王筠《说文解字句读》"三"下云："三也者，无尽之词也。"

常用义,常用义之别使"晶""星"分为二字矣。

(5) 云。㋛、㋛、㋛。雲。

《说文》:"雲,从雨,云象雲回转形。"甲骨文㋛正象云气回转形。后起字形加注义符"雨",先秦货币文已有增雨作㲼者。后因"云"借为言说之"云","雲""云"遂各司其义,成为两字矣。

(6) 風。㠯、㠯、㠯_{南宫中鼎}、㠯。

罗振玉云:"考卜辞中诸鳳字,义均为風。"① 甲骨文"凤"多假"鳳"为之,一期卜辞均作㠯,后增声符"㠯",㠯二期以后多见。或以为"凤飞,百鸟相随以万数,而风生也""凤飞成风",依文字演变之迹,这类说法可能想象的成分居多。《说文》云:"風,从虫凡声。""凡声"无可疑,然何以"从虫"? 睡虎地秦简文字作㠯,字中似已有"虫"。由㠯而㠯,形体变化何以如此之大?"虫"由何而来? 黄锡全先生指出:"《说文》風字古文作㠯,当由㠯、㠯等形省变。"② 㠯乃凤尾花绘。曾宪通先生申之,认为"虫"可能是因字形相近而误识,实为凤之尾饰,"犹孔雀尾端之钱斑,是凤鸟别于其它鸟类的主要特征,故以之代凤之整体"③。字形演变的大致路径是:㠯→㠯→㠯→㠯→㠯。从甲骨文"鳳"多有作㠯、㠯、㠯等形来看,以其特征鲜明的尾羽来简写之是可能的④,黄、曾二位

---

① 罗振玉:《殷虚书契考释三种》,中华书局,2006,第 447 页。
② 黄锡全:《汗简注释》,武汉大学出版社,1990,第 450 页。
③ 曾宪通:《楚文字释丛(五则)》,《中山大学学报》(社会科学版)1996 年第 3 期,第 64 页。
④ "皇"字金文作㠯_{逨簋}、㠯_{曾仲父盨簋}、㠯_鼎、㠯_{秦公簋},㠯吴大澂、王国维以为象日光放射之形,孙海波、汪荣宝、徐中舒以为象王者冠冕之形。《礼记·王制》:"有虞氏皇而祭。"郑玄注:"皇,冕属也,画羽饰焉。"由是观之,㠯可能本象凤凰尾羽,皇从㠯从王,意指凤凰为鸟中之王,后泛指君王。"皇"为"鳳"之本字,《山海经·南山经》:"丹穴之山,有鸟焉,其状如鸡,五采而文,名曰凤皇。"即用其本形,"皇"指凤的身份,与文献里称伏羲为羲皇、舜为舜帝是相似的。文字演变中凤皇之"皇"被"鳳"同化,外加"凡",后又省作"几"与人皇之"皇"区别开来,进而用为"凤"的近义词,被分别成雄为凤,雌为凰。

先生或得其真，惜于[图]形今仍未见直接资料，[图]也仅见于金文[图]南宫中鼎字作为构件使用之一例。小篆"鳳""風"分成两字，因为凤是鸟类，所以将象凤凰形的义符简作"鳥"，就成了从鸟凡声的"鳳"。而省变变形了的"風"则成为风之专字，并被重新赋予理据，《说文》云："風动虫生。"

（7）气。[图]、[图]洹子孟姜壶、[图]洹子孟姜壶、[图]。

《说文》："气，云气也。象形。"从甲骨文、金文看，"气"之本形正象水气流动形。可能是为与"三"相别，甲骨文"气"多将中间一横写得稍短些作[图]，金文则往往笔画变形作[图]、[图]。于省吾先生发现，甲骨文中"气"的含义有三：气求、迄至、终止。[1] 气求之"气"现作"乞"[2]，迄至之"气"现作"迄"[3]，终止之"气"现作"讫"[4]，均系"气"的孳乳字，三字本从"气"[5]，汉字演变中因意义已与"云气"相去甚远，遂在字形上也有所调整，省其中横。

（8）雨。[图]、[图]、[图]、[图]、[图]、[图]亚止雨鼎、[图]子雨卣、[图]。

甲骨文象雨从天而降，雨滴数多少不拘，时有于字之最上端加横线作者，殆指天之所在或纯为饰笔。金文雨点渐整齐为四滴。先秦货币文多作[图]、睡虎地秦简作[图]，中竖尚未与上横相连。小篆在此基础上中竖上出，遂与今形基本相同。

（9）雪。[图]、[图]、[图]、[图]。金文未见。[图]。

甲骨文"彗"作[图]、[图]、[图]，唐兰先生以为"彗"，"[图]为扫帚，

---

[1] 于省吾：《释气》，见《甲骨文字释林》，中华书局，1999，第80页。
[2] 《博雅》："气，求也。一曰取也。或省文作乞。"徐官的《古今印史》："气、乞本同一字也。后世隶楷以二字易混，乃省一笔以别之。"
[3] 石鼓文"迄"作"[图]"，小篆"迄"作"[图]"，均从气。
[4] 小篆"讫"作"[图]"，从气。
[5] 今字形中写作"乞"的部件小篆多作"气"，除上举"迄""讫"外，还有如"吃"小篆作"[图]"，"齕"作"[图]"，"刉"作"[图]"，"疙"作"[图]"，"杚"作"[图]"，"忔"作"[图]"，"汔"作"[图]"，"纥"作"[图]"，"鈠"作"[图]"，等等。

031

乃状其器""作̇者并象尘土之状""卜辞或假为霉"①。从雨从彗,依形隶定当为"霉",殆雪降纷纷扬扬似雨状,而能以扫帚打扫,故从雨从彗。卜辞或从二又作,罗振玉曰:"雪为凝雨,得以手取之。"②

（10）雷。、、、、对罍、洹子孟姜壶、泊罍、陵方罍、。甲骨文字形中的为电形,即"申"字,《说文》"虹"字条下曰:"籀文虹从申。申,电也。"周遭的点形疑为雷声之象,犹"彭"之作、③,点形为鼓声。中的为点形之变。因声音往往由口发出,甲骨文"雷"或有将点写作"口"作者。④还有将点写作表声响的"田"作者,《礼记·问丧》:"殷殷田田,如坏墙然。"陈澔《礼记集说》:"田田,击之声也。"袁枚《新齐谐·夏太史说三事》:"殷殷田田,群响杂沓。"也是以"田田"拟声。《孟子·梁惠王上》"填然鼓之",《楚辞·九歌》"雷填填矣雨冥冥",潘岳《藉田赋》"震震填填,尘驽连天",《隋书·音乐志中》"设簴设业,鞉鼓填填",夏完淳《观涛》"海女霓旌乍有无,雷鼓填填屏翳怒"等句中"填"与"田"古音同⑤,为拟声词。在文字规范观念还不严格的时代,拟声词往往有多种写法,如"叮咚"与"丁冬""丁东","吧嗒"与"吧哒""叭哒""叭嗒","滴答"与"嘀嗒","咔嚓"与"喀嚓","扑通"与"噗通"等。"雷"的金文则将田然之声相连,连接""的线条无定则,示雷声连绵不绝也。雷电与雨总是相关联的,金文中已有加雨作盖驹尊者。形体演变中电形渐隐,人们书写时着力表现雷声与雨形,包山楚简

---

① 唐兰:《殷虚文字记》,中华书局,1981,第19页。
② 罗振玉:《殷虚书契考释三种》,中华书局,2006,第394页。
③ "彭"为"嘭"之本字。《说文》:"彭,鼓声也。"
④ 甲骨文"口"无论单字还是作部件用均作,与迥别。
⑤ "田""填"上古音均为真部定母,《广韵》均注:"徒年切。"

作🦎，睡虎地秦简作🦎。小篆与秦简文字基本相同。马王堆帛书🦎、🦎并存，开始出现仅写一田形的"雷"。

（11）电。🦎、🦎、🦎、🦎、🦎、🦎、🦎、🦎、🦎。霓。

"电"本作"申"。《说文》："電，从雨从申。""雨"为后加，犹"雷"字构件"雨"为后加矣。长沙出土的战国缯书作🦎，是目前所见最早增"雨"的字形。上加"雨"，遂与"申"分为两字。

（12）虹。🦎、🦎。虹。

《山海经·海外东经》："虹虹在其北，各有两首。"①🦎正象两首形，与神话传说吻合。卜辞云："有出虹自北饮于河。"典籍也多有虹饮水的传说记载，如"世传虹能入溪涧饮水"（《梦溪笔谈》）、"长虹饮大江"（纳西族《创世纪》）。甲骨文字形象一个有两个头、张着大口的龙形动物。《尔雅·释天》："虹双出，色鲜盛者为雄，雄曰虹。暗者为雌，雌曰霓。"将"虹"释为两条。然无论一条还是两条，都说明古人认为"虹"是一种常于雨后出现的生物，这也可以明白小篆"虹"何以从虫了。于省吾先生指出："形声字有形兼声，声兼形义者，如虹字是矣。"认为"虹"字虫形含音、工声有形义，"虫"为"虺"的本字，"虺虹双声"，"工字横列，有似古文虹形，工字又含高空之义。"②

（13）晕。🦎、🦎。晕。

《说文》："晕，日月气也。"甲骨文🦎，字形象日之周遭光晕环绕，当为"晕"之本字，小篆"🦎""从日军声"为后起形声字。卜辞中有"晕"的句子常有"风""雨"，如"辛未卜，（殻）贞：翌壬（申）帝不（令）雨？壬（申）晕"。（《殷虚文字缀合》

---

① "虹"为"虹"之异体字，犹"羣"与"群"、"峯"与"峰"、"鵞"与"鹅"，均为变化构字部件的组合位置而形成。
② 于省吾：《释虹》，见《双剑誃殷契骈枝》，中华书局，2009。

一一五)、"乙酉晕,旬癸巳[图],甲午雨"(《小屯·殷虚文字乙编》五三二三),记录的大概是"晕"与"雨"的关系,说明古人早已开始通过"晕"来观测天气了。古谚"日晕三更雨,月晕午时风"正是人们长期观察日晕、月晕现象的经验总结。《易·系辞上》曰:"天垂象,见吉凶。"古人认为天象蕴藏着吉凶信息,常通过观察天象来预测吉凶。《周礼·春官·眡祲》:"眡祲掌十煇之法,以观妖祥,辨吉凶。"① 说的就是眡祲通过观察"晕"来预测吉凶。郑玄注引郑司农云:"煇,谓日光炁也。"孙诒让《周礼正义》:"煇、晖为日月光气之通名。秦汉以后,天官家以为气围绕日月之专名。"也就是说,"煇"古义同"晕"。"十煇"具体指十种光气现象,可见古人对"晕"的分类之细致。卜辞有"癸巳卜,贞:今其有祸?甲午晕"。(《柏根氏旧藏甲骨卜辞》二)反映了殷人以日晕为不祥之兆。

(14) 昃。[图]、[图]、[图] 滕侯昊戟。[图]。

甲骨文"大"作[图],象一四肢舒展的人形,"昃"多刻意将人形斜置作[图],或写作[图](矢),其上部躯干有倾斜状,当为有意为之。也有径作"大"者。商承祚先生云:"从矢之字古文或从大,见金文吴字。"②《说文》:"厢,日在西方时,侧也。从日仄声。"甲骨文有意改变构件"大"的位置和笔形,正为表现日在人侧、太阳西斜之意。徐铉曰:"今俗别作昗,非是。"徐说有误,俗作仍保留了"厢"之初形,金文[图]与"昊"相仿。古玺文多作[图],均将侧身之人形直接写作"矢"或"大",石刻篆文[图]"厢"并见。小篆[图]从日仄声,为形声字,"昃"将义符移至顶部。意小篆

---

① 眡祲,古官名,掌望气预言灾祥之事。眡,郑玄注:"眡音视,本又作视。"祲,郑司农注:"谓日旁云气。"

② 商承祚:《〈石刻篆文编〉字说(二十七则)》,《中山大学学报》(哲学社会科学版)1980年第1期,第93页。

部件"厂"由"𠂇"之上部"⌒"讹变而来,"儿"则为"𠂇"之下半"人"演变而来,即在字形演变过程中"大"分解成了"厂"和"人"两个部件,这样,"𠂇"就演变成了"㫃","𠂇"则演变成了"厢"。

（15）旦。🌑、🌑。🌑₍颂壶₎、🌑₍吴方彝₎、🌑₍休盘₎、旦。

"旦"字甲骨文字形上为"日"形,下为不规则虚框,金文多填实之且与上"日"形相接,仅休盘两部分分开,且下半部分近于横。诸家均以为"旦"为日初升时,然于其字形之析解则未有一致意见。许慎以为："从日见一上。一,地也。"吴大澂以为："象日初出未离于地也。"[1] 于省吾以为："从日丁声。丁旦双声,并端母字。契文丁字作□、◇,与旦字下从之虚匡形同。"[2] 徐中舒以为："从日从□,□即日之影。"[3] 除于先生以为丁声外,其他学者均从"日初出之时"出发进行联想。"丁"字在甲骨文中变形甚多,不排除"旦"之下半书写上形体与之近似,此姑从众,"旦"可能与日出有关。"旦"殆为日初升时太阳在水面的投影,金文形象地表现了水天相接处太阳与水中影像仍未分离的状态。人类文明的起源与水紧密相关,"旦"可能是在大江大河边所见的日出景象。古陶文作🌑、侯马盟书作🌑、包山楚简作🌑、睡虎地秦简作旦,字之下半部分已写作横矣。

（16）朝。🌿、🌿。🌿₍事族簋₎、🌿₍克盨₎、🌿₍矢方彝₎、🌿₍孟鼎₎、🌿₍先兽鼎₎。🌿。

"🌿"罗振玉、王国维、唐兰、徐中舒释"朝",商承祚、王襄、郭沫若、李孝定释"萌"。愈古老之字,其图画色彩愈浓,🌿形罗振玉云："日已出䓍中,而月犹未没。"以甲骨文"莫"作🌿、🌿较之,🌿多一"月",罗说盖得之矣。唐兰先生发现卜辞中有🌿与

---

[1] 吴大澂：《说文古籀补》,卷七,中国书店,1990。
[2] 于省吾：《释昌》,见《双剑誃殷契骈枝三编》,中华书局,2009。
[3] 徐中舒主编《甲骨文字典》,四川辞书出版社,1998,第730页。

"莫""昏"相对使用者,从意义上给予罗说重要佐证。"朝"甲骨文或作🌿,古草木时有通作也,不影响整体字义的传达。金文"朝"无一从月,甲骨文、金文间从字形上难以追寻到清晰的演变痕迹,且小篆"朝"在字形上与"🌿"更为接近,因此,学界对"🌿"至今仍有不同意见。金文🌿、朝是古"潮"字,可隶写作"淖",陈侯因資錞径作"淖",小篆"淖"与之同。《说文》:"淖,水朝宗于海。从水,朝省。"水朝宗于海犹诸侯、群臣朝见天子也,故金文常用作朝见字。又古代上朝常在早晨,典籍多有反映,如:《诗·齐风·鸡鸣》:"鸡既鸣矣,朝既盈矣。"《孟子·公孙丑》:"朝将视朝。"《左传》:"盛服将朝,尚早,坐而假寐。"《后汉书·光武帝纪》:"每旦视朝,日昃乃罢。"可见,"朝暮"之"朝"与"朝见"之"朝"有密切关联。可能正因为此,金文遂以"朝见"字为"朝暮"字,于是,金文中未见🌿、🌿字形的进一步演变。至于🌿、朝到朝的演变,当有书写之讹的因素。"朝"古陶文作朝、朝,睡虎地秦简作朝、朝、月、月、丨当为月、月之讹,示水之点讹作横画矣,《说文》遂误以为"舟",加上舟水本相关,从字理上似乎也讲得通。至于朝右上之人殆由月(舟)上半之曲笔讹化分离而成。《说文》:"朝,旦也。从倝舟声。"系据已变化之小篆形体立说,殆有未当,字本当由中、日、水组成。

(17) 莫。🌿、🌿、🌿、🌿、🌿、🌿、🌿、🌿、🌿。🌿散盘、🌿工敔太子剑、🌿条莫父卣、🌿。

"莫"的小篆字形与甲骨文、金文颇似,易于判断。甲骨文中或有从茻、林者,与舛、艸同也,古中、木常有通作,艸与林、舛与茻互作自然十分常见。《说文》:"莫,日且冥也。"解释的正是其本义,字形象日降于草木之中,即太阳落山的写照。后借用为否定代词"没有谁",进而又单纯作否定词用,遂造"暮"以表其本义,复增一"日",实叠床架屋也。

(18) 昏。🗚、🗚。金文未见。🗚。

🗚下半为日，上半为何，未有确论。《说文》："日冥也。从日氐省。氐者，下也。一曰民声。"金文"氐"作🗚尹氏匜、🗚召伯簋、🗚齐鞄氏钟，与"🗚"上半颇近，然"氏"甲骨文作🗚、🗚，其主要部分写法与甲骨文里的人近似，与"🗚""🗚"上半区别明显。而金文"氏"作🗚虢金氏孙盘，与"🗚"上半区别在一横，《说文》云"氏省"是因为氏有至于地的意思，在柢、低、底的意义中均有一定表现。《说文》云："一曰民声。"本就是有问题的，对字形析解也毫无作用。段玉裁已辩其非："此四字盖浅人所增，非许本书，宜删。凡全书内昏声之字皆不从民。""民"金文作🗚，与"🗚""🗚"上半形近而有别。总之，该字意义已明晰，但字形仍有未解之处。典籍中多有用为婚姻字，如《诗·邶风》："宴尔新昏。"《礼记·昏义》："昏礼者，将合二姓之好，上以事宗庙，而下以继后世也。"《左传·昭公二十五年》："为父子，兄弟，姑姊，甥舅，昏媾，姻亚。"《仪礼·士昏礼》贾公彦疏引郑玄说："士娶妻之礼，以昏为期，因而名焉。"看来，"婚"本作"昏"。当然，字义引申后，往往会在字形上有所调整，《诅楚文·湫渊》有"🗚"，已有从女之"婚"。[①]

二 地理

（1）山。🗚。🗚父戊尊、🗚且庚觚、🗚克鼎、🗚中山王𰻝鼎、🗚。
甲骨文"山"象峰峦连绵，"火"作🗚，象火焰形，二字形体

[①] 金文有"婚"作🗚毛公鼎、🗚受季良父壶，王国维先生以为："从古文爵从女。古者女初至，爵以礼之。"（《史籀篇疏证》）《仪礼·士昏礼》有："父醴女而俟迎者，母南面于房外。女出于母左，父西面戒之。"按《仪礼》的记载，"爵以礼之"当为新娘的父亲送女出嫁时的行为，非初到婿家公公迎接的礼仪，王说小有疏失。金文🗚与诅楚文🗚是不同造字法造出的字。🗚为会意字，🗚为形声兼会意字。小篆"婚"作🗚，以"从女从昏，昏亦声"之"婚"为正字。

颇近，"山"写的棱角清晰些。金文"山"渐将山峰简写作竖线，遂与小篆基本相同。

（2）土。❍、❏、❏、❏。土孟鼎、土毫鼎、土土勻錍。土。

"土"甲骨文本象地上的土块形，或加点，示飞扬之尘土也。金文"土"与甲骨文"❍"在写法上其实有直接的承继关系，犹"丁"甲骨文作"❏"，而金文则填实之作"●"。为书写之便，金文中已多有将肥笔简作点者，如土敖司土尊、土盠方尊、土昌壶、土毫鼎。进而又将点写作短横，作土哀成弔鼎、土吴王孙无土鼎、土土勻錍、土公子土斧壶。① 遂与后世通用之"土"字形基本相同。

（3）埜。埜、埜克鼎、埜畬志鼎。野。

从甲骨文、金文看，"野"本作"埜"，《说文》："野，郊外也。"释的是其本义。《诗·鲁颂》："駉駉牡马，在坰之野。"毛传："邑外曰郊，郊外曰野。"野在郊外，离城邑更远，常有树林泥土，故从林从土。或以为"埜"为"壄"省予，但从"野"字形演变的实际情形看，"埜"在"壄"之先，从"予"之"壄"为后起字形。② 《说文》云："野，予声。"这样看来，"予"可能是形声化过程中在旧字形上加的声符，但观其字形递变之迹，"予"更可能是书写讹变的结果。古陶文有埜、埜，当为"埜"之异体，将部件"林"换作"田""吕"，因它们同为郊野常见之物也。"田"在野外，"吕"可能系田边歇息之棚舍，古代农忙时节人们常居住于田间。《诗·小雅·信南山》："中田有庐，疆场有瓜。"郑玄笺："农人作庐焉，以便田事。"《说文》："庐，寄也。秋冬去，春夏居。"反映了古代田边是有一些小型房屋建筑的。甲骨文"宫"作

---

① 文字演变中多有由点变横者，如"十"：丨甲骨文→十卯簋、十鄂君启舟节→十小篆；"壬"：工甲骨文→工昌鼎、工汤弔盘→王小篆。

② "埜"之异体"壄"疑是"壄"之讹变，讹"予"为"矛"也。

"㠯",字形中有类似部件,"㠯"象可居之所,较宫简陋。睡虎地秦简"㙑"作㙑、㙑,部件㠯就是"予"之前身。而㠯殆为㠯之连写,如"宫"甲骨文有作㝡、㝡、㝡,金文有作㝡右宫矛、右㠯君壶等。后㠯与下"土"形中竖相粘连而作㙑,遂成"予"。"田"与"土"相粘连作里,即"里"。汉印㙑、㙑、㙑、㙑并现,仍可见字形讹变的线索。

(4)林。㫃。㫃卓林父簋。㫃。

"林"字形变化不大,以并排的二木会树林之意。

(5)森。㫃。㫃。

"森"以三木会树木繁密之意。古"三"常表多数,如三思而行、三缄其口。前文论及"星"之甲骨文也是以三颗闪耀的星星来表示所有的星星。

(6)𨸏。𨸏。𨸏。𨸏。

字形象崖壁旁有阶梯。《说文》:"𨸏,大陆,山无石者。"《释名》:"土山曰阜,言高厚也。"土山为其本义,高厚系由山引申而来。《说文》从"𨸏"之字多与台阶、高峻有关,如"阶,陛也""陟,登也""陵,陗高也"等。现行汉字从"阝"之字,实际有两系,在字形中居左的为"𨸏",居右的为"邑",邑者,人聚居之地也。小篆字形二者区别甚是分明,如"阶"作㙑、"陟"作㙑、"陵"作㙑,而"邦"作㙑、"都"作㙑、"鄙"作㙑。①

(7)谷。㫃。㫃启卣、㫃启尊。㫃。

甲骨文字形象水出山谷形。《说文》:"泉出通川为谷。从水半见,出于口。"《尔雅·释水》:"水注谿曰谷。"李孝定先生云:"疑字本从㫃口会意。两山分处是为谷矣。口则象谷口也。"② 可备一说,

---

① 作姓氏的字一般从邑,如邓、郑、郝、邵、邢、郭、鄢、郎、邱,然"陳"却从𨸏,《说文》:"陳,宛丘。舜后妫满之所封。"因其本义为丘,故从𨸏。
② 李孝定:《甲骨文字集释》,中研院史语所,1965,第3415页。

客观事物之形态特征难免有相似之处,在保留着较多象形意味的文字时代,造字书写时也难以将它们截然区分,⺁象山分界处、象水流形均有一定可能性。稻谷之"谷"本作"穀",从禾殼声,二字仅音同,意义无任何关联。然典籍中偶有相互借用,如:《诗·国风·邶风》:"习习谷风,以阴以雨。"邢昺疏引孙炎曰:"谷之言穀。穀,生也;谷风者,生长之风也。"《前汉·王莽传》:"其夕穀风迅疾,从东北来。"颜师古注:"穀风,即谷风。"汉字简化时,以同音替代的方式,用笔画少的"谷"兼表"谷""穀"两字。

(8) 水。 ※、※、※、※。 ※沈子它簋、※同簋。※。

"水"本象水流形,※象水流、点示水。甲骨文、金文象形意味十足。

(9) 川。※、※、※。※矢簋、※启卣。※。

"川"为河流之通称。罗振玉、商承祚、孙海波以为※象畔岸,杨树达以为※象水形,以杨说为是。孙海波、商承祚讨论"州"的甲骨文、金文形体※、※时,均以为两旁象川流之形,中象高地。①"※""※"之"※"当无别。甲骨文"水"之中画作※,象流淌的水流,作部件使用时常有写作※者②,如"河"多有作※,"涂"有作※,"淮"有作※,"汝"有作※,"洹"有作※,"衍"作※,"渊"作※。《说文》:"※,水小流也。""※,水流浍浍也。方百里为巜,广二寻,深二仞。""巛,贯穿通流水也。《虞书》曰:'濬く巜,距川。'言深く巜之水会为川也。"可见,许慎是以※为水的,※、※、巛之别在于水流大小不同。"※"正是为强调水流状而增两旁的※,也与※相区别。

---

① 详见孙海波《中国文字学》,文求堂书店,1941,第52页;商承祚:《说文中之古文考》,上海古籍出版社,1983,第99页。
② 罗振玉也曾言:"卜辞从水之字多省作※。"(罗振玉:《殷虚书契考释三种》,中华书局,2006,第404页。)

（10）州。〔甲骨文〕。〔井侯簋〕、〔散盘〕、〔小篆〕。

《说文》："水中可居曰州。周绕其旁。从重川。""水中可居"训的即是其本义，但云"从重川"则有未当。从甲骨文、金文字形看，象水流中有一块陆地。人类文明的起源与水息息相关，远古时代，人们多临水而居，故古有九州之说，今地名中也有不少仍用州者，如荆州、郑州、杭州等。小篆〔州〕可能为突出水中陆地，故复写之。写作"州"者，又系〔州〕之变。石刻篆文中〔景君铭额〕、〔魏元丕碑额〕并存。"洲"则是"州"的后起分化字。因人类聚居地成为"州"的常用义后，为表水中陆地之义，加义符"氵"提示之。

（11）河。〔甲骨文〕、〔甲骨文〕、〔甲骨文〕、〔同簋〕。〔小篆〕。

甲骨文"〔〕"为形声字，从水何声。"〔〕"为"〔〕"之简写形。"何"甲骨文作〔〕、〔〕、〔〕，象人荷物形，李孝定、徐中舒以为象人荷戈，以甲骨文字形看，所荷之物形非全象戈也。金文作〔何尊〕、〔子何爵〕，人形稍作调整，象人荷物扭头后视状。甲骨文"既"作"〔〕"，象人食毕掉头欲离去，右边部件上半与"何"字金文上半同，象人侧首后顾形。卜辞"河"常用为河流名和人名，人名当缘自水名，犹今之人有名"长江"者。甲骨文所表现的与水有关的意义很多，多用不同的字形记录，当象形、会意、指事等手段用尽，而仍有未尽者，古人就使用了形声的办法来构造新字形。卜辞中的水名基本为形声字，如滴、湔、沮、涂、洛、汝等。甲骨文的"河"从水何声。金文"〔〕"所从之"何"加"口"，为字形繁化的结果，"口"无特别含义。小篆"〔〕"则人形脱落，变成了从水可声。①

---

① 裘锡圭先生指出："'何'字本作〔〕，象人荷物形。后来象所荷之物的〔〕形加'口'而成'可'，'何'字就由表意字转化成从'人''可'声的形声字了。"（裘锡圭：《释"勿""发"》，见《古文字论集》，中华书局，1992，第78页。）

(12) 泉。⿰、⿰、⿰、⿰、⿰。⿰。

"泉"本象泉水从石罅中流出。金文中作部件的"泉"习见，作⿰、⿰，与甲骨文相似。小篆作⿰，顶上多出一小竖，是形体讹变的结果。古钱币称为"泉"，王莽钱文有"大⿰五十"。《周礼·天官·外府》："外府掌布之出入。"郑玄注："布，泉也。其藏曰泉，其行曰布。取名于水泉，其流行无不遍。"又《地官·泉府注》："泉，或作钱。"毕沅曰："古者钱泉通字。"

结　语

天文地理现象均是有视觉形象可以感知的，故它们早期的文字基本是象形字、会意字、指事字，但有少数因同类物象数量过多，用象形、会意、指事的办法难以明显区分，故采取了形声造字法。

甲骨文中虽已有形声字，但如果象形、会意、指事的办法能够实现字义的传达，一般不会采用形声之法。不少字初创时本为象形或会意，而演变中却渐成形声。汉字演变中多有加声符、义符者，这是人们希望见字知音、因形见义的心理影响使然。随着汉字符号化、线条化，原本的象形意味逐渐减淡，遂出现似乎叠床架屋的增添义符的做法。声符的大量使用在某种意义上反映了汉字的符号化程度加深。

古之书写者时有新异之书体，有的甚至影响到字形的演变，书者或许是明了字之本形本义的，然而给后世却增添不少迷雾，研究者须尽量全面地掌握字形，甄别出最典型的字形，这样才能找到追溯文字源流的钥匙，由个别特殊字形出发，无疑会将溯源引入歧途。

形与义的追溯同等重要。有时一些字形从不同视角似乎都能说通，但造字时一般不会出现一形表多字的情况，这时就需要借助其出现的相关语境来帮助分析，以得到准确明晰的结论。哪怕是通过字形分析已有定论的字，卜辞用法也可进一步提供有力的佐证。有些字通过文辞推析等手段能确定其含义，但字形如何解析，有时难有情理均通的说法。这就只能等待更多的文物、文字资料的发掘，以期得到一些有益的线索与提示。

要通过综合观察、比较，了解一时之风气，如果拘于一点一画的蕴意探寻，有时无异于捕风捉影，妄说臆断，毫无意义。然而如果全都草率粗疏地忽略，有时又会遗漏很多非常重要的信息。度的把握、典型字形的确认很重要，有时一些笔形的调整、构件位置的改变是为表达一个新的意义的有意为之。因此，掌握一时之书写习惯、规律，可避免研究走入歧途。

字形的分化，有的是借异体实现的，有的是通过字形的调整实现的，动因是表达不同意义的需要。很多字在甲骨文、金文中就有因造字方法不同而出现的异体。后来随着意义的丰富，这些异体分别承担一常用义，用义遂分化为两字，走上各自独立发展的道路，含义也不断丰富起来。当一字因引申或假借后表多个意义，且不少意义均较常用时，人们往往通过变化笔形、增减部件等手段使它们在字形上区别开来。

第三节　人体部位字溯源[①]

身体部位字是产生时间较早的一批字。人类须依赖自身的力量在自然竞争中生存下来，在劳作与保护自我的活动中，必然对身体

[①] 本节曾以《人体部位字溯源》为题发表于《上饶师范学院学报》2019 年第 2 期。此略有修改。

部位有深入的认识。身体结构的稳定，使得这些字所记录的语词大多一直是词汇系统中基本的核心词。因此，它们的演变链条相对来说比较完整，演变线索清晰。

这类字的释读难度不大，但在一些细节问题上尚存在不同意见，对它们的具体演变细节及动因的研究也不充分。我们在前辈学者研究的基础上，追溯其本形溯义，综合字际关系及其在字群中呈现出的规律，重新审视各家观点，力图对它们的形义关系作出较为完满的分析；全面梳理各阶段的典型字形，对它们形体演变及理据保留情况作一细致的考察。

一 人体部位字形义探源

(1) 人。𠂉克鼎、𠂊般甗、尺。

《说文》"人"："象臂胫之形。"甲骨文、金文字形正象人侧面垂手而立之形。为了书写上的简便，有将手臂与躯干之上部作一笔写者，如甲骨文有作𠂉，金文有作𠂊散盘、𠂊王人甗，分别写为𠂉、𠂊、𠂊。这种合为一笔的写法为隶书采用，成为字形演变的关键。睡虎地秦简文字作人、人，马王堆汉帛书作人、人，虽然前一字形仍在力图保留原有理据，左笔写的相对短小、稍带曲势，以将手臂尽量区别出来，但后一字形已与楷书无别，成为一撇一捺的组合，难以看出臂胫之形。

(2) 身。𠂉、𠃊、𠃋𰻞鼎、𠃋𰻞篮、身。

《说文》"身"："象人之身。从人厂声。"认为"身"为形声字。段玉裁已指出其错误："古音厂在十六部。非声也。"郭沫若[①]、

---

① 郭沫若：《师酉毁·两周金文辞大系图录考释》，见《郭沫若全集·考古编》（第八卷），科学出版社，2003，第89页。

马叙伦①、李孝定②、张日昇③等均以为"身"字古文象怀妊之形。《诗·大雅·大明》:"大任有身,生此文王。"毛传:"身,重也。"郑笺:"重,谓怀孕也。"金文"殷"作▨墙盘,《说文》"殷":"作乐之盛称殷。从㐆从殳。"《说文》"㐆":"从反身。"从金文的写法看,"身""㐆"确为一正一反,实一字也。《说文》对"殷"的释义或非本义,"身"非乐器,以殳击身会作乐之意颇为奇怪。于省吾先生认为"古文殷字象人内腑有疾病,用按摩器以治之"④是也。值得注意的是,甲骨文"孕"字作▨,与"身"的区别在于腹中的"点"写为"子",更为具体。"身"指腹部,也可兼指腹中有子,"孕"则仅指妊娠。从甲骨文、金文看,"身""㐆"象人腹部隆起状,或于腹部加点,示其所在;金文于腹下加一短横,为饰笔⑤,兼有提示字的示义范围的作用。腹部所加点在小篆中变为横,腹下短横则变为了╯。睡虎地秦简中有将手臂与腹部相接而成身、身者,居延汉简牍作身,不难发现,这些字形写法虽与现行汉字相似,但其腹部均只有一横。东汉张表碑作身,曹全碑作身,腹部也只写一横,像手臂的撇与像人的躯干的竖脱离开来。楷书欧阳询作身,原像腹部的诸笔均断开,各成一笔,最上一笔像手臂的撇与腹部左右上端均相连接,形成一个整体,这样,像腹部的闭合空间中就逐渐有了两横。颜真卿作身,柳公权作身,右竖上端向左弯折以与撇相接,竖钩就变成了横折钩,这种写法北魏时就已出现,如孙秋生造像作身,石婉墓志作身,与今形同,其变化过程大致为:

---

① 马叙伦:《说文解字六书疏证》,卷十五,上海书店,1985。
② 李孝定:《甲骨文字集释》,中研院史语所,1965,第2717页。
③ 周法高主编《金文诂林》,卷八,香港中文大学,1974。
④ 于省吾:《释殷》,见《甲骨文字释林》,中华书局,1999,第321页。
⑤ 古文字发展中多有于长竖上加点或短横的做法,如"十"甲骨文作▨,无短横,而金文开始有作▨申鼎、▨沪钟者,加一短横;"年"甲骨文作▨,无短横,金文开始出现加短横者,如▨番君召鼎、▨郑公鼎、▨齐癸姜簋等。

┃→┃→]。与金文┃相较，仍可见其理据：]由┃（人）而来，┗为腹部，╱为胫上短横。

（3）眉。▩、▩、▩、▩小臣邋簋、▩周怼鼎、▩。

《说文》"眉"："目上毛也。从目，象眉之形，上象额理也。"段玉裁注："'象眉之形'，谓⌒。'上象额理也'，谓⌒在两眉上也。"先民造字时，为免误认，在眉毛之下加"目"以衬托提示，有时甚至还加上人形。因加人形的太过繁琐，文字发展中，加"目"的成为基本写法。由金文▩来看，小篆▩，实际上应是⌒象眉毛，即金文之▩，⌒为眉形，即金文之⌒，也就是说▩对应于金文的▩。后来在文字发展中，"▩"演化成了"尸"。

（4）目。▩、▩、▩苜目父癸鼎、▩且壬爵、▩。

《说文》"目"："人眼。象形。"甲骨文、金文字形正象人眼形。自小篆后，目形由横写变为竖写。《说文》"眼"："目也。从目艮声。"为后起形声字，甲骨文、金文虽未见，但先秦典籍已有之，如《易·说卦·巽》："其于人也，为寡发，为广颡，为多白眼。"《庄子·盗跖》："比干剖心，子胥抉眼，忠之祸也。"

（5）自。▩、▩、▩臣卿簋、▩召卣、▩。

《说文》"自"："鼻也。象鼻形。"甲骨文正象鼻形，金文开始"随体诘诎"的意味渐淡，臣卿簋作▩、德方鼎作▩、令鼎作▩、录簋作▩、沈子它簋作▩，下部仍保留空隙以象鼻孔，但鼻梁上部的窄小处已不再刻意写出。金文中更有大量连其下端，不留鼻孔的写法，与小篆字形基本一致，如召卣作▩、散盘作▩、矢尊作▩、录伯簋作▩、右走马嘉壶作▩、中子化盘作▩，等等。睡虎地秦简文字▩、▩两形均常见，马王堆汉帛书也是▩、▩并存，综合简帛文诸多字形，可以发现由▩至▩的轨迹，▩→▩→▩，先是上部会合的两笔均呈斜形，后会合处往左偏移，而右笔渐趋平直。隶书

046

上两笔已变为撇与横，东汉史晨碑作自。楷书欧阳询作自，颜真卿作自，柳公权作自，字形与今体同。"自"很早就作代词自己用，如《诗·小雅·节南山》："不自为政，卒劳百姓。"作本义鼻子讲的"自"则仅存于构字部件中，如臭、息、鼻，《说文》："臭，禽走，臭而知其迹者，犬也。从犬从自。""息，喘也。从心从自，自亦声。""鼻，卧息也。从尸、自。"甲骨文中已见𦤀，为加声符"畀"的"鼻"字。

（6）耳。𦕛、𦔮、𦔮亚耳簋、𦔮耳卣、𦔮。

《说文》"耳"："主听也。象形。"甲骨文正象耳形。金文字仍象耳形，但线条简省，形在字形演变中影响甚大。𦔮→𦔮→𦔮。睡虎地秦简文字与小篆相似，但时有将右竖上出，甚至与上横相接者，如𦔮、𦔮。马王堆汉帛书右竖上出者多见，但仍如秦简向右下弯曲，如𦔮、𦔮，已出现大量直笔，如𦔮、𦔮。北魏张猛龙碑作耳，原来的连笔均断离，唐颜真卿书法作耳，已与今形无别。

（7）口。𠙵。𠙵切卣、𠙵。

《说文》"口"："人所以言食也。象形。"甲骨文、金文、小篆字形变化不大，象口形。该字标准的写法是两边竖线均上出，睡虎地秦简、马王堆汉帛书亦如此。王羲之书法作品作口，变其笔画，欧阳询、颜真卿、柳公权楷书与今同。

（8）牙。𠄌屎敖簋、𠄌师克盨、𠄌。

《说文》"牙"："牡齿也。象上下相错之形。"金文象交错的臼齿，𠄌师克盨为上下交错，𠄌屎敖簋则是为方便书写，变作了左右交错。正因"牙"为相互交错之形，故"犬牙交错"用的正是"牙"，反映了古人用字的精密。金文𠄌与小篆𠄌相较，右边的牙形由𠄌变为𠄌。北齐朱君山墓志作牙，隋龙藏寺碑（586年）作牙，与今体相近。

(9)齿。▨、▨。▨中山王䇢壶。▨。

《说文》"齿":"口龂骨也。象口齿之形,止声。"《周礼·秋官》:"自生齿以上,登于天府。"郑注:"人生齿而体备,男八月,女七月而生齿。""齿"当指门齿,小儿门齿是首先生长出来的。"唇齿相依"用的即是其本义,唇后与之紧相依靠的正是门齿。"咬牙切齿"反映了牙与齿的功能是有区别的,牙主要用来咀嚼,齿主要用来切断,这正跟牙与齿的外形相吻合。甲骨文字形在口中画齿,为象形字。金文增止变为形声字。楷书将本象牙齿形的▨写为▨,颜真卿书法作▨。现代简体字将口中的牙齿仅留了一颗,写作"人"。

(10)舌。▨、▨、▨、▨、▨。▨。

《说文》"舌":"在口,所以言也、别味也。从干从口,干亦声。"甲骨文字形象口中出舌形,舌形何以为丫?殆以蛇舌代之也。因上古草居,蛇十分常见,为人们的一大忧患,其伸出的舌头给人印象深刻,一见可知,若以丨象舌,则辨识度不高。甲骨文中舌形或繁写作丫,或于舌旁加点示唾液作丫。丫为丫之简写,小篆舌在此基础上形成。马王堆汉帛书已有写为舌者。王羲之书法作舌,将其首笔写为撇,下部口字笔形大致与今同。

(11)而。▨、▨。▨子禾子釜、▨中山王䇢鼎。▨。

《说文》"而":"颊毛也。象毛之形。"甲骨文于下巴下画胡须以示之。金文下巴被写为一横,或于横上又增一短横。小篆与金文字形相似,只是下部中间的两缕胡须未与下巴相连接。睡虎地秦简作而、而,马王堆汉帛书作而、而,写法相同,左竖皆贯穿成一笔。东汉张表碑作而,曹全碑作而,横下小竖与下须未贯通,自成一笔。北魏高庆碑作而,隋龙藏寺碑作而,横下小竖变为撇,最右边的胡须变为竖钩。右竖钩的形成,在秦简、汉帛中已有端

048

倪，睡虎地秦简有作而，马王堆汉帛书有作而，右下横竖收笔时的左撇之势为后来钩的形成埋下了伏笔。

（12）元。ラ、才。乐书缶、ラ 邛季戈、オ 兀作父戊卣。オ。

《说文》"元"："始也。从一从兀。"又"兀"："高而上平也。"元"从一从兀"颇难解，甲骨文人上加一横为"兀"，人上加两横为"元"，本来以人上加一指示符号即可指头部了，但为与"兀"相区别，故复于其上增一短横。《尚书·虞书》："股肱喜哉，元首起哉，百工熙哉。"孔安国曰："股肱之臣喜乐尽忠，君之治功乃起，百官之业乃广。"即以元首指君主，元首之所以能指君主者，当因君主为一国之首领也。《左传·僖公三十三年》："免冑入狄师，死焉。狄人归其元，面如生。""元"即指人首。《尔雅·释诂》："元，首也。"宋戴侗《六书故》："元，首也，从儿，从二。儿，古文人；二，古文上。人上为首，会意。"以人上的两横为"上"，从"天"字的甲骨文写法有天、才两形来看，"元"本也可能出现一横与两横两种写法的，但因易与表高平义的"兀"相混淆，才一律作两横。甲骨文正反书不拘，金文多作才，偶有反书作下者。文字发展中，"人"在下部时，多变为"儿"，如"兄""允""先""见"甲骨文分别作兄、允、先、见，下均从"人"，至小篆均变从"儿"。又《说文》"始"："女之初也。"在《说文》体系中"元"指人之初，与"始"混言则无别。今"原始"本当作"元始"，为并列式合成词。甲骨文"天"作天、天、天，为颠顶之义。"元""天"各有所指，故在甲骨文字形上区别甚是严格。马王堆汉帛书"元"作元，与金文相似。居延汉简作元，东汉景君碑作元、衡方碑作元、史晨碑作元，最后一笔的挑势明显。北魏魏灵藏造像记作元、元倪墓志作元，隶书中的挑势在楷书中变为钩，遂与今形同。

(13) 首。▨、▨。▨农卣、▨颂鼎、▨师衰簋等。▨。

《说文》"首":"𦣻同。古文𦣻也。巛象髮,謂之鬊,鬊即巛也。"又"𦣻":"头也。象形。"𦣻、首之别,一有发,一无发。"首"甲骨文中两形并存,金文则均有头发形。金文▨农卣、井侯簋、史懋壶等于头发之下的▨中加眼示头部;也有省眼径作▨者,如师衰簋作▨,师酉簋作▨,鄂侯鼎作▨等。简省眼形的写法传承了下来,为小篆、隶书之所本。睡虎地秦简▨、▨,马王堆汉帛书▨、▨并现,已有省发形为两笔者。东汉史晨碑作▨、曹全碑作▨,字形基本稳定。

(14) 頁。▨、▨。▨卯簋。▨。

《说文》"頁":"头也。从𦣻从儿。"与"首"相较,"頁"的甲骨文金文形体多出下部跪踞之人形,其义一也。"頁"多作构字部件使用,如頭、顧、顛、頂、顏、項、題、額、領、頰、須、頗、顧、顆、碩、頓等与头部有关的字均从之。睡虎地秦简文字"頭"作▨,"顏"作▨,"頰"作▨,"頸"作▨,"領"作▨,"項"作▨,构件"頁"下写为"▨"。东海西汉木牍已见将"領"写作▨者,部件"頁"与今"页"形颇近。

(15) 颜。▨九年卫鼎。▨。

《说文》"颜":"眉目之间也。从页彦声。"甲骨文未见。金文作▨,从𦣻彦声。睡虎地秦简作▨,与小篆均从页彦声。

(16) 面。▨、▨、▨。

《说文》"面":"颜前也。从𦣻,象人面形。"甲骨文▨以目代头部,外围的▨则用以表颜面;▨画的人形较为完整①,以▨圈出表意之所在。金文未见。小篆▨从𦣻,睡虎地秦简则或从𦣻作▨,或从目作▨。东汉曹全碑已见▨,"𦣻"居字中,下部"口"为

---

① 前文中我们已见到甲骨文里"眉"也有加人形作者,都是比较繁缛的写法。

指事符号,指圈中为面部。

(17) 手。✋︎_{召壶}、✋︎。

《说文》"手":"拳也。象形。"金文、小篆字形变化不大,象伸展的指掌形。西汉马王堆帛书已见✋︎、✋︎,指掌之形趋于平直。武威东汉医简作✋︎,与今形基本一致。

(18) 又。𠂇、𠂇、𠂇_{默钟}、𠂇_{无㠯簋}、𠂇。

《说文》"又":"手也。象形。"甲骨文"又"多作𠂇,有右、祐、有诸义,从字形分析,字本象右手,"右"当为其本义。"手"为通名,"又"有专指,✋︎为正视形,𠂇为右向侧视形,《说文》对二字的解释非其溯义。马王堆汉帛书已见又,首笔起笔已处理成横,末笔呈捺势。王羲之作品写为又、又,首笔横撇已十分明显。

(19) 左。𠂇、𠂇_{鲁左司徒元鼎}、𠂇_{班簋}、𠂇。

《说文》"ナ":"左手也。象形。"《说文》"左":"手相左助也。从ナ工。"甲骨文正书反书多无别,但若𠂇、𠂇并称或对举时,则区分十分明显。金文"左"有写为𠂇者,从𠙵,包山楚简亦有从口作𠂇者,可见,左右之别最主要的在于手的左向、右向。当然,在书写还不稳定的时代,这不利于文字的使用,故以从工从口来区别左右的写法取得了优势。工者,匠人使用的规矩之类的工具也,从工以表佐助之意。左手往往不如右手有力,故主要起辅佐作用。"辅佐"之为"左"的孳乳字。马王堆汉帛书已见写为左、左者,手形已变为ナ。

(20) 右。𠂇、𠂇_{颂鼎}、𠂇。

《说文》"右":"助也。从口从又。"徐锴曰:"言不足以左,复手助之。"甲骨文借"𠂇"为"右",楚簋亦借"𠂇"为"右",金文多作𠂇,偶有反书作𠂇_{元年师兑簋}者。金文中"右"有右、佑、祐三种用法,"佑""祐"系在"右"的基础上孳乳形成的。大概是因为一般右手较左手灵活有力,能承担更多的职能,故有了佑助、祐护之引申。睡虎地秦简有作 ❏、❏,马王堆汉帛书有作 ❏、❏,将部件"又"的捺笔写成近于横。东汉衡方碑作 ❏、史晨碑作 ❏、曹全碑作 ❏,❏ 变为 ❏,捺均写为横,然象手指之笔画仍被保留。王羲之作品作 ❏、❏,❏ 又被处理为 ❏,遂成今形。

(21) 足。❏、❏、❏ 兔簋、❏。

《说文》"足":"人之足也。在下。从止口。"徐锴曰:"口象股胫之形。"戴侗曰:"自股胫而下通谓之足。"甲骨文 ❏ 由股、胫、止构成,与戴说正相合,"足"是对腿脚整体的称谓。又《说文》"❏":"足也。上象腓肠,下从止。"与"足"实为一字,其字形分析较"足"条准确。"正"甲骨文作 ❏、❏,而"足"的甲骨文也有作 ❏ 者,二字易混。金文为与"足"相区别,"正"多作 ❏ 虘钟、❏ 申鼎、❏ 钟伯鼎,上部写为 ❏、❏ 或 ❏。睡虎地秦简有将"足"写为 ❏ 者,下近于"之"(睡虎地秦简"之"作 ❏),马王堆汉帛书多有从"之"作 ❏ 者。欧阳询楷书已见作 ❏ 者,与今形相同。"走"金文作 ❏,下从"止",睡虎地秦简作 ❏,"止"近于"之",马王堆汉帛书从"之"作 ❏,东汉桐柏庙碑作 ❏,与今形基本相同,下"止"也变成了"❏"。

(22) 止。❏、❏、❏ 召伯簋、❏。

《说文》"止":"下基也。象艸木出有址,故以止为足。"甲骨文"止"象人趾形,《说文》据小篆误认为"屮",甲骨文有 ❏、❏,罗振玉释为"屮",指出"上从 ❏,象植物初茁渐生歧叶之状,形似止字而稍异。"是也。睡虎地秦简有 ❏、❏ 的写法,后者形近于"之"。马王堆汉帛书作 ❏,笔画平直化;东汉曹全碑(185年)作 ❏,与"走"所从之"止"变化相同。北魏张猛龙碑(522年)作 ❏,高贞碑(523年)作 ❏,与今形同。

(23) 心。♡墙盘、♡师望鼎、♡王孙钟、♡。

《说文》"心"："人心，土藏，在身之中。象形。"金文图画色彩浓厚，用线条勾勒出心的大致轮廓。王孙钟作♡，线条符号化十分明显，小篆与之近似。马王堆汉帛书有写为♡、♡者，若整体左转90°横置，则与今体颇近。东汉景君碑（143年）作心，曹全碑（185年）作心，与马王堆汉帛书相较，整个字形向左旋转横置了，原短小的曲笔变为了点，整体显得平衡稳定。东晋王羲之（303～361年）书法作品作心，王献之（344～386年）作心，与今形无别。

(24) 胃。♦吉日壬午剑、♦。

《说文》"胃"："谷府也。从肉；✕象形。"依此，♦可能为"胃"最古之形，因易与♦、♦、♦成甬鼎（西）等字相混，故加义符"♪（肉）"。睡虎地秦简作胃，胃囊里的谷物等被省去，写的近于"田"，下半之肉形则趋于平直。马王堆汉帛书作胃、胃，末笔乛的右下收笔喜左撇，为尾端进一步形成钩的基础。

(25) 亦。夻。夻今甲盘、夻。

《说文》"亦"："人之臂亦也。从大，象两亦之形。""亦"为指事字，"大"象人形，两臂下分别有一点，示其所在，所表之意为"腋"。徐锴曰："人之腋也，)(其处也。"段玉裁曰："人臂两垂，臂与身之间则谓之臂亦。"卜辞中已用为表示也、又的虚词。睡虎地秦简作亦、亦，本象人形的"大"被分写成上下累叠的两个"人"。马王堆汉帛书类此。居延汉简牍作亦，上部写成点横，下半写为四点。东汉郭泰碑作亦，西狭颂（171年）作亦，中间两点引长为竖。唐欧阳询（557～641年）作亦，颜真卿（709～784年）作亦，柳公权（778～865年）作亦，右中竖带有钩势。宋赵构作亦，写法已与今体同。

(26) 吕。吕。吕吕鼎、吕吕仲爵、吕曾侯乙钟、吕。

《说文》"吕"："脊骨也。象形。"《说文》又有"膂"："篆文吕。从肉旅声。""当为"吕"之后起形声字。"吕"象脊骨相连之状，曾侯乙钟作，骨形甚是明晰。"躬"的小篆作，从身从吕，段玉裁说："从吕者，身以吕为柱也。"吕梁山又叫骨脊山，吕是脊骨的意思。文字发展中，原象骨头形的渐被写为"口"，武威汉简作，东汉景君碑（143年）作，与小篆相近，两骨之间有小竖相连。衡方碑（168年）作，省去了两骨之间的小竖。

结　语

人体部位字中，一些字的来源相关或相同，但在写法上有区别，甚至差别很大。如来源于头部的"元""首"，来源于牙齿的"牙""齿"，来源于手部的"手""左""右"，来源于足部的"足""止"。它们有的有具体与抽象之别，"首"为象形字，比较具体，"元"为指事字，比较抽象，甲骨文中"元"有始、大的用法[1]，较"首"较早走上了意义引申的道路；有的为针对不同的具体对象，"牙"为臼齿，"齿"为门齿；有的是统称与对称的关系，如"手"为统称，"左"、"右"为对称；有的是整体与部分的关系，"足"为整体，"止"为其一部分。每一个文字的产生往往是有一定的必要性的，生活与劳作加深了人们对自身的认识，相应的就会反映在文字上。

不少人体部位字甲骨文未见，如"心""胃"等，有些字则甲骨文、金文均未见，如"唇""囟""肘"等。一则可能受文体内容影响，未有涉及；二则可能因为当时人们对这些部位特别是内部器官的认识还不十分精细或根本就缺乏认知，还没有造出相应的字来。

---

[1] 徐中舒主编《甲骨文字典》，四川辞书出版社，1998，第2页。

先民造字是有严密的体系的，这给我们追溯汉字的本形溯义提供了极大的便利。如通过对"身"与从反身的"殷"以及"孕"的形义的综合分析，可以明确"身"的溯义在于隆起的腹部。为一个意义造出两个不同的字形来的可能性比较小，使用、识读均不方便，所以，字形上的细微差异处往往是传达字义的关键，字用上也是不同的。"孕"明显是有专指的，而"身"则是在实际使用中，字义引申才出现了与"孕"相似的用法。

汉字分析须有全局观念。要在整字背景下分析符号性笔画，有的纯为饰笔，有的则可能含有一定的意图，必须具体问题具体分析。象形字具有鲜明的直观性，其组成部分均是对客观物象的描摹，有时可能为了方便识读，增加一些相关的部分，如"眉"增加了"目"，生理构造上眉目本就紧相依存，"目"只是提示更多的辨识线索罢了。会意字则具有一定的间接性，要思考构字部件意义之间的关系，有个分析、综合的过程。简言之，象形所见即所得，会意则须分析、综合。

人体部位字近取诸身，基本上是象形字或以象形部件为核心构件，因人们对自身部位的熟悉，相关的古文字不难释出。这些字在发展演变中，多受书写便捷美观的影响，形体变化颇大，理据丢失较多，但基本轮廓通过历时比较仍清晰可见，不难还原理据信息，如"人"先是上身与手臂合为一曲笔，进而为与下身及腿胫显得均衡，就成了撇捺的组合，稍加追溯，可以发现，"人"其实并非纯笔画的组合，造字的基因仍在字形里，还有如"耳""牙""舌""首""面""足""止"等也是稍加追溯就可以轻松找出笔画部件的古今对应关系。不少字很早就添加声符，形声化了，如"齿"的声符"止"金文已增。有些字则假借为它字，为借字所专，遂按形声的方法造出新字形来表本义，如"亦"借为虚词，后来造出"腋"表其本义。

第四节　宗族姻亲字溯源[①]

汉字保留着较多的理据信息，组成字形的部件均一定程度上承载着这些信息。然而，在文字历史演变的过程中，很多字形调整较大，若以某一时代较晚的字形或现行字形为出发点去解析，很难呈现出其原始创制的内涵。许慎文字学修养深厚，而其《说文解字》仍时有小误，足见论文字者不可不深思而慎取之也。比较保险的做法是，在文字演变的完整链条中，通过细致比较，探清其形体变化的细节，通过典籍辅证，厘清其意义变迁的轨迹，综合考量文化、观念等影响因素，思考文字形体变迁的原因。这样，既能极大提高对现行汉字的理性认识，又能避免受不太严谨的历史典籍析解的影响而犯错。

宗族姻亲字大多产生的较早，有人类存在，自然伴随着产生了亲属关系。然而，这些表亲属关系的字多为较抽象的观念，这必然给造字带来诸多困难，先民们创制文字的过程凝聚了卓越的智慧。

一　宗族姻亲字形义探源

（1）氏。𠂆、𠂇。𐤔 弔妣簋、𐤔 尹氏匜、𐤔 干氏弔子盘。氏。

"氏"的甲骨文字形可析出𠂆、𐤔两个构件，𠂆与甲骨文里独体的人写法相似，𐤔为何则一直未有确论，字形似象人手中有所提携。关于"氏"的本义意见颇不一致。《说文》云："巴蜀名山岸胁之旁箸欲落墯者曰氏。"林义光曰："𐤔象根，●其种也。姓氏之氏，

[①] 本节曾以《宗族姻亲字溯源》为题发表于《合肥师范学院学报》2019年第2期。此略有修改。

亦由根柢之义引伸。"① 郭沫若以为"乃匙之初文"②。但从甲骨文字形来看，诸说均有未安。金文写作 (齐鲍氏钟、厚氏匜等)者颇多，人形变为 ，手臂成了 ， 被写作短横。古陶文中有写作 、 等，已与小篆字形十分接近了。

（2）族。 、 。 盟公簋、 师酉簋、 番生簋、 事族簋。 。

甲骨文"族"多作 ，从 从 ， 象有旌旗飘动的旗杆， 为箭矢。徐中舒先生说："从所以标众，矢所以杀敌。古代同一家族或氏族为一战斗单位，故以从矢会意为族。"③ 认为"族"与古代基层战斗单位的人员组成有关。段玉裁曰："旌旗所在而矢咸在焉，众之意也。"认为"族"由箭矢聚集引申为族类之称。甲骨文中有 、 、 旗下写有双矢， 则将盛矢之器物写出，似乎可为段说佐证。甲骨文有 ，旗下为成队的人，为"旅"字，《说文》："军之五百人为旅。"甲骨文还有 ，依形可隶写为"斿"，后写作"旒"。《玉篇》："斿，旌旗之末垂。"《广雅》："天子十二斿至地，诸侯九斿至轸，大夫七斿至轵，士三斿至肩。"用的正是垂旒义。 与 、 之别在于旗下。《说文》云："族，矢锋也。"认为"族"是"镞"的本字。综合来看，"族"反映的可能是古代以有血缘关系的氏族为基础的生活和战斗单位，清代的八旗制当是这种制度的遗留。"族"的部件中的"矢"为其引申出箭镞义埋下了伏笔，后来因箭镞多为金属制成的，遂加" "作为箭镞之专字。甲骨文有" （王族）"" （五族）"" （子族）"等语词，均用其本义。甲骨文到小篆字形变化较大，旗杆 变为 ，飘动的旌旗 变为 ，箭矢变为 。

---

① 林义光：《文源》，卷一，手写本，1920年。
② 郭沫若：《释阜氏》，见《金文丛考》，人民出版社，1954，第250页。
③ 徐中舒主编《甲骨文字典》，四川辞书出版社，2006，第735页。

(3) 祖。且、㕣。且孟鼎、祖䚘鎛。祖。

"祖"字甲骨金文多不从示，然已有从示作者。其本形当为且，郭沫若以为"牡器之象形"①，强运开以为"象木主形"②，李孝定以为"神主之象形"③，徐中舒以为"象盛肉之俎"。《说文》："且，荐也。""祖，始庙也。"《说文》对"且"的解释大概就是徐中舒意见之所本，《说文》对"祖"的解释殆为强运开、李孝定意见之所由。然《说文》系据小篆立说，析解有未当处。甲骨文、金文中"且""祖"一字，加示旁是为强调祭祖之意。甲骨文有俎，金文有俎矢簋、俎貉子卣，《说文》："俎，礼俎也。从半肉在且上。"甲骨文、金文字形正与之合。古时常以"且"为盛放祭宗庙之物的，《论语·卫灵公》有："俎豆之事则尝闻之矣，军旅之事未之学也。"《史记·孔子世家》有："常陈俎豆，设礼容。"俎和豆，是古代祭祀、宴飨时盛食物用的两种礼器，后泛指各种礼器，此两例以俎豆代礼法之事。"俎"字古形与且、㕣之别在于空格处有ク，ク为肉之象，祭（祭）、膏（膏）等均有之。"俎"是在后来的字形演变中，肉形从器物中移出来而成。睡虎地秦简已见俎形。"且"为空器，"俎"为盛肉状态。依此，则当以徐说近是。初造字时，出于避免混淆和分化字形的考虑，以俎为器物"俎"，以且代指祭祀对象"祖"。

(4) 宗。宀、宗、宗令簋、宗文考日己方彝。宗。

宗以屋宇下设祭台以示宗庙意。宀为屋宇，即今之"宀"；丁为祭台，或于其上加短横。上加短横可能是指示祭品，也可能纯为饰笔。唐兰先生早已指出古文字："凡字首是横画，常加一画。"④甲

---

① 郭沫若：《释祖妣》，见《甲骨文字研究》，科学出版社，1982，第39页。
② 强运开：《说文古籀三补》，第一，中华书局，1986。
③ 李孝定：《甲骨文字集释》，中研院史语言所，1970，第73页。
④ 唐兰：《古文字学导论》，齐鲁书社，1981，第224页。

骨文里独体的"示"字形最上边就或加或不加短横。甲骨文中偶见 ☒ 者，祭台下所加点可能为酒水之象，酒为祭祀必备物品之一，《周礼·天官·酒人》有："酒人掌为五齐三酒，祭祀则共奉之。"① 可为之证。甲骨文中"示"有作 ☒、☒ 者，"祐"有作 ☒、☒ 者，"祝"有作 ☒、☒ 者，"示"周边有多少不一的点，颇像酒水滴落形。"宗"的金文多作 ☒，形体已与小篆颇似。

（5）父。☒。☒乙亥鼎。☒。

甲骨文字形从又从 ｜，｜金文多写作 ｜。《说文》以为"从又举杖"，罗振玉曰："疑象持炬形。"② 郭沫若以为："乃斧之初字。石器时代男子持石斧以事操作，故孳乳为父母之父。"③ 从字形看，以《说文》为是。象形是最古老的造字法，甲骨文中凡是有形可象者，一般都着力表现其轮廓或特征。火形、斧钺形甲骨文多见，分别作 ☒ 和 ☒、☒，一见可知其为何物。甲骨文若以"｜"来表示火或斧钺，过于抽象，可能性不是很大。罗、郭说解可能一定程度上受金文多将"｜"写为"｜"的影响。然而根据后世已经变形了的写法来分析最初的造字取象，是不太符合一般规律的。"｜"可能是在"｜"基础上美化或受到某些观念的影响而在字形上作的调整。犹"雷"甲骨文本作 ☒、☒，受雷公击连鼓以作雷声传说的影响，字形中的闪电形被隐没，遂变为 ☒洹子孟姜壶、☒ 洰盘矣。甲骨文另有"尹"作 ☒，字形与"父"颇似，区别在于所持之"｜"，一偏上，一偏下。"尹"象手握持笔管，表示治理事务，"父"所从之"｜"当为与笔管外形颇似之物，大概就是《说文》以为的杖形。小篆"｜"与"又"之中画粘连而作 ☒。今体"父"右上之点是为求字

---

① "五齐"指泛齐、醴齐、盎齐、醍齐、沉齐，"三酒"指事酒、昔酒、清酒，是祭祀所用的八种不同的酒。
② 罗振玉：《殷虚书契考释三种》，中华书局，2006，第427页。
③ 郭沫若：《释岁》，见《甲骨文字研究》，科学出版社，1982，第140页。

形对称,由"彐"之右上析断而来。"父"睡虎地秦竹简文字有作 ⿰, 明显有为求字形匀称将"丨"与"又"之上横对应起来的痕迹。马王堆汉帛书作 ⿰, 书写心理同之。东汉张迁碑作 ⿰, 已不见"又"形,其上横彻底被分解开了,遂成今形。

(6)母。⿰、⿰母辛卣、⿰子卣、⿰颂壶、⿰。

甲骨文"女"作⿰,"母"与之区别在于中加两点,以示乳房,以母亲哺育之功能表意也,或加发簪作⿰,《国语·郑语》有"既笄而孕",即女子成年束发贯之以笄,可以婚嫁,怀孕生子。金文已有简写作⿰兮甲盘、⿰千氏弔子盘、⿰颂壶、⿰鄂君启车节者,睡虎地秦简有作⿰者,① 小篆将两点斜出中空处作⿰,马王堆汉帛书作⿰,曹全碑作⿰。不难发现,字形变迁中,示乳房之两点被保留了下来,而其他构件、笔画变化颇大,大体图示如下:

⿰→⿰→⿰→母
⿰→⿰→⿰→⿰
⿰→丨→＼→一。

(7)考。⿰、⿰、⿰事族簋、⿰。

"考"字甲骨文字形象长发老者拄杖形。《说文》:"考,老也。从老省,丂声。"甲骨文"长"作⿰、⿰,其上半与"考"上半颇为相似,均为长发之象,殆古时一般不剪头发,《孝经》云:"身体发肤,受之父母,不敢毁伤。"故发长者往往为年长者。字形演变中,长发、人形均基本保留了,手臂与杖形糅合变形为"丂"。甲骨文"老"作⿰、⿰形与"考"字甲骨文字形相同,《说文》云:"老,考也。七十曰老。从人、毛、匕。""老"与"考"互训,许书系据小篆分析,人、毛在甲骨文中基本能析出,与"考"部件中的"丂"一样,"匕"则由杖形讹变而来。"丂""匕"可能是以

---

① 睡虎地秦简为秦隶,是与秦的官方正式文字——篆书并行的一种字体,在民间和官方的简告文书、通函中被大量使用。

笔画变形的形式区别考、老二字。🯄形为省长发、增巾帻而成。

（8）妣。🯄、🯄。🯄象妣辛簋、🯄鄬侯簋、🯄作羲妣鬲。🯄。

"妣"卜辞借"匕""比"为之，金文多于"匕"的基础上加女，如作羲妣鬲作🯄、召仲作生妣鬲作🯄、𢐗方鼎作🯄、陈侯午錞作🯄。鄬侯簋作🯄，系于"比"的基础上加女而成。《说文》："妣，殁母也。从女比声。"典籍均以"妣"称去世之母。

（9）夫。🯄。🯄召鼎、🯄伯晨鼎、🯄善夫吉父臣。🯄。

甲骨文"夫"均是于"大"上加一贯穿的横而成。金文有将上横与双臂平行作🯄大簋、𨙸公𨟭钟、伯晨鼎者，也有将双臂写作与上横平行的一横者，如🯄十一年𧊒鼎、🯄善夫吉父臣。《说文》："夫，从大，一以象簪也。"甚是。然小篆"大"作🯄，象人四肢舒展形，"夫"作🯄，所从之"大"写法与之小异，而原象发簪的上横则十分清晰。桂馥《说文解字义证》："《御览》引云：从一，大象人形，一象簪形。冠而既簪。"言男子成年戴冠须用到簪。周制八寸为尺，十尺为丈，丈夫者，言一丈之夫也，男子成年身高约为八尺，与《战国策·齐策》"邹忌修八尺有余"可相映证。隶书作🯄马王堆帛书、🯄曹全碑，字形基本与今形相同。

（10）妻。🯄、🯄。🯄。🯄。

徐中舒先生以为甲骨文"妻"字为"掠夺婚姻之反映"①，🯄象妇女长发形，🯄为手形，二形组合象掳掠妇女之形。叶玉森以为字形象"手总女发"，"总发者，使成髻施筓也"。② 相较而言，徐说能找到民俗资料的佐证，似更合理。《后汉书·乌桓鲜卑列传》就有乌桓族掠夺婚婚俗的详细记载。云南的景颇族、傈僳族、傣族也还留有掠夺婚的习俗。睡虎地秦简"妻"作🯄，部件"又"写为"🯄"，与今简体字基本一致；原象长发的部件写为"🯄"，在官

---

① 徐中舒主编《甲骨文字典》，四川辞书出版社，2006，第1303页。
② 叶玉森：《说契》，《学衡》第31期，1924，第114页。

方规范字形的小篆中作"中"①。马王堆汉帛书作🖼,头发形被写为一横,而手形🖼与小篆基本相同。楷化中,发形与🖼之中画均写成平直形。

（11）妾。🖼、🖼、🖼克鼎。🖼。

"妾"字甲骨文字形由🖼、🖼两部分组成。《说文》:"妾,有辠女子,给事之得接于君者。从辛从女。"因之,言古文字者多以🖼为刑具之象。然卜辞中有"示癸妾妣甲""示壬妾妣乙"等,难道先君先王以罪女为妾,且后来她们成为了祭祀对象,地位如此之高？"辛"为刑具之象,甲骨文多作🖼,也有省中横作🖼者,其下半均为曲划,而"妾"之古形构件🖼无一如此作者,意🖼可能为头饰之象。"競"甲骨文作🖼,"象二人相逐之形"②,人形上之头饰正与此同。于省吾先生云:"古文字于人物之顶上每加🖼🖼等形。即辛字。……在人则为头饰,在物则为冠角类之象形。"③ 🖼之🖼正在人顶。饶宗颐先生根据卜辞文例指出:"妾妻俱指配偶。"④ 郑慧生云:"妾字在商代卜辞中,是妻字、母字的同义语,丝毫没有女奴隶的意思。"⑤ 李孝定云:"契文妾字有配偶之意,初无卑下之象。许说云云,盖后世之社会制度也。铭文以臣妾并举,已渐近许训及先秦文献之所称述矣。"⑥ 即"妾"有卑下意系从金文始现。卜辞中有🖼、🖼、🖼,是"辟"字,从辛从卩,刑具与跪跽的人形均呈左右结构排布,可能有与呈上下结构排布的🖼相区别的考虑。在合体古文字中,🖼、🖼有通作的情况,如"鬼"作🖼或🖼。李孝定先

---

① 小篆中的"屮"形主要有四义,源于不同取象物所致,"🖼"中之屮为头发之象,还有如"🖼"中之屮为草之象,"🖼"上之屮为虞饰之象,"🖼"上之屮为奏书之象。
② 商承祚:《甲骨文字研究》,天津古籍出版社,2008,第254页。
③ 于省吾:《释竞》,见《双剑誃古文杂释》,北京大业印刷局石印本,1943。
④ 饶宗颐:《殷代贞卜人物通考》,卷九,香港大学出版社,1959。
⑤ 郑慧生:《从商代无嫡妾制度说到它的生母入祀法》,《社会科学战线》1984年第4期,第105页。
⑥ 李孝定:《金文诂林读后记》,中研院史语所,1982,第68页。

生云："辛辛二字形近义同，其始当为一字。"① 既然 ✦ 可通作、辛辛义同，则 ✦、✦ 就可能为一字之异形。然卜辞中 ✦、✦ 为两字，截然不相混淆。这说明，构件的左右、上下之别是有意区分而为。如果没有区别价值，则构件的排布位置会比较灵活，如甲骨文"姜"作 ✦、✦，因不会与其他相似的字形混淆，故构件"羊"与"女"左右、上下排布均可。战国文字中"妾"之上均多一短横，如 ✦ 侯马盟书、✦ 睡虎地秦简、✦ 长沙子弹库帛书。唐兰先生指出古文字"凡字首是横画，常加一画"。② 也就是说，所加短横并无特别意涵。小篆、隶书字形保留了这一短横，楷化时短横变为点。

（12）兒。✦、✦ 小臣兒卣、✦ 易兒鼎、✦ 沈兒钟。✦。

《说文》："从儿。象小儿头囟未合。"段玉裁注云："小儿初生。幽荟未合。故象其形。"甲骨文、金文字形下象人形，或侧立、或跽坐，上半均特意表现其头部囟门未合之状。又郭沫若、李孝定以为象小儿总角之形③，可备一说。小篆作 ✦，马王堆汉帛书作 ✦，字形仍大体保留着完整的小儿形，汉字简化后始作"儿"。

（13）女。✦、✦。✦ 女帚卣、✦ 子卣、✦ 师酉簋、✦ 鄂君启车节。✦。

《说文》："女，妇人也。象形。"甲骨文取女子跽坐双手交覆于膝上之形。甲骨文偶有作 ✦ 者，上加短横或为笄之象形④，金文中此形也较常见，然已出现简写为 ✦ 师酉簋、✦ 鄂君启车节者，原象躯干及腿脚的 ✦ 形被简写为 ✦ 或 ✦，小篆人形跽坐之状已不甚分明。睡虎地秦简文字有作 ✦、✦ 者，交叉的双臂垂直向下、省写的躯干则近于横平，殆为书写之草就者。马王堆汉帛书作 ✦，曹全碑作 ✦，交

---

① 李孝定：《甲骨文字集释》，中研院史语所，1970，第762页。
② 唐兰：《古文字学导论》，齐鲁书社，1981，第224页。
③ 郭沫若：《卜辞通纂》，科学出版社，1983。李孝定：《甲骨文字集释》，第八，中研院史语所，1970。
④ 犹"夫"在"大"上所加的一横，均象固定头发的簪子。

叉的双臂均垂直向下且上端粘连、躯干被写为长横。楷化中双臂上端始断开，褚遂良作品写作女，颜真卿作品写作女，柳公权作品写作女，今简体字形同之。

（14）子。𢀓、𢀓、𢀓、𢀓、𢀓女子鼎、𢀓颂鼎、𢀓己侯簋、𢀓大子鼎、𢀓。

"子"为象形字，甲骨文、金文的写法相似，均象襁褓中的幼儿形，着力表现的是头、臂部位。甲骨文、金文中有表现幼子头发及双腿之𢀓、𢀓利簋①，但均用作地支之"子"，分工颇为明确。甲骨文为刀笔写就，多将头形写为方形，金文为范铸，头部多为圆形，然字体装饰性的追求增强，多有笔画之变，将头部写的近于倒三角形者不少，如𢀓虢季子白盘、𢀓子仲匜、𢀓国差𦉢、𢀓郤公华钟、𢀓邵钟、𢀓吴季子之子剑、𢀓子禾子釜、𢀓大子鼎、𢀓蛮壶等。后就书写之便，倒三角形多有断开者，如睡虎地秦简文字作𢀓、𢀓，战国曾侯乙墓楚简作𢀓、𢀓。小篆作为正体仍取近于甲骨文、金文的𢀓。隶书多彻底断开，曹全碑作子，衡方碑作子。此外，原多有舞动之意的双臂在隶书中基本定形为横。

（15）孙。𢀓、𢀓、𢀓颂鼎、𢀓姞氏簋、𢀓杞伯簋、𢀓豚卣、𢀓郤公华钟、𢀓。

《说文》："孙，子之子曰孙。从子从系。系，续也。"许慎释义无误，但字形析解殆有未当，从甲骨文、金文看，"孙"应从子从糸。"糸"与"系"是有一定差异的，甲骨文"糸"作𢀓、𢀓、𢀓，象缠绕的丝绪，而"系"作𢀓、𢀓，从爪从丝，会联结丝绪之意，区别甚为明显。《说文》："糸，细丝也。象束丝之形。""𢀓"字"子"上着"糸"，示孙为子之延续也。甲骨文子、糸两个部件较离散，金文两个部件多相粘连。睡虎地秦简作𢀓、𢀓，特意加笔以使"子""糸"相连，所加之笔正是"系"上之"丿"的来源。"糸"之下半本象散开的丝绪，东海西汉木牍写作𢀓、𢀓，中竖收

---

① 字形笔画繁复，甲骨文、金文已有简写成𢀓、𢀓所𩵋者。

笔已见勾形，然在"孙"中勾画成形则晚很多，中小竖下勾画的形成当是笔势使然，居延汉简作孙、孙，中小竖呈左撇形，正是这左撇的笔势后来逐渐发展成勾画，钟繇小楷有写为孙者。王羲之的书法作品有作孙者，省"糸"上之"幺"，仅存"小"矣，后来诸多书家均有类似写法，如王献之有作孙、苏轼有作孙、赵孟頫有作孙等，这些写法为今简体字形之所本。

(16) 兄。ᶘ、ᶘ、ᶘ、ᶘ。ᶘ 剌卣。兄。

《说文》："长也。从儿从口。"甲骨文ᶘ形上为口形、下象人形。甲骨文或取跪踞状作ᶘ，或突出手形作ᶘ、ᶘ，殆因"兄"为家中年长者，在家族祭祀活动中常充当主祭者，故有意突出其礼祭时的行为特征。卜辞中多有用ᶘ、ᶘ为"祝"者。徐中舒先生认为"ᶘ卜辞用为祝，ᶘ用为兄长字，用法划然有别"①，而从甲骨文有将"祝"写为ᶘ、"兄辛"合文作ᶘ 后一·七·一〇来看，当时的区分不一定十分严格。当然，为强调祝祷的虔诚，甲骨文中用作"祝"的部件的"兄"确实大都写为跪踞形。《说文》"祝"条云："祭主赞词者。从示从人口。""兄"所从之"儿"本为人形之象，则二字分别所谓"从人口""从儿从口"实无本质差异也。"祝"甲骨文作ᶘ、ᶘ、ᶘ，金文作祝 太祝禽鼎、祝 长由盉，"从人口"之部件与"兄"形同。睡虎地秦简已有将"兄"写作兄者，马王堆汉帛书作兄，下半人形已近于"儿"。居延汉简作兄，与现行字形已很相似。

(17) 弟。弟、弟、弟。弟 虞簋、弟 臣谏簋。弟。

《说文》："弟，韦束之次弟也。"朱芳圃《殷周文字释丛》："弟象绳索束弋之形。"是也，甲骨文、金文字形正象丝缴有顺序地缠绕于木杙上。"弟"本为次第字之本字，兄弟也有年龄次序，遂

---

① 徐中舒主编《甲骨文字典》，四川辞书出版社，2006，第966页。

引申出兄弟义。其本义则为后起字形"第"承担。① 为就书写之便和字形平稳，下横多往右倾斜，渐成定制，如睡虎地秦简作⚋、⚋。汉隶又将字之上端分离规整为"丷"，中画竖直，遂成今形，如东汉景君碑作弟，曹全碑作弟。

（18）姊。𣪠季宫父匜。𣱏。

"姊"为形声字，《说文》："姊，女兄也。从女𠂔声。"声符"𠂔"从朿从一，"朿"象草木生长茂盛的样子，《说文》云："𠂔，止也。从朿，盛而一横止之也。"字形演变中声符"𠂔"变形颇大。

（19）妹。𣪠、𣪠、𣪠 𢆶趞父卣、𣪠 鄦伯受匜、𣱏。

"妹"的甲骨文字形由女、未构成②，与今之"妹"构件相同，但目前所见卜辞多假借作表时间的"昧"。卜辞有人名"妇妹"，当与姊妹义有一定关联。早期文献里"妹"多有表女弟之义者，《诗·卫风·硕人》有"东宫之妹，邢侯之姨"，《左传·襄公十二年》有"无女而有姊妹及姑姊妹"，均用的是妹妹义。《说文》以形声字解之，云："妹，女弟也。从女未声。"另有："昧，爽，旦明也。从日未声。"以从"女"的"妹"表姊妹义，以从"日"的"昧"表昧爽义。免簋"昧"写作𣱏。虽然盂鼎等仍以"妹"为"昧"，但"昧"的出现至少说明人们已开始有意分化字形。

（20）姑。𣪠 妇姑鼎、𣪠 庚嬴卣、𣱏。

《说文》："姑，夫母也。从女古声。"金文以来字形变化不大，均从女古声。《说文》释义或为表亲婚俗制的反映：古代常限于氏族间彼此嫁女、相互通婚，造成女方的婆婆正是父亲的姊妹辈，因

---

① 张涌泉先生通过简牍碑刻文字资料的佐证，指出了"第"产生的路径：先是"弟"变体增笔写作"弟"，因俗体草头常作"丱"，字形遂讹为"苐"，而俗书中竹字头多作草字头，据以回改，"第"字便产生了。唐代前后"弟""第"开始分化，"弟"为兄弟字，"第"为次第、宅第字（张涌泉：《字形的演变与用法的分工》，《古汉语研究》2008年第4期，第27~28页）。

② 从"未"的甲骨文字形𣱏、𣱏、𣱏来看，着力表现的是树木向上的枝条，与《说文》所云"象木重枝叶也"颇相合。

此常称婆婆为姑,以致泛化为通称。《尔雅·释亲》:"妇称夫之母曰姑,父之姊妹亦曰姑。"《说文解字注》:"男子称父之姊妹亦曰姑。"细绎之,"父之姊妹为姑"可能是其本义。又《说文》:"舅,母之兄弟为舅,妻之父为外舅。""舅"之本义为"母之兄弟","外舅"当为与"舅"相别而加了定语。《尔雅·释亲》:"妇称夫之父曰舅,称夫之母曰姑,姑舅在,则曰君舅、君姑;没,则曰先舅、先姑。"要言之,妇对夫健在的父母正式的称谓为君舅君姑,夫对妇的父母正式的称谓为外舅外姑。均可简称为舅或姑。如《礼记·坊记》:"婿亲迎,见于舅姑。"郑玄注:"舅姑,妻之父母也。"《礼记·士昏礼》:"夙兴,妇沐浴、纚笄,宵衣以俟见。质明,赞见妇于舅姑。"则直接以舅姑称公婆。

(21)姪。䢿、䢿。𡜎䚳甫人匜、𡜎王子姪鼎。𡜎。

《说文》:"姪,兄之女也。从女至声。""姪"的甲骨文字形由"女""至"组成。王子姪鼎作𡜎,字形与甲骨文近似,只是部件"女"与"至"呈上下结构排列。"姪"为形声字,金文有变其声符"至"为"疊"者。䚳甫人匜作𡜎、䚳甫人盘作𡜎、齐縈姬盘作𡜎、嬭妊壶作𡜎、汗简作𡜎,均由"女""疊"构成。《集韵》:"嬭同姪。"于省吾先生指出疊为定母四等字、姪秩为澄母三等字,"古读澄归定,故嬭姪秩字通也"[①]。《仪礼·丧服传》:"姪者何也?谓吾姑者,吾谓之姪。"《尔雅·释亲》云:"女子谓昆弟之子为姪。"三国韦昭《国语注》:"女子谓昆弟之子,男女皆曰姪。"说明"姪"很早就由姪女泛化为兄弟之子女的通称。古有"侄"字,然与亲属关系无关,《广雅·释诂》释为"侄,坚也。"宋人文集中开始有以"侄"指兄弟之子者,然并未普遍见于官方正式典籍,当为文人自发的调整。殆"姪"义泛化后,为更准确表意,形符更换

---

① 于省吾:《释嬭》,见《双剑誃古文杂释》,北京大业印刷局石印本,1943。

为"亻",遂与"侄"形同,而作坚固讲的"侄"早已弃用,所以不会造成汉字体系的混乱。

(22)伯。白、白_{鲁伯愈父鬲}。伯。

《说文》:"伯,长也。从人白声。"甲骨文、金文"伯"均假"白"用之,多用为侯伯字。殆因音近,"白"初被借用来指年龄排行老大者,进而引申指地位尊贵者。小篆加"亻"作者,意为人之称谓也,也为与"白"相区分开来。

(23)仲。中、中。中_{散盘}。仲。

《说文》:"仲,中也。从人从中,中亦声。"段玉裁注:"伯仲叔季为长少之次。""仲"与"伯"情况相似,甲骨文、金文不从人,本系假借字,小篆加"亻"分化,成为表排序第二的专字。"中"甲骨文、金文多作中、中_{中爵}形,竖杆上下均着飘动的旗帜形。大概是因为"中"的使用频率较高,甲骨文、金文为将"中""仲"相区别,书写上一般以省旗帜形的中、中_{散盘}为"仲"。

(24)叔。弔、弔_{叔尊}。叔。

《尔雅》:"父之兄弟后生为叔父,父之弟妻为叔母。又夫之弟为叔。"甲骨文、金文借"弔"为叔父之"叔"。杨树达先生指出:"古音弔在豪部,叔在觉部,二部音近,故字可通作。"① 金文有弔_{师簋簋}字,象手拾豆形,然多借用为与服饰相关的"素"。《诗·豳风·七月》:"九月叔苴,采荼薪樗。"《说文》:"叔,拾也。"从字形和典籍用法看,拾当是叔之本义。后来可能因"弔"的悼念慰问义凸显,遂借同样音近的"叔"字来表叔父义。称夫之弟为叔者,当为随孩子口吻称呼也,类似情形日常生活中时见,如妈妈会对孩子说:"看,爸爸回来啦!"爷爷会对孙子说:"我们去找奶奶去。"当然,它们的命运不同,夫弟之叔后来成为专名,进而演变成后来

---

① 杨树达:《释弔》,《积微居小学述林》,中华书局,1983,第 94 页。

的"小叔子",从这个层面上看,可以视为意义的引申。

(25)季。🌱。🌱季鼎、🌱仲师父鼎。🌱。

卜辞中用为人名。《说文》:"季,少称也。从子,从稚省,稚亦声。"从甲骨文、金文看,"季"本从子、禾,殆以禾苗、幼子会小之义。而从伯、仲、叔均为假借字来看,"季"也可能为假借。

宗族姻亲字还有爷、孃、姨、哥①、姐、娣②、娙、甥等,基本为形声字,多为口语俗称。《玉篇》"爷":"以遮切,音耶。俗呼为父爷字。"《广韵》:"孃,女良切,母称。"③《说文》:"姨,妻之女弟,同出为姨。从女夷声。"《说文》:"姐,蜀谓母曰姐,淮南谓之社。从女且声。"《说文》:"娙,兄妻也。从女㚔声。"《说文》:"谓我舅者,吾谓之甥也。从男生声。"这些字甲骨文、金文多无考,故此不赘述。

结　语

宗族姻亲字多为会意字,其次为假借字、形声字。抽象的人际关系仍尽力用会意的方法造字,这样的心理造就了汉字较强的表意性。在汉字的发展演变中,意义信息借字形顽强地或多或少地得以存留。较多地使用假借、形声造字法,说明甲骨文已有较强的符号性。

汉字创制后,使用中会不断调整、优化,这种调整早期稍多一些。造字之初,为使字形更准确地传达意义,不排除为一义造多个

---

① 《说文》:"哥,声也。从二可。古文以为謌字。"可知,"哥"为"歌"之本字。称兄长为"哥",应是音同假借。
② 娣,《说文》:"女弟也。从女从弟,弟亦声。"段玉裁注云:"同夫之女弟也。"即娣与妹有别,为姊妹同嫁一夫后,姐姐对妹妹的称呼。
③ 段玉裁:《说文解字注》:"娘亦女良切,少女之号。唐人此二字分用画然。故耶孃字断无有作娘者。"则孃、娘本为两字矣,后混同为一。

形体的情况，主要表现是与表意有关的提示性笔画与部件的多少不一。会意字靠构件间的相互关系来表达意义，而由组成部件所激发的相关联想很多时候并非指向单纯的一个意义，这时就需要对字形进行一定的调整或在多个形体中选取表意最明晰的一个。调整与优化的最终目的是使字形对字义的提示与传达足够充分。

对意义与声音的提示越直接有效的字形，其使用频率就越高，流传的可能性就越大。先民在遇到象形、指事、会意无法传达意义的时候，会考虑形声和假借的办法。形声字以形符提示意义，声符提示声音，为使意音的传达更有效，造字时往往选取使用频率较高的常见字作构字部件，但也不排除偶有求新求异而使用同类或同音的其他字作部件者，而在汉字的发展中，简单直接的常见字作部件的字形往往均成为通用字形得以流传下来。假借之初，多为音近音同而借。出于避免误解的考虑，被借的往往是使用频率不高、表示的意思较为单纯的字。正因其本义的使用频率不高，很多借字后来为借义所专。如果实在找不到合适的字来假借，也会使用常用字，但时有通过笔画的省减与变形进行提示。在后来的发展中，这些字多被增加表意部件成为新的形声字。

汉字的分化主要是通过增加或更换部件实现的。随着日常生活中要表达的意思多样化、精细化、复杂化，需要不同的字形来承载不同的意义，比较高效省力的办法就是在现有字形的基础上，通过增加、更换部件等办法，来表达相关而有别的新义。

字形美观、书写便捷的追求，对汉字的发展有深刻的影响。不少今字形理据性的丧失，与字形美观、书写便捷的心理追求有关。随着书写者对文字理据的陌生，文字的符号性被凸显，既然只是记录语言的工具，字形匀称美观、书写简便快捷的要求就会越来越强烈，这必然深刻地影响汉字的走向。因为缺少对构件理据性的认识，为书写方便些或字形协调些，原本意义清晰的完整个体被拆解了，原本相对独立的部件被糅合了，重要部件被省减、变形了。往往是字形美观了、方便书写了，但理据破坏了。

第五节　服饰相关字溯源[①]

衣服原始的功用为御寒蔽体，随着生产力的提高、物质生活的改善，衣服又具备了一定的装饰功能。衣服的材质、形制也在不断地丰富。汉字承载着丰富的历史文化信息，在梳理其形体演变轨迹时，可以充分挖掘出隐藏其中的理据信息，对汉字应用与整理有重大意义。

一　服饰相关字形义探源

（1）衣。㐆、㐆、㐆趞簋、㐆颂鼎、㐆。

《说文》："㐆，依也。上曰衣，下曰裳。象覆二人之形。"[②] "象覆二人之形"颇难解，段玉裁《说文解字注》谓"'覆二人'，则贵贱皆覆"[③]，俞樾《儿笘录》曰："其从二人者，或象夫妻欤。"[④] 解释也很奇怪。甲骨文、金文、小篆均未见人形。小篆"人"作㐆，如"从"作㐆，"众"作㐆，与"㐆"之下半写法有明显差别。《说文》以为衣"象覆二人之形"系误将衣襟解为人形，这种错误其来有自，如"裔"《说文》收有古文作㐆，"表"古文作㐆，"袤"

---

① 本节曾以《服饰相关字溯源》为题发表于《宁夏大学学报》（人文社会科学版）2017年第2期。此略有修改。
② 许慎：《说文解字》，中华书局，1963，第170页。
③ 段玉裁：《说文解字注》，上海古籍出版社，1988，第388页。
④ 俞樾：《儿笘录》，见《第一楼丛书》，《春在堂全书》光绪二十三年重订本（石印本），1883。

籀文作䘳，"襲"籀文作䙝，所从之"衣"均写作☖。"象覆二人之形"可能是因传写之讹而导致的误解。如果从《说文》古文、籀文出发，确实容易误析，幸运的是甲骨文、金文提供了更早的线索。罗振玉据甲骨文指出："盖象襟袵左右掩覆之形。"① 是也。☖为由领口部分变形而来；☖象双袖及襟袵，为衣形。睡虎地秦简有作☖，将上半写的近于"亠"。东海汉代木牍作☖，居延汉简作☖，衣袖与衣领断为两笔，下斜出的衣襟被写的勾了起来，这些改变为楷体的产生奠定了基础，王羲之作衣，石婉墓志（508年）作衣，张猛龙碑（522年）作衣，与今形同。

（2）皮。☖弔皮父簋。☖。

《说文》："皮，剥取兽革者谓之皮。从又，為省声。"《广雅·释言》："皮，剥也。"②《战国策·韩策》："因自皮面抉眼"，"皮"与"抉"相对，当用为动词。金文未见"為"形，《说文》云"為省声"有误。王国维以为"☖从又持半革"③，林义光曰："从尸，象兽头角尾之形，☖象其皮，☖象手剥取之。"④ 观点相似，高鸿缙⑤、朱芳圃⑥、张日昇⑦等从林说。睡虎地秦简作☖，马王堆汉帛书作☖，写法与金文相似，但部件形体有些改变：☖变为☖、☖，秦隶下竖靠左与上部的☖之左竖近于一条直线，汉隶则直接写为一竖；原☖下之☖上移。两者组成的"尸"即为后来"广"之来源。王羲之作皮，北魏石夫人墓志（508年）作皮，基本笔画与今形同。

（3）革。☖鄂君启车节。革。

《说文》："革，兽皮，治去其毛，革，更之。象古文革之形。

---

① 罗振玉：《殷虚书契考释三种》，中华书局，2006，第468页。
② 王念孙：《广雅疏证》，中华书局，2004。
③ 王国维：《史籀篇疏证》，《王国维遗书》（第六卷），上海古籍书店，1983。
④ 林义光：《文源》卷六，中西书局，2012。
⑤ 高鸿缙：《中国字例》，二篇，台湾三民书局股份有限公司，2008。
⑥ 朱芳圃：《殷周文字释丛》卷中，台湾学生书局，1972。
⑦ 周法高主编，张日昇等编纂《金文诂林》，卷三，香港中文大学，1975。

革，古文革，从三十，三十年为一世，而道更也。臼声。"其本义为皮革，引申为变革。《说文》从古文出发，谓革从三十臼声，是有问题的。"三十"是对𠀧的误析，误析是由变更义反推而致，"卅"甲骨文、金文作山，小篆作卅，与𠀧不类，由引申义出发分析字形，很难得到正确的认识，本义与本形才有密切的关联；"臼"是对𠬪的误析，《说文》古文"革"清晰可见𠬪形。将金文𠰎（皮）、革二字相较，不难发现，𠰎中象兽皮的𠀧较革多一横，殆以示与有毛之皮有别；高田忠周云："以皮加工而为革，事复于皮，故从两手之𠬪。"① 小篆作革，睡虎地秦简作革，马王堆汉帛书作革，已与今形同。中部的口当由𠬪而来，大体过程为：𠬪→𠬪→口。《周礼·天官·掌皮》："掌秋敛皮，冬敛革。"用的即是其本义。因皮、革本相关，典籍多统言不别，《说文》即以兽革释皮，以兽皮释革。

（4）裘。𧚍、求。𧚍五祀卫鼎、𧚍卫簋、求番生簋、求郑君求钟。𧚍。

《说文》："裘，皮衣也。从衣求声。一曰象形，与衰同意。……求，古文省衣。"甲骨文"裘"有𧚍、求二形，罗振玉引王国维观点云："盖𧚍为已制为裘时之形，求则尚为兽皮而未制时之形。"② 卜辞中"求"多用为祈求字③，这样，𧚍、求产生分工，裘衣之裘作𧚍。𧚍与衣（衣）颇相似，区别在于𧚍外有毛。刘向《新序·杂事第二》："魏文侯出游，见路人反裘而负刍。文侯曰：'胡为反裘而负刍？'对曰：'臣爱其毛。'""反裘"指将有毛的一面穿在内面，甲骨文𧚍毛在外，正是裘的正常穿法。金文𧚍、求二形并见，𧚍从衣求声。形声造字法体现了较高的抽象思维水平，在文字中添加进有关读音

---

① 〔日〕高田忠周：《古籀篇》，卷五十九，台湾大通书局，1960。
② 罗振玉：《殷虚书契释三种》，中华书局，2006，第469页。
③ 吴其昌：《殷虚书契解诂》，武汉大学出版社，2008。裘锡圭：《释"求"》，见《古文字研究》第十五辑，中华书局，1986。

的理据信息,兼顾音与义,在世界文字体系中独具特色,这一造字法对很多汉字的发展演变产生了深刻的影响,如"自"加"畀"成"鼻","齒"加"止"成"齒"等。求作为声符参与构字,直接影响了"裘"的写法,金文中很少有将形符写为衣者①,多写为〇,大概是增加声符求后,已足以将之与"衣"区别开来,也就没有必要非写为衣了。睡虎地秦简作裘,小篆作裘,虞世南(558~638年)作品作裘,"求"位于"亠""衣"之间,结构基本定型。后书写中,将内外结构调整为上下结构就成了"裘",怀素(725~785年)作裘。

(5)表。裘。

《说文》:"表,上衣也。从衣从毛。古者衣裘,以毛为表。""表"为会意字,以裘衣之外表代指外衣。小篆作裘,睡虎地秦简作裘,居延汉简作表,上半有糅合趋势,部件"毛"已不清晰,王基碑(261年)作表,已与今形同。

(6)裏。⟨师兑簋⟩、⟨毛公唇鼎⟩ 裏。

《说文》:"裏,衣内也。从衣里声。""裏"为形声字,指衣物的内层,后引申为与外相对,凡在内均称为裏。《说文》:"里,居也。从田从土。"与"裏"本为两字,伯晨鼎以"里"为"裏",殆音同简写也。成语表里如一,其实是以内外衣服一致比喻人的品质与言行一致。

(7)蓑(衰)。⟨衰鼎⟩。衰。

《说文》:"衰,艸雨衣。秦谓之萆。从衣,象形。衰,古文衰。"衰与〇(衣)、衣(裘)相较,区别在于下半部件,艸为蓑草或棕毛之象,早年民间流传有蓑衣,以蓑草或棕毛编织而成。古人造字善

---

① 仅次尊作衣,从衣,求省声。马叙伦先生主张"求则从毛又声"(马叙伦:《说文解字六书疏证》,卷十五,上海书店,1985)。若此,则衣为从衣又声。

抓主要特征，使人一见可别，犹牛、羊甲骨文分别作￥、￥，以角别；犬、豕分别作￥、￥，以尾别。"衰"小篆作衰，睡虎地秦简作衰，字形的底下增加了象襟袖之形的衣的下半部分。从衣从冄。《说文》冄："毛冄冄也。象形。"冄为连缀蓑草或棕毛而成，故有毛冄冄之形。马王堆汉帛书作衰、衰，已将冄写为冄。虞世南作衰。中间部件的大致演变过程为：冄→冄→井→（丑）→日。"衰"为蓑草或棕毛按顺序层次编就，引申出等次、衰弱义并成为常用义，遂加义符"艹"或"𥫗"以表其本义，《诗·小雅·无羊》："何蓑何笠。"毛亨传："蓑所以备雨。"《仪礼·既夕》："槀车载簑笠。"郑玄注："簑笠，备雨服。簑，素禾反。同蓑。"早期文字中部件"艹""𥫗"时有通用，前文论及的"弟"变作"第"，即其例也。现通用字一般写为"蓑"。

（8）卒。卒。卒_{外卒铎}。卒。

《说文》："卒，隶人给事者衣为卒。卒，衣有题识者。"主张"卒"为一种衣名，是种有标识的衣服，相当于今天所谓的制服，是给事者的工作服。裘锡圭先生主张衣上所加线条表终止、完结义。甲骨文用为地名和祭名，金文则多用士卒义。因早期文献用例不够丰富，难以确定本义，暂依《说文》。自金文起多是于卒之下笔加一斜横画，如外卒铎作卒，小篆作卒，睡虎地秦简作卒，加横以示衣有题识也。睡虎地秦简有作卒，马王堆汉帛书有作卒，斜出的衣襟被写为直竖，加笔被写为平横；东海汉木牍作卒，与今形颇相似，但丿仍为一笔相连，王羲之作卒，字形自上而下被处理成"亠、八、十"三个部分。字形的变化过程大致为：卒→卒，卒→卒→卒。

（9）免。免。_{免簋}

《说文》无"免"但有"冕"："大夫以上冠也，邃延垂瑬纮䥫。从冃，免声。""免"为"冕"之本字，"冃"为"免"，字形演变已难见理据之后所加的义符。☐"从☐从人"①"象人箸冕之形"②。"免"睡虎地秦简作☐、☐、☐，马王堆汉帛书作☐、☐，人形渐写为儿，☐形则有较大的变化：一是下端的开口处渐渐合拢，二是上端加上了"ク"。"ク"象飘动的饰物，其产生当与礼制有一定的关系。最早的"免"可能就是一般的帽子，金文☐里的☐正象其形，写法很朴实，马王堆帛书"冠"作☐，武威汉简"冠"作☐，其中的帽形与金文☐相类；后来"冕（免）"渐成为有身份的人的帽子的专称，故《说文》云"大夫以上冠也"，用作修饰的"垂鎏絖纩"即秦简、汉帛中"免"上之"ク"；南北朝以后"冕（免）"又成为皇冠的称呼，帝王登基要行加冕礼。高鸿缙云："免自借用为脱免字，久而不返，乃又加月为意符，作冕。"③据杨子仪统计，"作为'丧冠'义的'免'字，只是比较集中地出现在'三礼'正文中——仅《礼记》就达30例之多"，但是在其他的古籍中却很少见到用"冠冕"义的"免"，指出"应该是由于'免'字被借用为'脱免'义后使用的频率愈来愈高的结果"④。

（10）冒。☐九年卫鼎。☐。

《说文》："冒，冢覆而前也。从冃从目。""冒"为"帽"之本字，"冃"为帽形，"目"代表"首"。睡虎地秦简"冒"作☐，与汉隶中的"冠"的上部写法相同，为当时常见的帽形。"冢"甲骨文作☐、☐，其上部即"冃"，☐九年卫鼎所从之☐，系在☐的基础上中空处加短横而成。因"冒"覆于头上，遂引申出蒙盖、顶着、冒犯等义，后加"巾"以提示本义遂成"帽"。王羲之作☐，上半

---

① 容庚：《金文编》，中华书局，1985。
② 郭沫若：《免簋》，见《两周金文辞大系图录考释》，上海书店，1999。
③ 高鸿缙：《中国字例》，台湾三民书局股份有限公司，2008。
④ 杨子仪：《"免"字源流综议》，《古汉语研究》1995年第1期。

写为"冃"①。词义发展中"免"成为身份标识而带上了富贵气，而"冒"则成为泛称。二字的秦简字形已见分野，"免"作🦌，"冒"作🀄，"免"上饰物明显，而"冒"则十分朴实。

（11）冠。🀄。

《说文》："冠，絭绳也。所以絭髮，弁冕之总名也。从冂从元，元亦声。冠有法制，从寸。"部件"寸"多由"又"演变而来，指手部动作，如"封"甲骨文作🀄，金文作🀄召伯簋，为植树封疆之义，甲骨文象木在土中，金文加"又"以表植树的动作，部件"又"在小篆中演变为"寸"；"射"甲骨文作🀄，金文作🀄静簋，为张弓射箭之形，甲骨文象矢在弦上，金文加"又"示手引弓也，部件"又"在小篆中演变为"寸"；"尌"金文作🀄尌仲簋，本从"又"，小篆变为从寸，《说文》："从壴，从寸，持之也。"等等。"冠"中的"寸"也当如此。元者首也，冂象帽子，寸为手，"冠"的字形象手持帽加于人首上。马王堆帛书"冠"作🀄，武威汉简"冠"作🀄，𠆢本为一般帽子的形制，但与来源于𠆢的"冖"偶合，在笔画定型的过程中，为避免书写体系的混乱，保持理据的相对完整，遂将字形调整为"冖"。

（12）胄。🀄戒簋、🀄盂鼎。🀄。

《说文》："胄，兜鍪也。从冃由声。""胄"为保护头部的盔甲。虢簋作🀄，戒簋作🀄，与🀄（冒）九年卫鼎相较，主要区别是上部多了🀄、🀄，即《说文》所谓的"由声"。从字形上看，🀄、🀄最初可能并不是声符，系装饰性的徽识之形。

（13）巾。🀄。🀄元年师兑簋。🀄。

《说文》："巾，佩巾也。从冂，丨象糸也。"象佩巾下垂之形，字形在发展演变中变化不是很大。部件"冂"右钩的出现与隶书收

---

① "冒"今印刷体仍存其正确字形，难能可贵。

笔左撇之势有关，汉马王堆帛书"巾"作巾。

（14）常。尚_{陈公子甗}。龖。

《说文》："常，下帬也。从巾尚声。裳，常或从衣。"又："帬，下裳也。从巾君声。裠，帬或从衣。"① 朱骏声曰："常裳二字，经传截然分开，并不通借。"②《诗·邶风》有"绿衣黄裳"，《楚辞·离骚》有"制芰荷以为衣兮，集芙蓉以为裳。"均用的是"裳"。典籍中"常"的常用义并非下帬。《周礼·春官》："司常掌九旗之物名，日月为常。"《释名》："日月为常。谓画日月于其端，天子所建，言常明也。"③《尚书·君牙》："纪于太常。"传："王之旌旗画日月曰太常。""司常"的"司"是掌管的意思，"常"指旌旗；"太常"为画有日月的旗帜。"下帬"与"旌旗"的共同之处在于均是一块布，下帬是围在下身的一块布，而旌旗是挂在旗杆上的一块布，古文字里部件"巾"与"衣"常通用，疑为分化字义，本为异体字的"常"与"裳"进行了分工。"常"的义项比较丰富，先秦典籍中的用法主要有六：恒久，如"天命靡常，惟德是辅。"（《尚书·多士》）；规律，如"无此疆尔界，陈常于时夏"（《诗·周颂·思文》）；经常，如"生者不能不生，化者不能不化，故常生常化"（《列子·天瑞》）；普通，如"彼月而食，则维其常"（《诗·小雅·十月之交》）；一定的，如"傅瑕贰，周有常刑，既伏其罪矣"（《左传·庄公十四年》）；长度，如"其察色也，不过墨丈寻常之间"（《国语·周语下》）等。综合来看，这些义项与"下帬"间难以建立起引申关系，而与"常"的旌旗义密切相关，由旌旗象征的长久义引申出"恒久"，恒久就可形成不变的"规律"，既是规律，

---

① 巾、衣作义符时时有通作，《说文》中除了常、帬外，还有幝："幨，幝或从衣。"帙："袠，帙或从衣。"
② 朱骏声：《说文通训定声》，中华书局，1984。
③ 刘熙：《释名》，中华书局，1985。

必然常见，因规律常见又引申出"经常""普通正常""一定的"等义项来；旗杆是有长度的，并可能形成一定之规，这样引申出作表长度单位的量词也是可能的①。典籍里"常"还有通表曾经的"尝"的用法，与词义演变无关，这里不作讨论。"常"的词义引申大体如下：

$$
\text{旌旗} \xrightarrow{\text{（象征性）}} \text{恒久} \longrightarrow \text{规律} \begin{cases} \text{正常} \\ \text{经常} \\ \text{一定的} \end{cases}
$$

$$
\downarrow \text{（高度）}
$$

$$
\text{长度量词}
$$

目前仅见《逸周书》"叔旦泣涕于常，悲不能对"中用义与《说文》同。是偶尔的通借，还是先有"常"，因"常"引申义丰富，为相区别遂改义符"巾"为"衣"而成"裳"？我们认为可能的情形是："常"从巾，其形制本来是一块布，今天的毛巾、围巾不还是一块布吗？围在下身的叫常，挂于旗杆的也叫常，后来因为"常"在旌旗义上引申义丰富，于是就以从衣的"裳"作为衣裳字了。《说文》以常为下帬或有所本。

（15）帅。帅五祀卫鼎、帅师望鼎、帅晋公鎣。帅。

《说文》："帅，佩巾也。从巾、𠂤。"小篆師左边部件与帅相同，但它们的来源实际有别。"師"甲骨文作𠂤，金文增"帀"作𩵋。"追"甲骨文作𠂤，金文作𠂤追簋、𠂤兮仲钟；"官"甲骨文作𠂤，金文作𠂤竞卣、𠂤颂鼎；"歸"甲骨文作𠂤，金文作𠂤毓且丁卣。"師""追""官""歸"均含有部件"𠂤"，从金文字形来看，它们的写法相同，但与"帅"字中的𠂤迥异。可见，"帅"非从"𠂤"。毛诗《噫嘻》"率时农夫"韩诗作"帅时农夫"。《仪礼·聘礼》："帅大夫以入。"郑玄注："古文帅为率。"《史记·乐书》"将率之士"《索隐》王肃

---

① 詹鄞鑫："'常'既是车上所立之物，自然也与车上的戈、殳、戟、矛等一样，成为高度的等级标志，并由此发展成为长度单位。"詹鄞鑫：《近取诸身 远取诸物——长度单位探源》，《华东师范大学学报》1994年第6期。

注作"将帅"。阮元《经籍籑诂》："古文帅皆作率。"[1] 然《说文》："率，捕鸟毕也。象丝网，上下其竿柄也。"与"帅"义无关。《说文》："達，先道也。从辵率声。"段玉裁《说文解字注》云："道今之導字。经典假率字为之。"即经典多借"率"为"達"。"率"为"達"之假借，而古文"帅"皆作"率"，也就是说与"帅"有关系的实际是"達"。《说文》"帅"所律切，"達"疏密切，古音相去不远。《玉篇》："達古文帅字。"[2] 通过对《说文》"帅""達"两条的比较，大致可推测出二字的关系："帅"为会意字，统"帅"执帅旗或着标志性的巾饰作为部队的先导，《说文》所谓的"帅"为佩巾可能指的就是统"帅"佩戴的标志物，类似于今之将领的肩章徽识；"達"为后起形声字，着重强调的是率领、先导的意思，义符"辵"突显了其动作性。金文"帅"有写为 ![]番生簋 、![]井人妄钟、 ![]晋公盠 者，字形大概想表达的是手执巾做的令旗以施号令的意思，晋公盠的字形就颇似双手执帅旗形，巾饰与旗杆相连接，双手握持在旗杆上，戏剧里表现将帅领兵打仗时，演员背后常插有旗帜，即是对生活实际的艺术化表现。总之，"帅"本非从"自"，但在字形演变过程中，渐成"自"。睡虎地秦简作 ![]，小篆作帥，已写为"自"。但汉隶中仍时有写为"丨"者，如孔彪碑（171年）作 ![]。六朝以后，"帅"形基本稳定下来。"丨"是由"自"的草书演化而来，基本过程为：![]→![]→![]→![]→![]。

（16）帛。![]。![]蔺簋。![]。

《说文》："帛，缯也。从巾白声。"帛为形声兼会意字。《周礼·春官·大宗伯》："孤执皮帛。"郑玄注："帛，如今璧色缯也。"《左传·僖公五年》："吾享祀丰絜，神必据我。"是说祭品丰富洁净，国王祭神的祭品为何？《左传·庄公十年》有反映："牺

---

[1] 阮元：《经籍籑诂》，中华书局，1982。
[2] 顾野王：《原本玉篇残卷》，中华书局，1985。

牲玉帛。"由此看来，璧色缯当指如玉一样洁净的帛，类似于今藏族、蒙古族之白色哈达也①。"白"甲骨文作🇴，金文作🇴(录伯簋)，与"帛"的甲骨文、金文构件"白"相同。马王堆汉帛书始见"伯"，甲骨文、金文多用"白"为"伯"，"帛"金文则时有用为黑白之"白"，殆因音同也。典籍也时有"帛""白"混用的情况。《礼记·玉藻》："大帛不綏。"郑玄注："帛，当为白。"《史记·孔子世家》："子思生白，字子上。"而《汉书·孔光传》："鲤生孔伋，字子思；伋生孔帛，字子上。"同一人的名字，《史记》用白，而《汉书》用帛。罗振玉云："古采色字多取义于染丝，如紫绛絑之类。帛亦其比矣。"② 从文字孳乳的情况来看，虽然🇴在🇴先，本有🇴，但因🇴常被借去表"伯"，为相区别，参照紫绛絑红绿③等字，以"帛"为"白"也是能被接受的。

（17）布。(睘卣)、(守宫盘)。

《说文》："布，枲织也。从巾，父声。"《孟子·滕文公》："许子必织布而后衣乎？"用的即是其本义。金文、小篆字形清楚，从巾父声。睡虎地秦简"布"有、两形，"（父）"多被简写为"（又）"。马王堆帛书"布"的写法有、、、，基本可以看到其形体嬗变之迹：、，写法比较严谨，"父"形清晰；，"父"被简写为"又"，成为其进一步演变为"ナ"的契机；，上横过短，颇类于"ナ"。真正变为"ナ"是在东汉碑刻文，肥致碑（169年）仍作，曹全碑（185年）始作；南北朝楷书与今形相同，北魏元珍墓志（514年）作，南朝智永和尚作。

---

① 哈达按颜色分为两种，用途有别：一种是象征纯洁、崇高、美好、吉祥的白色哈达，应用普遍；一种是五彩哈达，颜色为蓝、白、黄、绿、红，各有寓意，蓝色象征蓝天、白色象征白云、绿色象征河水、红色象征空行护法，黄色象征大地，佛教教义解释五彩哈达是菩萨的服装，所以，只用于特定情况。
② 罗振玉：《石鼓文考释》，《罗雪堂先生全集》，台湾大通书局，1970。
③ 均从系，与丝织物有关。

081

含有部件"父"的字还有斧、甫,它们的小篆字形分别为 🗎、🗎,能清晰看到部件"🗎",但在文字演变中,"🗎"分化为三:🗎→父,🗎→亠,🗎→丆。

(18) 市。市_{师西簋}。市。

《说文》:"韠也。上古衣蔽前而已,市以象之。天子朱市,诸侯赤市,大夫葱衡。从巾,象连带之形。""市"为象形字,本为体前遮羞之衣,为上古衣制在服装上的遗留,后来成为官员服饰规制,类似于今之正装,因其端庄,其形制又为祭服采用。

(19) 履。🗎。🗎_{五祀卫鼎}、🗎_{佣生簋}、🗎_{兮仲盘}。履。

《说文》:"履,足所依也。从尸从彳从夂,舟象履形。一曰尸声。……🗎,古文履,从页从足。"小篆字形及《说文》古文均含部件"舟",此条云"舟象履形",指出了字形本质。在文字始创阶段,象形意味浓厚,一些外形相似的事物难免在写法上相似,如甲骨文中"🗎、🗎(山)"与"🗎、🗎(火)"的写法就十分接近。部件"舟"有舟、盘、履三个来源。甲骨文"舟"作🗎、🗎,金文作🗎_{舟父丁卣}、🗎_{鄂君启舟节},对比🗎、🗎_{兮甲盘}中的盘形[①]和🗎_{五祀卫鼎}、🗎_{兮仲盘}中的履形,确实十分相像。因事物本身有一定程度的相似,在写法上也没有明显地区别开来,以致后人在析解相关字形时颇为奇怪,这些字可能须重新审视。如《说文》:"服,用也。一曰车右騑,所以舟旋。从舟𠬝声。🗎,古文服从人。"段玉裁注曰:"舟当作周。马之周旋如舟之旋。故其字从舟。"《说文》也好,段玉裁注也罢,对于"服"何以从舟的解释颇令人费解,既然表达的是职事之义,何以不是从"盘"或者"履"呢,捧盘进侍

[①] 于省吾先生指出:"甲骨文般字本从凡声,般字后世孳乳为盤。……古文字凡、般与舟有时混同……西周金文从🗎者多讹变为舟,故般字皆从🗎。"(于省吾:《释盙》,《甲骨文字释林》,商务印书馆,2010)即金文中"盘"多讹为"舟"。李孝定认为槃"字当作🗎,以与古文舟作🗎者形近,故篆文误从舟耳"(李孝定编述《甲骨文字集释》,第六,中研院史语所专刊之五十,1965)。主张篆文槃从舟,系从盘之误。

或服侍穿履生活中不是更易见吗？造字时舍易见而取陌生，不符合"近取诸身，远取诸物"的原则。林洁明主张"服"字"从凡𠬝，𠬝亦声。盖象人奉盘服事之象。"① 或得之矣。《说文》："受，相付也。从爫，舟省声。""受"甲骨文作 、 ，金文作 受父乙觯、 兔簋，从甲骨文、金文看，"舟"实为授受之物，吴大澂曰："舟者，承尊之器。"马叙伦云："象舟形者，非舟车之舟，乃槃之初文。"② 李孝定认为："舟实槃之象形。"③ 均以为舟象槃形，从授受的角度来看，"槃"肯定较"舟"典型。另外，还有《说文》："歬，不行而进谓之歬。从止在舟上。"何以不是着履前行呢？陈邦怀曰："歬从舟，盖与履从舟同意。履（𩕳）从舟，谓履行若舟之行。"认为"歬""履"中的部件"舟"表意相同，但以喻意来说解从舟之缘，稍显间接。马叙伦直接指出："歬字所从之舟，非舟车之舟，乃履之初文。"④ 或得其真。 五祀卫鼎、 兮仲盘从页从止从舟，为人着履形。《说文》古文 从页从足从舟，与 五祀卫鼎、 兮仲盘从页从止从舟相去不远，小篆 从尸从彳从夂从舟，增象人形的"尸"，原象人首的部件"页"所处的位置被舟取代，加示行道之"彳"，金文已有加"彳"示行于道者，如佣生簋作 。"履"在汉以前的典籍中多用作动词，如《易·履》："履虎尾，不咥人，亨。"《礼记·玉藻》："浴用二巾，上絺下绤，出杅，履蒯席，连用汤，履蒲席，衣布晞身，乃屦，进饮。"《庄子·养生主》："手之所触，肩之所倚，足之所履，膝之所踦，砉然响然，奏刀騞然，莫不中音。"偶有作名词，如《列子·黄帝》："脱履户外，膝行而前。"《韩非子·外储说左上》："郑人有欲买履者。"这种偶用不排除在版本流传的过程中后世窜改

---

① 周法高主编，张日昇等编纂《金文诂林》，卷八，香港中文大学，1975。
② 马叙伦：《说文解字六书疏证》，卷八，上海书店，1985。
③ 李孝定：《〈金文诂林〉读后记》，卷四，中研院史语所专刊之八十，1982。
④ 马叙伦：《说文解字六书疏证》，卷三，上海书店，1985。

的可能。段玉裁《说文解字注》引晋蔡谟言："今时所谓履者，自汉以前皆名屦。"朱骏声《说文通训定声》："古曰舄，曰屦，汉以后曰履，今曰鞵。"① 由《诗·魏风·葛屦》："纠纠葛屦，可以履霜。"可见，"屦"为名词，"履"为动词，用法有明显区别。《左传·僖公四年》孔颖达疏引《方言》："丝作之曰履，麻作之曰扉，粗者谓之屦。"② 以材质来区别履、屦。综合文献实际使用情况及古注，"履"初义为践，后转指所践之物。当然，"屦"也有用如动词的情况，《史记·季布列传》："季布以勇显于楚，身屦典军，搴旗者数矣，可谓壮士。"但并未如"履"转用为名词普遍。因在义素上有相关之处，此类动名之间的活用时有发生。

（20）麻。师麻匡。麻。

《说文》："麻，与枲同。人所治，在屋下。从广从枲。"金文从厂，睡虎地秦简作麻，小篆作麻，均从广。《说文》："广，因广为屋，象对刺高屋之形。"《说文》："厂，山石之厓岩，人可居。象形。"段注："厂者，山石之厓岩。因之为屋，是曰广。"认为"厂"为崖岩，"广"为借崖岩做成的屋。麻变为麻是可能的，"厂""广"在做构字部件时意义是有关联的。今从"厂"之字如厦、厢、厨、厕、厩，从"广"之字如府、庭、庐、庵、庙、庠、序、廊、庑、库，均有屋宇之义。"麻"本从"枲"，隶书讹变为从"林"。小篆尚且不误，"枲"作枲，"林"作林，区别明显。"麻"睡虎地秦简作麻，马王堆汉帛书作麻，均误"枲"为"林"。由枲而林，当为就书写之便造成的。《说文》："枲，葩之总名也。枲之为言微也，微纤为功。象形。"段玉裁注曰："各本葩作葩，字之误也。……葩本谓麻实，因以为苴麻之名。此句疑尚有夺字，当云治葩枲之总

---

① "舄"的底为双层，"屦"的底为单层。《周礼·屦人》郑玄注："复下曰舄，禅下曰屦。古人言屦以通于复，今世言屦以通于禅。"
② 今本《方言》作："麻作之者曰不借。"

名。……今俗语缉麻析其丝曰劈，即朮也。……'象形'，按此二字当作'从二朮'三字。'宋'谓析其皮于茎，'朮'谓取其皮而细析之也。"《说文》又有："枲，麻也。从宋台声。"段玉裁注云："枲亦为母麻、牡麻之大名，犹麻之为大名也。"结合《说文》及段玉裁注"朮""枲"两条，可知"麻"为一种植物，可剥取纤维供纺绩之用，如《礼记·内则》："女子十年不出，姆教婉娩听从，执麻枲，治丝茧，织纴组紃，学女事以共衣服。"

（21）糸。𢆯、𢆯、𢆯。𢆯糸父壬爵、𢆯子糸爵。𢆯。

《说文》："糸，细丝也。象束丝之形。""糸"象经过一定加工而成的丝线，可供织布之用。"系"甲骨文作𢆯、𢆯，象手持二糸或三糸系联。𢆯象上下均有线头的状态。小篆作𢆯，只写了下部端绪。东海汉木牍作𢆯，下部已与今写法相近。"玄"甲骨文作𢆯，金文作𢆯玄父癸爵、𢆯吴方彝盖，与"糸"的简写形同，少虞剑作𢆯，于上中两处各加有一点，文字演化中，点很多变为了横，"玄"上部可能也是这种情况。"玄"小篆作𢆯，睡虎地秦简作玄，与"糸"之省体"𢆯"已区别明显。"糸""玄"可能本一字，由丝线细微引申出幽远之义，为区别"细丝"与"幽远"，先以"糸"之简体𢆯表"玄"，后又通过在上端出头的短竖上加点的方式来加强字形上的差异，点逐渐演变为横，遂成今体。王筠《说文解字句读补正》："幺、玄二字古文本同体，特两音两义耳。小篆始加木以别之。"指出"糸""玄"系由一形分化而来。

（22）絲。𢆯、𢆯、𢆯。𢆯商尊、𢆯辛伯鼎、𢆯吕鼎。絲。

《说文》："絲，蚕所吐也。从二糸。"一说糸、絲一字，如马叙伦认为："絲则象形，糸则絲省也。"[①] 商承祚云："糸、絲本一字，体有繁简也。"[②] 但文字中多有由相同部件组成新字者，如

---

① 马叙伦：《说文解字六书疏证》，卷二十五，上海书店，1985。
② 商承祚：《甲骨文字研究》，天津古籍出版社，2008，第151页。

"人"与"从","木"与"林","中"与"艸","虫"与"蚰"。这些字大体有三种类型：一是为表较多数目而复写，这类字往往还有积三个相同部件者，如"森""卉"等；一类是为了表达新的意思，如"从"为动词跟从；还有一类是为字用上的分工而复写，如"朩"和"㭎"，"朩"谓析其皮于茎，"㭎"谓取其皮而细析之。"糸"和"絲"为第三类，"糸"象束丝，"絲"为蚕吐丝。"絲"所示似较"糸"更为细微，"糸"为泛称，"絲"则专表细微。如"顯"金文作🔲师酉篆、🔲虢季子白盘，《说文》："㬎，众微杪也。从日中视丝。古文以为顯字。""㬎"为"顯"之本字。段玉裁注："㬎为日中见微妙。则经传顯字皆当作㬎。㬎者本义，顯者假借。"即"㬎"以"絲"表细微之意。又如"幽"《说文》："隐也。从山，中絲，絲亦声。"孙诒让曰："古文幽字皆不从山，疑从古文火省。"① 罗振玉云："古金文幽字皆从火从絲，与此同。隐不可见者，得火而显。"② "山"为"火"之讹，是也。"幽"甲骨文作🔲，金文作🔲墙盘、🔲盠方彝，"火"形甚是明晰，殆因"山""火"形近，后误写为"山"。"絲"为"絲"之省，从火从絲，犹"洞幽烛微"也，以示幽隐之义。另甲骨文、金文中多用88为"兹"，88与"絲"之简写形🔲、88商尊相似，或为相别而借"絲"之最简形也，与甲骨文、金文借"糸"之简写形8为"玄"情形相类。

（23）素。🔲师克盨、🔲辅师嫠簋、🔲。

《说文》："素，白致密缯也。从糸、𠂹，取其泽也。"金文象手捧缯之形，小篆从糸从𠂹保留了主要构字部件。《说文》"缯""帛"互注，前文已论帛为白色，素为缯，其色定然为白。马王堆帛书多作🔲、🔲，但亦有写作🔲者，与今形颇近。

---

① 孙诒让：《契文举例》，齐鲁书社，1993。
② 罗振玉：《殷虚书契考释三种》，中华书局，2006，第486页。

(24) 專。󰀀、󰀁、󰀂專车季鼎。󰀃。

《说文》："專，六寸簿也。从寸叀声。一曰專，纺專。"段玉裁注："今專之俗字作甎、塼。"徐灏《说文解字注笺》云："此疑当以纺專为本义。收丝之器谓之籆專，其锤谓之罐。引申为圆转之称。"甲骨文字形󰀄正象纺專形，加示"󰀅"，示以手持纺锤收丝也。器物与使用器物的动作本相关联，故意义上常兼而有之，"履""锄"即其类。

(25) 断。󰀆、󰀇。󰀈量侯簋。󰀉。

《说文》："󰀊，截也。从斤从󰀋。󰀋，古文絕。󰀌，古文䜴，从㠯，㠯，古文叀字……󰀍，亦古文。"甲骨文字形以刀断丝或以斤断丝会意，截断之意甚明。量侯簋从叀从刀，󰀎为附加饰符。《说文》："絕，断丝也。从糸，从刀，从卩。󰀏，古文绝，象不连体，绝二丝。"甲骨文作󰀐、󰀑，不难发现与"断"的甲骨文之别主要在于一为单丝，一为双丝；金文作󰀒中山王䯲壶，以刀断二丝，即《说文》所谓"絕"之古文。"断"小篆作"󰀓"，系于"絕"的金文基础上加"斤"，虽有叠床架屋之嫌，但可示别于"絕"。居延汉简已有简写为󰀔者，王羲之作品有作󰀕，米芾作品中󰀖、󰀗并见，"断"为"斷"书写之变，所断之二丝与刀刃重组为"米"。

(26) 初。󰀘。󰀙贤簋、󰀚虢季子白盘。󰀛。

《说文》："初，始也。从刀，从衣。裁衣之始也。""初"为会意字，从衣从刀，后由裁衣之始引申而为凡始之称。字形比较稳定，衡方碑（168年）作󰀜，孔彪碑（171年）作󰀝，"衣"稍有压缩变形，但仍比较清晰，王羲之作品作󰀞，已与今形同。

(27) 裁。󰀟。

《说文》："裁，制衣也。从衣𢦒声。""裁"甲骨文、金文未见，本指剪裁制作衣服。王羲之作品有󰀠，已将部件"𢦒"写作

"戋"。声符"戋"本从戈才声,本指兵灾①,形体演变之后,"才"草书楷化简写作了"十"。

不难发现,满足人类基本生产生活的字,一般产生得较早,它们形体演变的线索也十分清晰。还有一些与服饰有关的字,如衷、衫、襦、袍、襖(袄)、被、衾(衾)、裾、袂、绔、襪(袜)等,《说文》虽收,但甲骨文、金文未见,这些字基本为形声字,当是服饰进一步发展与细化之后新造的字。

结　语

揭示文字本形溯义比较可靠的做法是对相关字形的历史形体进行排比,辅以早期典籍用法。今形相同的部件来源未必一致,很多是演变中的偶合。因所记之物相似,初造字形会出现相似度较高但实际有一定差异的写法,而在文字演变中,这些细微的差异往往逐渐被忽略而混同,特别是隶变中为就书写之便,不少原本有细微差异的形体混同了。因手写、规范意识不强,早期字形中存在不少异形同义的情况,但在判定上须综合考量,因有较大比例的正是以细微差异来区别意义的。析解字形须从源流上多加对比,初造字形一般会比较直接,尽量清晰简捷地传达意义,有的说法对字形的分析看似精妙,但过度引申,过于曲折,可信度不高。字形演变不一定都具有系统性,因为不是每个书写者都具备足够的文字学知识。对文字缺乏理性认识,必然会在书写中出现因利就便的破坏理据的处理,当然,这只是少数情况。受单字整体布局协调美观的影响,同一形体可能出现分化。梳理讨论文字的演化轨迹时要尽量综观全局。由后世字形出发来探求理据信息很容易误解,只有将古老的字

---

① 甲骨文里"巛"指水灾,"灾"指火灾,本各有专字。

形排比方可溯其本质。今形很多来源于书写形态的调整，纯粹是笔画、部件的粘连与重新组合，字形已不能有效提供意义的线索，若从今形来推求字之本义，无异于缘木求鱼。

　　字形分析可适当借助本义。字义发展一般有相关联想与相似联想两大路径，基于此可对多义字进行梳理，从而找到其本义，由本义来反观字形。越古老的字形，图像性越强，本义与古字形可相互为证。汉字形义之间存在一定的关联，由古形到本义的分析一般比较可靠，由义析形则须谨慎。有些字产生得较早，加之使用频率较高，故其字义很早就有引申，并且典籍中其引申用例十分常见，若由引申义出发去分析字形，难免得出一些看似合理，实则牵强的结论。

　　字义引申多遵循由具体到抽象、由个别到一般的路径。字义引申之后，若本义为常用义所掩盖，加义符为理据信息补足的常用手段。义符本身所代表的意义比较具体，而字所蕴含的意义则具有一定的概括性，于是就造成了汉字中义符不同的一些异体。

　　形声是晚起的造字法，音义兼顾，在探讨字的本义时，声符与形符要区别对待。有些声符是由原表义部件改造而成的，说明文字发展中是有声音理据的驱动与需求的。形声造字法在增加声音理据的同时，一定程度上解决了以形示义的繁琐，形符提供有限的意义线索后，声符加以区分与补足，相得益彰。因所造出的字理据信息更全面，因此，成为新造字与改造字的优选构字法。

　　汉字有严密的系统性，同一义场的文字字形上是有一定的相关度的，仔细厘清它们之间的关系，比较中它们形义上的同与不同就豁然显现了。同一义场中的文字容易在发展中类同化，字形、用法均表现出一定的共性。当字义引申或假借后，有些意义之间的关联显得不够直接，很容易在字形上出现些微调整，以不同的字形表示不同的意义。有些字的理据在早期字形中是十分清晰的，但随着形体的演变逐渐被湮没，为理据充分，后世字形往往会新增部件，其中以增形符者居多。

第六节　器用类汉字溯源[①]

与人类基本生活相关的器用类汉字产生年代较为古远，我们对其中沿用至今的一些汉字的形义变化情况作一考察，以期得到一些关于文字理据历时变化的认识。

一　器用类汉字形义探源

（1）器。[图]蓼生盨、[图]秦公簋、[图]。

甲骨文未见，金文作[图]蓼生盨、[图]弔姬匜。《说文》："器，皿也。象器之口，犬所以守之。"《说文》对"从犬"的原因解释——"犬所以守之"颇令人费解。有学者试图寻找更合理的解释，如强运开以为系豙之误，"疑从豙得声也"；唐桂馨以为"中非犬字，乃联四器而为一器，形如今食室所用五味架者"[②]。但以金文中的"犬"字诸形比对，如"猶"作[图]克鼎、[图]毛公屠鼎，"猒"作[图]毛公屠鼎、[图]商叔簋，"[图]"从犬无疑。《说文》："猒，饱也，从甘，从肰。"[③] 段玉裁注："肰，犬肉也。"《周礼·天官·膳夫》："凡王之馈，食用六谷，膳用六牲。"郑玄注："六牲，马牛羊豕犬鸡也。"可见，"犬"早已成为食物。《礼记·王制》："诸侯无故不杀牛，大夫无

[①] 本节曾以《古代常见器用类汉字溯源》为题发表于《唐山师范学院学报》2019年第5期。此略有修改。
[②] 唐桂馨：《说文识小录》，《古学丛刊》二期，1939。
[③] "猒""厭"两字，"猒"为饱足之义，"厭"为壓之本字。后世因音同，误以"厭"为"猒"。

第一章 常见汉字形义溯源

故不杀羊，士无故不杀犬豕，庶人无故不食珍。"可见，狗肉是有一定身份等级的人方可享用的。"器"之所以从犬，可能是以所盛食物来加强信息提示。《说文》："然，烧也。从火肰声。"疑"肰"也有提示意义的作用，戴家祥："然初义或为燃火炙烧犬肉，又引申为一般物质的燃烧。"[①] 或得之矣。

（2）用。𠀁、用、用、用_缶鼎_、用_郘公鼎_、用_克鼎_、用_麓伯簋_、用_鲁伯大父簋_。用。

《说文》："用，可施行也。从卜从中。"从甲骨文、金文来看，非从卜从中。于省吾先生云："用字初文本象日常用器的桶形，因而引申为施用之用。用甬本是一字，故甲骨文以遇为通。周代金文甬字作甬，上端加半圆形以区别于用，是后起分别字。"[②] 指出了用、甬的关系，金文"甬"作甬_录伯簋_、甬_吴方彝_、甬_师兑簋_、甬_毛公厝鼎_，与"用"之别正在于所加半圆形。杨树达先生将之与金文"𦭴（葡）"比较，指出"用为初文，桶为后起形声字"，"桶可以受一切之物，故引申为器用之用，又由质而玄，引申为施用行用之用。"[③] 指出"用"的字义引申路径为先泛化而后抽象化。"用"字甲骨文、金文中以"用"形多见，容易写为用、用_哭尊_，但不常见，马王堆帛书仍作用、用，武威汉简基本都已写为用，桐柏庙碑（163 年）作用，衡方碑（168 年）作用、用，与今形基本相同。

（3）几。几。

甲骨文、金文未见。《说文》："几，踞几也。象形。"段注："象其高而上平可倚，下有足。""几"为席地而坐时身体可以倚凭的低矮几案，类似于今之"茶几"。从几的"凳"原为床前踏具，也为低矮的形制。

[①] 戴家祥主编《金文大字典》，学林出版社，1995，第 2673 页。
[②] 于省吾：《甲骨文字释林》，商务印书馆，2010，第 360 页。
[③] 杨树达：《用桶·字义同缘于语源同续证》，见《积微居小学述林》，上海古籍出版社，2007，第 187 页。

(4) 皿。🝢、🝣、🝤、🝥皿犀簋、🝦廿七年皿、🝧。

《说文》："皿，饭食之用器也。象形。与豆同意。"段玉裁注："上象其能容，中象其体，下象其底也。与豆略同而少异。""皿"为全体象形字。金文或有增其材质作🝦廿七年皿者。金文中器物类标示材质者还有"鬲"作🝨季贞鬲、"壶"作🝩甫皇父盘、"缶"作🝪乐书缶、"盘"作🝫伯侯父盘、"盌"作🝬右里盌、"會"作🝭陈贻簋，其中"🝨""🝩""🝫""🝬"是在原有字形基础上加"金"，"盘"金文多从皿作🝫，而伯侯父盘改从金，"盌"金文从金，而小篆从皿，皿其器类也，金其材质也，金文中出现众多从金的字形，说明当时青铜器皿的使用较为普遍。皿类器物，甲骨文中还有"盂"作🝮、🝯，"盧"作🝰，"監"作🝱；金文又进一步丰富，如"盅"作🝲盅子臣匜、"盆"作🝳曾大保盆、"盉"作🝴王子申盉。除"監"为会意字外，其余皆为形声字，反映了器皿形制分类的细化。

(5) 監。🝵、🝶应监甗、🝷颂鼎、🝸邓孟壶、🝹。

《说文》："監，临下也。从卧，䘓省声。"甲骨文、金文字形象人俯首于皿而自察。《说文》"从卧，䘓省声"误，构件🝺本象人俯首细察，所以特别突出人的眼睛；🝻象皿中盛水以作鑑，正所谓以水为鑑也，非䘓省。郭沫若云："临水正容为监，盛水正容之器亦为监，推之则凡盆皆谓之监矣。"① 初名动二义同形，都写作"監"，青铜镜产生后，遂有加表器物材质"金"的"鑑"记录名词义，进而出现异体"鑒"，部件"金"与"監"变左右结构为上下结构时"皿"被写成了"皿"。《说文》："鑑，大盆也。从金监声。"说明"鑑"本为盛水器物，但就其功用来说，盛水之鑑可用作镜。《诗·邶风·柏舟》："我心匪鑒。"《毛传》："鑒所以察形。"即用镜子义。《玉篇》有"甄，大盆也。"则为瓦质盛水器，

---

① 郭沫若：《吴王夫差监》，载《两周金文辞大系图录考释》，上海书店出版社，1999，第156页。

与"鉴"材质不同。"镜"为后起形声字,改"鑑"之部件"监"为纯声符"竟"而成。"监"睡虎地秦简作[图],马王堆汉帛书作[图],目形写作"臣",俯身的人形写为"𠆢",楷书人形与示水的短横组合成"𠂉",皿形在汉隶中已作"皿"。

(6) 豆。[图]、[图]。[图]豆闭簋、[图]大师虘豆、[图]散盘。豆。

《说文》:"豆,古食肉器也。从口,象形。"由甲骨文、金文字形可知,"豆"为高脚食器,上加短横为器盖或饰笔,内加短横指示食物,也可视作饰笔,或有于盘之高脚处加饰笔。小篆省写中空及盘脚处短横。因音同借用为"菽豆"之"豆",秦汉曾造"荳"以别之,后因俎豆字使用率不高,"豆"遂为菽豆之通形。

(7) 鼎。[图]、[图]、[图]。[图]螯鼎、[图]作旅鼎、[图]铸子鼎。[图]。

《说文》:"鼎,三足两耳,和五味之宝器也。象析木以炊。贞省声。"罗振玉曰:"[图]、[图]。象两耳腹足之形。"① 于省吾:"金文鼎字多作[图],上象鼎之左右耳,中象鼎腹,下象两足。圜鼎本三足,自前视之只见其二足。然其二足多作𣎵形,其左右四出之斜画,果何象乎?曰此本象鼎之扁足也。"② 王筠:"鼎篆通体象形。目其腹也,𣎵之左右。上扬者耳也。下则足也。"是也,"鼎"为全体象形字。金文中有不少假"贞"为"鼎"者,可能就是《说文》所谓"贞省声"的来源,字形中鼎足与半木颇近,《说文》遂以为"象析木以炊"。

(8) 缶。[图]、[图]。[图]缶鼎、[图]蔡侯朱缶、[图]乐书缶、[图]。

《说文》:"缶,瓦器,所以盛酒浆;秦人鼓之以节謌。象形。"综观甲骨文、金文字形,"缶"由午([图])、凵([图]或[图])两个部件组成,凵象器形,然甲骨文、金文中作凵者多矣,如[图](舌)、[图]矢尊(舍)、[图](出)、[图](臽)等均有类似部件,为别于它字,遂

---

① 罗振玉:《殷虚书契考释三种》,中华书局,2006,第459页。
② 于省吾:《释鼎》,《双剑誃古文杂释》,中华书局,2009。

093

加"午",但"午"为何则意见纷纭,高田忠周以为象器盖①,但各字形均有中竖,与器盖显然不类。魏建功以为象捣杵②,马叙伦③、朱芳圃④以为午为声符。金文"匋"作 [麓伯簋]、[舀父盘]、[雁公剑],从勹从缶,"勹"为人形⑤,字形象人制作陶器,"午"或为使陶坯成形的木杵类工具。[麓伯簋]与[图]之别主要在人形"勹",[图]为制作瓦器,[图]为瓦器。

(9)爵。[图]、[图]、[图]。[图]爵、[图]爵且丙尊、[图]伯公父勺作金爵。[图]。

《说文》:"爵,礼器也。象爵之形,中有鬯酒,又持之也,所以饮。"甲骨文字形象爵形,金文多增"又"示持之也。王襄云:"契文之爵象三足、流、柱、鋬、腹皆全之形。因侧视,柱只显其一,繁简之体不一,或为二足,或省柱"⑥ 李孝定云:"两柱,侧视之但见一柱。故字只象一柱、有流、腹空、三足、有耳之形。"⑦孙海波:"甲骨文象器前有流,后有尾,旁有鋬,两柱三足之形;中有[图]、卜、[图]等形者,其花纹也。"徐中舒:"上象柱,中象腹,下象足,侧有鋬。"⑧皆以为"爵"的甲骨文字形为象形字。小篆[图]与[图]伯公父勺作金爵部件对应颇为工整:[图]即[图],象爵柱,下两点大概表示酒水;[图]与[图]有一定差距,然与甲骨文[图]中相应部件接近,为腹与一足也;[图]即[图],为加香草酿制的酒;"又"为手形,示持之也。高鸿缙云:"小篆于原字加鬯加又为意符。"⑨ 其实金文中业已出现。睡虎地秦简作[图]、[图]、[图],"又"一律写作"寸","鬯"多写

---

① 〔日〕高田忠周:《古籀篇》,二十二,台湾大通书局,1982。
② 魏建功:《释午》,《辅仁学志》2卷1期,1931。
③ 马叙伦:《说文解字六书疏证》,卷十,上海书店出版社,1985。
④ 朱芳圃:《殷周文字释丛》,卷中,台湾学生书局,1972。
⑤ 《说文》:"勹,象人曲形。"匍、匋、勾、匈、包、甸等字所从之"勹"其实均为人形。
⑥ 王襄:《古文流变臆说》,龙门联合书局,1961。
⑦ 李孝定编述《甲骨文字集释》,第五,中研院史语所专刊之五十,1965。
⑧ 徐中舒主编《甲骨文字典》,四川辞书出版社,2006,第563页。
⑨ 高鸿缙:《中国字例》,二篇,台湾三民书局股份有限公司,2008。

第一章 常见汉字形义溯源

为"㕚"。"又"变作"寸"的情况在汉字中较为常见,"對"甲骨文本从"又",金文也多从"又",而小篆从"寸";"封"金文从"又",而小篆从"寸"。段玉裁:"又寸皆手也,故多互用。"古文字"又"与"寸"作部件时时有通作,如《说文》中所载柯或从寸作㭽。"㕚"写为"㕚"则系书写求简而致。马王堆汉帛书作 ,上竖未出头,钟繇作品作 ,已与今形同。

（10）酉。 、 、 、 、 。 酉卣、 师酉簋、 鄂君启车节。 。

《说文》:"酉,就也。八月黍成,可为酎酒。象古文酉之形。""酉"本象酒器形,假借为干支字。甲骨文、金文多用"酉"为"酒"[1],小篆"酉""酒"明显区分开来。

（11）尊。 、 、 。 作父辛鼎、 旁鼎、 乍宝尊、 仲义父鼎。 。

《说文》:"尊,酒器也。从酋,廾以奉之。…… ,或从寸。"甲骨文、金文字形本象双手捧酒器形。甲骨文未见酉上加两点者,金文中常见,两点殆以示酒或酒气形。甲金文中还有从𠂤作的 、 小子射鼎、 吊尃父盨,林义光曰:"酒器之尊与尊卑古不同字,从阜作 历尊彝,本尊卑之尊。"[2] 高田忠周根据铜器铭文判断:"此器为鼎,而铭云如此,即尊贵之尊,非酒器义明矣。""凡三代金文,尊贵义字皆作䏜。"[3] 高鸿缙:"䏜,非酒尊之尊,乃䏜卑之䏜。"[4] 高田忠周与高鸿缙认为"䏜"所以从阜者,取其高陵之义也。郭沫若指出"䏜"的字义引申为"由动词转化为形容词"[5],即由登荐义引申出尊敬义。李孝定主张,金文中用义或非为尊卑义,"金文称尊彝,为宗庙常器之通名"[6]。唐兰发现"鼎在铭刻里有时称为尊鼎,可

---

[1] 甲骨文有 、 ,均用为祭名,疑非"酒"。一则甲骨文有从水的 ,为地名,疑其地因水而名;再则金文未见从水之酒,均以"酉"为"酒"。
[2] 林义光:《文源》,卷六,中西书局,2012。
[3] 〔日〕高田忠周:《古籀篇》,十五,七十六,台湾大通书局,1982。
[4] 高鸿缙:《毛公鼎集释》,《师大学报》1956年第1期。
[5] 郭沫若:《臣辰盉铭考释》,《金文丛考》,人民出版社,1954,第329页。
[6] 李孝定:《〈金文诂林〉读后记》,卷十四,中研院史语所专刊之八十,1982。

见即使并非盛酒之器，也可以称尊。尊鼎等于是陈设用的鼎。"① 据唐兰、李孝定二位先生的研究可知，金文中用尊者多有祭祀之重器的含义，尊、隣金文中用法并没有明显的区别。综合诸家观点，我们认为，"尊"为双手捧尊，"隣"则加示台阶，指登祭台捧尊献祭，即"尊"本为敬酒时所用之器皿，后引申出尊贵、尊敬义。后世因"尊"的尊敬义常见，为示区别，甚至曾为酒尊义另造罇、甄、樽等形，这是汉字内部的调整，但最终二义仍共用一形。甲骨文、金文"尊"本从"𠃬"，在文字演变中，"𠃬"形多有变为"六"者，如"具"甲骨文作𦥑，金文作𦥑从鼎，睡虎地秦简作具，马王堆帛书作具；"兵"甲骨文作兵，金文作兵庚壶，睡虎地秦简作兵，马王堆帛书作兵；"共"甲骨文作共，金文作共舀志盘，睡虎地秦简作共，马王堆帛书作共，部件"𠃬"基本上在汉隶中变作"六"了。而"尊"的演变没有走上相同的道路，大概是因为金文已有"奠"作奠孟郑父簋，出于增加字形区分度的考虑，睡虎地秦简"尊"作尊，前文讨论"爵"时我们已知又、寸皆手也，故文字中多有通用的情形，由"尊"到"尊"实变双手为一手。

（12）斤。𣂿、𣂿天君鼎、𣂿仕斤戈。𣂿。

《说文》："斤，斫木也。象形。"王筠曰："斤之刃横，斧之刃纵。其用与锄钁相似。"饶炯曰："斧刃纵向，伐木者用之。其形与刀同。斤刃横向，斫木者用之，其形与锄同。"王、饶认为斧与斤形制有别。《释名》："斤，谨也。板广不可得制，削又有节，则用此斫之，所以详谨，令平灭斧迹也。"可见斧、斤功用之别。于省吾先生认为："甲骨文斤字作𣂿，乃斧斤之斤的象形，但已有讹变，犹非斤之初文。"综上，𣂿可能是一种斫具的侧视之形，箭头状的为刃，弯曲者为折颈与柄。高鸿缙云："象其柄及折颈与刃之所向之

---

① 唐兰：《序言》，载《五省出土重要文物展览图录》，文物出版社，1958。

形。"① 是也。金文将刃与颈柄分离，遂失其象形意味。睡虎地秦简作𠂆，居延汉简已见斤，与今形基本相同。

（13）斧。㕑。𠂤大弔斧、居篆、。

《说文》："斧，斫也。从斤父声。""斧"为砍斫工具。随父、斤二部件形变而成今形。"父"本作𠂇，郭沫若以为象手持石斧，《说文》认为是"从又举杖"后手与短竖相糅合，小篆作𠂇，隶书求书体对称变为𠂇秦简，进而又写为父汉碑，遂成今形。"斤"的形变过程见上条。

（14）刀。刀。子父癸鼎、刀爵、。

《说文》："刀，兵也。象形。""刀"象刀形，甲骨文受书写工具与载体的限制，仅有简笔线条，金文则有十分完整清晰的刀形。小篆之上笔往往增一弯曲笔画美化，如"斤（斤）""力（力）""舟（舟）"诸字，隶书中有的被省去，而有的却化作字之一笔。"刀"睡虎地秦简作刀，省却上之曲笔。马王堆帛书作刀，字形整体有所偏移，首笔收笔略带勾势。武威汉简作刀，居延汉简作刀，上笔变为横平，与今形基本相同。

（15）弓。弓、𠄌、。父癸觯、或篆、趙曹鼎、。

《说文》："弓，以近穷远。象形。""弓"甲骨文、金文有𠄌、弓或篆两形，一有弦一无弦，一张一弛。小篆作弓，马王堆汉帛书作弓、弓，取其无弦之形。

（16）矢。矢、𠂆、。矢伯卣、伯晨鼎、。

《说文》："矢，弓弩矢也。从入，象镝栝羽之形。""从入"颇令人费解，罗振玉据甲骨文字形云："象镝干栝之形。《说文解字》云'从入'，乃误以镝形为入字矣。"② 是也。字形变化之迹大体为：矢→矢→矢→矢。睡虎地秦简作矢，写法与金文基本相同。马

---

① 高鸿缙：《中国字例》二篇，台湾三民书局股份有限公司，2008。
② 罗振玉：《殷虚书契考释三种》，中华书局，2006，第472页。

097

王堆汉帛书作󰀀,箭镝被写作󰀀,右笔偏长且与下横平行,武威汉简作󰀀,与楷体基本相同,箭镝被写作"亠"。

(17) 网。󰀀。󰀀仲网父簋、󰀀。

《说文》:"网,庖牺所结绳以渔。从冂,下象网交文。……󰀀,网或从亡;󰀀,网或从糸;󰀀,古文网;󰀀,籀文网。"甲骨文"网"作󰀀,金文写的比较简扼,作󰀀。睡虎地秦简多用󰀀作"网",加声符"亡",与《说文》或体同。作部件用的"网"小篆均作󰀀,然秦简多简写作󰀀,如"羅"小篆作󰀀,秦简作󰀀;"署"小篆作󰀀,秦简作󰀀;"置"小篆作󰀀,秦简作󰀀;"罷"小篆作󰀀,秦简作󰀀。汉隶中作部件用的"网"渐写作"罒",如"署"居延汉简作󰀀,"置"乙瑛碑(153年)作󰀀,郭有道碑作󰀀。

(18) 羅(罗)。󰀀、󰀀罗儿匜、󰀀。

《说文》:"羅,以丝罟鸟也。从网从维。"甲骨文上从网下从隹,用网捕鸟也,为会意字。金文复加糸,传达的意义实与网相同,《说文》所谓"从网从维"系据小篆字形误析。元代出现了简写的󰀀,实系据草书简省楷化而来,为后来汉字简化时采用。

(19) 率。󰀀、󰀀、󰀀孟鼎、󰀀。

《说文》:"率,捕鸟毕也。象丝罔,上下其竿柄也。"甲骨文、金文字形"但象丝网形"①,小篆系在中间缠束之丝的上下两端余绪上加笔繁化而成。金文有形声字󰀀师寰簋,从辵率声,󰀀毛公鼎,从行率声。段注:"此篆本义不行。凡衛训将衛也,達训先导也,皆不用本字而用率,又或用帅。"即将衛字、達领字常假"率"为之。因音同又常以"帅"为之,于省吾先生云:"帅率古声同字通"②。

(20) 畢(毕)。󰀀、󰀀段簋、󰀀永盂、󰀀佣仲鼎、󰀀召卣、󰀀郦钟、󰀀。

《说文》:"田网也。从華,象畢形。"《诗·小雅》:"鸳鸯于

---

① 罗振玉:《殷虚书契考释三种》,中华书局,2006,第482页。
② 于省吾:《释率》,《双剑誃殷契骈枝续编》,中华书局,2009。

飞，畢之羅之。"《疏》："罔小而柄长谓之畢。"又《礼记·月令》："田獵置罘，罗纲畢翳。"即"畢"为田猎之网，甲骨文有✦、✦、✦、✦，所用捕猎之器具正象长柄网。段注："'从華象形'谓以華象畢形也。柄长而中可受，畢与華同，故取華象形。"畢華形似，但功用有别，畢为田网，華为箕属，为免混淆，金文加"田"以别之。简体"毕"将"畢"上繁复的形体改为"比"以作声符。

（21）華。✦、✦、✦。✦北子華鬲。✦。

《说文》："華，箕属，所以推弃之器也。象形。"甲骨文畢華形似，金文"畢"增田始别之。孙诒让曰："'華'盖与箕相似而有柄。"① "其"甲骨文作✦、✦，金文作✦孟鼎，与"華"之上部同。"棄"甲骨文作✦，从✦，不从華；"糞"甲骨文作✦，亦从✦，不从華。小篆为体系严谨，理据一致，调整字形，"棄"作✦，"糞"作✦，均改从華。类似的情形有，"對"甲骨文作✦，从又，小篆作✦，改从寸；"寺"金文作✦沃伯寺簋，从又，小篆作✦，改从寸；"専"甲骨文作✦，从又，小篆作✦，改从寸；"專"甲骨文作✦，从又，小篆作✦，改从寸。"寺"条段玉裁注云："言法度字多从寸。"虽是对客观现象的概括，但指出了这些字小篆字形调整的主要原因。由是观之，有时从甲骨文、金文、篆文完整的链条上看似乎是讹变的情形，有可能是为使理据更清晰而进行的调整，这也使得小篆中的理据信息可能不完全与它们对应的甲骨文、金文字形一致，即有时小篆有可能自成体系，而这一体系不一定能从甲骨文、金文中得到验证。

（22）其。✦、✦、✦。✦孟鼎、✦克鼎、✦王孙钟、✦史问钟、✦善夫克鼎。

《说文》："箕，簸也。从竹，甘象形，下其丌也。""其"为"箕"之本字，甲骨文✦象箕形，金文出现增底座者。卜辞中已有

---

① 孙诒让：《名原》，卷上，齐鲁书社，1986。

借"其"为语词者,假借之后,遂加示其材质的竹头以表其本义,金文已见▨ 龏笄鼎。睡虎地秦简有作▨,马王堆汉帛书已见▨。

(23)耒。▨ 耒父乙爵。▨。

《说文》:"耒,手耕曲木也。从木推丰。"甲骨文未见独体的"耒",但于▨、▨(耤)中见之,㛸伯簋"耤"作▨,可知"耤"之构件"昔"系由金文中所增之"▨"形演变而来。结合甲骨文、金文字形来看,《说文》所谓"手耕曲木"为"耒"之本义,当无疑义,然"从木推丰"系据小篆字形立说,从字形上难以建立起完整的演变链条。徐中舒先生认为:"铜器又有耒字:▨ 耒彝、▨ 耒作父己彝、▨ 耒敦,象手秉耒之形。敦文形尤完具。小篆耒作▨,即此形笔误。"① 戴家祥:"字当从又持▨,▨即曲木耕具形。从又,▨象手握之。▨与▨结合,▨渐渐变作耒上三笔。"② 由㛸伯簋"▨"的相关部件来看,徐戴或得之。金文中常有于器具上增手作者,如"嘉"伯嘉父簋作▨,从壴加声,而右走马嘉壶作▨、齐鲍氏钟作▨、王孙钟作▨,均于"力"形上加爪形▨;"男"金文一般作▨,而寰侯簋作▨,"力"上加▨。

(24)力。▨。▨中山王礜鼎。▨。

《说文》:"力,筋也。象人筋之形。""象人筋之形"殆有未当。其实,从寰侯簋"男"写作▨可以判定"力"当为一种农具的象形,▨为农具,可以持之劳作,因此增▨以示秉持之意。从"力"的"男"甲骨文作▨,金文作▨ 矢方彝、▨ 弔男父匜,用农具"力"与耕作对象"田"会农耕之意。因中国传统社会分工为男耕女织,故"男"被用作男子之称。"力"本象一种农具,徐中舒以为"力字即象耒形(惟省去下端歧出形)"③,李孝定④、戴家祥⑤然

---

① 徐中舒:《耒耜考》,《农业考古》1983 年第 1 期,第 66 页。
② 戴家祥主编《金文大字典》,学林出版社,1995,第 306 页。
③ 徐中舒:《耒耜考》,《农业考古》1983 年第 1 期,第 67 页。
④ 李孝定:《〈金文诂林〉读后记》,卷十三,中研院史语所专刊之八十,1982。
⑤ 戴家祥主编《金文大字典》,学林出版社,1995,第 533 页。

之。三家之说有一事未明，既然"力""耒"均为象形，何以形制有别？裘锡圭先生结合农业考古的相关成果，对"力"与"耒"的关系分析尤为透彻："甲骨文中所见的主要的发土工具是力和耒"，"力是由原始农业中挖掘植物或点种用的尖头木棒发展而成的一种发土工具，字形里的短画象踏脚的横木"，"耒是一种下部分叉的发土工具"，"耒跟力的性质相近，因此有时作为表意符号可以通用"。① 踏脚之横木在金文中变为弧形。小篆"力"作力，与金文基本相同，⊃调整方向变为⌐。睡虎地秦简"力"作力，⊃为横木之变形。衡方碑作力，⊃变为横折，收笔略带钩势。钟繇作品作力，已与今形同。

（25）车。🚗、🚗、🚗、🚗。🚗父己车鼎、🚗孟鼎、🚗师兑簋、🚗叔伯簋、🚗同卣。車。

《说文》："车，舆轮之总名。夏后时奚仲所造。象形。"甲骨文🚗车形完备，前为辕、轭，后由横轴串起双轮与车厢。因其形体过于繁复，也有简写为🚗、🚗者，仅横轴、车厢、双轮、辖，或将车厢一并简省。金文已多有与小篆同者，如师同鼎作車、𢶡车父簋作車、同卣作車、应公簋作車、邾子宿车盘作車、邵大弔斧作車、子禾子釜作車、鄂君启车节作車。字形演变中形体相同的部件易被简省，如"曐"甲骨文作🚗、🚗，金文作🚗麓伯星父簋，然睡虎地秦简作星，长沙战国缯书作星，形旁均省作"日"，疑車为🚗之省形。段玉裁云："象两轮一轴一舆之形。此篆横视之乃得。"系据小篆立说，仅叔伯簋的写法似与之相近，因仅一见，不具备典型性，甲骨文、金文多两轮完备如🚗、🚗形，段说或未得之。今之简体"车"系草书楷化而成。智永作车，欧阳询作车。

（26）舟。🚢、🚢、🚢、🚢。🚢舟父丁卣、🚢舟父壬尊、🚢鄂君启舟节、舟。

《说文》："舟，船也。古者共鼓、货狄刳木为舟，剡木为楫，

---

① 裘锡圭：《甲骨文所见的商代农业》，《殷都学刊》1985年第2期。

以济不通。象形。"甲骨文、金文均象舟形，中为隔仓。小篆上部出头的笔画往往弯曲美化，如"𠬛（力）"之中笔。字形发展中，"舟"之上曲笔演变为撇，内部隔仓变为贯穿的一横与上下两点。

（27）玉。丰、丰、丰、丰。王乙亥簋。王。

《说文》："玉，象三玉之连。丨，其贯也。"甲骨文正象以丝绳贯串玉片形，丰、丰、丰诸形中丝绳之端绪十分清晰，"束"甲骨文作束、"糸"甲骨文作糸，缠缚之绳头形正同，亦有不少简写为丰者，省却丝绳端绪，玉片以三示其多也。金文"玉"均作王，与小篆同。"王"甲骨文作大、王、王、王，金文作王戍甬鼎、王叨孳簋、王𦉢壶、王沈儿钟，小篆作王。"玉""王"二字的甲骨文及早期金文字形区别明显，然晚期金文、小篆、睡虎地秦简文字仅以中横居中与偏上相区别，区分度不够明显，容易造成混淆。这主要是"丰"在书写中求简而导致的。为免混同，金文"王"若简写一律中横偏上，如王王孙钟、王沈儿钟、王陈财簋、王赵孟壶、王攻吴王夫差鑑、王曾侯乙钟、王曾姬无卹壶、王龙节等均如此，"玉"则中横居中，如王乙亥簋。但这样书写的区分度不大，先民在战国时期就已寻找其他区别方式了，"王"古陶文作王、战国楚简作王，而"玉"古陶文作王、战国楚简作王，于下两横间加区别性符号，《说文》所载"玉"之古文作𤣪，与战国文字相似。先秦货币文"王"作王、王、王，"玉"作王、王，则通过加点的形式来区别二字。汉孔宙碑作玉，樊安碑作玉，仍加两区别性笔画。王羲之作品作玉，与今形同，"玉"的定形应不晚于晋。

（28）朋。拜、拜。我中作且癸鼎。

《说文》无"朋"，甲骨文、金文有之，象两串玉相连，古时曾用作服装之吊饰与货币。《诗·小雅·菁菁者莪》："既见君子，赐我百朋。"郑玄笺："古者货贝，五贝为朋。"认为朋为贝之连。孙诒让据甲骨文、金文字形云："以字形推之，疑古贝以两贯为朋。

而一贯则或两贝或多贝不定也。"① 孙说是也。王国维结合字形与字音的演变进一步指出："盖商时玉之用与贝同也。贝玉之大者，车渠之大以为宗器。圭璧之属以为瑞信，皆不以为货币。其用为货币及服御者，皆小玉小贝，而有物焉以系之。所系之贝玉，于玉则谓之珏，于贝则谓之朋。然二者于古实为一字。""后世遂以珏专属之玉，以朋专属之贝。""余意古制贝玉皆五枚为一系，合二系为一珏，若一朋。"② 与甲骨文中的"丰（玉）"相较，"拜（朋）"正象两串玉相连，王国维先生关于字形本义及其分化之解释可谓透辟。《说文》有"佣，辅也。"段玉裁注："盖朋党字正作佣，而朋其假借字。""佣"甲骨文作荆，金文作甬伯康簋、甬克盨，伯康簋铭文为"用飨佣友"，正可印证段说。"佣""朋"确为两字，今"朋党""朋友"之"朋"的本字为"佣"，音同假借而合为"朋"。"朋"马王堆汉帛书作多，汉郭有道碑作𦐇，字形演变之迹大体可见。又《说文》"鳳"条有："𠤈，古文鳳，象形。鳳飞，群鸟从以万数，故以为朋党字。"当因𠤈、甬外形相近而误混，二字实无涉也。

（29）贝。⿷、⿸、⿹。⿺戍甬鼎、⿼师遽簋、⿽剌鼎、⿾召伯簋。⿿。

《说文》："贝，海介虫也。居陆名猋，在水名蜬。象形。古者货贝而宝龟，周而有泉，至秦废贝行钱。""贝"本象贝壳之形，《说文》以为古时曾以海贝之壳充当一般等价物，因此"贝"象海贝之形。马昂先生云："其范金而以贝称者，盖形取象贝之背，其实非介也。犹范铜之似刀而称刀，其实非兵也。"③ 主张"贝"其实因当时的货币形状象贝壳而得名，非实指海贝，因这种形状的货币通行广泛，遂成为财货之代表，孳乳出一系列从贝之字。马说是值得重视的，可能有了铸币技术后，初时所铸货币是有仿贝壳形

---

① 孙诒让：《名原》，卷上，齐鲁书社，1986。
② 王国维：《说珏朋》，《观堂集林》，中华书局，1959，第 161~162 页。
③ 马昂：《货布文字考》，卷首，上虞罗氏据道光二十八年金山钱氏刊本排印本，1924。

的。据考古发掘，除真正的海贝外，夏、商、周时代还有骨贝、玉贝、铜贝等，而自从先民掌握了范铸技术，铜币的形制也丰富起来，春秋战国时期货币形状有铲形、刀形、蚁鼻形、圆环形等。在文字线条化的过程中，"贝"的象形意味渐失，召伯簋写作▨，已近于小篆。简体的"贝"是草书楷化的结果，三国时皇象的书法作品中已见▨。

（30）斗。▨。▨_{秦公簋}、▨_{夔朕鼎}。▨。

《说文》："斗，十升也。象形，有柄。"段玉裁注："上象斗形，下象其柄也。"甲骨文字形象盛物的斗，叶玉森以为"八疑象溢米散落形"①。柯昌济以为"中象酒也"②。总之"斗"为盛物之器，所盛之物可能并不限于米或水也。金文则简省掉了所盛之物，只剩斗及柄形。小篆字形将斗形写作与柄上斜横平行的两笔。睡虎地秦简作▨，马王堆汉帛书作▨，尚与金文同。居延汉简写作▨、▨，斗与柄相离析，对字形变化影响巨大。三国时皇象的作品中已见▨，斗被写作两点，与今形同。

（31）升。▨。▨_{友簋}、▨_{秦公簋}。▨。

《说文》："升，十龠也。从斗，亦象形。"甲骨文升斗同形。柯昌济："升斗同形之物。"③ 林义光："升斗所象形同，因加一画为别耳。"④ 于省吾："升斗二字在古文偏旁中往往互作无别。"⑤ 升斗本为盛物器具，甲骨文写法无别，在度量衡意识细化之后，二字开始有所区分，金文以斗中是否加点以别之，加点者为升，点为区别符号。小篆字形将区别符号点也写作了斜横，可以看到▨、▨之别

---

① 朱芳圃：《甲骨学文字编·补遗》，台湾商务印书馆，1983，第23页。
② 柯昌济：《韡华阁集古录跋尾·友敦》，刘庆柱、段志洪、冯时主编《金文文献集成》第25册，线装书局，2005。
③ 柯昌济：《韡华阁集古录跋尾·友敦》，刘庆柱、段志洪、冯时主编《金文文献集成》第25册，线装书局，2005。
④ 林义光：《文源》，卷一，中西书局，2012。
⑤ 于省吾：《甲骨文字释林》，商务印书馆，2010，第37页。

在于将原柄上斜横拉长罢了。睡虎地秦简作🗙、🗙，马王堆汉帛书作🗙、🗙，与金文基本相同。武威汉简作🗙、🗙，将斗与柄重新组合、区别符号与柄上之横融作一笔，笔画规整，遂成今形。

（32）聿。🗙、🗙、🗙。🗙女帚卣、🗙聿奂鼎、🗙者沪钟。🗙。

《说文》："聿，所以书也。楚谓之聿，吴谓之不律，燕谓之弗。从聿一声。"罗振玉释甲骨文字形云"此象手持笔形"，是也。甲骨文，金文字形正象手持笔形，🗙手也，丨、🗙、🗙笔也，书、画等字从之。从者沪钟看，《说文》所谓的"一声"系饰笔，非声符。又《说文》有："笔，秦谓之笔。从聿从竹。"其实，"聿"为"笔"之本字，因后来的毛笔多以竹管作笔杆，遂加从⺮。

（33）磬。🗙、🗙、🗙。

《说文》："磬，乐石也。从石殸。🗙象悬虡之形。殳，击之也。古者母句氏作磬。🗙，籀文，省。""磬"本作"殸"，"石"为后加，籀文正与甲骨文同。🗙象悬挂的石片，🗙象手持槌形。罗振玉云："卜辞诸字从🗙，象虡饰，🗙象磬，🗙持🗙，所以击之。"[①] 字形分析基本正确。🗙为悬绳之端绪，如"丝"甲骨文作🗙，"東"甲骨文作🗙，"專"甲骨文作🗙，它们构件中象丝绳缠束之端的写法正作🗙；"石"甲骨文作🗙，李孝定云"古文字于空廓处多增'口'以为填充，'口'形又多与口耳之'口'相讹乱，故后世之石字多从口"[②]，即🗙实之本形，作部件用时往往简写为🗙，如"祏"作🗙；🗙本象槌形，小篆讹变为🗙，隶变后与"几"混同；🗙为手形。早期隶书未见"殸"，但含有部件"殸"的"聲"较好地记录了"殸"的形变之迹，"聲"甲骨文作🗙，睡虎地秦简作🗙，马王堆汉帛书作🗙，辟雍碑（公元29年）作🗙，石婉墓志（508年）作🗙，析出部件"殸"可以发现，🗙先变为🗙，汉隶线条平直化为🗙；🗙先写作

---

① 罗振玉：《殷虚书契考释三种》，中华书局，2006，第463页。
② 李孝定：《〈金文诂林〉读后记》，卷九，中研院史语所专刊之八十，1982。

﹝字﹞，后省作﹝字﹞，﹝字﹞﹝字﹞并存较长时间，颜真卿作品尚﹝字﹞、﹝字﹞并见①；﹝字﹞变成了"殳"。

（34）幸。﹝字﹞、﹝字﹞。﹝字﹞中山王響壶。﹝字﹞。

《说文》："幸，所以惊人也。从大从羊。一曰大声也。"于省吾先生据殷墟出土的陶俑云："幸本象施于手腕的械形"②，是也。﹝字﹞上下两端为械具结合处，中空处为械手之处。"幸"象手梏形，"梏"为后起形声字。从幸之字均与拘执有关，如"執""圉""報""罩"等。"執"甲骨文作﹝字﹞、﹝字﹞，金文作﹝字﹞师同鼎、﹝字﹞翏生盨；"圉"甲骨文作﹝字﹞、﹝字﹞，金文作﹝字﹞墙盘；"報"金文作﹝字﹞召伯簋、﹝字﹞令簋，拘役之义甚明。从这些字中部件"幸"的甲骨文、金文形体比较，可见其演变之迹。王羲之作品已见﹝字﹞，上"大"变为"土"。文字演变中﹝字﹞形线条往往会平直化而成"土"或"士"，如"﹝字﹞"武威汉简作﹝字﹞，"﹝字﹞"汉印作﹝字﹞。

结　语

早期器物类文字，基本以象形为主，但有的器物过于朴拙，致使字形辨识度不够，为提高字形表意的有效性，往往会增加相关提示信息。一些器物因形制相似，如"畢"与"華"，造字之初字形区别不大，金文中通过增加提示信息的办法进行区分，字形上的具体表现是有些字增加了新的部件，一般首先考虑的是加提示意义类的部件。另一方面，有些字在创制时区别明显，但简化后字间差异不大，如"玉"与"王"，一般会采取加区别符的手段进行区分，区别符在后来也参与了字形演变，成为构字的基本部分。早期文字数量不多，为传递信息，一个字往往会有多个引申义，后来一般采

---

① ﹝字﹞中之﹝字﹞与﹝字﹞小异，与小篆同。
② 于省吾：《甲骨文字释林》，商务印书馆，2010，第292页。

取加形符的方式更精细地提示不同的意义，在字形上也相区别开来。

器物类汉字数量比较多，按功用之别，分类颇为精细，字形上一般也直观地反映出其形制的差异，形制发展后，则增部件以明字义。不少器物产生的年代较晚，相应地记录它们的文字创制的年代自然也较晚，如杯、筷、笙、箫、锄、耙、锹、铲等，这些后起器物字大多是在汉字基本构件已定型的基础上，以形声造字法创制。甲骨文已有较大比例的形声字，说明甲骨文字体系已十分完备。

造字时是从材质还是功用的视角出发，会产生不同的形体，如"瓫"与"盆"。材质的变化往往会对字形产生一定的影响，如"鑑"与"甑"，特别是形声法构造的字其形符调整十分快捷，如"碗"金文作䀏（右里盨），小篆作䀏，《集韵》"或作瓮埦"，《正讹》"俗作椀"，后来才以"碗"为正体，这些字形均以形声法创制，除小篆以器类作形符外，其他写法均以材质为形符，因碗的材质不同，形符略有调整，这反映了文字使用者希望尽量准确地从形体上把握相关理据信息。一般来说，人们希望从字形上能直观地得到一些字义的提示信息，器物材质变化了，于是增加或修改义符，以使字形能提供更为准确的信息，哪怕是假借字，使用中都有增义符而改造成形声字的情况。本有其字的通借，若借字能与用义建立起一定的联系，很容易取代原字，特别是借字较原字常见时，从某个层面上说，这是理据的重构。

形近字易误析，厘清各自形体演变链条有利于还原形义真相。有的误析表面上看没什么问题，甚至还比较合理，但在相关字形成的体系里却显得比较突兀，一般来说这就必须重新审视已有的结论，在大背景下重建形义演变的完整链条。造字理据的分析宜立足于字形演变之初，最好能结合相关的一组字进行比较。文字形体演变有较强的对应规律，同一部件在相同的历史阶段的形变往往相同，这在很大程度上保持了汉字体系的严谨，有利于将含有同一部件的一组字系联起来，形成一个彼此关联的字场，字场里的字往往较单个的字能提供更为丰富的信息，相互为证，为理据分析提供更多的线索与证据，从而提高文字分析的准确性。很多时候，孤立地看一个字或许难以进行合理的分析，得出可靠的结论，相关字的排比也许能提供更有价值的线索和信息，从而启发疑难字的考释，提高结论的可靠度。

汉字形体的表意特征明显，有利于因形释义，但前提是做好字形分析，梳理清楚字形的演变情形，这样由形释义才比较可靠。据演变之后的字形分析，有时看起来似乎合理，但从其初形来看，问题十分明显。准确地梳理字形演变的完整链条，有利于揭示文字本义，发现前人分析的不足。甲骨文、金文虽多繁简无别，但也须区别对待，不少时候细微差异处实为区别字义而有意为之。因金文多为范铸，加之其所附青铜器多为家国之重器，为求典雅厚重，多有增部件、饰笔，繁复为文者，而在文字演变中，所增部分往往与原形高度融合，这就自然提高了据后形释义的风险。此外，文字的符号性观念在形体演变中有比较大的影响。当书者将文字仅视作符号，为求字形的匀称美观，会进行笔画的变形、部件的重组、书写方位的调整，这样，理据信息便不再清晰，甚至被大量破坏，必然会提升形体析解的难度。因造字的年代是早于已有典籍的，不宜单纯从典籍出发来反观字形，而应以字形为基础，从典籍中去寻找证据。

系联、比较的方法在文字研究中非常有效。用同一时期相关字形比对，可提高对一组字的认识的准确度。通过对后世含有相同部件的字进行综合考察，往往可还原严整的对应关系，重建清晰的字形演变之迹。有些字后世已不再作字使用或被借作它字，但作为构字部件其形义被较好地保留在汉字体系中，通过对含有相同部件的字的共性的分析有利于弄清这一部件的初始含义。字形演变一般有较强的对应性，相同部件在不同文字中发生的变化往往呈现出一致性，虽有时为避免与其他字形混同，少数部件笔画的变化与其主要情形不同，但从理据性上分析，这种差异化的形变在可接受的范围之内，即演变仍尽力保持理据的充分性。当然，必须注意到相同的部件因在字形中所处的位置不同，书写时为协调与其他构件的关系，可能变形为不同的写法，后世遂以为两形。不过，一般处在相似位置上的部件形变往往相去不远，结合构件间的配合关系去观照字形，还是可以发现一些线索的，如"𠂉""𠂤"中象人形的"勹"，篆隶写法均相同。突变、偶变的情况少之又少，文字书写中的处理一般较少孤立的现象，往往具有一定的共性，掌握这些共性，有利于建立字形演变的完整链条、准确析解后起字形。共性的认识则须有一定的积累，从众多个案中概括。

第七节 居处类汉字溯源

一 居处类汉字探源

（1）宀。亼。冂。

《说文》："宀，交覆深屋也。象形。"甲骨文字形象房屋形，上为屋顶，下为两面墙。于省吾先生曰："甲骨文的宀字，乃宅舍之宅的初文，而宅字则作居住的动词用。"[①] 即"宀"指居住的房舍。现行汉字中"宀"作构字部件用。

---

① 于省吾：《释宀》，见《甲骨文字释林》，商务印书馆，2010。

（2）宅。﹝甲骨﹞、﹝金文﹞。﹝何尊﹞、﹝公父宅匜﹞。﹝小篆﹞。

《说文》："宅，所託也。从宀乇声。"于省吾先生发现卜辞中"宅字均作动词用，训为居住之居"。① 早期典籍中存在大量名动同词的情况，如衣、食等。"宅"在先秦典籍中也动名用例均见，如《尚书·盘庚上》："我王来，既爰宅于兹。"《蜡辞》："土反其宅，水归其壑，昆虫毋作，草木归其泽！"

（3）家。﹝甲骨﹞、﹝金文﹞、﹝叔簋﹞、﹝毛公厝鼎﹞、﹝伙氏壶﹞。﹝小篆﹞。

《说文》："家，居也。从宀，豭省声。"段玉裁对"豭省声"早有质疑："从豕之字多矣，安见其为豭省耶？何以不云叚声，而纡回至此耶？"然段玉裁以为"此篆本义乃豕之凥也，引申叚借以为人之凥"。则有未当。甲骨文另有"圂"作﹝甲﹞、﹝乙﹞、﹝丙﹞，指豕圈。"家"从宀豕，宀象屋舍，之所以从豕主要原因有二：一是当年形制如此，古人常于屋舍内养豕，现在云贵一带的苗族住房仍有保留上层住人下圈饲猪的形制者；二则豕为早期家庭主要财富与肉食来源，豕为人类驯养时间较早的家畜，东亚新石器时代主要文化遗址中几乎均有猪骨出土。睡虎地秦简"家"作﹝家﹞，﹝宀﹞变作﹝宀﹞，仍可见基本轮廓，﹝豕﹞则线条化为﹝豕﹞，金文已大多省写豕腹，睡虎地秦简有﹝家﹞，"豕"之最下撇笔右上出头，马王堆汉帛书作﹝家﹞，写法与今形基本相同。

（4）宫。﹝甲﹞、﹝乙﹞、﹝丙﹞。﹝召尊﹞、﹝颂鼎﹞。﹝小篆﹞。

《说文》："宫，室也。从宀，躳省声。"从甲骨文、金文看，"躳省声"误，"宫"非形声字。罗振玉认为："从吕、从呂，象有数室之状；从㠯，象此室达于彼室之状。"② 是也。若单独写吕、呂、㠯，易使人误解，故增宀以明其义。甲骨文"宫"有作﹝甲﹞、﹝乙﹞，但金文均从宀吕。睡虎地秦简作﹝宫﹞，马王堆汉帛书作﹝宫﹞，部件"宀"

---

① 于省吾：《释宀》，见《甲骨文字释林》，商务印书馆，2010。
② 罗振玉：《殷虚书契考释三种》，中华书局，2006，第407页。

与小篆写法相似，衡方碑（168年）作󰀀，"宀"形之两墙已较短，王羲之作品作󰀀，与今形同。

（5）室。󰀀。󰀀吕鼎、󰀀颂鼎。󰀀。

《说文》："室，实也。从宀从至。至，所止也。"段玉裁注："古者前堂后室。"《论语·先进》："由也升堂矣，未入于室也。"《尔雅·释宫》："古者有堂，自半已前虚之，谓之堂，半已后实之，谓之室。"可见"室"在堂后，"堂"为家庭议事和举行仪式的区域，也用以接待宾客，"室"则为内室，为主人起居处，故后来以"正室"指嫡妻。甲骨文字形从⌒从󰀀，"⌒"象房屋之形，"󰀀"从倒矢从一，像矢着地形，有到达意。徐锴《说文解字系传》："室，实也。从宀，至声。室、屋皆从至，所止也。"即"室"为会意兼形声字。金文已有将部件矢头写为横者，如󰀀天亡簋、󰀀吕鼎、󰀀县妃簋、󰀀万尊。睡虎地秦简作󰀀、󰀀、󰀀，出现将矢尾写作󰀀的情况，类似的处理马王堆汉帛书多见，马王堆汉帛书"室"作󰀀、󰀀。衡方碑作󰀀，写法已近于今形。

（6）寝。󰀀、󰀀。󰀀󰀀玄爵、󰀀小臣系卣、󰀀乙未鼎、󰀀师遽方彝。󰀀。

《说文》："寝，卧也。从宀，󰀀声。""寝"甲骨文作󰀀，本从宀从帚，商代晚期金文始有加又作󰀀󰀀玄爵者，西周晚期金文又有增女作󰀀琱生簋者，古文字中人、女常通作，后来小篆作󰀀可能就是在󰀀的基础上改从人而来。马王堆汉帛书作󰀀，省又，由宀、亻、帚三个部件组成，与今形同。从字形演变来看，《说文》所谓"󰀀声"或有误，"󰀀"是后来在"帚"的基础上加"又"才出现的。󰀀当是以帚扫室会"寝"之意，早期书者是明白构字理据的，故金文有增"又"示手持帚，又增"女"示女持帚打扫寝室。衡方碑有󰀀，从"疒"，即《说文》所谓病卧之"寢"。《说文》："寢，病卧也。从寢省，󰀀省声。"段玉裁注："寝者卧也，寢者病卧也，此二字之别。今字概作寝矣。"认为寝、寢最初意思是有区别的，但后来以

111

"寝"统一了二形，遂成一字。段说正确，寑、寐形近，且均有卧于室内义，寐省帚上之横遂成"寝"。《集韵》："寝古作寑。"说明寑、寐比较早就已混同为"寝"了。《尔雅·释宫》："无东西厢有室曰寝。""寝"本为卧室，后也指就寝的行为。早期汉语多有此类名动兼于一字的情形，如"书""画""将""鼓""宅"等，动作与动作支配的对象及结果、场所与使用场所的行为，本就密切相关，故有字义的引申。

（7）屋。匫。

《说文》："屋，居也。从尸。尸，所主也。一曰尸象屋形。从至。至，所至止。"甲骨文、金文未见，而其训与"家"同，当为后起字。"从至"与室同。《说文》体系中"尸"有两系，一象人形，如居、展、尻、屍、尾、凥、屎等；一象屋形，如叔、羼、層、屚等。"屋"何以从尸，人形、屋形似皆可通，故许慎兼存之。《说文》谓其中部件"尸"象屋形的字数量少且均无更古字形，疑其中的"尸"系在"屋"的基础上简省而成或系受"屋"的影响由"厂"繁化而成，为晚起字。"屚"为"漏"之本字，从雨在尸下，表示雨水从屋顶漏下来了；"層"从尸曾声，表示房屋层叠，就是分为几层的楼房；"羼"从羴在尸下，表示羊群混杂在屋下；"叔"从又持巾在尸下，就是拿着毛巾在屋里擦拭。段玉裁《说文解字注》说："屋者，室之覆也。引申之，凡覆于上者皆曰屋。"望山楚简"屋"作 匫望2.15，与《说文》古文 匫颇近，字形上边表现的可能正是屋顶形。《诗经》有："谁谓雀无角，何以穿我屋？""谁谓鼠无牙，何以穿我墉？"屋跟墉相对，都是房屋的组成部分，墉指墙壁，屋指屋顶。由是观之，"屋"中的部件"尸"当是由屋顶变形而成。"幄""握"是由"屋"孳乳出来的新字，《释名·释床帐》说："幄，屋也。以帛衣板施之，形如屋也。"布帛的从巾，木质的就从木了。

(8) 向。㿰、㿱、㿲。㿰向簋、㿱甬向父簋、㿲多友鼎。㿳。

《说文》：“向，北出牖也。从宀从口。”甲骨文∩象房屋，囗象窗形，罗振玉云："或从甘，乃由口而讹。口甘形近，古文往往不别。古人作书不如后世之严矣。"① 李孝定亦云："古文口甘不分久矣。"② 《诗·豳风》："塞向墐户。"用的即其本义。马王堆汉帛书作㿴，与小篆基本相同，王羲之作品作㿵，已与今形同。楷书中部件"宀"写为"门"的还有"奥"，《说文》："奥，宛也，室之西南隅。从宀㐾声。"

(9) 穴。㿶。

《说文》："穴，土室也。从宀八声。"甲骨文、金文未见单体的"穴"，但部件中见之，"突"甲骨文作㿷，"空"金文作㿸十一年鼎，"窀"金文作㿹秦公簋。"窀"金文有从宀作㿺邵钟者；"窮"小篆作㿻，从穴，而睡虎地秦简作㿼，从宀。可能"穴""宀"本相近，一为掘穴而居，一为建屋而居。从穴者多与土室、地洞有关，如"窊，北方谓地空，因以为土穴，为窊户。""窨，地室。""窚，地室也。""窯，烧瓦竈也。""窞，坎中小坎也。""窖，地藏也。""窌，窖也。""窀，穿地也。""窆，葬下棺也。"等。

(10) 广。㿽。

《说文》："广，因厂为屋，象对刺高屋之形。"段玉裁注："厂者，山石之厓岩。因之为屋，是曰广。"《说文》收有"宅"的古文㿾，因宀、广下均可居人，故相通用。甲骨文、金文无单体的"广"，但有作部件用者，如"龐"甲骨文作㿿，"廣"金文作䀀班簋、"庫"金文作䀁右库戈、"廟"金文作䀂克鼎。《说文》从"广"之字主要有两系，一为高大的房屋，如廈、廳、廣、龐；一为简单搭建的场所，如庵、庐、廁、廐。"广"义素里的高大与简陋与其形制本

---

① 罗振玉：《殷虚书契考释三种》，中华书局，2006，第408页。
② 李孝定：《甲骨文字集释》，第七，中研院史语所专刊，1965。

113

身有关，因崖岩而建，屋宇高大，而缺一面墙，又显得简陋。"廣""广"本两字，《说文》："廣，殿之大屋也。从广黄声。"汉字简化时，"廣"简成了"广"。

(11) 厂。☐、☐、☐散盘。☐。

《说文》："厂，山石之厓岩，人可居。象形。"《说文》从厂的字多与山石有关，如原、厲、厓、厚。楷书中多有将从"广"的字写作从"厂"者，如厦、厢、厕、厩、厨等字小篆分别为☐、☐、☐、☐、☐，原均从"广"。其实"广"被省为"厂"的情况很早就已存在，如《说文》"席"下："☐，古文席，从石省。"罗振玉已指出"从石省之说难通"①，但未有进一步讨论，其实"厂"乃"广"之省变。

(12) 门。☐、☐、☐。☐休盘、☐裹盘、☐格伯簋、☐师西簋。☐。

《说文》："门，闻也。从二户。象形。"甲骨文、金文象两扇对开的门。小篆作☐，睡虎地秦简作☐，字形基本稳定，两扇门均写在门框的上端。简体的"门"是在行书的基础上楷化而成，王羲之作品作☐。

(13) 户。☐、☐、☐。

《说文》："户，护也。半门曰户。象形。"古有专名，双扇曰门，单扇曰户，析言有别，如豪门、小户，统言则无别，如千门万户。小篆作☐，乙瑛碑（153年）作☐，校官碑（181年）作☐，门扇形之上横与下半相断离。后来上横完全与下形断离，王基碑（261年）作☐，为其演变为点提供了可能，王羲之作品已见☐。

(14) 房。☐。

《说文》："房，室在旁也。"段玉裁注："凡堂之内，中为正

---

① 罗振玉：《殷虚书契考释三种》，中华书局，2006，第477页。

室，左右为房。"即处于室之两旁的房间称为房。房为屋子的组成部分，相对于大门来说，房门一般都是用单扇的，故从户。甲骨文、金文无"房"，说明为晚起字，当是居所形制复杂后进一步细化的结果。

（15）所。所不易戈、所鱼鼎匕、所庚壶。所。

《说文》："所，伐木声也。从斤，户声。"段玉裁注："伐木声乃此字本义。用为处所者，叚借为处字也。""所"本状伐木声，由户得声，斤提示伐木工具，《诗·小雅·伐木》"伐木所所"即以"所所"状伐木之声。因户本象单门之形，与居处有关，故借作住所义使用者颇多，如：鱼鼎匕："母处其所"，《诗·郑风·大叔于田》："袒裼暴虎，献于公所。"有意思的是，"所"在字形演变中"戶"基本保留了小篆的写法，未变为"户"，这可能与构字部件"斤"也比较窄小有关。马王堆汉帛书作所、所，"戶"之上笔覆盖了"斤"，汉代碑刻中更是大量以"戶"之上笔兼作"斤"之上笔者，如乙瑛碑（153年）作所、孔宙碑（164年）作所、衡方碑（168年）作所、孔彪碑（171年）作所，这种书写习惯使得"戶"之上笔难以简短变形为点。

（16）舍。舍复公子簠、舍墙盘、舍舍父鼎、舍鄂君启舟节。舍。

《说文》："舍，市居曰舍。从亼屮，象屋也。口象筑也。""亼"象屋盖，类似部件见于"會""合"。"會"甲骨文作會，金文作會趞亥鼎、會蔡子匜、會屬羌钟，段玉裁云："器之盖曰會，为其上下相合也。"① 罗振玉据金文字形云："上从亼象盖，下从曰象器。"② 张日昇："上下象器盖相合之形。为其上下相合，故训为合。"李孝定："象器盖吻合，中象所贮物。"③ 典籍确有用"會"为盖者，如

---

① 段玉裁：《说文解字注》，上海古籍出版社，1988，第223页。
② 罗振玉：《𠭰氏齋作善會跋》，《丁戊稿》罗氏自印于1929年。
③ 李孝定：《〈金文诂林〉读后记》，卷五，中研院史语所专刊之八十，1982。

《仪礼·士丧礼》："敢启會。"郑玄注："會，盖也。"《仪礼·士虞礼》："命佐食启會。"郑玄注："會，谓敢盖也。"《仪礼·公食大夫礼》："启簋會。"郑玄注："會，簋盖也。""合"甲骨文作🔲，金文作🔲召伯簋、🔲秦公鎛，朱芳圃[1]、李孝定[2]、余永梁[3]、徐中舒[4]、张日昇[5]、赵诚[6]等均以为象器盖相合之形，🔲象器盖，🔲为器物。"余"甲骨文作🔲，不从八，《说文》所谓"从八，舍省声"误，金文作🔲克鼎、🔲郑公华钟，始有增"八"作者，金文"舍"之上半也多不从八，与"余"完全相同，因卜辞中"余"已假借用作第一人称代词，其初义遂难籍辞句追溯。🔲大概本象屋顶及梁柱，🔲增口当是为强调其为居所。睡虎地秦简已有作🔲。

（17）仓。🔲、🔲甲仓父盨、🔲肤钟、🔲倉。

《说文》："倉，谷藏也，仓黄取而藏之，故谓之倉。从食省，口象仓形。""倉"甲骨文作🔲，由人、戶、口三个部件构成，人象仓顶，口象储粮处，戶为仓门。睡虎地秦简作🔲，与小篆同，王献之作品作🔲，写人下之横为点。

（18）邑。🔲、🔲、🔲、🔲臣卿鼎、🔲禹攸比鼎、🔲柞钟、🔲。

《说文》："邑，国也。从口；先王之制，尊卑有大小，从卪。""邑"本义为城邑，从口从卪，口象城，卪象跽坐的人，若单写口易生误解，故加注人以示居住之城。若将人写于🔲内，又易让人误解为"囚"，因此置🔲于🔲下。从甲骨文来看，在向、舍、仓等字中，🔲、🔲区分不是很严格，但"邑"中无一发现写作🔲者，这说明书写者明白🔲为人之口，若将🔲写作🔲，就为"兄"了。先民造字

---

[1] 朱芳圃：《殷周文字释丛》，中华书局，1962。
[2] 李孝定：《甲骨文字集释》（第五），中研院史语所专刊，1965，第1775页。
[3] 余永梁：《殷虚文字考》，《国学论丛》，1927年1卷1期，第184~191页。
[4] 徐中舒主编《甲骨文字典》，四川辞书出版社，2006，第573页。
[5] 参见周法高主编《金文诂林》，卷五，香港中文大学，1975。
[6] 赵诚：《甲骨文字的二重性及其构形关系》，载《古文字研究》第六辑，中华书局，1981。

是考虑了字与字之间的区分度的。小篆"㠯"部件人形作㠯，与令（令）、即（即）等中的人形相同。睡虎地秦简作㠯，马王堆汉帛书作㠯，人形被写作"巳"，敬使君碑（540年）作邑，龙藏寺碑（586年）作邑，"巳"中加点成"巴"，遂与今形同。

（19）城。㰍班簋、㰍元年师兑簋、㰍鬲羌钟、㰍郭君启车节 㰍。

《说文》："城，以盛民也。从土从成，成亦声。㰍，籀文城从𩫖。"又"成，就也。从戊丁声"。即"城"实际上从土从戊丁声。金文"城"或从𩫖从戊，或从土从戊，𩫖为城郭之本字，《说文》："𩫖，度也，民所度居也。从回，象城𩫖之重，两亭相对也。""𩫖""土"均提示"城"为人之所居，即《说文》所谓"以盛民也"，"戊"象兵器，金文㰍元年师兑簋、㰍鬲羌钟为会意字，以兵器守卫城池也。金文已有增声符"丁"作㰍班簋、㰍城虢遣生簋者。部件"戊""丁"在隶变中融为"成"。"城"睡虎地秦简有作城，汉马王堆帛书有作城，乙瑛碑作城，衡方碑作城，"成"里的部件"丁"被写为"丁"，行书横折收笔常带勾势，如城王羲之，楷书遂成城崔敬邕墓志、城欧阳询。

（20）郭。㰍郭大夫铜釜甑。㰍。

《说文》："郭，齐之郭氏虚。善善不能进，恶恶不能退，是以亡国也。从邑𩫖声。"以"郭"为国名。《释名》："郭，廓也。廓落在城外也。"以"郭"为外城。从字形上看，"郭"的部件"𩫖""邑"均与人居住的城邑有关，当本指外城，典籍也多用此义，如《管子·度地》："城外为之郭，郭外为之土阆。"《孟子·公孙丑下》："三里之城，七里之郭，环而攻之而不胜。"睡虎地秦简作郭，与小篆相去不远。马王堆汉帛书已有作郭，"𩫖"上半简省作白，下半近于"子"，"邑"已作"阝"。乙瑛碑作郭，桐柏庙碑作郭，已与今形同，而衡方碑作郭，曹全碑作郭，左半写法有不同处理。

(21) 邦。■■ 录伯簋、■■ 师袤簋、■■ 子邦父甗、■■ 邾公华钟、■■ 禹鼎、■■ 中山侯盉钺。■■。

《说文》:"邦,国也。从邑丰声。■,古文。"■系■之变,《说文》所谓"丰声"其实为植物之象。《释名》:"邦,封也。封有功于是也。"甲骨文"封"作■,金文作■ 康侯丰鼎、■ 召伯簋、■ 中山王䛮鼎,小篆作■。通过字形比较可以发现,"邦""封"甲骨文象将植物栽进田里或土里,金文始一增"邑"一增"又"。王国维曰:"古封邦一字。"① 高田忠周曰"土田同意"②,以为"邦""封"系一字分化而来。戴家祥《金文大字典》指出:"封字从寸,寸通手,表示动词封建之义,邦字从邑,表示封建的结果,诸侯的国邑。"认为字形分化的动因是为名动相别。古时边界常封植树木以作标志,邦之疆界亦然,"邦""封"关系密切,"封"指植树,"邦"指植树为界形成的邦国区域。睡虎地秦简作■、■,丰被写作■,"邑"之"囗"与"巴"相接而成"阝"。张表碑作■,与今形同。

(22) 國(国)。■。■、■ 彔戒卣、■ 国差䍙、■ 王孙钟。■。

《说文》:"國,邦也。从囗从或。"又"或,邦也。从囗,从戈以守一。一,地也。域,或又从土。""國""或"二字义同,"或"为"國"之本字,甲骨文■以戈囗会守卫邦国之意,依形隶定正为"或"。金文"或"作■ 何尊、■ 班簋、■ 兮甲盘、■ 保卣、■ 明公簋、■ 召伯簋,囗象都邑邦国,以戈守之,表意已足,囗上下或周遭之短横表示范围,其实可有可无,但演变中成为字形的一部分,以致许慎误以为也有所指,云:"一,地也。""國"于"或"外增"囗",金文写作■或■,示范围也,"囗"之义其实与"或"之"囗"同,叠床架屋。"域"本为"或"之或体,《说文》:"域,

---

① 王国维:《史籀篇疏证》,《王国维遗书》(第六卷),上海古籍书店,1983。
② 〔日〕高田忠周:《古籀篇》,二十,东京,大通书局,1960。

或又从土。"师寰簋"或"作☒，土、邑均为累增。"或""域""國"很早即分为三字，"或"假借后表疑惑、不定代词，如《管子·回称》："擅创为令，迷或其君。"《诗·小雅·吉日》："儦儦俟俟，或群或友。""域"指疆界，如《诗·商颂·玄鸟》："古帝命武汤，正域彼四方。""國"则为邦国之专名，如《论语·微子》："丘也闻有国有邦者。""國"中"或"改为"玉"是新中国成立之后汉字简化时处理的结果。

（23）圃。☒、☒御尊、☒圃盉、☒。

《说文》："圃，种菜曰圃。从囗甫声。""圃"初为会意字，其本形为☒、☒，表示幼苗在田里生长，即今之"甫"，罗振玉云："象田中有蔬。"是也。"囗"为后加，与"或"增"囗"成"國"相类。"甫"常被用为人名、地名、族名，故以"圃"表其本义。西周早期"甫"的金文开始发生变化，象幼苗形的"屮"弯曲变形类似于"又"，进而又变成"父"，下边的田则讹变成了"用"，如☒甫丁爵。西周晚期"圃"的金文里边的"甫"也在朝"父"与"用"的组合演变，如☒圃盉。这种变化产生的主要原因是汉字的形声化，"父"能起到提示字音的作用。小篆承袭了金文字形，变成形声结构。孔宙碑作☒，与今形同。

（24）囿。☒、☒、☒、☒、☒秦公簋、☒。

《说文》："囿，苑有垣也。从囗有声。"甲骨文☒、☒或从中或从木，会园中有草木也，☒则从囗又声。《说文》："苑，所以养禽兽也。从艸夗声。"段玉裁注："此云'苑有垣'则养禽兽在其中矣。"《诗·大雅》："王在灵囿。"唐孔颖达疏："囿者，筑墙为界域，而禽兽在其中也。"《孟子·梁惠王下》："文王之囿方七十里，有诸？"宋朱熹集注："囿者，蕃育鸟兽之所。"皆以"囿"为畜养禽兽之所，畜养禽兽须草木茂密，故甲骨文或从中或从木。方述鑫认为："金文囿的字形变作☒，表示在一定的地域内以手取肉，乃

119

一会意字。"① 有一定的道理，"囿"演化为会意兼形声结构。部件"𩇟"汉隶变作有_衡方碑_、有_曹全碑_、又写作大，类似的处理如"友"小篆作𠬹，隶书变作友_衡方碑_、友_郭有道碑_。

（25）市。𡴀、𡴀。𡴀_今甲盘_、𡴀_鄂君启舟节_。

《说文》："市，买卖所之也。市有垣，从冂；从乁，乁古文及，象物相及也。⼬省声。""市"的本义为买卖的场所，至于字形则尚有未明处。古"止""屮"（该条以为"⼬省"）时有相混，如"耑"甲骨文作𡴀、𡴀，或写作"止"或写作"屮"，《说文》尚明其形，曰："上象生形，下象其根也。"罗振玉云"耑"之上部："象植物初茁渐生歧叶之状，形似止字而稍异。"是也。许书"市"条其实也隐约"止""屮"难分，所谓"买卖所之"，可能以为"𡴀"上为"止"，而又云"⼬省声"，其实认为"𡴀"上为"屮"形。或以为"𡴀"上为"屮"，古时常于备卖之货品上插草标以作标记，"冂"为市场之大门，于门上绑扎草标表示买卖场所也，"冂"下之"乁"其实为饰笔，可备一说。睡虎地秦简作𡴀，从屮从冂。马王堆汉帛书作𡴀、𡴀，"屮"有变作"十"者，史晨碑作市，曹全碑作市，字形基本定型，但与表示服饰的"市"形相混，隋唐楷书写作市_智永_、市_欧阳询_、市_褚遂良_，其上变作"亠"，大概正是为别于服饰字"市"。《说文》："市，韠也。上古衣，蔽前而已，市以象之。"

（26）寺。𡴀_沇伯寺簋_、𡴀_邾公牼钟_、𡴀_虡羌钟_。

《说文》："寺，廷也，有法度者也。从寸⼬声。""寺"为"持"之本字，《说文》："持，握也。从手寺声。""寺"从寸⼬声，"寸"与手部动作有关，小篆"寸"原多来源于表手部动作的"又"，如"𠬝（孚）"金文作𠬝_毛公㫃鼎_、𠬝_楚簋_，"𡴀（封）"金文作𡴀_召伯簋_、𡴀_中山王䜈鼎_，"𡴀（射）"金文作𡴀_静簋_、𡴀_长由盉_，容庚《金文编》指出金文："持不

---

① 方述鑫：《甲骨文口形偏旁释例》，《四川大学学报丛刊》第十辑，四川人民出版社，1982年。

从手。"如郑公轻钟有"分器是寺"。石鼓文"弓兹以寺""秀弓寺射","寺"也均为持义。"侍""庤""持"为"寺"的孳乳字,治事之人为"侍",治事之所为"庤","庤"表储置之所后,仍以"寺"表治事之所,遂增"扌"成"持"以表其本义。马王堆汉帛书"寺"作㝵,"㞢"写作"土",史晨碑作寺,已与今形同。

(27) 亭。亭。

《说文》:"亭,民所安定也。亭有楼,从高省,丁声。"甲骨文、金文未见,但其主要部件见于"高""京""亳""亯","高"甲骨文作髙、髙、髙、髙,"京"甲骨文作京、京,"亳"甲骨文作亳、亳、亳、亳,"亯"甲骨文作亯、亯。《说文》:"高,崇也。象台观高之形。""京,人所为绝高丘也。""亳,京兆杜陵亭也。从高省,乇声。""亯,献也。从高省,曰象进孰物形。"可见五字形义密切相关。"亭"为亭楼,为名词;"高"指亭楼之高崇,用作形容词;"京"为高大的宫室;"亳"为京城附近一地名;"亯"为祭享之所。它们所从的亭均为亭楼之象。睡虎地秦简作亭,"丁"的写法与今形同。华山碑作亭、史晨碑作亭、曹全碑作亭,已与今形同。

(28) 臺(台)。臺。

《说文》:"臺,观,四方而高者。从至、从㞢、从高省。与室屋同意。"徐锴《说文解字系传》作:"从至,高省,与室屋同意,㞢声。"甲骨文中的亭《花》502[1]疑为其初形,以脚在房顶会登台之意。其本义为可以登高望远的建筑。简化时因音同采用原表怡悦的"台",同时被合并的还有"檯""颱"。

结　语

汉字在充当部件构字时,与其他部件的配合会影响到字形的写

---

[1]　此为甲骨文字形的出处为《殷墟花园庄东地甲骨》,云南人民出版社,2003。

法。如"宀"在"家""宅"与"向""奥"等字中，在小篆及之前的写法相同，隶变后就呈现出不同的外形。有些部件初形本无别，但与其他部件组合时，为结构协调美观，往往会受相关组合部件的影响而在形体上有一定的调整。如"所"从斤户声，部件"户"写作"戶"。

有些笔画部件的初形本有所象，但为书写之便，后来变形甚大，以至理据信息湮没。如甲骨文、金文"室"从宀从矢从一，而篆书部件"矢""一"融合为"至"。"邦"之"丰"系由木土融合而成，"阝"由口巴融合而成。有些成字部件在字形演变中完全笔画化，只有在完整的演变链条中方知其构形理据，所以，不加考证仅据已变化之字形析解是十分危险的。如"成"中的"丁"其实由"丁"而来。

行书、草书为书写便捷，往往仅勾勒轮廓，丢失了不少理据信息。如"门""户"在甲骨文、金文中门板形清晰可见，隶变之后行书草书使得门户之形不再直观。

文字发展中有为增加理据信息的繁化，所增之形主要为提供背景等相关信息，以提高字的辨识度。如"寝"甲骨文从宀从帚，金文或增又、女作进一步的提示。"或""甫"金文增口。

形义相近的字发展中可能字形糅合混同为一。如"寝""癵"合而为"寝"。

外形相近的情况难以避免，在表现事物的外部特征时，为避免误解，往往会有意识地增加一些区别性的写法。如人口与表区域范围的口在甲骨文、金文中还是比较容易区别的。"市""市"小篆差异很大，但隶变时"市"颇有与"市"相混的趋势，故隋唐楷书定其上半之形为"亠"以相区别。

含有相同部件的字可以形成字场，通过集中的形义探析，有利于还原真相，认识本质。有些字从现形来看，虽然某些部件相同，但如果稍加追溯，小篆已显出明显差异，甲骨文、金文区别更是清晰。有些字可能甲骨文、金文未见，但通过含有相关部件的字的比较分析，往往可以明确其本义。

第八节　动作类汉字溯源

我们大体按字形所包含的主要部件分组讨论，以便对相关部件的形体演变情况进行历时的观察。

一　体势相关

（1）坐。𡊈。

《说文》："𡊈，止也。从土，从畱省。土，所止也。此与畱同意。𠱽，古文坐。"睡虎地秦简作坐，与小篆相似。疑𡊈非畱省，"𠂔（𠂔）"为"卯（卯）"之讹，"𠨍（卿）"睡虎地秦简作卿，相关部件正与𡊈同。"𠂔"系"卯"之误，二字形义相关，段玉裁云："卯为春门，𠂔为秋门。" "𠂔（卯）"作卯 甲骨文、卯 旂鼎、卯 睡虎地秦简，初形迥异，但隶书形似，故相混讹。𡊈从卯从土，与𠱽构意相同，为二人对坐之形。《说文》所收古文𠱽为今形之源。史晨碑作坐，袁博碑作坐，系𡊈之省变。欧阳询作坐，写法与今同。

（2）立。大。大 克鼎。大。

《说文》："立，住也。从大，立一之上。"甲骨文、金文、篆体字形变化不大，大象人形，一表示所立之地。睡虎地秦简作立，腿部写法变形，马王堆汉帛书作立，上半变作"亠"。礼器碑作立，王献之作立，写法与今形同。

（3）壬。𠂉。𠂋。

《说文》："善也。从人士。士，事也。一曰象物出地挺生也。"

许慎误以"土"为"士","一曰"尚保留"壬"之本义的少许线索,徐铉曰:"人在土上,壬然而立也。"是也,甲骨文字形正与徐说合。小篆含有表意部件"壬"的 茁 茎 有挺立义,可作辅证。"望"的甲骨文作 ,为人挺立土上举目远望之态。"乎",近求也。从爪、壬。"段玉裁注:"爪壬,言挺其爪妄有所取。"

(4) 交。 、 珊伐父簋 、 。

《说文》:"交,交胫也。从大,象交形。"引申之为凡交之称。睡虎地秦简作 ,马王堆汉帛书作 ,人之双臂写作横。皇象作 ,上部为"亠"下部作"乂",王基碑(261年)作 ,字形与今同。

(5) 作。 、 、 乃孙作祖己鼎、 姑氏簋、 。

《说文》:"作,起也。从人从乍。"甲骨文、金文以"乍"为"作"。《说文》:"乍,止也。一曰亡也。从亡从一。"金文"作"多从 作,"乍"还有 樊夫人龙嬴壶、 郑王剑等形,其实是有细微区别的,但也并不十分严格,因二字形近,故多混同。郭沫若以为" 乃象人伸脚而坐有所操作之形"①,曾宪通以为"其取象很可能与古代耒耜有关"②。但综合甲骨文、金文相关字形,两说均有未安,其形存疑待考。睡虎地秦简作 、 ,马王堆汉帛书作 、 ,其简写已见今形端倪。王羲之作 ,敬使君碑作 ,写法与今形同。

(6) 休。 、 、 沈子它簋、 师酉簋、 。

《说文》:"休,息止也。从人依木。 ,休或从广。"部件"人""木"甲骨文中左右不拘,金文中则位置基本固定。字形变化不大,以人倚木会休息之意,《说文》或体增从广,广宀通作,指于屋宇内休息也。马王堆汉帛书作 、 ,已近于今形。

---

① 郭沫若:《释亡乍》,《金文丛考》,人民出版社,1954。
② 曾宪通:《"作"字探源——兼谈耒字的流变》,《古文字研究》第十九辑,中华书局,1992。

（7）依。[图]、[图]。[图]。

《说文》："依，倚也。从人衣声。"甲骨文作[图]，人在衣中，为动词衣，《说文》释义非其本义。小篆作[图]，内外结构调整为左右结构，睡虎地秦简作[图]，与小篆基本相同。马王堆汉帛书作[图]，部件"衣"之上部已近于"亠"。王羲之作[图]，同于今形。

（8）倚。[图]。

《说文》："倚，依也。从人奇声。""倚"为后起形声字，与"依"义近，常用作依靠义，如《韩非子·内储说下》："醉甚而出，倚于郎门。"

（9）伏。[图]史伏尊。[图]。

《说文》："伏，司也。从人从犬。"徐铉注："司，今人作伺。"段玉裁注："谓犬伺人而吠之。"本指犬伏，引申泛化后凡俯伏均可谓伏。《周礼·犬人》："伏、瘗亦如之。"郑众注："伏，谓伏犬，以王车轹之。"指犬伏。《礼记·曲礼上》："坐毋箕，寝毋伏。"指人伏。小篆作[图]，睡虎地秦简作[图]，马王堆汉帛书作[图]，犬身与犬尾的组合近于"大"，犬之头部近于点。王羲之作[图]，与今形同。

（10）伸。[图]。

《说文》："伸，屈伸。从人，申声。""伸"产生得较晚，其本字为"申"。《荀子·解蔽》"形可劫而使诎申"中的"申"即为伸展义，这一义项后来以加"亻"的"伸"表示。衡方碑作[图]，曹全碑作[图]，部件"申"已写作"申"。

（11）屈。[图]楚屈弔沱戈。[图]。

《说文》："屈，无尾也。从尾，出声。"《埤仓》："屈，短尾。"《广韵》："屈，拗曲。"《正字通》："凡曲而不伸者皆曰屈。"从金文、小篆字形来看，"屈"的本义或当为短尾，由尾之短引申而指屈曲。睡虎地秦简已见[图]，省"尾"之"毛"。马王堆帛书尚[图]、[图]并见。魏晋行书、草书均省"毛"，索靖作[图]，王羲之作[图]。屈

125

曲的人形行书已处理为"尸"。

(12) 仰。⿰亻卬。

《说文》："仰，举也。从人，从卬。""卬"为"仰"之本字，《说文》："卬，望欲有所庶及也。从匕从卪。""匕"为站立的人形，"卪"为跽跪的人形，两形相对会仰望之意，《诗·大雅·瞻卬》："瞻卬昊天，则我不惠。"即为仰望义。"卬"借用为代词"我"，如《诗·邶风·匏有苦叶》："招招舟子，人涉卬否。"为相区别，遂增"亻"作"仰"以表其本义。

(13) 倾。⿰亻頃。

《说文》："倾，仄也。从人从頃，頃亦声。"段玉裁《说文解字注》："古多用頃为之。"徐灏《说文解字注笺》："頃、倾古今字。""倾"的本字为"頃"，从匕从页，"匕"象人形，从页之字多与头部相关，"頃"本义为倾头，引申为凡倾侧之称。《诗·周南·卷耳》："采采卷耳，不盈頃筐。""頃筐"指斜口的竹筐，"頃"用为倾斜义。"頃"假借作頃亩、頃刻字后，增"亻"作"倾"以表其本义，《老子》："长短相形，高下相倾。""倾"为偏侧义。

(14) 監（监）。⿱臣皿、⿱臣皿史酖簋、⿱臣皿应監甗、⿱臣皿頌簋、盟。

《说文》："監，临下也。从臥，䘑省声。"《说文》析形有误，卧为弯腰俯视形，非臥，皿为盛水之皿，非䘑之省。"監"为会意字，郭沫若《夫差監·两周金文辞大系考释》云："監字正象人立于皿旁而垂视之形，此監之本义也。临水正容为監，盛水正容之器亦为監。"初名动一形，后增金作"鑑"记其名词义。《诗·大雅·皇矣》："監观四方，求民之莫。"与观同义并言，用"監"之引申义。字形演变见"器用类汉字溯源""監"条。

(15) 臨（临）。⿱臣品盂鼎、⿱臣品毛公屠鼎、⿱臣品弔臨父簋、臨。

《说文》："临，监临也。从卧品声。"《尔雅·释诂》："临，视也。""临"本义为临视。从金文字形看，部件"品"是字形演变的结果，当非声符，本象物品，[图]则为人从上方察视下方，故有临下、面对等引申义。睡虎地秦简作[图]，人形较小篆写法有变，犹"[图]（饰）"中的人形隶变之后成了"亠"。景君碑作[图]，衡方碑作[图]，与繁体形近，今简体系草书楷化而成，如王献之作[图]。

（16）卧。[图]。

《说文》："卧，休也。从人臣，取其伏也。""臣"为目形，"从人臣"取人俯伏之状。睡虎地秦简作[图]，马王堆帛书作[图]，人形尚十分清晰。行书、草书人形被处理成"卜"，王羲之作[图]，褚遂良作[图]，楷化遂成"卧"，颜真卿作[图]。

（17）居。[图]居篮、[图]鄂君启车节、[图]。

《说文》："居，蹲也。从尸，古者居从古。[图]，俗居从足。"段玉裁改作"从尸古声"，"居"为形声字，"[图]"为会意字，"居"为"踞"之本字，本义为蹲踞，段玉裁注："古人有坐、有跪、有蹲、有箕踞。跪与坐皆厀着于席，而跪耸其体，坐下其髀。""若蹲则足底着地，而下其髀、耸其厀曰蹲。""若箕踞，则髀着席而伸其脚于前，是曰箕踞。"即"居"本为蹲坐，《左传·哀公元年》："昔阖庐食不二味，居不重席，室不崇坛，器不彤镂，宫室不观，舟车不饰，衣服财用，择不取费。"《史记·高祖本纪》："足下必欲诛无道秦，不宜居见长者。"均用其本义。字义引申而有居处义，取代"尻处"之"尻"，增"[足]"作"踞"以表其本义。睡虎地秦简作[图]，人形尚存；马王堆汉帛书已见[图]，王羲之作[图]，写法与今形同。

（18）尻。[图]。

《说文》："尻，处也。从尸得几而止。"以人凭几会处之意，引申为尻处的泛称。后因以"居"代"尻"，"居"行而"尻"废，《玉篇》："与居同。"

（19）宿（宿）。䖑、俞、𠈇、信、㝛、㝛宿父尊、㝛窒弔簋、㝛郑子宿车盆。㝛。

《说文》："宿，止也。从宀佰声。""宿"甲骨文作𠈇、㝛、俞，𠈇象人卧囚上，㝛则象人坐席上，均以人与席会止宿之意，俞增"宀"以示屋内之席也，金文一律从宀作。"佰"非声，来源于甲骨文𠈇。《说文》："囚，舌皃。从谷省。象形。"误以"囚"象舌形，故对含有部件"囚"的"宿"误作形声字分析。《广雅·释器》："囚，席也。"甲骨文"囚"作囚、囚，罗振玉云："卜辞作囚与囚同，象席形。"①是也。睡虎地秦简作宿，已近于今形。

（20）即。卽、卽。卯孟鼎、卯颂鼎。卿。

《说文》："即，即食也。从皀卩声。"当为从皀从卩，"皀"象食器，"卩"象人形。段玉裁注："即当作節。""其训節食。故从卩皀。卩節古通也。""卩"为古时人跽坐之态，非训節。甲骨文作卽、卽，以人靠近食器会意，即《说文》所谓"即食也"，人或坐或立。《易·鼎》："鼎有实，我仇有疾，不我能即。"即用其本义，引申而有靠近义，如《诗·卫风·氓》："匪来贸丝，来即我谋。"金文作卯孟鼎、卯颂鼎，睡虎地秦简作即，马王堆汉帛书作即，史晨碑作即、白石君碑作即，王羲之作即，食器简作"𥃩"，跽坐之人写为"卩"。

（21）既。卽、𣎆。卽师虎簋、卽尹姞鼎。卿。

《说文》："既，小食也。从皀旡声。"甲骨文作卽，金文作卽，以食器和头后转的人会意，本指吃的动作结束，引申为完结义。睡虎地秦简作既，马王堆汉帛书作既、既，华山神庙碑作既，衡方碑作既，曹全碑作既，钟繇作既，食器简作"𥃩"，口朝后的人形写为"旡"。

---

① 罗振玉：《殷虚书契考释三种》，中华书局，2006，第477页。

第一章 常见汉字形义溯源

（22）何。ᐠ、ᐠ、ᐠ何尊。何。

《说文》："何，儋也。从人可声。"徐铉曰："儋何，即负何也。借为谁何之何。"字之本义为担荷，假借为疑问代词。《诗·曹风·候人》："彼候人兮，何戈与祋。"说的即是候人扛着戈与祋。甲骨文、金文象人肩有所扛荷，人形在小篆中写为"亻"，所荷之物写作"ᐠ"，"口"为后加饰符，两形组合形成声符"可"。马王堆汉帛书作何、何，郭有道碑作何，曹全碑作何，渐成今形。

（23）保。ᐠ、ᐠ、ᐠ孟鼎、ᐠ秦公簋。保。

《说文》："保，养也。从人，从采省。采，古文孚。保，古文不省。"本指护养孩子，引申泛化为保护义，不限于孩子。《尚书·康诰》："若保赤子，惟民其康乂。"孔颖达疏："子生赤色，故言赤子。"用的是"保"的本义，保的是婴儿。甲骨文从人从子，部件"子"与"人"组合时左右不拘，但"子"均写于"人"的背后，以人背负子会保养之意，这种布局在字形演变中一直未变。金文于子下增一斜笔，唐兰以为斜画为饰笔[1]，李孝定以为斜画为"手形之遗"[2]，吴大澂、马叙伦以为象褓褓[3]，从字形演变情况来看，斜笔为金文后加，不一定实有所象，唐说或得之。金文中增两斜笔以求对称者亦见之，鄦侯簋作保，陈侯因𫊻錞作保。中山王𰯸鼎作保，中山王𰯸壶作保，《说文》古文与之同，系在保的基础上增"宀"，非初形。小篆继承了金文增两饰笔的写法。

（24）从。ᐠ、ᐠ、ᐠ从鼎、ᐠ任氏从簋。从。

《说文》："从，相听也。从二人。"甲骨文、金文以二人相随会意。董作宾先生指出卜辞中"从"有两义："一为随从之义，一

---

[1] 唐兰：《殷虚文字记》，中华书局，1981。
[2] 李孝定：《〈金文诂林〉读后记》，卷八，中研院史语所，1982。
[3] 吴大澂：《说文古籀补》，卷八，中国书店，1990。马叙伦：《说文解字六书疏证》，卷十五，上海书店，1985。

为卜得吉兆也。"[1]

另"從"甲骨文作🈳，金文作🈳过伯簋、🈳作从彝卣、🈳芮公钟，《说文》"🈳，随行也。从辵从，从亦声。"当为"从"的分化字，增"彳"或"辵"以突出其行动义，金文亦有作🈳彭史从尊者。

（25）比。🈳、🈳、🈳、🈳比簋、🈳禹攸比鼎。🈳。

《说文》："比，密也。二人为从，反从为比。"从甲骨文、金文看，"比""从"二形颇相近，为相区别，甲骨文多曲人之臂，小篆则字形方向不同。小篆"顷"指头不正，所从之人形作🈳，与"🈳"的组成部件相同。还有"🈳（𢗅）""🈳（卬）""🈳（尼）"等字中的反人形均如此。《说文》："🈳，相与比叙也。从反人。匕，亦所以用比取饭，一名柶。"因形似，故部件中象反人的"匕"与象饭匙的"匕"常难分清，字形分析时多有误将反人形当作匙形者。睡虎地秦简作🈳，马王堆汉帛书作🈳，汉白石君碑作🈳，王羲之作🈳，渐成今形。

（26）夹。🈳、🈳盂鼎、🈳夹卣、🈳。

《说文》："夾，持也。从大，俠（夾）二人。"甲骨文、金文、篆体字形变化不大，以两人在人腋下会夹持之意。睡虎地秦简作🈳，马王堆汉帛书作🈳、🈳，腋下两人形稍简。曹全碑作🈳，皇象作🈳，两人相粘连，变作两点及一长横，与今简体字同。

（27）走。🈳休盘、🈳效卣、🈳。

《说文》："走，趋也。从夭止。"金文以摆动双臂疾行的人会意，多有增"彳"作者，以加强其行动义也。小篆从夭从止，《说文》："夭，屈也。从大，象形。""夭"为人疾行时屈曲的体态。睡虎地秦简作🈳，马王堆汉帛书作🈳、🈳、🈳，桐柏庙碑作🈳，"夭"被写为"大"，进而又讹作"土"，"止"则写成了"🈳"。

---

[1] 董作宾：《殷历谱》，卷四，中研院史语所专刊，1945。

第一章 常见汉字形义溯源

(28) 去。㝵、㚤、㚖哀成弔鼎、㠯蛮壶。㝵。

《说文》:"去,人相违也。从大凵声。""去"甲骨文、金文上象器盖,如"壶"甲骨文作㝵、㝵,金文作㝵伯壶、㝵虞司寇壶、㝵伯公父壶,器盖相同,本非"大",因形近,书写求便捷而致混淆。下象容器,甲骨文、金文中容器多有作凵者,如"合"甲骨文作㝵,"鲁"甲骨文作㝵,"會"甲骨文作㝵,"曾"金文作㝵段簋。李孝定云:"契文从'凵'者,或为口,或为筥盧之象。"① 此殆为筥盧之象。"去"可能为"筥"之本字。当然,这里也不能排除同形异字的情况,甲骨文中的人形、坎穴形亦如是作,因甲骨文、金文中"去"多表离去、去除,其初形可能本就是以人离开所居之坎穴会意。金文里为表现其动作义,有的字形有所调整,有增止作㠯蛮壶者。篆书中来去之"去"则直接改造部件,往相关的物象变化,原与器盖相混的部件写作象人形的"大",原与容器相混的部件变成了象坎穴的"凵",这些变化的主要动因为人们希望字形上可以清晰地反映出一些意义的线索与信息,器盖与"大""口"与"凵"形体上的相似为形变提供了便利。睡虎地秦简作㝵、㝵,马王堆汉帛书作㝵、㝵,景君碑作㝵,乙瑛碑作㝵,衡方碑作㝵,皇象作㝵,"大"又变作"土","凵"写为"厶"。

(29) 勹。㝵。㝵。

㝵卜辞用为地名,李孝定以为"象人在腹中之形"②,徐中舒曰:"象人之胞胎形。"③ 均认为与"包"为一字。《说文》:"㝵,象人裹妊,巳在中,象子未成形也。"以为"包"为人怀子形。后"包""勹"分为两字。《说文》:"勹,覆也。从勹覆人。"段玉裁注:"此当为抱子、抱孙之正字。"《集韵》:"音抱。义同。"《说

---

① 李孝定:《甲骨文字集释》,中研院史语所,1965,第351页。
② 李孝定:《甲骨文字集释》,中研院史语所,1965,第2901页。
③ 徐中舒主编《甲骨文字典》,四川辞书出版社,1998,第1018页。

131

文》未见"抱",马王堆汉帛书有之,作 抱,肥致碑作 抱,在"包"的基础上增义符手,与今形同。

(30)匊。[匊]番匊生壶、[匊]。

《说文》:"匊,在手曰匊。从勹米。"段玉裁注:"米至散,两手兜之而聚。"《玉篇》:"两手也,满手也,手中也,物在手也。"《诗·唐风·椒聊》:"椒聊之实,蕃衍盈匊。"毛传:"两手曰匊。"《韵会》:"一手曰匊。"《集韵》:"或作掬。""匊"以两手捧米会意,今写作"掬"。本形未见手而从"勹",以表示包在里边之义。

(31)舞。[舞]、[舞]。[舞]匽侯舞易器、[舞]儌儿钟、[舞]。

《说文》:"舞,乐也。用足相背,从舛,無声。"甲骨文象人执舞具而舞,李孝定先生云:"《周礼·舞师》有兵舞、帗舞、羽皇舞,随所舞之不同而所执亦各异。"① 金文增双止或辵,为强调舞蹈时足部亦有动作,所谓手舞足蹈也。金文多有借不从止或辵的"無"为有无之无,而以从双止的"舞"为舞蹈字,字形产生分工。小篆字形人形、舞具、双足仍然大体清晰,《说文》误将人形、舞具的组合误析为"無声"。隶书中人形、舞具融合重组为"無"。华山神庙碑作 舞,虞世南作 舞,已同于今形。"舞"中双足的写法与"降([降])"中双足的写法相类,一左右排列,一上下排列也。

二 头部相关

(1)顿。[顿]。

《说文》:"顿,下首也。从页屯声。"段玉裁注:"若稽首、顿

---

① 李孝定:《甲骨文字集释》,中研院史语所,1965,第1928页。

首则拱手皆下至地，头亦皆至地，而稽首尚稽迟，顿首尚急遽。"《周礼·春官·大祝》："一曰稽首，二曰顿首。"郑玄注曰："稽首，拜头至地也。顿首，拜头叩地也。"其引申义有叩击、短时等，与顿首这一动作关联明显，一是搭配对象的泛化，于是有顿膝、顿足，一是由头叩地动作的急遽引申出的短暂，于是有顿时、顿即、顿悟。此外还有顿滞、顿兵、顿息等表示的是较长时间，可能与声符"屯"有关，《说文》："屯，难也。象屮木之初生。屯然而难。从屮贯一。一，地也。尾曲。"草木初生出土艰难，过程自然显得缓慢。华山神庙碑作顿。

（2）颇。颇。

《说文》："颇，头偏也。从页皮声。"本指头偏，引申为凡偏之称，既而又有偏邪、稍微等义。王羲之作颇。

（3）顷。顷。

《说文》："顷，头不正也。从匕从页。"匕为人形，页者头也，本义为头不正，引申为凡倾矢不正之称。段玉裁注："今则倾行而顷废。专为俄顷、顷亩之用矣。"即其本字为借义所专，遂以增义符"人"的"倾"记其本义。

（4）顾。顾。

《说文》："顾，还视也。从页雇声。"本指回首而视，引申为凡视之称。成语"瞻前顾后"尚可见其本义之迹。睡虎地秦简作顾、顾，马王堆汉帛书作顾，声符"雇"尚完整。索靖作顾，王羲之作顾，部件"雇"被简写为"厄"。

（5）頫。頫。

《说文》："頫，低头也。从页，逃省。太史卜书，頫仰字如此。扬雄曰：'人面頫。'俛，頫或从人免。"段玉裁注："逃者多愧而俯，故取以会意。"东汉时以"府"为声符加人旁作"俯"。

三　口鼻相关

（1）名。𖼖、𖼗、𖼘召伯簋、𖼙南宫乎钟、𖼚。

甲骨文从月从口，金文从夕从口。《说文》："名，自命也。从口从夕。夕者，冥也。冥不相见，故以口自名。"本指自称其名，引申而有称说义。睡虎地秦简作𖼛，马王堆汉帛书作𖼜，礼器碑作𖼝。

（2）令。𖼞、𖼟、𖼠井侯簋、𖼡克鼎、𖼢。

甲骨文、金文从亼从卩，"亼"象倒口形，"卩"象人跽形，《说文》："令，发号也。从亼卩。"上口表发号令，下人为听令者。睡虎地秦简作𖼣，马王堆汉帛书作𖼤，景君碑作𖼥，礼器碑作𖼦，衡方碑作𖼧，曹全碑作𖼨，王羲之作𖼩，"亼"之下横渐成点，"卩"渐成"マ"。

（3）臭。𖼪、𖼫。

甲骨文从自从犬，《说文》："臭，禽走，臭而知其迹者，犬也。从犬从自。"本指闻气味，转指气味，语义缩小专指臭腐的气味①，于是造"齅"以记其动词义。《说文》有："齅，以鼻就臭也。从鼻从臭，臭亦声。"在"臭"的基础上增"鼻"表嗅的意思。后改"鼻"为"口"作"嗅"，《汉书·叙传上》："不絓圣人之罔，不齅骄君之饵。"颜师古注："齅，古'嗅'字也；饵谓爵禄。君所以制使其臣，亦犹钓鱼之设饵也。""齅"应古于"嗅"。

（4）饮。𖼬、𖼭、𖼮、𖼯伯作姬饮壶、𖼰冕仲壶、𖼱善夫山鼎、𖼲。

《说文》："㱃，歠也。从欠酓声。凡㱃之属皆从㱃。𩟲，古文从今水。𩝹，古文从今食。"《说文》所载之古文颇有人饮水或食的意味，可见构件"今"是形变之后的结果。甲骨文字形象人俯首伸

---

① 《说文》有专指腐气的"䑏"，今均用"臭"。

134

舌于酒坛中啜饮，或有于舌旁增象酒滴的点形，《说文》古文只是变酉为水或食，改饮食器物为饮食内容。甲骨文有省写舌形者，这样张口的人就与"欠"无甚区别了。金文保留了酉与欠，倒着的口形和口中的舌头改写成了声符"今"，这样一来，字形就由会意结构变成了形声结构。可见，小篆将"酓"整个视作声符是不准确的，下边的"酉"本象酒坛。金文中有一些字形省去部件"欠"，仅写作"酓"，这是因为省去人形，也基本能表示出字义来，也就是说，由口舌变来的"今"仍然有明显的表义功能。值得注意的是，春秋时期的金文就有将"酓"改作"食"的，如曾孟嬭谏盆作 🀆，但只是偶一为之。居延汉简作 飮，与《说文》从今食的古文相类，将"酉"改作象盛食物的"皀"（簋），字形就成了食与欠的组合，这可能与"飮"的意思已由仅指喝变为统指吃喝了有一定关系。先秦典籍里"饮"的常见用法为饮酒、饮汤、饮水等。将"食"简成"饣"是草书楷化而成，如怀素作 𫗦，苏轼作 饮，董其昌作 饮。

（5）食。 🀆、🀆、🀆、🀆。🀆 仲义𢀜鼎。🀆。

甲骨文由倒口与食器组成，表示张口就簋进食，或于食物周围增加表示米粒之类的点。戴家祥、徐中舒、姚孝遂等先生认为，"亼"象食器的盖子，似亦通。然而考虑到，"食"甲骨文、金文多作动词用，疑先有食用义，再引申指食物，所以我们取"亼"象张口形之说。"龢"从龠禾声，"龠"以口吹竹管编成的乐器会意，字形里的"亼"也象张口形，"龢"本指音乐和谐，引申指调和。"令"甲骨文作 🀆，以口对跪踞的人发号施令会意，隶变之后，上边的口形渐变作"亼"，与"食"上之"亼"变化相同。"食"的金文为书写之便，食器的底部基座写为 🀆。《说文》："食，亼米也。从皀亼声。或说亼皀也。""从亼皀"比较接近本形。《说文》有："皀，谷之馨香也。象嘉谷在裹中之形。匕，所以扱之。"据形变之

135

后的小篆立说，误将食器底座析为取饭之匕。睡虎地秦简作食，马王堆汉帛书作食，桐柏庙碑作食，食器的基座进一步变形。

(6) 告。齿、齿、齿田告父丁篡。告。

从甲骨文、金文字形看，"告"由牛与口组成。"告"的小篆字形中牛与口两个部件尚十分清晰。《说文》："告，牛触人，角箸横木，所以告人也。从口从牛。"甲骨文、金文、小篆都未见牛角上有横木之形，《说文》对字形的分析明显是有问题的。古人常以牛羊祭告神灵，疑以之会祝告、报告之意。隶书渐将牛之中竖不往下出头，遂成今形，如东汉张景碑作告。

(7) 只。只。

《说文》："只，语已词也。从口，象气下引之形。"《诗经·鄘风·柏舟》有："母也天只，不谅人只！"句中的"也""只"语法意义相同，均为语气词。汉字简化时用同音替代的办法，将"隻"简化成了"只"，其实两字意义本无丝毫关联。

(8) 号。号。

《说文》："号，痛声也。从口在丂上。"与"兮"之下半的部件均为"丂"。《说文》："丂，气欲舒出。勹上碍于一也。""号"的本义为拖长声音大声呼叫，引申指号令、称号，后来典籍中以"號"为"号"，《说文》："號，呼也。从号从虎。"段玉裁注："虎哮声厉，故从虎。"汉字简化时，恢复本形。

(9) 吁。吁吴王光鑑。吁。

《说文》："吁，惊也。从口于声。"《说文》另有："吁，惊语也。从口丂。丂亦声。"《说文》又有："亏，于也。象气之舒亏。从丂从一。一者，其气平之也。今变隶作于。"也就是说"亏""于"一字，这样，"吁""吁"实一字，后均写为形声结构的"吁"。

(10) 吟。吟。

《说文》："吟，呻也。从口今声。訡，吟或从音。訡，或从言。""今"非仅为声符，甲骨文"今"作 ▲，金文作 ▲孟鼎、▲縣妃簋，字形以倒口下加一短横表示呻吟、沉吟之义。《说文》所载"吟"之或体改"口"为表示言语、声音的言或音，表明它表示吟诵、吟咏的意思十分常见。甲骨文里"今"已假借作今天之今，于是增"口"以表其本义。汉字演变中倒口形渐成"亼"，下边的短横先是变成向右的折笔，为便于书写，常写作横竖，如 今王羲之、今欧阳询，行书中也有写作横折的，如 今王献之，与今形同。

（11）含。含中山王䁐鼎。含。

《说文》："含，嗛也。从口今声。"含指口有所衔也。"含"与"吟"均由今与口组成，只是以组合位置的不同来相区别，类似的如棘与棗、盱与旱、叨与召等。衡方碑"含"已写作含。

（12）听。听。

《说文》："听，笑皃。从口斤声。"司马相如《上林赋》："亾是公听然而笑。"即用其本义。《广韵》："口大貌。"《集韵》："大口谓之听。"所谓笑口常开也，故《广韵》《集韵》均言"听"为张大口。表示笑的"听"用得极少。元代已有以"听"为听闻之"聽"的简化字的情况。

（13）启。且、艮、阞、䀠、䀠启爵、䀠启作父辛尊、䀠攸簋、䀠鄂君启舟节。启。

甲骨文字形以手开户会开启之意，金文"又"逐渐讹写为"攵"，《说文》从攴之字均有开启义，如雨后云开日现为"晵"（甲骨文有䀠，殆晵之专字），为官员出行开道所持之物为曰"棨"。《说文》将"启""啟"分立为两字，"启"表本义，"啟"表引申义。《说文》："启，开也。从户从口。"又"啟，教也。从攴启声。"从字形源流看，"启"当为"啟"之省简。段玉裁注："后人用啟字训开，乃废启不行矣。"汉字简化时重新启用"启"。

（14）问。䦊。問。

甲骨文有"问"，但因卜辞残缺，无法明确知其用义。金文借

"聞"表问，说明"问""聞"声符均为"門"。《说文》："问，讯也。从口门声。"先秦典籍多用询问义以及由之引申而出的问候、审问等义，如《左传·庄公十年》："既克，公问其故。"指询问；《论语·雍也》："伯牛有疾，子问之。"指慰问；《诗·鲁颂·泮水》："淑问如皋陶，在泮献囚。"指审问。现行简化字是由草书楷化而来，如皇象作问、米芾作问。

（15）呼。于井鼎、乎颂鼎。呼。

"乎"为"呼"之本字。《说文》："乎，语之余也。从兮，象声上越扬之形也。""乎"与"兮"形义颇为相近，"兮"的金文作兮兮甲盘，"乎"较之多一象气流的小竖。马叙伦先生认为它们本为一字，姚孝遂、何琳仪先生则主张它们是一字之分化。《说文》另有："呼，外息也。从口，乎声。"因"乎"用作语气词，遂增口成"呼"以表与"吸"相对的意思，也指呼叫、呼唤等义。呼喊时口中是有气流呼出的，动作、意义均相关。《说文》另有："嘑，虒也。从口虒声。"《集韵》曰："本作謼。或作呼。"疑"嘑"由"呼"增虎而成，犹"號"由"号"增虎而成。

（16）吸。吸。

《说文》："吸，内息也。从口及声。""吸"是形声字，本指吸气。《正字通》曰："气入为吸。"声符"及"本从人从又，隶变中"人"形渐失，与"又"合为一体，曹全碑作吸。

（17）吹。吹吹方鼎。喷。

甲骨文、金文以张口的人形和口会出气之义，张口的人形即"欠"，今"呵欠"一词指的即为人疲倦时张口出气。"吹"字两见于《说文》，一曰："吹，嘘也。从口欠。"一曰："出气也。从欠从口。"当并为一条。《说文》又有："嘘，吹也。从口虚声。"吹、嘘互训，今天犹有吹嘘一词，用的已为其引申义了。小篆"欠"改上边的张口形为气流形，隶书颇有恢复口形之意，如史晨碑作吹。

后在书写中组合形式发生了变化，口形朝下，人形入口中，如颜真卿作吹。

（18）命。🖼竞卣。🖼。

甲骨文"命""令"一形，A象朝下的口，🖼为跪踞的人形，以口对人发号施令会意。金文增"口"成"命"，唯西周中期的免盘尚用"令"为"命"，金文中表命令时"命""令"通用，而任命、赏赐、命运、寿命等意思则用"命"，"命"当为分担引申义而产生的字形分化。《说文》："令，发号也。从亼卪。"又："命，使也。从口从令。"《说文》对两字的释义差不多。"命""令"的小篆、隶书字形区别只在有无部件"口"，行书区别明显，如米芾分别写为令、命，同样的人形分化成"マ""卩"两种不同的写法。

（19）和。🖼史孔盉、🖼盗壶。🖼。

先秦时期"和"常与"同"同用，如盗壶："驭右和同。"《左传·成公十六年》："和同以听。"韦昭曰："以可去否曰和，一心不二曰同。""和"从口禾声，本指应和、答应。《说文》："和，相䧹也。从口禾声。"《广韵》："和，声相应。""和"引申有和谐、混和等义，与"龢"在引申义上多有交叉，故典籍中两字经常通用，汉字简化后，并用"和"。金文中口与禾左右不拘，小篆左口右禾，隶书逐渐稳定为左禾右口。

（20）龢。🖼。🖼瘭钟、🖼中义钟、🖼。

甲骨文、金文"龢"从龠禾声，"龠"上边为倒口之形，下为编排在一起的乐管，《说文》："龠，乐之竹管，三孔，以和众声也。""龢"以音乐的和谐会意，"和谐"本作"龢龤"，本指乐音和谐，"谐"原指言语诙谐，与"龤"同音异字。《说文》："龢，调也。从龠禾声。"段玉裁注："此与口部和音同义别。经传多假和为龢。""龢"由乐曲的和谐引申指和睦、和洽等义，因与"和"的引申义多相近，故典籍多用"和"为"龢"。

(21) 咏。㖨、㖊咏尊、㗊。

甲骨文、金文从口永声，永兼表意，《书·舜典》有："诗言志，歌永言。""永"即咏。《说文》："詠，歌也。从言永声。咏，詠或从口。"又"歌，詠也。从欠哥声。謌，歌或从言。"《说文》"歌""詠"互训，歌有从言的异体，说明"歌""詠"均与言有关。《乐记》："歌之为言也，长言之也。"《玉篇》："咏，长言也。"也就是说，咏的本义为曼声吟咏。"口"为发音器官、"言"为发音内容，故相通用，现在通用的字形为"咏"。

(22) 唐。唐、㞢、𠭯唐子且乙觯、喬。

"唐"为形声字，从口庚声，《说文》有改声符为"昜"的古文。《说文》："唐，大言也。从口庚声。啺，古文唐从口昜。"段玉裁注："凡陂塘字古皆作唐，取虚而多受之意。"也就是说"塘"为"唐"的加旁分化字。"唐"中的口表义，王充《论衡》："唐之为言荡荡也。""唐"本指大言，《庄子·天下》有："谬悠之说，荒唐之言，无端崖之辞。"成玄英注曰："荒唐，广大也。"隶书中，声符"庚"的上边写作两横，乙瑛碑作唐，银雀山汉简作唐。楷书最上横变作点，左撇与上边第二横相接，组成"广"，褚遂良作唐。

(23) 祝。㑿、㑿、㑿、福太祝禽鼎、祝禽簋、祝。

甲骨文、金文完整的写法从示从兄，着力表现的是人跪于祭台前祝祷的情状，亦有部分字形简省部件"示"者，但人祝祷之状仍十分清晰。因兄为主祭者，遂以不加示的字形为"兄"，为与"祝"相区别，往往省去手爪的细节。《说文》："祝，祭主赞词者。从示从人口。"段玉裁注："此以三字会意，谓以人口交神也。"祝祷者以语言与鬼神沟通。

(24) 兑。㑿、㑿师兑簋、㐱。

甲骨文、金文从人从口从八，表示气流从人口中舒散而出的状态。"八"表气流的还有"只""兮""曾"等，"只"本来是语气

140

词，从口从八，象气流从口中向下舒散而出；"兮"是语气词，八表示感叹时呼出的气流；"曾"上的八表示甑里冒出的水蒸气。《说文》："兑，说也。从儿㕣声。"《说文》对字形的分析明显有误，徐铉曰："当从口从八，象气之分散。"是也。段玉裁注："说者今之悦字。"也就是说，"兑"的本义为悦。"悦"为后起分化字，先秦借"说"表示喜悦义，《说文》未见"悦"，"悦"是后来改换"说"的形符"言"为"心"分化出来的，与情绪体验有关的汉字多从"心"。"兑"上边的"八"倒过来是汉字简化时，为方便书写，按草书习惯楷化而成的，如王凝之作兑。

（25）咸。史兽鼎、秦公镈、咸。

从甲骨文、金文字形上看，"咸"的本义当与杀戮有关。《尚书·君奭》："咸刘厥敌。"王引之《经义述闻·尚书下》："咸刘，皆灭也。"《逸周书·世俘》："咸刘商王纣。"朱右曾校释："咸刘，绝也。"先秦时期已多有借用作全、都义的用例，如秦公簋有："咸畜胤士。"《尚书·尧典》有："庶绩咸熙。"《易·乾》有："万国咸宁。"《诗·大雅·崧高》："周邦咸喜。"《说文》："咸，皆也。悉也。从口从戌。"形体与意义难相契合，"皆"当为假借义。甲骨文中斧钺形十分清晰，金文于柄上增一斜撇，春秋金文里斧钺之形逐渐湮没，至小篆变作了"戌"。有人认为部件"口"代表人，但从甲骨文、金文总体情况看，鲜有以"口"代人的，"口"可能只是增加的区别符，以别于斧钺。

四 手部相关

（1）取。卫盉、格伯簋、毛公厝鼎。

甲骨文、金文均从又从耳，以手取耳会意，或于耳旁增一竖线，仍为"耳"，甲骨文、金文独体的"耳"亦如此。《说文》：

"取，捕取也。从又从耳。"《周礼·夏官·大司马》："大兽公之，小禽私之，获者取左耳。"本指获取猎物之后割耳计功，泛化为取得之称。甲骨文及先秦典籍里多有用嫁娶义者，如《诗经·南山》："取妻如之何？非媒不可。"后以从女的"娶"为嫁娶之专字，《说文》："娶，取妇也。从女，从取，取亦声。""娶"为形声兼会意字。"取"睡虎地秦简作取，马王堆汉帛书作取、取，桐柏庙碑作取，渐成今形。

（2）有。久、礻仲柟父簋、久南宫有司鼎、㑶。

卜辞用"又"为"有"，金文增肉作"有"。《说文》："有，不宜有也。《春秋传》曰：'日月有食之。'从月又声。"据金文字形看，非从月，当从肉，以手持肉会意。小篆作㑶，睡虎地秦简作有，马王堆汉帛书作有，"又"形尚十分清晰，然肉形与月形已混。衡方碑作有，曹全碑作有，部件"又"渐成"ナ"，遂成今形。

（3）得。㝵、㝵、㝵、亚父癸卣、㝵克鼎、得师旂鼎、得。

甲骨文、金文以又持贝会取得之意，或增彳，示得贝于路也。《说文》："得，行有所得也。从彳导声。㝵，古文省彳。"又："㝵，取也。从见从寸。寸，度之，亦手也。"以甲骨文、金文观之，"得""㝵"本一字。"得"的小篆"又"变作"寸"，"贝"讹为"见"。部件"又"小篆变作"寸"者例子较多，其义一也，如"對（对）"甲骨文作對，金文作對颂鼎，"㝵（寻）"甲骨文作㝵，金文作㝵趩簋，均本从"又"。"得"金文已有因省写而失"贝"之形者，如子禾子釜作㝵，陈章壶作㝵，中山王譻鼎作㝵，盗壶作㝵。睡虎地秦简作得、得，得中贝形尚十分清晰，得则贝形已失。马王堆汉帛书作得、得，情形与秦简相似。孔宙碑作得，史晨碑作得，郭有道碑作得，贝形难寻，与今形同。

（4）秉。秉、秉、秉秉中鼎、秉井人妄钟、秉虢弔钟、秉。

甲骨文、金文均从又从禾，金文"又"多与"禾"相叠交。

142

《说文》："秉，禾束也。从又持禾。"以手持禾会执持之意。睡虎地秦简作秉，"又"写作"⇒"。校官碑作秉，曹全碑作秉。

（5）采。

甲骨文、金文以手在树上采摘会意，甲骨文有增象果形或叶形的写法。《说文》："采，捋取也。从木从爪。"捋采时手指作用明显，故从爪以凸显之。借为彩色字后曾出现增手作"採"者，段玉裁注："俗字手采作採、五采作彩，皆非古也。"《诗·周南·关雎》："参差荇菜，左右采之。"《尚书·益稷》："以五采彰施于五色，作服，汝明。"采摘的采、五彩的彩均写为"采"。汉字从"爫"的字均与手部动作有关，如《说文》："寽，五指持也。""采，禾成秀也，人所以收。从爪、禾。""舀，抒臼也。从爪、臼。""采"睡虎地秦简作采，马王堆汉帛书作采，衡方碑作采，白石君碑作采，钟繇作采，渐与今形同。

（6）印。

甲骨文、金文从爪从卩，卩象人形，以爪按抑人也，为"抑"之本字，部件爪卩组合时左右无别。而《说文》分为两字："印，执政所持信也。从爪从卩。""抑，按也。从反印。抑，俗从手。"实一字，"印"字义引申后，俗书中加"扌"以表其本义，而以本形表引申义。睡虎地秦简作印，马王堆汉帛书作印，渐近于今形。

（7）祭。

甲骨文多以手持肉会祭祀之意，肉块旁象汁液的点多少不一，少数字形增从示。金文一律从又从肉从示，不再写点。《说文》："祭，祭祀也。从示，以手持肉。"隶书中肉写作了祭(白石君碑)，肉形发生类似变化的还有"炙"。楷书中"又"渐写成"㇇"，北魏中岳灵庙碑作祭。

（8）付。

金文从人从又，表示以手予人某物，少数字形于"又"下加饰笔成"寸",西周晚期的散氏盘将"又"写作"爪"。《说文》:"付,与也。从寸持物对人。"徐铉曰:"寸,手也。"段玉裁曰:"寸者,手也。"隶变之后侧视之手形再难看出,衡方碑作付、马王堆汉帛书作付。

(9) 鬥。

甲骨文以两个披散着头发的人徒手相搏会意。《说文》:"鬥,两士相对,兵杖在后,象鬥之形。"所谓"兵杖在后"的形体分析是错误的,实为两相对的人,上边部分则是相搏的手,表示持握的"丮",甲骨文作,象一人两手前伸形,其小篆作,手形与之相同。"鬥"楷化后上边象手形的部分平直化,字形遂与"門"颇为相近。"鬥"曾出现增加声符写作"鬭""鬪""鬬""鬨""鬦"的字形,这些繁化的写法中,有不少因形近误将部件"鬥"写成了"門"的。汉字简化时以同音字升斗之"斗"代之,两人相斗的踪迹再也无法寻觅。

(10) 卷。

《说文》:"卷,厀曲也。从卩巻声。"隶变时,部件"巻"中的"釆"省简为,双手省简为,重组渐成"关",马王堆汉帛书作,东海汉木牍作;下边的人形则变为"㔾",与"危"下的人形变化相同。张舜徽《说文解字约注》:"厀曲为卷,犹齿曲为齤,角曲为觠,手曲为拳,牛鼻环为桊,俱从关声,并有曲义。"疑"关"为它们的字源,后增旁分化成这些不同的字。"关"有两手,可表收卷义。《说文》另有"捲",有两义:一同拳,一为收。徐铉曰"卷"俗以为"捲舒之捲",实际使用中,人们常假"卷"为"捲"。段玉裁曰:"古曰篇,汉人亦曰卷。卷者,缣帛可捲也。"古代以竹简、布帛作为书写载体,往往捲起来收藏,因此,人们以卷为书籍的度量单位。汉字简化后,"捲"并入"卷"。

(11) 春。🌱、🌱、🌱伯春盉。🌱。

甲骨文、金文以双手持杵在臼中舂捣会意。杵形在甲骨文中以一直竖表示，后来出现于直竖上增两点的写法；金文直竖上边的点变成了左右延伸的两斜笔，下边的点后来又写作横。小篆承袭了金文的写法，"臼"形略有繁复。《易·系辞下》："断木为杵，掘地为臼。"后来多用石臼，就是凿石而成。《说文》："舂，捣粟也。从廾持杵临臼上。午，杵省也。""午"系"杵"之初文。隶书中"午"与双手笔画变形重组融合成"𡗗"，舂秦简→舂汉帛→春。

(12) 舀。🌱。

《说文》："舀，抒臼也。从爪、臼。"《说文解字注》："抒，挹也。既舂之，乃于臼中挹出之。今人凡酌彼注此皆曰舀，其引申语也。"上边的爪形隶变中写作了"爫"，发生类似形变的还有"孚""采""受"等字。

(13) 孚。🌱、🌱。🌱孟鼎、🌱多友鼎。🌱。

"孚"为"俘"之初文，甲骨文从又从子，或从爪从子从彳，甲骨文中部件"彳"多有或加或不加的情况，如："得"或作🌱，或作🌱；"御"或作🌱，或作🌱；"逆"或作🌱，或作🌱。金文"孚"均从爪从子，小篆同之。《说文》："孚，卵孚也。从爪从子。"释义明显非其本义。《说文》另有："俘，军所获也。从人，孚声。"当是"孚"的常用义发生变化以后，增"人"以表其本义。

(14) 受。🌱、🌱。🌱伯康簋、🌱受父乙觯。🌱。

甲骨文以两手交接某物会意，交接之物可能为盘，手形多简写为"又"，亦有将上边的手写为"爪"者。金文多为上爪下又，也有上下均写作爪者。交接之物小篆中被省简成一条曲线，隶书中逐渐变作"冖"。《说文》："受，相付也。从𠬪，舟省声。"认为两手之间的部分为舟，系声符。从甲骨文、金文字形实际来看，两手之间的部分当实有所象，一般而言，造字当取象于日常常见之物象，交

145

接承盘较交接舟船似更可能些，因舟、盘形似，用象形的办法表示时就难以区分了。"受"本来兼有授予、接受义，施受同字，施受本为一组相对的动作，站在不同的角度当然会有截然相反的理解，类似的如《说文》："逆，迎也。"主人与客人是相对而行的，视角相反，我们现在说"迎风而立"，也说"逆风飞翔"，其实都是面对着风。当然，施、受毕竟是相反的动作，后来增加义符"手"分化出了授予之"授"。《说文》："授，予也。从手从受，受亦声。"《孟子·离娄上》有："男女授受不亲，礼也。""授""受"已有区分。

（15）援。〻、〻爰卣、〻〻尊。〻。

"援"的本字为"爰"。甲骨文、金文以两手相引会援引之意。与"孚""受"一样，处在上方的手形逐渐变作了"爪"。两手牵引的东西到底是什么？因仅以一直线表示，不易判断是何物，后世以"瑗"相牵引，《说文》云："瑗，大孔璧。人君上除陛以相引。从玉爰声。"小篆中牵引之物变作了"于"，有表音作用。《说文》："爰，引也。从受从于。"因"爰"假借为虚词使用，遂增"手"以表其本义。《说文》："援，引也。从手爰声。"与"爰"音义均同，本为一字。隶书作爰郭有道碑，部件"于"中竖被写作了左撇，以为"又"留出书写空间，这种处理类似于"看"上的部件"手"。

（16）将。〻赵簋、〻召鼎、〻楚簋、〻。

"将"之本字为"寽"，金文以手持一饼状物予另一手会拿取之意，饼状物或为古代钱币，即后世之"锊"，《说文》曰："锊，十铢二十五分之十三也。从金寽声。"西周早期时有饼状物与下"又"相接而与"孚"相讹混者，西周中晚期又有将饼状物简写成短横而与"爰"相讹混者。《说文》："寽，五指持也。从受一声。"又有："将，取易也。从手寽声。"释义区别不大，都指用手拿取，从金文实际情况看，"寽""将"非形声字。"寽"的小篆两手之间的饼状物被省减，下边的"又"变作"寸"。

(17) 争。🖐、🖐、🖐。

甲骨文以两手争一物会意，所争之物以曲线表示，殆以别于"爰"也。金文未见独体的"争"，但作构字部件有之，如秦公钟"静"作🖐，表示所争之物的曲线略有变形。小篆上边的手写作"爪"，下边的手写作"又"。《说文》："争，引也。从𠬪厂。"段玉裁注："凡言争者，皆谓引之使归于己。"隶书中表示所争之物的曲线渐成竖钩，下边的手变为"⺕"，辟雍碑作争。现代简化字是草书楷化的结果，上边的手变作"𠂊"，如王羲之作争。

(18) 书。🖐赵鼎、🖐颂簋、🖐裘盘。🖐。

金文从聿者声，"聿"为"笔"之初文，以手持笔会意，"书"的本义为书写。《说文》："書，箸也。从聿，者声。"隶书中象笔头的部分与"者"的上半部分逐渐合并，如睡虎地秦简有書、書，前形仍较为完备，后形则有简省合并，至汉隶则稳定为書衡方碑、書白石君碑。现行简化字为草书楷化而成，皇象作书，索靖作书，王羲之作书。

(19) 画。🖐、🖐、🖐宅簋、🖐录伯簋、🖐吴方彝、🖐师兑簋、🖐。

甲骨文以手持笔画交错的花纹会意。金文将交错的花纹有一定的简省，底下加从"周"，"周"象有雕饰的玉器，字形虽有繁复但与甲骨文所会之意无别。西周中晚期金文有将"周"简省为"田"者，小篆在此基础上，将交错的花纹写成环绕在"田"的四周的直线。《说文》："畫，界也。象田四界。聿，所以畫之。"许慎准确识别了作画的笔，但对其他部分的分析与字源不合。隶书省写了围在"田"左右两边的竖线，马王堆汉帛书作畫。繁体的楷书承之，褚遂良作畫。汉字简化时省简了小篆上边的"聿"，将围绕在"田"左右的竖线与下横连接在一起，也就是原来象征画出来的纹饰部分被基本保留。

(20) 按。🖐。

"按"为形声字。《说文》："按，下也。从手安声。"段玉裁注曰："以手抑之使下也。"今有"按抑"一词，为同义连用凝结而成。"按"的小篆手形十分清晰，隶书中原象手指的曲线拉直，如曹全碑作按。

（21）推。推。

"推"的本义为推进，就是推物体使向前移动。《说文》："推，排也。从手隹声。"前进的"进"本作"進"，也是以隹为声符，在"推""進"中"隹"可能有一定的表义作用，何琳仪先生说，"進"之所以从隹，是因为鸟不能后退。"推"的部件"手"隶变中渐成"扌"，衡方碑作推。部件"隹"象鸟头的部分在楷书中离析重组，褚遂良作推。

（22）排。排。

《说文》："排，挤也。从手非声。""排"的本义为推开、排挤。以"非"为声符的汉字"靡""扉""啡""斐""靠"等字似均有分开、相违的意味，《说文》："靡，披靡也。"披靡意即分散开来；《说文》："扉，户扇也。"门扇可以开启；《说文》："啡，别也。"别有分解义；《说文》："斐，分别文也。"就是几种颜色相交错；《说文》："靠，相违也。从非告声。"可见，这些字里边的"非"可能都有一定的表义作用。《说文》："非，违也。从飞下翄，取其相背。"段玉裁注："翄垂则有相背之象。"

（23）挤。挤。

《说文》："挤，排也。从手齐声。"《说文》："齊，禾麦吐穗上平也。象形。"徐锴曰："生而齐者，莫若禾、麦也。二，地也。两傍在低处也。""挤"有排开而与之平齐之义，以齐为声符的"侪"指的是平辈，疑"挤""侪"的声符可能一定程度上有表义作用。

（24）舁。舁。

《说文》："舁，共举也。从臼，从廾。"王筠《句读》："舁则两人共举一物也，四手相向而不交。著纸平看，即得其意。""舁"

的字形上下分别为一对对称的手，小篆含有"舁"的汉字有"舆""轝""興"等，"舆"以四手抬着车舆会意，"興"以四手抬筒或桶会意，"與"以众手相接会党与意。所不同的是，隶变之后它们的字形下边的两只手写法迥然有别，"舁"写作"廾"，而"舆""轝""興"则成了"六"。

（25）舆。▨。▨。

甲骨文以四手抬车会意。《说文》："舆，车舆也。从车舁声。"段玉裁注："舆为人所居。"《玄应音义》："车无轮曰舆。"颜师古曰："著轮曰车，无轮曰舆。"可见，"舆"本指车厢，肩舆只有人坐的轿子，没有车轮。舆论即众人之论，《广雅·释诂》："舆，多也。"多当是由抬舆的人多引申出来的意思。隶变之后，上边的两只手成了"臼"，下边的两只手则变作"六"。

（26）具。▨、▨骏卣、▨秦公镈、▨函皇父簋、▨驹父盨、▨猷钟、▨。

甲骨文以双手捧鼎会置办、备办之意。《广雅·释诂》："具，备也。"今有"具备"一词。金文里有些字形将部件"鼎"省写成"贝"或"目"。小篆上边写成了"目"。《说文》："具，共置也。从廾，从贝省。"从字源看，当为"从鼎省"。隶变中下边的双手先变成"廾"，又变作"六"，"目"的左右两竖向下延伸与"六"的上横相接。睡虎地秦简作▨，马王堆汉帛书作▨，曹全碑作▨，曹全碑简省了一横。楷书均为三横，如智永作▨、苏孝慈墓志作▨。

（27）弄。▨邾氏壶、▨智君子鑑、▨。

金文从玉从廾，本指双手把玩玉器。《说文》："弄，玩也。从廾持玉。"又《说文》："玩，弄也。从玉，元声。""玩""弄"意义本相近，后来凝结成双音词。汉字里作部件使用的"王"几乎都是"玉"。"弄"下边的双手隶书中渐成"廾"，睡虎地秦简作▨，马王堆汉帛书作▨。

（28）戒。🖼 、🖼戒鬲、🖼戒甬尊。🖼。

"戒"的甲骨文以双手持戈会警戒之意，双手分布在戈的两边。西周早期的戒鬲将双手均写在了戈的左边。小篆亦然。《说文》："戒，警也。从廾持戈，以戒不虞。"隶书中双手渐成"廾"，马王堆汉帛书作🖼。警戒所持之物为兵械，因古代兵械大都要用到木头，故增义符"木"。《公羊传》何休注云："攻守之器曰械。"用言语提醒人是为告诫，初本用"戒"，后增义符"言"分化之。

（29）逮。🖼。

《说文》："逮，及也。从辵隶声。"段注："此与辵部逮音义皆同。逮专行而隶废矣。"《说文》："隶，及也。从又，从尾省。又，持尾者，从后及之也。""隶"从又从尾，本指从后边追上逮住了前边的人，何以是抓尾巴呢？"尾"从尸从毛，尸本就象坐着的人形，也就是说"尾"是以人形之后画毛会意的。人没有尾巴，为什么在人后画毛来表示尾巴呢？《说文》说："古人或饰系尾，西南夷亦然。"段玉裁注曰："郑说'韨'曰：'古者佃渔而食之，衣其皮，先知蔽前，后知蔽后。后王易之以布帛，而独存其蔽前者，不忘本也。'按：蔽后即或饰系尾之说也，西南夷皆然。《后汉书·西南夷列传》曰：'盘瓠之后，好五色衣服，制裁皆有尾形。'"也就是说尾是上古以动物皮为衣在服饰上的遗留。后来以增加了"彳"和"止"的"逮"表"隶"之本义，"彳"和"止"的组合表示脚在路上行走。隶书中"辵"渐成"辶"，睡虎地秦简作🖼。

（30）刍。🖼、🖼、🖼、🖼。

甲骨文以手持草会割草之意，古文字中草木通用，故偶有将草写作木者。《孟子·梁惠王下》："文王之囿方七十里，刍荛者往焉，雉兔者往焉，与民同之。""刍荛者"指割草砍柴的人。《孟子·告子上》有："理义之悦我心，犹刍豢之悦我口。""刍"指的是吃草的牲畜。《说文》："刍，刈艸也。象包束艸之形。"所谓的包束之形是由手形演变而成的。隶变之后，草形仍然得以保留，睡虎地秦简作㞼。现行简化字是草书楷化而成，《草书韵会》有㐅。简化之后，部件"彐"一定程度上保留了手形，但"巾"形全失。

（31）丞。㽞。㽞。

"丞"为"拯"之初文。罗振玉《增订殷虚书契考释》："象人臽阱中，有拊之者。臽者在下，拊者在上，故从㕡，象拊之者之手也。"是也。《说文》："丞，翊也。从廾从卪从山。山高，奉承之义。"误以陷阱为山，误将从上面向下伸出的援手析为从下往上托举的意思。汉字里表示托举的为"承"，其甲骨文为㞼，金文写法与之相同，小篆作㞼，下边又增一手，捧举之义甚为明显。"丞"则是双手在上边救援，所以后来引申有帮助、辅佐之义，丞相即为辅佐君王的主要官员，县丞为县令的主要助手，郡丞为辅佐郡守的职官。"丞"的字形发展到小篆时双手形分布在了人形之下，许慎分析字义时遂与"承"相混。隶书中人形渐失，写法近似于"了"，陷阱平直为一横，双手也发生了讹变，张景碑（159年）作丞。有意思的是，"承"里的人与双手也发生了类似的变化，礼器碑（156年）作承，这主要与人跟双手在字形中所处的位置有关。

（32）射。㞼、㞼、㞼。㞼射女方监、㞼静簋、㞼粤侯鼎。㞼。

甲骨文从弓从矢，以箭在弓上会发射之意。西周金文多加"又"。小篆"又"变作"寸"，这在文字演变过程中十分常见。《说文》："躲，弓弩发于身而中于远也。从矢从身。射，篆文躲从寸。寸，法度也。亦手也。"《说文》以从身从矢的"躲"为正体，从身从寸的"射"为或体，"身"其实是由"弓"形变化而来的，"矢"即箭矢，"寸"为搭弓射箭的手，非所谓法度也。

（33）侵。㞼、㞼、㞼钟伯侵鼎。㞼。

甲骨文从牛从帚从又，春秋金文从人从帚从又。《穀梁传·隐公五年》有："苞人民、殴牛马曰侵。"意思是俘虏人民、掠夺牛

151

马就叫侵,似可与甲骨文、金文字形相应。《左传·庄公二十九年》:"凡师有钟鼓曰伐,无曰侵,轻曰袭。""侵"的本义指侵犯、侵略。小篆字形承袭了金文的写法,《说文》:"侵,渐进也。从人又持帚,若埽之进。又,手也。"释义为"侵"之引申义。宋玉《风赋》:"夫风生于地,起于青苹之末,侵淫溪谷,盛怒于土囊之口。"李善注:"侵淫,渐进也。"隶变中部件"帚"下边的"巾"逐渐被简省,马王堆汉帛书作侵,武威汉简作侵。楷书遂成"侵",欧阳通作侵。

(34) 度。度。

《说文》:"度,法制也。从又,庶省声。"于省吾先生认为"庶"从火石声,石也有表义作用,于省吾先生说:"用石头烧红以烙烤食物,或投燃石于盛水之器以煮之,是原始人类熟食的一种习惯作法。"① "庶"的甲骨文作庶,石、火两个部件十分明显。春秋金文"庶"多从石从火,如庶 伯庶父簋;亦有将"石"中的山崖写成"广"者,如庶 邾公华钟;有将石块写成"廿"者,如庶 中山王響鼎。于是小篆就成了庶,不见"石"形。"度"中的"石"演变轨迹当与之相同。何琳仪先生认为度从又石声。《说文解字》说:"周制,寸、尺、咫、寻、常、仞诸度量,皆以人之体为法。"所以寸、寻等表长度的汉字里都有表示手的部件,度量长短以手取法,故"度"从又。

(35) 辱。辱。

"辱"为"耨"之初文,从辰从寸,"辰"象除草的农具,"寸"象手形,"辱"以手持农具会意。杨树达先生曰:"辱字从辰从寸,寸谓手,盖上古之世,尚无金铁,故手持摩锐之蜃以芸除秽草,所谓耨也。"② 是也。《说文》:"辱,耻也。从寸在辰下。失耕

---

① 于省吾:《释庶》,《考古》1959 年第 10 期。
② 杨树达:《积微居小学述林》,上海古籍出版社,2007。

时，于封畺上戮之也。辰者，農之时也。"《说文》对"辱"的形义分析是有问题的，不过许慎也指出了"辰"跟"農"是有关系的，但"辰"本非农之时，"農"的甲骨文作𦱥，从又从辰从林，表示的是手持辰清除杂草林木以耕作的意思。"辱"的常用义变为耻辱后，遂增义符"耒"来表其本义。《篆文》曰："耨如铲，柄长三尺，刃广二寸，以刺地除草。"《广韵》："同鎒。""鎒"将表功用的义符"耒"换成了表材质的义符"金"，犹"监"与"鉴"、"盤"与"鑿"也。

（36）将。𤖅 中山王𰯼兆域图、𤖆。

金文假"牂"为"将"，"牂"是"牆"的简省，从肉从酉，爿声，本指肉酱。战国文字有"將"，由爿、肉、寸组成，以用手拿肉放到几案上会意，本指拿取、进献之意，如《诗·小雅·楚茨》："或剥或亨，或肆或将。"郑玄笺："有肆其骨体于俎者，奉持而进之者。""将"即捧持进献之意；《洛阳伽蓝记·平等寺》"将笔来"就是拿笔来、取笔来。《说文》："將，帅也。从寸，酱省声。"为其引申义。"将"由手部动作引申出带领、指挥义来，进而转指起带领、指挥作用的人，为相区别，声调变读为第四声，犹将供手把握的柄称为把，把磨碎粮食的工具叫磨一样。"將"中的肉形写法本与"炙""祭"等字形中的一样，但南朝碑刻中已有省写为"夕"者，如爨龙颜碑作𤖆。

（37）封。𡉚。𡉛 召伯簋、𡉜 伊簋、𡉝 中山王𰯼鼎、𡉞。

甲骨文以植树于土中会意。金文增象手形的"又"或象伸手人形的"丮"，表示以手植树；或改部件"土"为"田"，以手植树于土中、田中，会意无别。《说文》："封，爵诸侯之土也。从之从土从寸，守其制度也。"古人往往于疆界处植树以为标志，诸侯亦于邦国疆界处植树，"邦"的金文作𨛜 子邦父簋、𨛞 陈侯午錞，与"封"有相同构件。"封"的小篆字形中象树木之形的部件写作了"㞢"，

"屮"象草木滋长之形,《说文》:"屮,象艸过屮,枝茎益大,有所之。"大体保留了字形理据。隶书为方便书写,部件"屮"渐变作"土",史晨碑作圭寸,王基碑作封。

(38)更。⟨图⟩班簋、⟨图⟩师憼簋、⟨图⟩。

甲骨文从攴丙声,"攴"为手持棍棒一类的击打工具。有学者主张"更"为"鞭"之初文,"鞭"的金文作⟨图⟩九年卫鼎、⟨图⟩儦匜,"攴"上为"免"的省形,与"更"似非一字。"更"的金文上边繁写为两个丙,小篆一丙。《说文》:"更,改也。从攴丙声。"隶书中"丙"形渐失,"又"与之共用中竖,礼器碑作更。现行汉字中"丈""史""吏"等字下边也是"又"变来的。

(39)承。⟨图⟩。⟨图⟩追承卣、⟨图⟩小臣邋簋、⟨图⟩命瓜君壶、⟨图⟩。

甲骨文、金文以双手捧举、承托一人会意。小篆于人形正下方复增一手。《说文》:"承,奉也,受也。从手,从卪,从𠬞。""奉""举"的小篆字形分别为⟨图⟩、⟨图⟩,字形下边也是有三只手,它们都有捧、托的意味。"承"的隶书中人形被简成"マ"①,如礼器碑作承,曹全碑作承,进而点又与"手"之中竖合成一笔,遂成承上尊号碑,左右手则变作"フヽ"。而"奉""举"中间的手成了"ヰ",左右手写作"フヽ"。

(40)奉。⟨图⟩散盘、⟨图⟩。

为"捧"之初文,但很早进献就成为其常用义了,故复增一手以表其本义。《说文》:"奉,承也。从手从廾,丰声。"《说文》无"捧",《广韵》曰:"捧,两手承也。"可见与"奉"本系一字。从小篆看,"奉"的下边本有三只手。隶书中左右手先变作"廾",后与"丰"合为一体而成"奉",中间的手则简作"ヰ",马王堆汉帛书作⟨图⟩、奉,白石君碑作奉。

---

① "令"下之"マ"也系人形,书写上的处理形式相同。

154

(41) 举。■中山王譽壶。■。

中山王譽壶有■，下从犬，当为"舉"之异写。《说文》："舉，对舉也。从手與声。"睡虎地秦简作■，下部的手笔画平直化，左右的成了"六"，中间的变为"干"。衡方碑作■，曹全碑作■，为求书写便捷，左右手又变为"六"。现行简化字是草书楷化的结果，上半部分笔画化为"业"，理据丧失。"興"的上边与之写法本不相同，也草书楷化为"业"。

(42) 抛。■。

《说文》："抛，弃也。从手从尢从力，或从手尥声。""尢"从乙又声，乙有曲意，"抛"从尢殆曲身蓄势以抛掷也。"稽"从禾从尢旨声，金文多见"頿（稽）首"，即俯首下拜也，大概是因稽首时身体会屈曲，故小篆增部件"尢"①。小篆中"抛""稽"的部件"尢"写法一样，隶变之后"稽"中"尢"右上的曲笔演变为点，而"抛"中作"九"，只是笔画变得平直了，为就书写之便，行书草书常将之误写为"九"。

(43) 弃。■。■散盘、■中山王譽鼎。■。

甲骨文从倒子从其从廾，以双手持簸箕抛弃婴儿会意。战国晚期的中山王譽鼎简省了"其"。《说文》："棄，捐也。从廾推華棄之，从㐀，㐀，逆子也。弃，古文棄。棄，籀文棄。"小篆字形还表现了倒子的头发，《说文》古文简省了装婴儿的"華"和小儿的头发，籀文仅省简了小儿的头发。甲骨文、金文、篆文持華之双手十分清晰，隶书渐成分布于華下之撇捺，如州辅碑作棄。米芾作弃，与《说文》古文相近，双手粘连成了"廾"，倒子形成了"厶"。现行汉字里，倒子形如此作者还有"毓"，其甲骨文作■，为母亲生育孩子的写照。

---

① 部件"禾"也有偏头之义，《说文》："禾，木之曲头止不能上也。"

(44) 叟。🖻、🖻、🖻。

"叜"为"搜"之本字,罗振玉云:"从又持炬火在宀下。"朱骏声《说文通训定声》:"叜,即搜之古文,从又持火屋下索物也。会意。"与甲骨文字形正合。"叜"被假借表老者义,遂增"手"以表其本义。《说文》:"叜,老也。从又从灾。🖻,籀文从寸。🖻,叜或从人。""搜,众意也。一曰求也。从手叜声。""傁"指老者故从人,"搜"为动作故从手,但"傁"未流传下来,仍假"叜"为童叟字。隶书中"叜"上的"灾"渐成"🖻",睡虎地秦简作🖻,汉代印章文字🖻、🖻并见。

(45) 支。🖻。

"支"为"枝"之本字。树枝为"枝",人之四肢为"肢",木、肉系为分化字义而增加的义符。《诗·卫风·芄兰》:"芄兰之支,童子佩觽。"指树枝。《易·坤》:"美在其中而畅于四支。"指四肢。《说文》:"支,去竹之枝也。从手持半竹。"字形上边本象竹枝、树枝,隶书笔画平直化,遂失枝桠之形,睡虎地秦简作支,曹全碑作支。

(46) 反。🖻。🖻戍甬鼎、🖻大保簋、🖻。

杨树达《积微居小学述林》以为"反"为"扳"之本字,云:"反字从又从厂者,厂为山石厓岩,谓人以手攀厓也。"从甲骨文、金文字形来看,或得之矣。《说文》:"反,覆也。从又,厂反形。"反覆非其本义。先秦典籍常表返回,战国金文增义符"辵"成"返"。"反"的隶书其首笔尚作横,行书草书有首笔作撇者。

(47) 把。🖻。

"把"为形声字,本义为握持。《说文》:"把,握也。从手巴声。"隶书中象手指的曲笔平直化后成"扌",睡虎地秦简作把,曹全碑作把。

(48) 守。⿰守妇簋、⿰守宫卣、⿰雯人守鬲。⿰。

"守"本从宀从又，西周早期金文于又下增饰笔点，小篆承之，遂成寸。《说文》："守，守官也。从宀，从寸。寺府之事者。从寸，寸，法度也。""寸"非法度，本指手，"守"本指在寺府工作的官吏，秦代郡的长官称"守"，汉代称"太守"。

(49) 寺。⿰沇伯寺簋、⿰郁公牼钟、⿰䩲羌钟、⿰。

"寺"为"持"之本字，从又㞢声，本指握持，郁公牼钟"分器是寺"、石鼓文"秀弓寺射"均用其本义。战国金文"又"下增点，小篆承之，遂成"寸"。《说文》："寺，廷也。有法度者也。从寸㞢声。"顾炎武《日知录》云："自秦以宦官任外廷之职，而官舍通谓之寺。"甲骨文里"尹"为职官名，秦实行郡县制，各郡行政长官称为守，宋代称掌管国家政事的高级官员为执政，不难发现，"尹""守""寺""执"这些字均与手有关。颜师古《汉书注》："汉明帝时，摄摩腾自西域白马驮经来，初止鸿胪寺，遂取寺名，为创立白马寺。后名浮屠所居皆曰寺。"汉以后，"寺"成为寺庙的通称，因常用义与握持相去甚远，遂加"手"以表其本义。《说文》："持，握也。从手寺声。""寺"非仅为声符。

(50) 及。⿰、⿰、⿰保卣、⿰鬲比盨、⿰仲傁父鼎、⿰齐鞄氏钟、⿰。

甲骨文、金文以手抓住前边的人会意，周代金文有增表示道路的"彳"或道路与脚的组合的"辵"的写法，只是义符的累增，表意无别。小篆中构字部件"人"与"又"十分清晰。《说文》："及，逮也。从又从人。……⿰，亦古文及。""⿰"实为增从辵的金文字形之讹变。隶书人形渐失，与"又"融为一体，马王堆汉帛书作⿰，衡方碑作⿰。

(51) 曳。⿰。

"曳"的小篆字形中双手明晰，其本义为拖拉、牵引。《说文》："曳，臾曳也。从申厂声。"隶变之后，两边的手笔画粘连，合成一

157

个整体，与小篆"申（申）"的隶变情形相同，居延汉简作𢑚。

(52) 夺。𡘳夺壶、𡙕。

金文从衣从小隹从又，本义为抢夺，衣中的小隹大概是抢夺的对象。值得注意的是战国金文有从攴兑声的𢻻𢻻羌钟，即《说文》释为"强取"的"敓"。"奪"为会意字，"敓"为形声字，它们是因造字法不同而产生的异体字。小篆从奞从又，部件"奞"上的"大"实由"衣"之上半与"小"重组而成，《说文》另有从大从隹的"奞"，指鸟展翅奋飞，段玉裁曰："张毛羽故从大。"《说文》："奪，手持隹失之也。从又，从奞。"许慎据变形之后的字形重构了理据，将重组变形而成的"奞"理解为鸟张毛羽奋飞状。隶书中部件"又"变作"寸"，遂成"奪"，睡虎地秦简作𡙕。汉字简化时仅取字形轮廓，省去了中间的"隹"。

(53) 攻。𢻼攻敔王夫差剑、𢻽国差𦉚、攻。

金文从攴工声。《说文》："攻，击也。从攴工声。"从攴的字多与敲击有关，如敲、寇等，"敲"表示敲击、敲打，"寇"以持棍棒入室打人会意。"攻"中的"攴"隶变为"攵"，衡方碑作攻，曹全碑作攻。隶变中不少本从"攴"的字变作了从"攵"，如"放""牧""政""教""彻""敏""整""改""效""数""故""敝""敌""救""败""收""畋""枚""敬"，等等。

(54) 牧。𤘤、𤘦、𤘧、𤘨、𤘩羖父丁鼎、𤘪同篇、𤘫佣匜、牧。

甲骨文、金文从攴从牛或羊，以手持木棒一类的工具放牧牛羊会意。甲骨文、金文有增义符彳、止、辵者，会意无别，放牧时人与牲畜都要不断移动以寻找草食，所谓游牧是也。小篆稳定为从牛从攴，《说文》说："牧，养牛人也。从攴从牛。""牧"泛指放牧，非仅限于牛。《周礼·地官·牧人》有："牧人掌牧六牲而阜蕃其物，以共祭祀之牲牷。"牧人牧养的是马、牛、羊、豕、犬、鸡等牲畜。《尔雅》："邑外谓之郊，郊外谓之牧，牧外谓之野，野外谓之林。"牧场为放牧之地，当非仅限于牛。隶书中部件"攴"渐成"攵"，睡虎地秦简作牧，衡方碑作牧，曹全碑作牧。

(55) 教。𢻯、𣪠、𢼿。𢻻散盘、𢽾郘侯簋、𢾅。

甲骨文、金文从爻从子从攴，"爻"为教学内容，"學"里亦有之，可能为算筹一类的器具。《说文》："教，上所施下所效也。从攴从孝。"非从"孝"，"孝"金文作𦒱鈇且丁卣，从老从子，以子扶持长者会孝敬之意。其实小篆中它们的写法有十分明显的差异，"孝"作𦒱，从老省从子，而"教"作𢼿，左半部分明显是爻与子的组合。隶书中爻与子的组合才与"孝"逐渐混同为一："孝"笔画简省重组，礼器碑作孝，郭有道碑作孝；"教"为方便书写，"爻"的笔画也有变形，礼器碑作教，郭有道碑作教。与"攻""牧"一样，部件"攴"隶变中也成了"攵"。

(56) 鼓。𩰋、𩰊、𩰌、𩰍。𩰎鼓䥯、𩰏瘐钟、𩰐师骰簋、𩰑子璋钟、𩰒、𩰓。

从壴从手持鼓槌，"壴"象鼓形，鼓槌形或省写为一斜竖，或作卜。《说文》："鼓，郭也。春分之音，万物郭皮甲而出，故谓之鼓。从壴。支，象其手击之也。""鼓，击鼓也。从攴从壴，壴亦声。"从字形源流上看，"鼓""鼓"一字，后以"鼓"为正体。马王堆汉帛书作鼓，银雀山汉墓《孙子兵法》竹简作鼓。

(57) 执。𢌳、𢌴、𢌵或簋、𢌶毕生匜、𢌷虢季子白盘、𢌸多友鼎、𢌹。

甲骨文从丮从幸，"丮"象双手前伸的跪坐人形，"幸"象桎梏之形，本义为用刑具拘执囚犯。金文或有于人形腿部增写索套者，表意无别。《说文》："执，捕罪人也。从丮从幸，幸亦声。"隶书为就书写之便，变作執尹宙碑、執熹平石经。伸手人形隶变作"丸"的还有"埶"，其小篆本作𡎐。本象刑具的"幸"隶变作"幸"，来源不同但也隶变为"幸"的还有"𡴑"，《说文》："𡴑，吉而免凶也。从屰从夭。夭，死之事，故死謂之不𡴑。""𡴑"先是变形作"𡴑"，遂与"幸"相混。简化字"执"系由草书楷化而成，如皇象作执，

159

怀素作【字】，原来象刑具的部分楷化就成了"扌"，而"执"的常用义刚好与手部动作有关。

(58) 报。【字】令簋、【字】召伯簋、【字】。

金文从𡘹从𠬝，"𡘹"为手械一类的刑具，"𠬝"为"服"之本字，以手在跪坐的人形后表示使之伏罪。《韩非子·五蠹》"报而罪之"即用其本义。小篆人形与象手的"又"的组合更加紧凑，《说文》："报，当罪人也。从𡘹，从𠬝。𠬝，服罪也。"段玉裁注："断狱为报。是则处分其罪以上闻曰奏当，亦曰报也。"隶书作【字】乙瑛碑、【字】礼器碑，刑具"𡘹"隶变为"幸"。简化字"报"系由草书楷化而成，皇象作【字】、索靖作【字】，原来的刑具被写成了"扌"，人形写作"卩"，手形"又"则保留了下来。

与手有关的字很多，同样取象于手，今形却有又、𠂇、寸、𠀎、𠂇、彐之别，有的是造字时为记录手的状态差异而形成的，有的是演变中受整体构形影响而产生的分化。

五 脚部相关

(1) 企。【字】、【字】、【字】癸企爵、【字】。

甲骨文以人止会跂足而望之意。《说文》："企，举踵也。从人止声。【字】，古文企从足。"足止表意相同，"举踵"就是踮起脚后跟。

(2) 各。【字】、【字】、【字】扬簋、【字】沈子它簋、【字】庚嬴卣、【字】僭匜、【字】。

甲骨文、金文多从夂从口，夂为倒止形，口为坎穴之象。甲骨文有不少作【字】者，【字】为古时人之居所，【字】（出）亦从之，"出"甲骨文有作【字】、【字】者，与【字】、【字】之所从同。"各"甲骨文有增彳，金文有增彳、辵或走者，均为表现其动作义也。扬雄《方言》："徦，来也。""徦"即甲骨文、金文中增"彳"的"各"。"各"本义为来

160

到。典籍多假"格"表来到义,如《尚书·益稷》:"戛击鸣球,搏拊琴瑟以咏,祖考来格。"其实"格"本指木长貌。《说文》:"各,异辞也。从口夂。夂者,有行而止之,不相听也。"所释非其本义。睡虎地秦简作🔲,马王堆汉帛书作🔲,乙瑛碑作🔲,曹全碑作🔲,渐成今形。

(3) 出。🔲、🔲、🔲、🔲。🔲颂鼎、🔲敔卣。🔲。

甲骨文从止从凵,或改从凵,或增彳,凵、凵象居处,以止出于居所会意。金文坎穴形多有省变,小篆止形讹作屮形。《说文》:"出,进也。象艸木益滋,上出达也。"据已变形的小篆立说,失之矣。睡虎地秦简作🔲,马王堆汉帛书作🔲,乙瑛碑作🔲,渐成今形。

(4) 步。🔲、🔲。🔲步爵、🔲子且辛尊。🔲。

甲骨文、金文均以一前一后的两只脚会意。小篆字形一象左脚、一象右脚,理据保留得可谓十分精确。《说文》:"步,行也。从止、少相背。"隶书有将下边的反止形讹写作"少"的,如衡方碑作🔲。与小篆相较不难发现,"步"下的"少"是由反止形变来的。

(5) 涉。🔲、🔲、🔲、🔲。🔲格伯簋、🔲散盘。🔲。

甲骨文、金文以两脚分布于水之两侧会意,成语跋山涉水即用其本义。西周晚期的散盘于涉旁复增一水。小篆以水步水的字形为正体。《说文》:"㴇,徒行厉水也。从沝从步。🔲,篆文从水。"隶书与《说文》简体同,从水从步,马王堆汉帛书作🔲,熹平石经作🔲。历代书者均有将步下之反止写作"少"者,如🔲柳公权、🔲赵孟頫,然正体作"少",系反止之省变。

(6) 追。🔲、🔲。🔲矢方彝、🔲追簋、🔲颂簋。🔲。

甲骨文从𠂤从止,金文增彳,"𠂤"在甲骨文、金文里多表军旅,"追"大概是以追赶军队会追逐之意。小篆彳与止组合成"辵",与"𠂤"左右排布。《说文》:"追,逐也。从辵,𠂤声。"隶

161

书作◇景君碑,"辵"渐成"辶"。

(7) 逐。◇、◇、◇、◇、◇逐簋、◇逐鼎、◇。

甲骨文或从豕、或从犬、或从兔、或从鹿,从止,有的增写表示道路的"行"或"彳",表示的是追逐动物,故不限何兽。金文均增彳。小篆字形稳定下来,彳与止组合成"辵",与"豕"左右排布。《说文》:"逐,追也。从辵,从豚省。"从甲骨文、金文看,非从豚省。隶书作◇睡虎地秦简、◇马王堆帛书,"辵"渐成"辶"。

(8) 奔。◇孟鼎、◇效卣、◇或簋、◇。

金文上边为一扬起手臂的人形,表示人在快跑,下边为三个止,表示脚步急促。西周金文已多讹三止为三屮。小篆承其误。《说文》:"奔,走也。从夭,贲省声。与走同意,俱从夭。"非"贲省声",当从三止。"走"从一止,"奔"从三止,仅字形上就反映出"奔"比"走"快。隶书笔形平直化,"夭"写成了"大","芔"写成了"卉",熹平石经作◇。

(9) 御。◇、◇、◇、◇、◇。◇御簋、◇卫簋、◇颂簋、◇鄂侯鼎、◇禹鼎、◇。

甲骨文多从卩从◇,卩为人形,◇为马的缰绳,或有增义符彳者,表义无别。大概是因为"御"的引申义治理成了常用义,金文造从马从夊的"◇"以表其本义。与甲骨文相较,金文"御"多增义符彳与止,西周中晚期,◇渐成"午"。小篆取其最繁复的字形,午与止共用中竖组合成"缶"。《说文》:"御,使马也。从彳,从卸。◇,古文御。从又,从马。"《玉篇》:"驭,与御同。使马也。"认为"御""驭"本一字,当然,它们从金文就已开始分化,逐渐成为各司其职的两个字,以"驭"记本义,以"御"记引申义。"御"的隶书笔画形状略有调整,居延汉简作◇。

(10) 登。◇、◇、◇登鼎、◇復公子簋、◇鄧公簋、◇鄧孟壶、◇。

甲骨文、金文以双手捧凳供双脚登踏会登乘之意。小篆省写扶凳的双手，凳子写成了"豆"，登踏的双脚仍然十分清晰。《说文》："登，上车也。从址、豆，象登车形。𤼹，籀文登从収。"籀文扶凳的双手保留完整。隶书作 登马王堆帛书、登孔宙碑、登曹全碑，登踏的双脚逐渐笔画化为"癶"。凳子的"凳"从登从几，登亦声，晋时称床前踏具为"凳"，为床属，后称无靠背的坐具为"凳"，为几属，它们的形制本无甚区别。五谷丰登的登本作"登"，即《说文》之"豋"，后与"登"混同。《说文解字》："豋，礼器也。从廾持肉在豆上。""豋"以双手捧着装有祭肉的豆会意，"豆"为食器，与"登"中的"豆"本非一物，但是因为外形近似，造字之初用象形的办法表现时就十分接近，后来演变为同一写法。《尔雅·释器》："瓦豆谓之登。""登"之上半与"祭"写法相同，为手持肉形，整体字形表达的是持祭肉于豆上之义。"登"实"豋"之省，只不过"登"为一只手在上边拿肉，而"豋"是两只手捧着装有肉的食器，《毛传》有"瓦登荐大羹"，也就是说"登"为礼器，与"豋"的意义实际是一样的。《六书略》曰："登，豆也。借为升登之登。合登、豋为一，误。"可能的情况是因"登""豋"音同形近，而"登"字形稍简，遂误"豋"为"登"。

（11）乘。𠄞、𠄟、𠄠、𠄡格伯簋、𠄢公臣簋、𠄣匽公匜。𣎆。

甲骨文从大从木，大象人形，以大在木上会登乘之义。金文在象人形的"大"下增双脚形。小篆"大"被省写作"入"。《说文》："𣎆，覆也。从入、桀。桀，黠也。军法曰乘。𠄢，古文乘从几。"《说文》对"乘"的字形分析是错误的，主要是人形被省简得难以识别了，许慎遂以为入，"桀"亦非黠，"桀"本为双脚在木上，双脚形写作"舛"的还有"舞"。"桀"在典籍里是一个比较常见的字，《诗·王风·君子于役》有："鸡栖于桀"，把鸡栖息的木桩叫作桀。《诗·卫风·伯兮》有："伯兮朅兮，邦之桀兮。"睡虎地秦简《日书甲》有："以生子，为邑桀。""邦桀""邑桀"

163

指邦国里优秀杰出的人才，"桀"是俊杰、杰出的意思。之所以用"桀"来表示杰出的意思，大概是在以人登于树上高出一般人会意。后来，可能受历史上著名的暴君夏桀的影响，"桀"的常用义变成了凶暴、不驯顺，如桀骜不驯。因为"桀"承载的义项差异较大，人们就造出"橰"和"傑"来分别表示木桩和杰出的意思。《说文》"桀"之古文从几，"几"与"凳"所从之几同，凳曾为踩踏用具，登乘于木上、登乘于几上表意实际相同。"乘"的隶书作 ![]睡虎地秦简、![]马王堆帛书、![]景北海碑，笔画重新组合，双脚形渐成交织的横竖，已难识别，这样的写法书法中十分常见，如![]王羲之、![]虞世南、![]董其昌。后来的"乘"与之相较，略有区别，双脚形变作了分离的"北"，褚遂良作乘。

（12）降。![]、![]。![]天亡簋、![]墙盘、![]函皇父鼎。![]。

甲骨文、金文从𨸏从夅，"𨸏"象山陵，"夅"为两只向下的脚，"降"以两足从山上下来会意。小篆仅是笔画略有调整，两向下的止象形意味有所丧失，《说文》："降，下也。从𨸏，夅声。"段玉裁注："以地言曰降，故从𨸏。以人言曰夅，故从夂㐄相承。从𨸏，夅声。此亦形声包会意。"隶书作![]睡虎地秦简、![]桐柏庙碑，"𨸏"逐渐被简省作"阝"，两向下的止则成了"夅"，已难辨识。

（13）陟。![]、![]。![]沈子簋、![]癫钟、![]蔡侯盘。![]。

甲骨文、金文从𨸏从㞢或㐀，与"降"相较，区别在于两脚形朝上，意义上与"降"相对，本指上山。小篆两止稳定为"㞢"，一正写，一反写，正为左右两脚。《说文》："陟，登也。从𨸏，从步。"《尔雅·释诂》："陟，陞也。"隶变之后，"𨸏"变作"阝"，"步"下之反止渐成"⺌"。

（14）正。![]、![]。![]卯卣、![]卫簋、![]殷毁盘、![]陈子匜。![]。

甲骨文从口从止，口为目的地，止象脚形，以脚向目的地行进会意。与"征"本为一字，"征"增彳或辵，动作义更明显，遂为征伐义所专，而"正"则常用来表示不偏斜、正直等义。金文常将表目的地的部分填实，进而简写为一横，春秋金文常于顶横上复增一短横，仅为饰笔，并无特别意涵。小篆线条化，上为一横。《说文》："正，是也。从止，一以止。丒，古文正，从二，二，古上字。丒，古文正，从一、足，足者，亦止也。"丒与春秋金文同，上短横是饰笔。隶书作 正睡虎地秦简、正马王堆帛书、正郭有道碑，足趾的象形意味进一步削减。

（15）韦。𩏏、𩏗、𩍿、𩎂。𩏍韦爵、𩎏韦鼎、𩎣黄韦俞父盘。韋。

甲骨文多为城邑上下各一止，亦有三止者，以多脚绕城会包围之义，系"圍"之本字，假借为皮韦之韦，金文复增"口"以记其本义，春秋晚期的庚壶作𩏍。《说文》："圍，守也。从囗，韋声。"从字形渊源上看，"韋"非仅为声符。"韋"的金文有将中间象城邑的部分换作帀者，古书中"帀"多表环绕义，金文里多与"师"通用。小篆字形为城邑上下各一止，"止"不是正对着城邑，而是与城邑平行，可能是在有意表达围绕义。《说文》："韋，相背也。从舛，口声。兽皮之韋可以束，枉戾相韋背，故借以为皮韋。"《正字通》："韋，柔皮。熟曰韋，生曰革。"均释其假借义，这是因为"韦"早已为假借义所专，如《左传》中的"以乘韦先，牛十二犒师"、《史记》中的"韦编三绝"、《汉书》中的"布衣韦带"，均指皮革。"韋"隶书作韋张迁碑，与小篆差别不大，城邑及围城之脚仍隐约可辨。汉字简化时，草书楷化为"韦"，城邑及围城之脚均彻底消失了，如米芾草书"圍"作𩍿，部件"韋"的轮廓与今简体相近。

（16）洗。𤂀。

甲骨文有𤂀、𣲏、𣱵，罗振玉、李孝定、杨树达等以为"洗"之初文，字形以在桶中洗脚会意，"洗"为后起形声字。《说文》："洗，洒足也。从水，先声。"后词义泛化，凡清洗皆谓之洗。此外，还用作名词，指盥洗用的器皿，《仪礼·士冠礼》："设洗直于东荣。"郑玄注："洗，承盥洗者弃水器也。"名动一字在早期汉语中十分常见。隶书作 洗 武威简、洗 曹全碑，氵简作"氵"，荒成了"先"。

（17）前。[字形]、[字形]、[字形]、[字形] 追簋、[字形] 兮仲钟、[字形] 井人妄钟。[字形]。

甲骨文从行从止从舟，舟象履形，《说文》"履"条有："足所依也。从尸从彳从夂，舟象履形。"因履形与舟形相近，故相混同。金文无部件"行"，小篆同之。《说文》："歬，不行而进谓之歬。从止在舟上。"我们认为穿着鞋子前行在日常生活中十分常见，似乎没有必要舍近求远地用站在舟上会前行之意。段玉裁注："后人以齐斷之剪为歬后字。""剪"从刀歬声，为"剪"之本字，借用为"歬"并沿用下来，后复增刀成"剪"以表剪断义。"剪"的隶书作 前 夏承碑、前 衡方碑，上边的"止"逐渐省写为"䒑"，"舟"渐成"月"。

（18）行。[字形]、[字形]、[字形] 行父辛鬲、[字形] 鼠季鼎、[字形] 虢季子白盘、[字形]。

罗振玉《增订殷虚书契考释》："象四达之衢，人之所行也。"是也。甲骨文、金文均象十字路口，表示四通八达的道路。道路之形在小篆里变形严重，《说文》："行，人之步趋也。从彳，从亍。"行走义为其引申义，彳、亍作构字部件时表义相同，因它们本就是"行"之省。隶书作 行 礼器碑、行 衡方碑、行 西狭颂。与甲骨文、金文相较，其实仍有一些道路的痕迹。

（19）往。[字形]、[字形]、[字形] 吴王光鉴、[字形]。

甲骨文从止王声，本义为去往。金文增义符"彳"。小篆止形变作"㞢"。"出"的脚形在发展演变中也有类似的变化。《说文》："往，之也。从彳，㞷声。徨，古文从辵。"这是因为形变之后，"㞢"已难与字义建立起关联了，所以有声符化的趋势。隶书作 往 衡方碑、往 曹全碑，中又简省为横。楷书中逐渐稳定为点。这样一

166

来，造字之初用以提示字义的"止"再难觅踪迹，金文才加上去的义符"彳"成为提示字义的关键部分一直传承了下来。

（20）复。𠬝。𠬝隔比簋。𢕛。

甲骨文从𠬝从夊，"𠬝"象古人居住的土室，"夊"为倒写的足趾形，以进出居室会往复之意。《诗·大雅·绵》有："古公亶父，陶复陶穴，未有家室。""复"与"穴"相对而言，指的就是古代凿地而成的土室。"复"为"復"之初文，古文字里与行走有关的字往往有增彳或辵的繁体。《说文》："夏，行故道也。从夊，畐省声。"又："復，往来也。从彳夏声。"二字释义相近，其实本一字，字形演变之后，形体里的理据信息大为削弱，难以辨识，《说文》遂将原本有表义作用的部件分析成了声符。《玉篇·夊部》："夏，今作復。"段玉裁《说文解字注》："彳部又有复，復行而复废矣。疑彳部之復乃后增也。""復"为"复"之繁化。隶书作復睡虎地秦简，楷书作復欧阳询、復褚遂良，"夏"笔画重组为"复"。

（21）逆。𢓊、𢓊、𢓊、𢓊同簋、𢓊𢦏钟、𢓊鄂君启舟节、𢓊多友鼎。逆。

甲骨文从彳从止从屰，罗振玉《增订殷虚书契考释》："象人自外入，而辵以迎之，或省彳，或省止。"《左传·僖公二十三年》："晋侯逆夫人嬴氏以归。"即用其本义。金文字形大多三个构件完备。小篆彳与止组合成辵，倒人形中间多了一横。《说文》："逆，迎也。从辵，屰声。关东曰逆，关西曰迎。"隶书作逆曹全碑，倒人形再难辨识，"辵"渐成"辶"。

（22）迎。𨒋。

《说文》："迎，逢也。从辵，卬声。""頃，头不正也。从匕从页。""卬，望欲有所庶及也。从匕从卩。"徐灏《说文解字义证》："顷、倾古今字。""仰即卬之分别文。"即"顷"为"倾"之本字，"卬"为"仰"之本字，它们为假借义所专后，复增"彳"以记其本义。"𠨍""𠨐"中的"𠂉"本为人形。比较一下字形，可以发现"迎"中的"卬"表现的是两个人,"迎"表示的是两个人的相逢、相遇,但很早就引申有迎接义,迎接时就相逢在一起了,故有"逢迎"一词,《战国策·燕策三》:"太子跪而逢迎,却行为道,跪而拂席。""逢迎"用的就是迎接义。"迎"的隶书作 迎马王堆帛书、迎银雀山简,两相逢的人形写作"卬","辵"渐成"辶"。

(23)徙。徙、徙、徙、徙鲜、徙尊、徙遽僕盉、徙。

甲骨文、金文从彳从步,表示移动、迁徙。《说文》:"辿,迻也。从辵,止声。徙,辿或从彳。""辿""徙""徙"均由彳与两个止组成,当为一字。马王堆汉帛书作徙,元珍墓志作徙,构字部件逐渐稳定为彳、走。

(24)进。进召卣、进兮甲盘、進。

高鸿缙《字例》曰:"从隹,从止,会意。止即脚,隹脚能进不能退,故以取意。"金文增"彳",小篆彳与止组合成"辵"。《说文》:"進,登也。从辵,閵省声。"隶书作進景君碑、進桐柏庙碑,"辵"渐成"辶"。汉字简化时将"隹"换成了声符"井"。

(25)退。退、退、退天亡簋、退中山王䦧壶、退。

甲骨文从内从止,表示退到里面去了,字形与《说文》"復"从彳从内之重文相似,于省吾先生以为"从内从止,乃迟之初文"。"复即迟字,亦作衲作復。"①甲骨文有退、退,从皀从夊,与退相较,字形上似与后来的金文、小篆更为接近,"皀"为食器,表示的大概是食毕退席。"退"的金文从彳从皀从夊。小篆中部件"皀"讹为"日"。《说文》:"復,却也。一曰行迟也。从彳,从日,从夊。衲,復或从内。退,古文从辵。"隶书作退衡方碑、退曹全碑,与《说文》古文相似,"夊"变作"匕","辵"渐成"辶"。楷书作退张猛龙碑、退柳公权,"皀"又变作"艮"。

---

① 于省吾《释迟》,见《双剑誃殷契骈枝三编》,中华书局,2009。

(26) 入。⼊、入。入孟鼎、入宅簋、入师酉簋、入颂鼎。入。

甲骨文以两条斜线组成的箭头表示进入之意。甲骨文借"入"为"六"，为相区别，甲骨文、金文"六"多作介《甲》3422、介克钟，于"入"下增分散的两曲笔组成一个颇类似于"宀"的形体，为区别于"宀"，所增两笔多不作直竖。"入"的金文多在两斜线相接的顶端增一引长的小短竖。小篆与金文同。《说文》："入，内也。象从上俱下也。""内"字本从入，本指进入某个区域之内，隶变之后"入"讹作了"人"。"入"的隶书作入睡虎地秦简、入马王堆帛书、入马王堆帛书、入居延简，为与"人"相区别，逐渐写作右捺盖住左撇者。

(27) 之。止、止。止盠驹尊、止善夫克鼎、止戈弔鼎、止秦公簋。止。

甲骨文从止从一，表示离开某地前往另一处。《尔雅·释诂》："之，往也。"就是往……去的意思。金文脚形渐失。小篆脚形类似于"中"。《说文》："屮，出也。象艸过中，枝茎益大有所之。一者，地也。"误将脚形析为草木枝茎。隶书作之睡虎地秦简、之孔宙碑、之史晨碑、之肥致碑，由脚形讹成的枝茎形渐难看出，下边表示出发地的横则变成了捺。

(28) 至。至、至。至令鼎、至盂鼎、至召伯簋、至驹父盨。至。

甲骨文从矢从一，以箭矢到达会到达之意。金文箭矢头部有的写成一向上的弧线或横。小篆承袭了弧线的写法。《说文》："至，鸟飞从高下至地也。从一，一犹地也。象形。"因字形变化了，许慎误以为箭矢形为从高处飞落的鸟形。隶书作至睡虎地秦简、至马王堆帛书、至曹全碑、至汉武威医简，箭矢的尾部渐成"厶"，箭头与象地面的横则组合成了"土"。

(29) 後。後、後。後令簋、後小臣单觯、後帅鼎、後㦰儿钟。後。

甲骨文从幺从夂，"幺"象绳索，表示前后相续的意思，"夂"为倒止形，两个部件组合起来就是行走时落在了队伍的后边。汉字里常用丝绳作喻表一些较为抽象的意思，如："胤"里就有"幺"，其本义为子孙相承;"孙"字从子从系,"系"是"幺"的繁写形式,表示孙是子的延续;另外还有如从"糸"的"终"为穷尽义,"级"为次第义,"继续"为延续义,"缀"为联缀义,等等。"後"的金文多增义符彳,或有复增止者,均为突出其行走义。小篆从彳幺夊。《说文》:"後,迟也。从彳幺夊者,後也。𢔏,古文後从辵。"隶书作 後_{曹全碑}、後_{张迁碑},书写笔画上略有调整。汉字简化时,将前後之後归并进了同音字皇后之"后"里,两个意义无关的字遂共用一形。

六 情感心理类

(1) 喜。󰀀、󰀁、󰀂_{甲妖簋}、󰀃_{兮仲钟}、󰀄。

甲骨文、金文由壴、󰀅两个部件构成,"壴"象鼓形,"󰀅"则有争议,罗振玉、杨树达以为口,唐兰、李孝定以为笙簋即亼。但以笙簋盛鼓会意,颇为奇怪,而"壴""亼"与"喜"读音又相去甚远,可能并非是声符。《说文》:"喜,乐也。从壴从口。憙,古文喜从欠。"口欠均可表示发出声音,故喜有古文增从欠作憙,喜大概是以击鼓唱歌会欢乐之意。《说文》又有:"憙,说也。从心从喜,喜亦声。"甲骨文、金文未见,为"喜"之后起字,增义符"心"以表示内心愉悦也。段玉裁注:"憙与嗜义同,与喜乐义异。浅人不能分别,认为一字,喜行而憙废矣。"认为"喜"本为闻乐则喜之专字,"憙"则为喜悦字,两字本非一字。为某一特别的情绪体验单造一字的可能性不大,且字义引申常由具体而泛化,"喜""憙"可能为古今字。"喜"睡虎地秦简作󰀆,马王堆汉帛书作󰀇、󰀈,已有将最上一笔写作横者。

(2) 畏。󰀉、󰀊、󰀋_{盂鼎}、󰀌_{毛公屠鼎}、󰀍_{王孙钟}、󰀎。

甲骨文、金文从鬼持卜_{支之所从},金文或增攴,系"畏"之增繁字，表意一也。罗振玉曰："鬼而持攴，可畏孰甚？"由甲骨文、金文字形来看，或得其实。《说文》："䰡，恶也。从甶，虎省。鬼头而虎爪，可畏也。䰠，古文省。"䰡之下半非虎爪，为人鬼之下半、卜攴之所从。"老"甲骨文作𦒻，金文作𦒿殳季良父壶，小篆作𦒱，老者拄的拐杖跟鬼所持的棍棒外形颇为相似，棍杖至小篆变作了相似的写法。"畏"睡虎地秦简作畏，马王堆汉帛书作畏、畏，孔彪碑作畏，人形与棍棒形变形重组，王羲之作畏，渐成今形。

（3）哀。𠷎沈子它簋、𠷎上曾大子鼎、𢛳哀成弔鼎、𢛳兆域图。𢛳。

金文从口衣声，本义为悲哀。战国晚期的兆域图从心衣声，表意无别，因为古人认为心是管情绪体验的，故有改部件"口"为"心"作者。小篆中衣稳定为右衽形。《说文》："哀，闵也。从口，衣声。"《说文》："闵，弔者在门也。从门，文声。"段玉裁注："闵，引申为凡痛惜之辞，俗作悯。"增加部件"心"与古人认为人的思想感情与心脏有关。"哀"的隶书作哀睡虎地秦简、哀马王堆帛书、哀王基碑，部件"衣"的象形意味逐渐丧失殆尽。

（4）哭。𡘜郭店楚简。𡘜。

《说文》："哭，哀声也。从吅，狱省声。"段玉裁注曰："许书言省声、多有可疑者。……愚以为家人豕部从豕宀、哭入犬部从犬吅，皆会意，而移以言人。"犬会用不同的叫声来传达心理状态，可能是因犬呜呜的悲鸣声与人的哭声相近，故"哭"字从犬从吅。部件犬本象犬形，小篆已有所失，隶变之后，更难见犬形了。

（5）笑。𥬇郭店楚简。笑。

郭店楚简从艸从犬，本指笑声。孙愐《唐韵》引《说文》为："喜也。从竹从犬。"李阳冰刊定《说文》为从竹从夭，云："竹得风，其体夭屈如人之笑。"朱骏声曰："笑古从犬，犬狎人声也。从犬箾省声。"《字林》云："从竹夭声，竹为乐器，君子乐然后笑也。"从字形上讲，目前所见最古之形体从艸从犬，小篆之从竹从

171

夭可能是分别由艹、犬变化而来，若此，则众说皆有未当，字形构意有待进一步研究。朱骏声以"笑"为"犬狎人声"，与我们对"哭"的分析似可互证，犬很早即被人类驯养，不排除造字时有所参考，然而，早期字形何以从"艹"则难作合理推断。

（6）思。⟨五年龏令思戈⟩。

金文从囟从心，"囟"象脑袋，现在仍把婴儿头顶骨未闭合的地方叫囟门，"脑"本写作"𦝢"，"匕"象人形，"巛"象髪，"囟"象𦝢形。"思"字的写法反映了古人认为脑袋和心都是思维的器官。《孟子·告子上》有："心之官则思。"加之汉字里与思考、情绪有关的字均从心，于是后人以为古人认为心脏是主管思考的器官，从"思"的古字形来看，这种看法明显不够全面，其实古人认为是心脑并用的。小篆字形里象脑袋的"囟"仍然十分清晰。《说文》："思，容也。从心，囟声。"段玉裁注："思，睿也。从心，从囟。"徐灏笺："人之精髓在脑，脑主记识，故思从囟。"是也。隶书作⟨睡虎地秦简⟩、⟨马王堆帛书⟩、⟨马王堆帛书⟩、⟨礼器碑⟩、⟨鲜于璜碑⟩、⟨孔彪碑⟩，脑袋和心的象形意味逐渐消失，"囟"被写作了"田"，心形则成了笔画组合"心"。

（7）忘。⟨蔡侯钟⟩、⟨䭆羌钟⟩、⟨十年陈侯午錞⟩、⟨中山王䜩鼎⟩。

金文从亾从心，本义为忘记。小篆写法与金文大体相同。《说文》："忘，不识也。从心，从亾，亾亦声。"《说文》又有："亾，逃也。从人从匸。"段玉裁注曰："谓入于迟曲隐蔽之处也。"然"亡"之甲骨文作⟨⟩、⟨⟩，未见入匸之形，疑逃亡为假借义，字形构意有待进一步研究，金文小篆形变作从入从匸。"忘"的隶书作⟨睡虎地秦简⟩、⟨马王堆帛书⟩、⟨曹全碑⟩，"亾"渐成"亡"，本象心脏形的部件成了笔画组合。

（8）㤅。⟨盗壶⟩、⟨中山王䜩壶⟩。

"㤅"为"爱"之本字，金文从心旡声，本指仁爱。《说文》：

"悉，惠也。从心，旡声。"又"爱，行皃。从夊，悉声。"两字意义本无关系，但形体相近，小篆🔲较🔲仅多部件"夊"，"夊"为"止"的倒写，多用来表示人步履迟缓。段玉裁《说文解字注》曰："今字假爱为悉，而悉废矣。"类似的情况还发生在"憂"字上，表忧愁的意思的字本来是"惪"，"憂"的小篆较"惪"的也是仅多一"夊"。《说文解字》："惪，愁也。从心从頁。"又"憂，和之行也。从夊，惪声。"徐灏《注笺》："许云'和之行'者，以字从夊也。凡言優游者，此字之本义。今专用为忧愁字。"假"爱"为"悉"，假"憂"为"惪"，可能主要与古代常于在人形下加止的书写风气有关，"悉"的部件"旡""惪"的部件"頁"里均有人形，而"夊"象倒止形。以"爱"为"悉"、"憂"为"惪"的时代都很早，睡虎地秦简用"憂"表忧愁义，马王堆汉帛书多用"爱"表喜爱义。《玉篇》有："悉，今作爱。""爱"的隶书作🔲睡虎地秦简、🔲马王堆帛书，楷书作爱钟繇，为就书写之便，字形最上边的"旡"逐渐变形为"⺈"。行书、草书作🔲王羲之、🔲苏轼、🔲赵孟頫，不难发现，简化字形是草书楷化的结果，"心"被简成一横与"夊"左上的撇组合成了"ナ"，就成了"爱"。

七 工具使用类

（1）引。🔲毛公厝鼎、🔲秦公篮。🔲。

金文于弓上加一小画表拉弓、张弓。小篆小画被写作竖线。《说文》："引，开弓也。从弓丨。"弓形隶变楷化为"弓"，居延汉简作🔲，欧阳询作🔲，"引"中的部件"弓"变化相同。

（2）析。🔲。🔲格伯簋。🔲。

甲骨文、金文从木从斤，"斤"为曲柄斧，以斤斫木会分剖之意。《说文》："析，破木也。"《诗·齐风·南山》："析薪如之何？

匪斧不克。"即用其本义。睡虎地秦简作🗡，马王堆汉帛书作🗡，西狭颂作𣂤。

（3）折。🗡、🗡、🗡孟鼎、🗡师袁簋、🗡翏生盨、🗡中山王嚳鼎、🗡。

甲骨文从断木从斤，或将断木改为二屮，以斧斤砍断草木会折断之意。金文多从二屮从斤。小篆同之。《说文》："𣂪，断也。从斤断艸。𣂺，籀文折，从艸在仌中，仌寒，故折。𢫳，篆文𣂪，从手。"段注："从手从斤，隶字也。《九经字样》云：'《说文》作𣂪，隶省作折。'《类篇》《集韵》皆云隶从手。则'折'非篆文明矣。""折"从"手"为书写上的讹变，将"屮"误连作"屮"。隶书作𣂪睡虎地秦简、𣂪马王堆帛书、𣂪马王堆帛书、𣂪衡方碑、𣂪曹全碑，讹"屮"为"扌"。

（4）伐。🗡、🗡、🗡大保簋、🗡默钟、🗡南疆鉦、🗡。

甲骨文从人从戈，部件组合左右无别。金文部件位置基本固定。甲骨文、金文里戈上之刀多穿过人形，其本义应为击杀。"伐"的小篆人形与戈形分离、平列，《说文》："伐，击也。从人持戈。"从甲骨文、金文看，人或非持戈者，而是被击伐者。睡虎地秦简作🗡，马王堆汉帛书作🗡，衡方碑作🗡，张表碑作🗡，曹全碑作🗡，基本同于今形。"戍"的甲骨文作🗡，金文作🗡戍甬鼎，小篆作🗡，隶书作🗡衡方碑，也是由人和戈两个部件组成，但人均在戈下，以人扛着戈表示戍守之义。两个字构字部件相同，以不同的组合关系相区别。

（5）战。🗡蛮壶、🗡禽忎鼎、🗡。

金文从單从戈，單亦声。"單"本象一种原始的武器，在丫形的树枝上绑上石头，用于狩猎或战争，"獸"字从之。"戈"为古代常用兵器，今犹有"化干戈为玉帛"的说法，以"干戈"作为战争的代称，"干"为盾，为防御器具，"戈"类似于矛，为进攻武器。"戰"的金文以單戈会战斗之意，或将部件"單"繁化为"兽"，表意无别。小篆由單、戈两个部件组成。《说文》："戰，鬥

174

也。从戈，單声。"隶书作 戰睡虎地秦简、戰曹全碑，形体变化不大。"战"是改部件"單"为声符"占"而成，明末《兵科抄出》中已见。

（6）禽。丫、多友鼎、不嬰簋、禽。

甲骨文象狩猎之華，"華"就是《说文》里加了"田"的"畢"，《说文》："畢，田网也。""畢"本指古代用来捕捉动物的长柄小网。《诗·小雅·鸳鸯》有："鸳鸯于飞，畢之羅之。""羅"从网从隹，本指捕鸟用的网，"畢之羅之"就是用毕和罗捕捉鸳鸯。"禽"的金文增声符"今"，或增又，以表手持華也。《说文》："禽，走兽总名。从厹，象形，今声。禽、离、兕头相似。"小篆除上边的声符"今"外，其他部件严重变形，网形写成了类似于"凶"的形体，華柄及持柄之"又"已失原形，重组为"厹"，以致许慎误析其义符，误以为网形象兽的头部，手及柄象兽的足迹。汉语里名动同形的现象十分常见，如"画画"，画的动作是"画"，画出的作品也叫"画"，最初，捕捉动物的行为叫"禽"，擒获的动物也叫"禽"。"禽"在卜辞里用为动词，经典亦多有用作动词者。《甲骨文合集》有："之日狩，允禽。"用的即捕获义。《易·象下传》："井泥不食，旧井无禽。"《周易集解》引崔憬："禽，古擒字。禽犹获也。"王夫之、王引之亦谓古禽、擒同字。为分化动物义与擒获义，人们给"禽"增加义符"扌"就有了"擒"，《说文》无"擒"，"擒"的出现较晚。"禽"作名词用时，最初泛指所有的动物。如《孟子·滕文公下》有："终日而不获一禽。"是说一整天一只动物也没有猎获到。汉代的《白虎通》说："禽者何？鸟兽之总名。"汉代王充的《论衡·遭虎》里有："虎亦诸禽之雄也。"说老虎是禽里的王。《尔雅·释鸟》有："二足而羽谓之禽，四足而毛谓之兽。"反映了汉代禽、兽已开始有区分。"禽"由鸟兽的总称变为鸟类的总称，这是词汇发展中的词义缩小。马王堆汉帛书作🀀，欧阳询作🀀。声符"今"在隶书里仍然十分清晰，但到了楷书就只剩下上边的"亼"，其余部分与本像猎具及手的部件重新组合成了"离"。书写方便了，结构美观了，但构形理据基本湮没。

（7）织。🀀鄂君启舟节、🀀免簋、🀀。

金文从糸弋声，或借"哉"为之，本指纺织。小篆将声符改作"戠"。《说文》："織，作布帛之总名也。从糸戠声。"隶书作🀀衡方碑、🀀曹全碑，象丝线端头的部分断离，楷书中就成了"糸"，如褚遂良作織。汉字简化时，声符被换作"只"，同样被换的还有"識""熾""幟""職""織"等字。

（8）分。🀀雔父甲觯、🀀郑公䍩钟、🀀四分鼎、🀀。

甲骨文从八从刀，八表示分开、分离的意思，半、谷、只等从八的字都有分开的意思，"半"是把牛剖解开，"谷"是两山分开的地方，"只"是气流从口里舒散出来，"分"字从八从刀表达的就是用刀把东西剖分开来。金文、小篆字形变化不大。《说文》："分，别也。从八从刀，刀以分别物也。""别"从冎从刀，以刀分解骨肉会分解之意，故《说文》以别训分，两字义近，今有"分别"一词。隶书作🀀睡虎地秦简、🀀马王堆帛书、🀀曹全碑，刀形的象形意味有所消减。

（9）切。🀀。

丁山《数名古谊》："七之见于卜辞、金文者……本象当中切断形，自借为七数专名，不得不加刀于七，以为切断专字。"即"七"可能为"切"之初文，因假借作数目字，遂增刀以表其本义。"七"的甲骨文作十、十，金文作十孟鼎、十伊簋，多是横长竖短，或近于等长，在竖上以一长横表分切之义，小篆为与"十"相别，在其直竖的下半弯曲了一段。《说文》："切，刌也。从刀，七声。""一切"表全部所有的意思是词义引申的结果，颜师古曰："一切者，权时之事，如以刀切物，苟取整齐，不顾长短纵横，故

176

言一切。"汉代即用"一切"表示一律、所有，《史记·李斯传》有："诸侯人来事秦者，大抵为其主游间于秦耳，请一切逐客。"文字演变中，为字形协调，部件"七"被处理成了"亠"，如王羲之作切。

（10）剖。

"剖"是个形声字，本义为剖分。《说文》："剖，判也。从刀，音声。""判"从半从刀，半亦声，本指剖开。"剖"的隶书作 剖衡方碑、剖校官碑、剖曹全碑，右边的"刀"渐成"刂"。

（11）载。载鄂君启车节、𧹞。

金文从车𢦏声，本义是乘载。小篆字形变化不大。《说文》："载，乘也。从车，𢦏声。"段玉裁《说文解字注》："乘者，覆也。上覆之则下载之。其义相承，引申之谓所载之物曰载。"部件"𢦏"从戈才声，本指兵灾，这里用作声符。隶书作载礼器碑、载曹全碑，部件"𢦏"渐变作"𢦏"，右上角的"才"简省为"十"。汉字简化时，"車"草书楷化作"车"，"載"遂类推简化为"载"。

第九节　情状类汉字溯源

（1）大。大、大颂鼎、大申鼎、大归父盘。大。

甲骨文作大，金文作大颂鼎，以四肢伸展的人形表示大，金文有将双臂写为一横作大师同鼎、大归父盘者。《说文》："大，天大，地大，人亦大，故大象人形。"睡虎地秦简作大、大，两臂下倾。马王堆汉帛书作大、大、大，已见双臂平直者。景君碑作大，华山神庙碑作大，与今形同。

（2）小。小、小、小、小宅簋、小小臣鼎、小散盘。小。

《说文》："小，物之微也。从八丨，见而分之。"小篆已非本形，非从八丨。甲骨文、金文本以三小点表示微小，细小的点取象于琐碎之物，为便于书写处理为长点，金文为美观多有呈 ⚃ 排布者。睡虎地秦简作 ⚃，马王堆汉帛书作 ⚃，楼兰简作 ⚃，中竖渐成竖勾。

（3）多。㐷、㐷、㐷宴簋、㐷虢弔钟、㐷命簋。多。

《说文》："多，重也。从重夕。夕者，相绎也，故为多。"王国维曰："多从二肉，会意。"是也。将"多"的甲骨文写法与"肉""夕"相较，"多"中的"夕"更近于"肉"。"肉"甲骨文作 D、D，从肉的"祭"甲骨文作 D、D，"膏"甲骨文作 D，"胤"金文作 D 逑簋，而"夕"甲骨文作 D、D，金文作 D 应公鼎、D 犀鼎，从夕的"夜"金文作 D 伯中父簋、D 师酉簋，写法虽似，但存在细微差异。睡虎地秦简作 多，马王堆汉帛书作 多。

（4）少。⁙、⁙、⁙鄱侯簋、少 封孙宅盘、少 哀成弔鼎。少。

《说文》："少，不多也。从小丿声。"段玉裁注："不多则小，故古少小互训通用。""少""小"意义上密切相关，以甲骨文相较，"小""少"之别在于一个三小点，一个四小点，于省吾先生指出："少字的造字本义，系于⺌字下部附加一个小点，作为指事字的标志，以别于小。"① 金文"少"最下之点多有引长成斜笔，这样一来，与"小"的字形差异就更为明显了。"少"的小篆将底下的左撇写作了曲笔。睡虎地秦简作 少，马王堆汉帛书作 少，已与今形同。

（5）高。高、高、高、高秦公簋、高驹父盨。高。

《说文》："高，崇也。象台观高之形。从冂口。与仓、舍同意。"甲骨文多有不从口作者，疑 高 表意已足，"冂"象高地，"丙（商）"象高平之地的 丙 与之相似，"𠆢"象亭楼。"京"甲骨文作 高、高，"亭"出现较晚，古陶文作 高，可以看到与"高"相同的构

---

① 于省吾：《释古文字中附划因声指事字的一例》，见《甲骨文字释林》，商务印书馆，2010。

件。三字取象均与亭楼有关，以"口""丨""丁"相别，"口"为饰符，"丨"象木柱，"丁"为声符。

（6）低。𝼀古陶文。

甲金文未见，许书无"低"。徐铉曰："低，下也。从人氐，氐亦声。"《说文》："氐，至也。从氐下箸一。一，地也。"金文作𠂤虢金氏孙盘，在氐下加一横。段玉裁曰："许书无'低'字，'底，一曰下也。'而'昏'解云：'从日，氐省。氐者，下也。'是许说氐为高低字也。"《汉书·食货志下》："封君皆氐首仰给焉。"颜师古注："氐首，犹俯首也。"《广雅·释言》："氐，柢也。"《说文》："柢，木根也。"《诗·小雅·节南山》："尹氏大师，维周之氐。"用"氐"为"柢"。"低""柢"均系"氐"之孳乳，通过增加不同的义符以分化之，分担了"氐"的不同引申义。

（7）安。𡧁、𡧂、𡧃、𡧄睘尊、𡧅安父簋、𡧆。

甲骨文从女在宀下，加点的用为地名、人名[1]，金文有于"女"下增一横画者，林义光以为"从女在宀下，有藉之"[2]。戴君仁以为："盖象席形"[3]，李孝定认为是无特别含义的饰笔[4]。甲骨文本无斜横，金文字形中也并非必不可少，如睘尊作𡧅，戜方鼎作𡧆，坪安君鼎作𡧇，李说或得之。当然，考虑到古代席地而坐时，确实会垫上坐垫，所以，也不能完全排除这一时期人们根据日常所见情形对字形有所调整，以更准确地表义。小篆字形没有女下的斜线。《说文》："安，静也。从女在宀下。"静可能正是"安"的本义，中国传统观念里的女性就是娴静的，"女"字形取象于一个女子两手相交于膝上安坐着的形象，"安"则以女子安坐于房屋内会

---

[1] 张秉权：《殷虚文字丙编考释》，中研院史语所，1972。
[2] 林义光：《文源》，卷六，中西书局，2012。
[3] 戴君仁：《跋秦权量铭》，《中国文字》第十四册，"国立"台湾大学文学院古文字学研究室编印，1961。
[4] 李孝定：《〈金文诂林〉读后记》，卷七，中研院史语所，1982。

179

意。戴君仁主张可以将"安"理解为以人安坐于室内会意:"⚙形不必定为女字,当是象人屈膝而坐之形。"

(8) 危。⚙。危。

甲骨文作⚙,取象于敧器,以器之倾斜不平会危险之意。《说文》:"危,在高而惧也。从厃,自卪止之。"小篆与甲骨文相去甚远,为新造字形,以人在厂上会危惧意。郭店楚简"危"作⚙_{郭.六.17},以人在山上会意,与人在厂上传达的意思相同。"厃"是"危"的初文,《说文》:"厃,仰也。从人在厂上。""危"在山厃下加个跪坐的人,大概是想增加山厃高而令人仰视的意味。有学者主张"危"是"跪"的本字,但目前能反映古代以"危"为"跪"的文献资料还不够充分。

(9) 美。⚙、⚙、⚙_{美爵}、⚙_{中山王響壶}⚙。

甲骨文、金文从羊从大,《说文》:"美,甘也。从羊从大。"段玉裁注:"羊大则肥美。"然以甲骨文、金文中"羊"均有繁化写法且均作于"大"之上来看,字形可能取象于人戴羊角,于省吾先生曰:"从卜辞美字的演化规律来看,早期美字象'大'上戴四个羊角形,'大'象人之正立形。美字本系独体象形字,早期美字的上部没有一个从羊者,后来美字上部由四角形讹变为从羊。"[1] 从字形的历时演变指出了造字本原。戴羊角以为美饰,犹戴冠羽以为美者,于省吾先生所说的"四个羊角形"也有可能本就象长长的毛羽,今少数民族遇重大节日尚有于帽子上加牛角、羊角、鹿角、翎羽等为饰的风习。《说文》另有:"媄,色好也。从女美声。"专指女性美丽,后两字归并为一。"美"的本义指的是视觉上感知到的美,《说文》所说的甘美指的是味觉上感知的美,由视觉引申到了味觉。

---

[1] 于省吾:《释羌、苟、敬、美》,《吉林大学社会科学学报》1963年第1期。

（10）醜。🔲。醜。

甲骨文由酉、鬼两个部件构成，《说文》："醜，可恶也。从鬼酉声。"段玉裁注："从鬼，非真鬼也，以可恶故从鬼。""鬼"用一个人头戴着面具以代表想象中的鬼的形象，古代祭祀仪式上人们常戴着夸张的面具唱歌跳舞，面具是神灵的象征和载体，这些面具大多狰狞凶猛，以威慑疫鬼。这种戴面具举行祭祀仪式的活动，已经在我国很多地方发展成傩戏。部件"酉"可能也有提示字义的作用，"酉"本象酒尊之形，甲骨文"醜"的部件"酉"里的酒液表现得比"酉"一般的写法要突出一些，可能是有意为之。"醜"的小篆作醜，变化较大的地方在于部件"鬼"多了个"厶"，《说文》云："鬼阴气贼害，故从厶。"朱骏声、徐灏等则主张"厶"是为提示"鬼"的读音而增加的声符。"厶"其实是由战国秦系文字里的🔲变来的，"鬼"睡虎地秦简作🔲，所加之🔲的来源有两个可能：一是甲骨文里"鬼"多作🔲，下边的人形多呈跪坐的姿态，秦简可能是在简扼地表现跪姿；二是可能为区别符号，以区别于常人，《说文》云："人所归为鬼。"《尔雅·释训》说："鬼之为言归也。"古人认为人类死亡是回到另一个世界里去了。"醜"与"丑"本为两字，《说文》："丑，纽也。十二月，万物动，用事。象手之形。""丑"是"扭"的初文，假借作地支字。"醜""丑"意义上本来毫无关联。汉字简化时以同音替代的方式，以"丑"代替了"醜"。

（11）甘。🔲。🔲。

甲骨文作🔲，于口中加一点或短横，以指示口中感知到的甘甜。《说文》："🔲，美也。从口含一。"徐铉《系传》曰："物之甘美者也。"味道无形可象，故以点或短横指示之。马王堆汉帛书作🔲，口形仍十分清晰。景君碑（143年）作🔲，已失口形。

（12）苦。🔲。

《说文》："🔲，大苦，苓也。从艸古声。"本为一种植物，因其味极苦，遂以为五味之一。

（13）遠。㴑墙盘、㴑默簋、㴑番生簋、遠。

金文从辵或彳，袁声。《说文》："遠，辽也。从辵袁声。""远"是汉字简化时改声符"袁"为"元"而成，同样情况的还有"園"简作了"园"。

（14）近。㪧。

《说文》："㪧，附也。从辵斤声。"义符"辵"表示字本与路途、行走有关。"远""近"本指距离的长短，很早即由空间引申指时间，如《国语·楚语下》："远不过三月，近不过浃日。"韦昭注："浃日，十日也。"说的是时间的远近。

（15）好。㛰、㛰、㛰仲自父簋、㛰齐鞄氏钟、㛰妇好鼎、㛰。

从女从子，甲骨文在书写时构件"女"和"子"的位置左右不定，但"女"均是朝向"子"的，当是有意为之，还有将"女"写作"母"者，"好"的本义可能与母亲抚育、爱护小孩有关。卜辞均用于妇之后，即武丁之妃妇好，为专有名词，考虑到早期汉语的语序，"好"可能为姓。金文有用于表示美好义。战国竹简用喜好、友好义。当部件"女"在左边的时候，为书写方便，金文里有将"女"背向"子"写的。小篆承袭了这样的写法。《说文》："㛰，美也。从女子。"又"㜅，色好也。从女从美，美亦声。"即"媄"指容貌美丽。"好"可能侧重于内在的美，先秦典籍多有带主观评判色彩的用例，如《诗·周南·关雎》："窈窕淑女，君子好逑。"《楚辞·九章·惜诵》："晋申生之孝子兮，父信谗而不好。"

（16）壞。壞。

《说文》："壞，败也。从土裹声。"《史记·秦始皇本纪》："坠壞城郭，决通川防，夷去险阻。"唐张守节《史记正义》云："圻也，自颓曰坏。"刘歆《移让太常博士书》："鲁恭王壞孔子宅，欲

182

以为宫，而得古文于壊壁之中。"前"壊"即用其本义。简化为"坏"，《说文》："坏，丘再成者也。一曰瓦未烧。从土不声。"段玉裁注："坏者，凡土器未烧之总名也。""坏"为"坯"之本字。"懷""還""環"等字音相近，简化时声符均被改作了"不"。

（17）宓。❍、❍、❍墙盘、❍毛公屠鼎、❍。

"宓""寧"本为一字，甲骨文多不分，均用安义。《说文》："宓，安也。从宀，心在皿上。""寧，愿词也。从丂宓声。"小篆分为二形，以"寧"为愿词专字，后世仍合为一字，段玉裁注："今则寧行而宓废矣。"汉字简化时省去中间的部件"心""皿"而成"宁"。

（18）竫。❍。

《说文》："竫，亭安也。从立争声。"段玉裁注："凡安静字宜作竫，静其假借字也。"《说文》："静，审也。从青争声。"段玉裁注："采色详审得其宜谓之静。《考工记》言画缋之事是也，分布五色，疏密有章，则虽绚烂之极，而无溅溢不鲜，是曰静。人心审度得宜，一言一事必求理义之必然，则虽繁劳之极而无纷乱，亦曰静。""静"本指彩色详审得宜，因音同借为"竫"，典籍多有用例，如《诗·郑风·女曰鸡鸣》："琴瑟在御，莫不静好。"因其本义使用不多，后以"静"为"竫"字。

（19）肥。❍。

《说文》："❍，多肉也。从肉从卩。""卩"为人形，如"邑"作❍，"色"作❍。本指人肥，引申指其他动物肥、地肥。《说文》："胖，半体肉也。一曰广肉。从半从肉，半亦声。""胖"本指牲之半体，后引申为肥的近义词。

（20）瘦。❍。

《说文》："瘦，臞也。从疒叟声。"又"臞，少肉也。从肉瞿声。"均为形声字。"疒"甲骨文作❍、❍，从人从爿，爿象床，以

183

人卧病在床会意。小篆人形与床形部分笔画融合，遂成"疒"。隶书中上边加点，就成了 疒 孔宙碑"病"字部件、疒 曹全碑"病"字部件。"瘦"字从疒，反映上古时人们早期将瘦视作体弱、不健康的表现。

　　情状类汉字主要有两类：一为指事字、会意字，因其表达的情状义往往比较抽象，难以采用象形的办法形象地表现，故尽量以人们熟悉的事物为基础通过指事符号，或会合相关表义部件的方式引发人的联想，以达到表义目的；二为形声字，这类字数量相对要多一些，多较晚起。

第二章
汉字形变的主要类型

第一节 构字中的形变①

在创制与已有汉字意义密切相关的文字时，人们往往会参考已有字形，因而不少字就是在已有字形的基础上进行适当变形而成的。关于这类由变形而成字的现象，目前学界的关注还不够。虽然有学者在进行汉字形体结构演变研究时偶有涉及，但均未将之作为专题展开讨论。林义光《文源·六书通义》②提出"形变指事"说："取反文或半体为形者谓之形变指事。"指出一些字是由原字改变字形方向或增减笔画而成的，"六书"理论不能涵盖这些字，但没有对这些字进行系统的梳理与讨论，且其有限的例字中所举的增减笔画者之表意与原字无关，不属于严格意义上的形变构字。裘锡圭《文字学概要》③、詹鄞鑫《汉字说略》④将此类字称为"变体

---

① 本节主要内容曾以《汉字形变构字现象研究》为题发表于《语文研究》2017年第1期。此略有修改。
② 林义光：《文源》，中西书局，2012。
③ 裘锡圭：《文字学概要》，商务印书馆，1988，第139~141页。
④ 詹鄞鑫：《汉字说略》，辽宁教育出版社，1991，第215~216页。

字"。王宁《汉字构形学导论》[①]、刘钊《古文字构形学》[②]、张素凤《古汉字结构变化研究》[③] 等对相关现象也有涉及，但均是以形体演变的具体情况为观察重点，没有就出于构字目的的形变展开较多的分析。其他学者则多将这类形变笼统地视作汉字发展演变中出现的现象而不是汉字的构字手段。我们试以《说文》所谓"倒""反"的字条为研究对象，结合甲骨文、金文等古字形，剔除《说文》误以为"倒""反"者，对形变构字的现象进行初步研究，至于《说文》未有明言其为"倒""反"的情况则留待将来作进一步的讨论。

一　形变构字的主要手段

（一）倒书

1. 大与屰

"大"甲骨文作🏃，象四肢伸展的人形。"屰"甲骨文作✢、✢，金文作✢ 目父癸爵，从字形来看，为倒"大"无疑，倒书之者，以表倒逆之义也。《说文》："✢（屰），不顺也。从干下屮，屰之也。"据已变形之小篆为说，析形有误，但释义为我们保留了追溯字之本形的线索。屰充当构字部件的，如"逆"作✢、✢，《说文》："迎也。从辵屰声。"以为"屰"是声符，罗振玉曰："从辵从✢者，象人自外入而辵以迎之，或省彳或省止。"[④] 罗说得之，文字中部件"彳""止"组合表达的均为行走义，从辵的"逆"当然也不例外。《左传·僖公二十四年》："晋侯逆夫人嬴氏以归。"《国语·周语

[①] 王宁：《汉字构形学导论》，商务印书馆，2015。
[②] 刘钊：《古文字构形学》，福建人民出版社，2006。
[③] 张素凤：《古汉字结构变化研究》，中华书局，2008。
[④] 罗振玉：《殷虚书契考释三种》，中华书局，2006，第516页。

上》:"上卿逆于境。"等"逆"均用迎接义。《集韵》《类篇》等均以"屰"为"逆"之本字,典籍"逆"亦多用倒逆义,如《尚书·太甲》:"有言逆于汝心,必求诸道。"《水经注·江水》:"当崩之日,水逆流百余里,涌起数十丈。"可见"逆"很早即兼二字之职,故典籍少见"屰"。

2. 子与𠫓

《说文》:"𢀖,十一月,阳气动,万物滋,人以为偁。象形。"以为"子"象物滋生之形,不确。甲骨文"子"作🜚、🜛,象幼子形。《说文》:"𠫓,不顺忽出也。从到子。"以为"𠫓"象倒子形,甚是。甲骨文未见独体的"𠫓",但作构字部件的有之,如"育"作🜚、🜛,以女或母下有倒子会生育意,婴儿顺产出生正为倒形。"弃"甲骨文作🜚,"子"正书,而金文作🜚散盘、🜛中山王礐鼎,"子"均倒书,《说文》:"🜚(棄),捐也。从廾推華弃之,从𠫓,𠫓,逆子也。🜚,古文弃。🜛,籀文棄。"可见,金文以来,"棄"均从倒子,之所以如此作者,殆以别于正常的子也。

3. 止与夂、夊

"止"甲骨文作🜚,象人足,为"趾"之本字。《说文》"夂"部的"各""夏""麦"甲骨文分别作🜚、🜛、🜚,从"夂"的"降"甲骨文作🜚,与"夂""夊"相对应的部件均为倒止形。构字中"夂""夊"与"止"一样示行动之义,之所以书写方向相倒,是为准确表意。🜚脚趾须朝向坎穴,以表到达义,若相背离作🜛,则为"出"了。"夏"下之"夊"会往来义,"麦"受瑞麦是上天赐予的认识的影响,故从"夂"以示自天而降。王襄《古文流变臆说》[①]、李孝定《甲骨文字集释》[②]认为"麦"下之"夂"为根须之象,然"耑"甲骨文作🜚、🜛、🜚、🜛,虽有少量形体下半

---

① 王襄:《古文流变臆说》,龙门联合书局,1961。
② 李孝定编述《甲骨文字集释》,中研院史语所,1965,第1891页。

部件类于"夂",但多作󰀀,根须之象明显,而"麦"下半部件无一作此形者。徐铉曰:"夂,足也。周受瑞麦来麰,如行来。"此说或得其实。"降"以两足自山陵而下会降之意,倒止形隶书被写作"夂"。

4. 人与匕

"人"甲骨文作󰀀,为侧立之人形。《说文》:"󰀀(匕),变也。从到人。"段玉裁注:"到者,今之倒字,人而倒,变意也。"从"匕"的"化"甲骨文作󰀀,以一正一倒的人形会变化之意。《说文》:"󰀀(眞),仙人变形而登天也。从匕,从目,从乚。八,所乘载也。"其所以从"匕",旨在表变化之义也,"眞"甲骨文未见,系晚起字,造字时可能一定程度上受了文化因素的影响,故许书释义为"仙人变形而登天也"。《庄子·大宗师》:"古之真人,其寝不梦,其觉无忧,其食不甘,其息深深。"即称得道之人为真人。

5. 首与県

"首"甲骨文作󰀀,象头部。《说文》:"県,到首也。""縣"金文作󰀀縣妃簋,所从之󰀀即为倒悬的头。《说文》:"縣,系也。从系持県。"徐铉曰:"此本是縣挂之縣,借为州縣之縣。今俗加心别作懸。"徐说是也。《易·系辞》:"縣象著明,莫大乎日月。"《诗·魏风·伐檀》:"不狩不猎,胡瞻尔庭有縣鹑兮?""縣"均用悬挂义。

6. 予与󰀀

《说文》:"󰀀,相诈惑也。从反予。"而"予"小篆作󰀀,从字形比较,二形相倒反。段玉裁认为󰀀:"倒予字也。使彼予我是为幻化。"可备一说。

有个别字形正书倒书区别价值不大,故后世书写中处理为正书。如《说文》:"尾,微也。从倒毛在尸后。古人或饰系尾,西

188

南夷亦然。""毛"金文作✹毛氏姬姓伯爵、✹毛公层鼎，小篆作✹，"尾"甲骨文作𠂎，小篆作尾，睡虎地秦简作尾，"尾"的部件"毛"确为倒书，但从构意上讲，"尸"及其尾部之"毛"会意已足，倒书与否其实影响不大，唐代作品中均为正书，孙过庭作尾，颜真卿作尾，怀素作尾。

(二) 反书

1. 人与匕

"人"甲骨文作𠂉、𠂉，正书、反书无别，但作构字部件使用时，不同的组合关系如果会影响意义的传达，则反书实有意而为之。如从"匕"的"北"甲骨文作𠔏，以二人相背之形会违戾之意，今以"背"记其本义。从"匕"的还有"顷""卬"等，《说文》："顷，头不正也。从匕从页。""顷"以部件"匕"面对"页"会侧头之意。《说文》"卬，望，欲有所庶及也。从匕从卪。""卬"以部件"匕""卪"相对会仰望之意。它们因依靠组合关系表意，故作面对另一部件的"匕"形。

2. 止与少

"止"甲骨文作𣥂、𣥂，象人足，正书反书无别。"少"甲骨金文未见，《说文》："少，蹈也。从反止。"典籍未见用例，该形主要作构字部件使用。《说文》从"少"的"步"甲骨文作𣥓、𣥓、𣥓，"登"甲骨文作𤼽、𤼽，其中对"止""少"的区分并不十分严格。金文尚有𣥓父癸爵，𤼽陈侯因𰯼錞，相关部件均写作"止"。小篆中其形体才稳定下来，"步"作步，"登"作登。《说文》据小篆立说，其实相关字本以左右双足会意，起初并无"止""少"之分。

3. 夂、夊与干

"夂"甲骨文作𠂇，为倒止形。《说文》："𡕒（夊），行迟曳夂夂，象人两胫有所躧也。""𡕒（夂），从后至也。象人两胫后有致

189

之者。""夊""攵"形似,一为倒止形,一为横止形。《说文》:"夂(夂),跨步也。从反夊。""夂"往往出现在与"夊"相对的情况下,如"舞"甲骨文作❡,金文作❡匽侯舞易器,增加的一对足形即为"舞"下半之"舛"。《说文》:"桀,从舛在木上也。""桀"甲骨文、金文虽未见,但从小篆字形来看"舛"亦为足形。通过对含有"夊""攵""夂"的相关字的审察不难发现,"攵""夂"均为止,最初并没有十分严格的区分,但随着字形的稳定,写法产生了一定的差异。如"後"金文作❡帅鼎、❡师望鼎,"降"甲骨文作❡、❡、❡,"韋"甲骨文作❡、❡、❡,"降""韋"中的"攵""夂"与"後"中的"夊"其实均为"止"形变化书写方向而来,初无明显区分。

4. 彳与亍

"彳""亍"为"行"之省,"行"甲骨文作❡、❡,本象纵横相交的十字路,"彳""亍"确为相对称的一组部件。从"彳"之字多与道路、行走有关,而"亍"的构字能力较弱,《说文》中仅"亍""行"两字。

5. 収与廾

《说文》:"収,竦手也。从屮从又。"段玉裁注:"此字谓竦其两手以有所奉也。"甲骨文作❡,确象有所捧举的双手。"共"甲骨文作❡,为两手捧物形。"具"甲骨文作❡,为双手捧持食具形。"興"甲骨文作❡、❡,为四手共举一物形,至于所举之物为何物,学界尚存争议,商承祚以为象盘[①],杨树达认为是帆,理由是"盘之为物,轻而易举,不劳众手舁之"[②]。理确如此,但一般来说,造字时人们会选取比较熟悉的场景来传达意思,众手所抬之物可能是桶或筒,甲骨文里的"同"正是这样写的。有的字形在下

[①] 商承祚:《甲骨文字研究》,天津古籍出版社,2008,第187页。
[②] 杨树达:《释興》,见《积微居小学述林》,中华书局,1981,第90页。

边加了个饰符"口",就成了"同"。"収"经过隶变、楷化后写作"廾""𠬞"。《说文》:"𠬞,引也,从反収。"甲骨文未见,金文中作部件的有之,"樊"作𤊾氏樊君鼎、𤊾龙羸盘,其中的部件"𠬞"为两手向相反的方向分开,后来隶变、楷化为"大"。

6. 爪与爫

《说文》:"覆手为爪。""爪"甲骨文作𠂇,象抓取物件时的手形,从"爫"的字均有抓取义,如"孚""爲""采"。《说文》:"爫,亦孔也。从反爪。"饶炯曰:"爪为覆手持物,爫为仰手持物。"① 即字形上"爪"与"爫"相对,《说文》无从"爫"之字。

7. 丮与𠬝

《说文》:"丮,持也。象手有所丮据也。"甲骨文作𠂇、𠂇,象人有所持。"埶"甲骨文作𠂇、𠂇,以手持木会种植之意,金文增土作𠚤盠方彝,种植之义更明。《说文》:"𠬝,拖持也。从反丮。""𠬝"与"丮"成对使用,"鬥"甲骨文作𣪊、𣪊,为两人相对以手相搏之形。

8. 丂与㔾

《说文》:"丂,气欲舒出,𠃊上碍于一也。""㔾,反丂也。读若呵。"《六书正讹》:"气舒也。丂之转注。"②"丂"为气有所碍,不能舒出,"㔾"为气流舒畅。

9. 可与叵

"可"甲骨文作𠮩,甲骨文、金文无"叵",当为后起字。《说文》:"可(可),肎也。从口丂,丂亦声。""丂"为气欲舒出,以"口"与欲出之气流会允肯之意。《说文》:"号(号),痛声也。从口在丂上。""可""号"构件相同,以组合位置之别表不同的意

---

① 饶炯:《说文解字部首订》,光绪甲辰年达古轩刻本,1904。
② 周伯琦:《六书正讹》,台湾商务印书馆,1983。

思。《说文》：" (叵)，不可也。从反可。""叵"为后起字，意为"不可"，形则反"可"为之。

10. 身与㐆

"身"金文作 ₍㭁伯簋₎、 ₍猷簋₎，象人怀有身孕，在 （人）基础上加象腹部的 ，下一短横在于指示其范围，常于腹部上加点以提示表义重点，《诗·大雅·大明》："大任有身，生此文王。"即用其本义。《说文》：" (㐆)，归也。从反身。"《说文》中含有部件"㐆"的仅有"殷"，"殷"金文作 ₍墙盘₎、 ₍格伯簋₎，于省吾认为："古文殷字象人内腑有疾病，用按摩器以治之。"① 胡厚宣以为："盖象一人身腹有病，一人用手持针刺病之形。"② 于、胡二位先生所析应近于其本义。《尔雅·释训》："殷殷，忧也。""身"隆其腹表示有孕在身，"㐆"实际上也是隆腹人形，不过，表示的是有疾在身。有疾在身，引申而有忧义。

11. 欠与旡

"欠"甲骨文作 、 ，下象人形，上为张开的口形。《说文》："旡，㱃食气屰不得息曰旡。从反欠。""旡"甲骨文作 ，写法其实与"欠"并无差异。从"旡"的"既"甲骨文作 、 ，罗振玉云："即象人就食，既象人食既。"③ 是也， 以装满食物的簋和口背离食器的人形会意。如此，似乎"欠"主要与人说话歌唱有关，"旡"主要与饮食有关。但从"旡"的字并非全与饮食相关，如"歘"为惊骇之声，"憶"用以称事有不善。从"欠"的字也并非全与说话唱歌有关，如"㰤"义为"尽酒"，"欿"义为"食不满"，"歡"义为"歆"，均与饮食有关。看来，作部件使用时，"欠""旡"并无明显的分工。因开口说话与张口饮食相似度过高，

---

① 于省吾：《释殷》，《甲骨文字释林》，商务印书馆，2010，第321页。
② 胡厚宣：《论殷人治疗疾病之方法》，《中原文物》1984年第4期。
③ 罗振玉：《殷虚书契考释三种》，中华书局，2006，第493页。

故"欠""旡"初本同形，后来字形才分化，但分化后所表示的意义仍有少数相混杂。

12. 后与司

"后"甲骨文作🔲、🔲，《说文》："后，继体君也。象人之形，施令以告四方。"王国维以为："古者育冑后声相近，义亦相通。""后字之义，本从毓义引申，其后毓字专用毓育二形，后字专用🔲，又讹为后，遂成二字。"① 王说从形义两方面较好地梳理了"后""毓"的关系，即"后"之原形本为🔲，为母产子形，引申有君王之义，遂以简写的🔲传之，后来🔲讹为🔲。"司"甲骨文作🔲、🔲，《说文》："司，臣司事于外者。从反后。"《汉语大字典》："金文'司'均作'嗣'解；而有司、司徒、司工、司马之'司'，金文均作'𤔲'。""司"的子嗣义实系"毓"之引申，可见，"后""司"初本一字，后来才有分工。

13. 印与卬

"印"金文作🔲_{毛公厝鼎}、🔲_{曾伯簠簋}，《说文》："🔲，执政所持信也。从爪，从卩。""卬"甲骨文作🔲、🔲，《说文》："🔲，按也。从反印。🔲，俗从手。"从甲骨文、金文来看，"印""卬"初本无别，以爪抑人会按抑之意，引申而指按抑的印章，小篆为分化字义而成两形。

14. 仄与丸

"仄""丸"两字甲骨文、金文均未见。《说文》："仄，侧倾也。从人，在厂下。""🔲，圜，倾侧而转者。从反仄。"段玉裁注："圜则不能平立，故从反仄以象之。仄而反复，是为丸也。"据小篆字形来看，两字形确实相反，但"丸"形何以如此，目前尚未有令人信服的说解。

---

① 王国维：《殷卜辞中所见先公先王续考·多后》，见《观堂集林》，中华书局，1959，第442页。

15. 永与𠂢

"永"甲骨文作⿰、⿰、⿰、⿰,正书反书无别,本象有支流的水流,系"𠂢"之本字,《说文》:"𠂢,水之衺流,别也。从反永。"引申有长义。《说文》:"永,长也,象水巠理之长。""永"为引申义所专,后以⿰[吴方彝]记其本义。"永"金文⿰[陈侯午錞]、⿰[杞伯簋]并见,字形仍未截然分开。小篆"永"作⿰、"𠂢"作⿰,始分工明确。

16. 丿与乀

《说文》:"丿,右戾也。象左引之形。""乀,左戾也。从反丿。""丿""乀"单看为基本的笔画,为抽象符号,成对使用表分离义,如"八,别也。象分别相背之形。""仌,分也。从重八。""分,别也。从八从刀,刀以分别物也。""尒,词之必然也。从入、丨、八。八象气之分散。""公,平分也。从八从厶。"等,这些字的分别、分散义与表义构件"八"有密切关系。

17. 厂与乁

《说文》:"厂,抴也。明也。象抴引之形。""乁,流也。从反厂。"《说文》"厂"部仅收一"弋"字,"乁"部仅收一"也"字,从它们的形义上均难找到"厂""乁"的相关信息,对二者的关系姑存疑。

18. 亅与𠃊

《说文》:"亅,钩逆者谓之亅。象形。""𠃊,钩识也。从反亅。""亅""𠃊"的小篆分别为⿰、⿰,均象钩形,其实左右无别。

19. 𢇍与繼

"𢇍"金文作⿰[中山王礐壶],《说文》:"绝,断絲也。从糸从刀从卩。𢇍,古文绝。"𢇍源于⿰,甲骨文"刀"作⿰,与⿰中的相关部件相似,⿰从刀从絲,以刀断絲会断绝之意。"𥃩"金文作⿰[拍敦盖],为"繼"之本字,《说文》:"繼,续也。从糸𥃩。一曰反𢇍为繼。"金文以糸相连会连续之意,小篆作繼,⿰变作𥃩,遂有"反𢇍为繼"的说法。

《说文》还有一些据小篆字形误以为反书者,兹列于下。

20. 巳与㠯

"巳"甲骨文作🉐、🉑、🉒,本象幼子形,借为干支字。"㠯"甲骨文作🉓、🉔,《说文》:"㠯,用也。从反巳。"徐中舒以为"当为耜之象形字","为用具,故古文借为以字"。① 如此,则"㠯"并非"从反巳",《说文》据小篆立说,非。

21. 亯与𠧪

"亯"甲骨文作🉐,象宗庙之形,为祭享之所,《说文》所谓"献也"其实乃其引申义。《说文》:"𠧪,厚也。从反亯。""𠧪"甲骨文作🉑,象器物形。

22. 正与乏

"正"甲骨文作🉐、🉑,为"征"之本字,以足趾朝向 ☐ 会征伐之义。《说文》引《春秋传》曰:"反正为乏。"然而学者发现金文反正仍为"正",以正字倾首为"乏"②,汤馀惠发现战国文字亦然③。即"乏"其实是将"正"之上横斜写来表义的。

23. 之与帀

"之"甲骨文作🉐、🉑,从止从一,"止"为足形,"一"为出发地,本义为去往。《说文》:"帀,周也。从反之而帀也。""帀"甲骨文作🉒,非反"之",其构意尚不明确。

24. 邑与邑

"邑"甲骨文作🉐、🉑,从口从卩,本义为人所居之城邑。《说文》:"邑,从反邑。𨛜字从此。"又"𨛜,邻道也。从邑从邑。"段玉裁以为:"道当为邑,字之误也。其字从二邑会意。"即"𨛜"为相邻的两邑。如此看来,"邑"其实只是书写上的处理,与"邑"

---

① 徐中舒:《耒耜考(续)》,《农业考古》1983 年第 2 期,第 121 页。
② 容庚编著《金文编》,中华书局,1985,第 90 页。
③ 汤馀惠:《略论战国文字形体研究中的几个问题》,《古文字研究》1986 年第 15 辑。

无别。

《说文》中类似的字形还有"門""鬥""䦅""弜""䰙"等，组成它们的相反或相对的两个部件本身表义并无区别，但在这些字里不能改换方向，因为如此书写是出于表达某个意义的需要。

(三) 增笔

许慎《说文解字序》"六书"条例中有指事："指事者，视而可识，察而见意。上下是也。"这是就认字过程而言的，"视而可识"是针对其主体字形或曰字形基础而言，"察而见意"则是因其在熟识的字形上会增一指事符号，须对其指示的信息进行解读方可知字形意欲记录的意义。《说文》指事字较多，我们取4组《说文》未言为指事且从今形看来联系不明显的字为例作一讨论。

1. 斗与升

《说文》："𣁳（斗），十升也。象形，有柄。"段玉裁注："上象斗形，下象其柄也。""斗"甲骨文作𣁳，金文作𣁳秦公簋、𣁳曩朕鼎，正象有柄之斗。《说文》："𣂙（升），十龠也。从斗，亦象形。""升"甲骨文作𣂙，金文作𣂙友簋、𣂙秦公簋，亦象斗形，加点以示别于斗也。小篆"升""斗"之形颇相似，"升"较"斗"多的一斜笔是由点演化而来的。

2. 舌与言、音

"舌"甲骨文作𠯑、𠯑，象舌动之状。"言"甲骨文作𠱞，于"舌"上增了一短横，指其与舌有关而又有别于舌。"音"金文作𠯑秦公鎛，又于口中增了一短横以别于"言"。

3. 史与吏

"史"甲骨文作𠁑，《说文》："史，记事者也。从又持中。中，正也。"然"中"甲骨文作𠁥、𠁥、𠁥，与𠁑中的相关部件有别。王国维以为："史字从又持𠁥，义为持书之人。""史之职专以藏书读书作书为事，其字所从之中，自当为盛笕之器。"① 即以手持盛简册之器具会意。史、吏、事、使同源，实为一字分化为四，记事之人为"史"，"史"成为各种官职的"吏"，史吏从事的工作即为"事"，使令的行为及被派遣的人为"使"。"吏"甲骨文作，其上增一小笔有区别于的分化作用。

4. 衣与卒

"衣"甲骨文作，象衣之领、袖、襟，《说文》："卒，隶人给事者衣为卒。卒，衣有题识者。""卒"甲骨文作、，于"衣"上增、以表题识，金文作外卒铎，省去、，于"衣"之下襟增一斜横，这种写法为小篆所本。"卒"小篆作，与"（衣）"之别正在下襟上多一斜笔。

（四）省笔

1. 门与户

《说文》："戶，护也。半门曰户。象形。"甲骨文作、，一扇为户，双扇为门。虽曰象形，但其得名系与"門"相对而言，不能排除造字时有所考虑。

2. 介与个

《说文》"箇，竹枚也。从竹固声。个，箇或作个，半竹也。"段玉裁注言其或体"个"："各本无，见于《六书故》所引唐本。"可知"个"为半竹其实系后世误解。从甲骨文、金文看，"个""介"同字，《集韵》："箇，亦作个、介。"经传中"个"多与"介"通用，如《尚书·秦誓》："若有一介臣。"《大学》作："若有一个臣。"《左传》或云"一个行李"，或云"一介行李"。"个"可能是省"介"之一撇而成。

---

① 王国维：《释史》，见《观堂集林》，中华书局，1959，第267、269页。

3. 飛与飞

《说文》:"飛,鸟翥也。象形。"《说文》:"飞,疾飞也。从飞而羽不见。"金文作飞飞伯簋。两字形义关联密切,"飞"省"飛"之羽翅表迅疾之义。

4. 有与冇

"冇"为晚起字,记录的是方言语音,在"有"的基础上省去两横而成。

5. 兵与乒乓

"乒""乓"是在"兵"的基础上省笔而成的,形象地反映了乒乓球运动的方式,并且原字"兵"的读音与乒乓球撞击的声音相近。

此外,《说文》还有:"片(片),判木也。从半木。""歺(歹),剡骨之残也。从半冎。"义虽相关,但从甲骨文、金文来看,相关字形差异较大,它们可能并无造字时的参照关系。

二 构字形变的动因

形变构字是通过改易已有字形的书写方向或增减笔画来记录与之密切相关的意义的造字现象,形变的主要动因如下。

(1) 出于直观提示的方位改变。就是通过倒或反这种直观的视觉形象来提示它们意义上的相反、相对。如"大"为正面的人形,"屰"为倒置的人形,倒置是为表倒逆之意。甲骨文、金文中它们的正倒关系一见可知,只是形体演变之后,这种关系不再直观罢了。"可"与"叵"小篆字形以一正一反表相反的意义。

(2) 出于表意需要的成对书写。有时书写方向不同的意图只能由成对的两个字形方可传达,这种情况下的反书仅限于某一字形中,而有一些反书则获得了一定的独立性,参与其他字的构造。前

第二章　汉字形变的主要类型

者如"鬥"与"収",后者如"頃""卬"中的"匕""化""眞"中的"匕"。

（3）出于区别字义的类形分化。如怀有身孕与内腑有疾均与腹部有关,开口说话与张口饮食相似度也非常高,于是以"身"与"肙"、"欠"与"旡"分别记之,虽效果不甚理想,但区别了部分字形。"舌""言""音"均与口舌有关,通过加区别符而使之各司其义。

形变构字的形变虽然具体原因各有不同,但共同之处在于变形是表达意义的关键手段。形变构字的形变属于造字层面,不同于汉字发展过程中的一般形变。汉字发展过程中的一般形变主要有两种,一是形体演变,一是字形分化。形体演变多是书写便捷、结构协调等因素导致的,如"首"甲骨文作🙵,金文作🙵农卣,象有头发、眼睛的头部,小篆作𦣻,隶书作首睡虎地秦简、首马王堆帛书、首史晨碑,头发省作"䒑"、头形则以"目"代之。"承"甲骨文作🙵,金文作🙵追承卣,小篆作𢎘,"兵"甲骨文作🙵,金文作🙵庚壶,小篆作𠬞,古文字字形里两字中托举的双手之形写法本来相同,出于字形协调美观的考虑,"𠬞"形在隶书中产生分化,"承"隶书作承礼器碑、承华山神庙碑,"兵"隶书作兵睡虎地秦简、兵马王堆帛书、兵衡方碑,一变为"八",一变为"六"。字形分化往往是字义引申后,为更精细地表意,增加或更换形符或音符,如"景"本指日光,引申出阴影这一义项后,为更明显地提示意义,加"彡"成"影"以记录阴影义;"赴"本指奔赴,《左传》"讣告"字用"赴",段玉裁曰:"古文讣告字只作赴者,取急疾之意。"后来为凸显其讯息义,改"走"为"言"而成"訃";"食"发展出给人食物的用法后,增声符"司"而有"飼"。虽然从产生时间与字形关系上看,形变构字的形变与形体演变和字形分化的形变有一定的相似之处,但动因完全不同。它不是因书写等外部因素影响而产生的,也不是为了记

199

录某个引申义而出现的。形变构字的形变产生时间较早，是在意义的记录上存在空缺，而象形、会意等手段又无法提供合适字形的背景下，通过变易意义密切相关的熟识字形的书写方向或增减笔画以提示特定意义的构字手段。

结　语

形变构字在已有字形的基础上通过改变书写方向、增减笔画来创造新字形，是比较经济的做法，一般情况下变形的基础是比较熟识的文字，因为有对已有字形的认识，在揣摩变形意图时有效降低了歧解的机率。形变构字的主要手段有倒书、反书、增笔、省笔。倒书多因与实际物象相符，或为表异于常态。反书则主要为成对会意和分担不同字义。倒书、反书之后产生的形体多充当部件，有的出现的场合具有唯一性，只有成对出现时才具有表意价值，有的最初本无严格区别，后为精细区分字义而形变成了两个字。增笔、省笔多与精细表义有关，其中相似的字形轮廓显示其相关性，而差异处则正是新义之所在。增笔、省笔之后产生的形体基本上都成了独立的新字。

形变构字不同于一般的形体演变，也非"指事"所能完全概括。形变构字因以已有字形为基础，新字与基础字有产生时间上的先后，故以往学者多笼统地以字的形体演变和分化来分析它，其实它与因书写因素而导致的字形变化和因字义引申而增加提示部件所产生的分化是有质的区别的。形变构字是在记录新的意义的需求的驱动下，把意义上密切相关的已有字形作适当变形，而且变形的方式简单直观、往往对意义的传达有直接的提示作用，也就是说，形变是传达意义的手段，且比"指事"更为灵活。

第二节 发展中的形变

汉字发展中有的部件受各种因素的影响，书写形式会发生变化，主要有异形同化、同形分化两大情形。

一　异形同化

汉字中很多部件在最初造字时差异很大，但在字形发展演变中逐渐变成相同的写法了。

1. 一

（1）饰笔

"壬"甲骨文作工，疑其本象绕丝之器，"經""紝"等字从之。金文作工_{员尊}、工_{竞簋}，于中竖加点。小篆作壬，点变作横。

"元"甲骨文作、，其本义为人的头部，下一横示头所在，上一短横为饰笔。

"示"甲骨文作T、下、T、示，本象祭台，或于祭台上复增一短横。

"豆"甲骨文作豆，象食器。金文作豆_{豆闭簋}、豆_{大师虘豆}，于器上增一短横。

（2）由指示符号形变而来

"朱"甲骨文作朱，金文作朱_{颂壶}、朱_{吴方彝}、朱_{师酉簋}，小篆作朱，睡虎地秦简作朱，指示符号写作"一"渐成定形。

"末"金文作末_{末距桿}，以点或短横指示字义。《说文》："末，木上曰末。从木，一在其上。"睡虎地秦简作末，马王堆汉帛书作末，衡方碑作末，指示符号演变成长横。

(3) 由钉帽形变而来

"丁"甲骨文作☐、●，象钉帽。金文作●戊寅鼎、●虢季子白盘、▼戊母丁，或象钉帽，或象钉之全形。小篆作个，睡虎地秦简作个、丁，居延汉简作丁，钉帽渐成"一"。

(4) 由头部形变而来

"天"甲骨文作🧍、🧍、🧍、🧍，本指人的头部，后以横代表头，又于上加饰笔，今形上横代表人的头部，下横为人之双臂演变而成。

(5) 由矢尾形变而来

"至"甲骨文作🔽，以矢着地会到达意。金文作🔽盂鼎、🔽驹父盨，矢尾清晰。《说文》："🔽，鸟飞从高下至地也。从一，一犹地也。"误以矢形为鸟。睡虎地秦简作🔽、🔽，矢尾仍清楚。马王堆汉帛书作至，矢尾写作"一"。

(6) 由头发形变而来

"妻"甲骨文作🔽、🔽，女之上本象头发形。金文作🔽父丁方彝，手中所抓的为头发。小篆作🔽，头发被写于最上方。马王堆汉帛书作妻，头发形变为"一"。

(7) 由手形变而来

"寸"，《说文》："🔽，十分也。人手却一寸，动脉，谓之寸口。从又从一。"睡虎地秦简作🔽，象手之"又"仍清晰。马王堆汉帛书作🔽，衡方碑作寸，手形写作"一"。

(8) 由凵形变而来

"吏"甲骨文作🔽，金文作🔽，《说文》："🔽，治人者也。从一从史，史亦声。"小篆已变作"一"。

"丞"甲骨文作🔽，小篆作🔽，误陷阱形为山，睡虎地秦简作🔽，校官碑作丞，曹全碑作丞，渐变作"一"。

"壴"甲骨文作🔽、🔽、🔽，金文作🔽女壴方彝，《说文》："🔽，陈乐立而上见也。从屮从豆。"隶变中，笔画"凵"渐成"一"，含有

"壴"的"鼓"马王堆汉帛书作🗆。

（9）由鱼尾形变而来

"鱼"甲骨文作🗆，金文作🗆鱼爵、🗆番生簋，《说文》："🗆，水虫也。象形。鱼尾与燕尾相似。"睡虎地秦简作🗆，马王堆汉帛书作🗆，曹全碑作🗆，钟繇作🗆，鱼尾写作"灬"。行书、草书中有将鱼尾处理为"一"者，如王羲之作🗆，王献之作🗆。

（10）由马蹄及尾形变而来

"马"甲骨文作🗆，金文作🗆卫簋、🗆师兑簋，《说文》："🗆，怒也。武也。象马头髦尾四足之形。"睡虎地秦简作🗆，马王堆汉帛书作🗆、🗆，鲜于璜碑作🗆，史晨碑作🗆，将马蹄及一部分尾写作了"灬"。行书有将"灬"写作"一"者，如王羲之作🗆。

（11）由鸟爪形变而来

"鸟"甲骨文作🗆、🗆，金文作🗆鸟且癸簋、🗆子亻弄鸟尊，《说文》："🗆，长尾禽总名也。象形。鸟之足似匕，从匕。"睡虎地秦简作🗆，马王堆汉帛书作🗆，鸟爪渐成"灬"。魏晋书法作品中有将"灬"写作"一"者，如皇象作🗆，王羲之作🗆。

2. 亠

（1）由人头与双臂形变而来

"文"甲骨文作🗆、🗆，为"纹"之本字，象人身上有纹饰。金文作🗆史喜鼎、🗆兮仲钟，人形仍清晰。小篆作🗆，省去了人身上的纹饰。睡虎地秦简作🗆，乙瑛碑作🗆，人头写作点，双臂平直为一横，上边就成了"亠"。

"交"甲骨文作🗆，金文作🗆珊伐父簋，象人的腿胫相交之形。《说文》："🗆，交胫也。从大，象交形。"睡虎地秦简作🗆，与小篆相近。马王堆汉帛书作🗆，王基碑作🗆，人头写作点，双臂平直为一横，上边就成了"亠"。

"立"甲骨文作🗆，金文作🗆颂鼎。《说文》："🗆，侸也。从大立

203

一之上。""大"象人形,"立"为人立于地面之形。睡虎地秦简作 立,马王堆汉帛书作 立,乙瑛碑作 立,人头及双臂变作"亠"。

"亦"甲骨文作 亦,金文作 亦 夕甲盘,《说文》:"亦,人之臂亦也。从大,象两亦之形。"睡虎地秦简作 亦,马王堆汉帛书作 亦,华山神庙碑作 亦,人头及双臂渐成"亠"。

（2）由衣领形变而来

"衣"甲骨文作 衣,金文作 衣 颂鼎,衣之领、袖、襟完备。《说文》:"衣,依也。上曰衣,下曰裳。象覆二人之形。"误以衣之袖襟为人形。睡虎地秦简作 衣、衣,与小篆相近。马王堆汉帛书作 衣、衣,居延汉简作 衣,王羲之作 衣,衣领渐成"亠"。

（3）由人形变而来

"人"甲骨文作 人,金文作 人 宅簋、人 盂鼎。"六"甲骨文作 六,金文作 六 保卣,《说文》:"六,从入从八。"于省吾先生根据城子崖黑陶文、早期卜辞"兆"侧的记数及六百、六旬、六牛等的合文指出:"入为六之初文。"① 如此,则"六"或非从八,加类似于八的两笔只是为了与"入"相区别。"六"睡虎地秦简作 六,马王堆汉帛书作 六、六,华山神庙碑作 六,其上半类于"人"的写法变作"亠"。

（4）由巾形变而来

"市"金文作 市 兮甲盘,《说文》:"市,买卖所之也。市有垣,从冂从㇇,㇇,古文及,象物相及也。之省声。"睡虎地秦简作 市,马王堆汉帛书作 市,史晨碑作 市,上半渐成"亠"。

（5）由灯芯及灯盏形变而来

"主",《说文》:"主,镫中火主也。从㞢,象形。从丶,丶亦声。"睡虎地秦简作 主,马王堆汉帛书作 主,乙瑛碑作 主,王羲之

---

① 于省吾:《释一至十之纪数字》,见《甲骨文字释林》,商务印书馆,2010。

作主，上部渐成"亠"。

(6) 由二形变而来

"言"甲骨文作圅、呂，金文作圅伯矩鼎、圣中山王譽鼎，《说文》："吾，直言曰言，论难曰语。从口辛声。"睡虎地秦简作吾，马王堆汉帛书作言，乙瑛碑作言，上均为两横。钟繇作言，写为"亠"。

(7) 由巾帕形变而来

"玄"金文作8师奎父鼎，《说文》："玄，幽远也。黑而有赤色者为玄。象幽而入覆之也。"小篆于幺上增巾帕，即《说文》所谓"覆之"，以巾覆幺会幽隐之意。睡虎地秦简作玄，马王堆汉帛书作玄，王羲之作玄，上半渐成"亠"。

(8) 其他

"方"甲骨文作朴、才，金文作方孟鼎、方不嬰簋，《说文》："方，并船也。象两舟省、緫头形。""方"之形义目前尚未建立合理的联系，存疑待考。睡虎地秦简作方，马王堆汉帛书作方，华山神庙碑作方，上部渐成"亠"。

3. 冫

(1) 由冰凌形变而来

"寒"，《说文》："寒，冻也。从人在宀下，以茻荐覆之，下有仌。"睡虎地秦简作寒，马王堆汉帛书作寒，王羲之作寒，冰凌变作"冫"。

(2) 由绳结形变而来

"冬"为"终"之本字，甲骨文作𠆢，在丝绳的末端打结以表终结之义。金文有增义符"日"作冬陈璋壶，以表冬天。《说文》："冬，四时尽也。从仌从夂。夂，古文终字。冬，古文冬从日。"《说文》古文冬与增义符"日"的金文冬写法基本相同。甲骨文、金文里"冬"皆用终结义，后来引申指冬天，为引申义所专，遂增"糹"作"终"以表其本义。《说文》"终"之古文正作冬。段玉裁曰："有夊而后有夅，夂而后有终，此造字之先后也。"睡虎地秦简作冬，马王堆汉帛书作冬，王羲之作冬，冰凌渐成"冫"。

（3）复写符号

"枣"金文作棗戈，《说文》："棗，羊枣也。从重朿。"睡虎地秦简作枣，王羲之作枣，"枣"为"棗"的省写形式。

"谗"，《说文》："讒，譖也。从言毚声。"马王堆汉帛书作谗。"谗"为"讒"的省写形式。

4. 冫

（1）由冰凌形变而来

"冰"金文作陈逆簋，《说文》："仌，水坚也。从仌从水。"马王堆汉帛书作冰，冰凌渐成"冫"。

"冻"，《说文》："凍，仌也。从仌东声。"衡方碑作凍，冰凌写作"冫"。

"冷"，《说文》："冷，寒也。从仌令声。"衡方碑作冷，冰凌写作"冫"。

（2）由矿石形变而来

"冶"金文作二十三年䎪令戈，《说文》："冶，销也。从仌台声。"段玉裁云："仌之融如铄金然，故炉铸亦曰冶。"冶铸时融化金属矿石制成器物，象金属矿石的点小篆写成了"仌"。马王堆汉帛书作冶，褚遂良作冶，金属块写成了"冫"。

（3）由水形变而来

"减"金文作者减钟，《说文》："減，损也。从水咸声。"睡虎地秦简作减，马王堆汉帛书作减，皇象作减，钟繇作减，王羲之作减，水形渐成"冫"。

5. 灬

（1）由火形变而成

"熹"甲骨文作熹、熹，《说文》："熹，炙也。从火喜声。"华山神庙碑作〖图〗，桐柏庙碑作〖图〗。

"照"，《说文》："〖图〗，明也。从火昭声。"景君碑作〖图〗，鲜于璜碑作〖图〗，火形写作"灬"。

（2）由燕尾形变而来

"燕"甲骨文作〖图〗、〖图〗，《说文》："〖图〗，玄鸟也。籋口，布翅，枝尾。象形。"马王堆汉帛书作〖图〗，华山神庙碑作〖图〗，燕尾渐成"灬"。

（3）由鸟爪形变而来

"焉"金文作〖图〗中山王𰯼壶，《说文》："〖图〗，焉鸟，黄色，出于江淮。象形。"睡虎地秦简作〖图〗，马王堆汉帛书作〖图〗、〖图〗，郭有道碑作〖图〗，鸟爪渐成"灬"。

（4）由林之下半形变而来

"無"金文作〖图〗盂鼎，《说文》："〖图〗，亡也。从亡，橆声。"李孝定云："𣠮盖汉世为有无之'無'所制专字，商世假'亡'为有无字，周金则假舞之本字'無'为有无字，𣠮则合二假借字而为有无之无之本字。"将亡无𣠮的字间关系梳理得很清楚。〖图〗后省写作〖图〗，《说文》："〖图〗，丰也。从林𰯼。或说规模字。从大卌，数之积也；林者，木之多也。"〖图〗最初本与"無"无关。睡虎地秦简作〖图〗，马王堆汉帛书作〖图〗，华山神庙碑作〖图〗，郭有道碑作〖图〗，部件"𰯼"与"林"糅合，字形大变，而有"灬"形。

6. 刂

（1）由巜形变而来

"俞"甲骨文作〖图〗，金文作〖图〗不嬰簋，《说文》："俞，空中木为舟也。从亼从舟从巜。巜，水也。"马王堆汉帛书作〖图〗，水形写作"〖图〗"，后楷化为"刂"。

（2）由刀形变而来

"削"，《说文》："〖图〗，鞞也。一曰析也。从刀肖声。"睡虎地秦简作〖图〗，马王堆帛书作〖图〗，孔彪碑作〖图〗，索靖作〖图〗，"刀"渐

207

变作"刂"。

7. 弓

（1）本象弓形

"张"，《说文》："㢩，施弓弦也。从弓长声。"睡虎地秦简作 ![字形]，马王堆汉帛书作 ![字形]，曹全碑作 ![字形]，钟繇作 ![字形]，弓形一直明显。

（2）由热气形变而来

"鬻"，《说文》："鬻，键也。从䰜米声。"马王堆汉帛书作 ![字形]，水蒸气形已写作对称的"弓"。

8. 阝

（1）由邑形变而来

"郑"，《说文》："鄭，京兆县。周厉王子友所封。从邑奠声。"睡虎地秦简作 ![字形]，马王堆汉帛书作 ![字形]，礼器碑作郑，"邑"渐成"阝"。

"邻"，《说文》："鄰，五家为鄰。从邑㷠声。"睡虎地秦简作 ![字形]，礼器碑作邻，"邑"渐成"阝"。

"邦"金文作 ![字形]克鼎、![字形]弔向簋，《说文》："邦，国也。从邑丰声。"睡虎地秦简作 ![字形]，马王堆汉帛书作 ![字形]，张表碑作邦，"邑"渐成"阝"。

"都"金文作 ![字形]默钟，《说文》："都，有先君之旧宗庙曰都。从邑者声。"睡虎地秦简作 ![字形]，华山神庙碑作都，"邑"渐成"阝"。

（2）由阜形变而来

"降"甲骨文作 ![字形]、![字形]，部件位置不固定。金文作 ![字形]散盘，部件位置已稳定。《说文》："降，下也。从𨸏夅声。"从甲骨文、金文看，"降"其实为会意字，以脚于阶上自高往低而下会意。睡虎地秦简作 ![字形]、![字形]，马王堆汉帛书作 ![字形]、![字形]，桐柏庙碑作降，张表碑作降，"𨸏"渐成"阝"。

"陵"金文作 ![字形]散盘、![字形]陵尊，《说文》："陵，大𨸏也。从𨸏夌声。"睡虎地秦简作 ![字形]，马王堆汉帛书作 ![字形]，礼器碑作陵，华山神庙碑作陵，"𨸏"渐成"阝"。

"阴"金文作🔲异伯𧃒,《说文》:"𩃗,闇也。水之南,山之北也。从𨸏会声。"睡虎地秦简作🔲,马王堆汉帛书作🔲,华山神庙碑作阴,"𨸏"渐成"阝"。

"阳"甲骨文作🔲,金文作🔲弔姬鼎、🔲农卣,《说文》:"陽,高、明也。从𨸏易声。"睡虎地秦简作🔲、🔲,马王堆汉帛书作陽、🔲,礼器碑作🔲,衡方碑作🔲,"𨸏"渐成"阝"。

9. 王

(1) 由斧钺形变而来

"王"甲骨文作🔲,本象斧钺之形。金文作王成王鼎、王㝬钟,逐渐线条化。小篆作王,睡虎地秦简作王,马王堆汉帛书作王,乙瑛碑作王,礼器碑作王,三横间距不均等,中横偏上。华山碑作王,衡方碑作王,三横间距基本等同。

"皇"金文作🔲仲师父鼎、🔲颂鼎、🔲秦公簋,《说文》:"皇,大也。从自。自,始也。"从金文看,字本为"王"上加羽饰会皇帝之义,"王"本斧钺之象,斧钺是军权的象征,因以称王;🔲、🔲为羽饰,🔲(鳳)有与之相似的尾羽。睡虎地秦简作皇,马王堆汉帛书作皇、皇,礼器碑作皇,鲜于璜碑作皇,"王"之三横渐为等距。

(2) 由"𡉜"形变而来

"狂"甲骨文作🔲,《说文》:"狅,狾犬也。从犬𡉜声。"睡虎地秦简作🔲,马王堆汉帛书作狂,皇象作狂,声符"𡉜"渐成"王"。

"匡"金文作匡尹氏匡、🔲𦈲鼎,为"筐"之本字,从匚𡉜声。《说文》:"匡,饭器,筥也。从匚𡉜声。筐,匡或从竹。"马王堆汉帛书作匡、匡,张表碑作匡,声符"𡉜"渐成"王"。

"往"甲骨文作🔲,从止王声。金文作🔲吴王光鑑,增"彳"。《说文》:"𢔏,之也。从彳𡉜声。"睡虎地秦简作往,马王堆汉帛书作往、往,"𡉜"被简化。衡方碑作往,曹全碑作往,"𡉜"上之"屮"被写作横。王羲之作往,虞世南作往,"𡉜"被写作"主"。

后来"主"又被写作"主",上"止"变作"、",其下遂为"王"。

(3) 由"玉"形变而来

"弄"金文作▯㳘氏壶,《说文》:"▯,玩也。从廾持玉。""玉"甲骨文作▯、▯、▯,"弄"的金文、小篆中的部件"王"是省写的结果。最初以中横居中者为"玉",中横偏上者为"王",但实际书写中,这种差异是难以精准把控的,遂与"王"相混同。

(4) 由"壬"形变而来

"望"甲骨文作▯、▯、▯,以人登高望远会意。金文作▯保卣、▯臣辰盉、▯望簋、▯无叀鼎,多增月,以望月会望之意。《说文》:"▯,月满与日相望,以朝君也。从月从臣从壬。壬,朝廷也。▯,古文朢省。""▯,出亡在外,望其还也。从亡,朢省声。""朢""望"两字,今并作"望"。睡虎地秦简作▯,马王堆汉帛书作▯,均从"壬","壬"为人立于土上。郭有道碑作▯,王羲之作▯,"壬"写作"王"。

"聖"甲骨文作▯,圣人善于学习知识、倾听他人意见,故以人侧耳倾听会意。金文作▯痶钟、▯克鼎、▯曾伯霥匜,《说文》:"▯,通也。从耳呈声。"睡虎地秦简作▯,马王堆汉帛书作▯,人形变作"壬"。校官碑作▯,王羲之作▯,"壬"写作"王"。

"呈"甲骨文作▯、▯,《说文》:"▯,平也。从口壬声。"马王堆汉帛书作▯,衡方碑作▯、▯,"壬"渐成"王"。

10. 臼

(1) 象石臼等器物

"舂"甲骨文作▯,金文作▯伯舂盉,《说文》:"▯,捣粟也。从廾持杵临臼上。"睡虎地秦简作▯,马王堆汉帛书作▯。

"舀",《说文》:"▯,抒臼也。从爪臼。"以手于臼中掏物。

(2) 由鼠之嘴牙形变而来

"鼠"甲骨文作▯,《说文》:"▯,穴虫之总名也。象形。"鼠是啮齿动物，字形对其牙齿有突出表现。睡虎地秦简作󰀀，马王堆汉帛书作󰀀。

（3）由双手融合而成

"舁"，《说文》："󰀀，共举也。从臼从廾。"本象合拢的两只手的部件"臼"现书写作"白"。

11. 日

（1）由太阳形变而来

"旦"甲骨文作󰀀、󰀀，金文作󰀀颂鼎、󰀀克鼎、󰀀休盘，《说文》："旦，明也。从日见一上。一，地也。"睡虎地秦简作󰀀、󰀀，马王堆汉帛书作󰀀，校官碑作󰀀。

（2）由口与一融合而成

"音"金文作󰀀秦公镈，《说文》："󰀀，声也。生于心，有节于外，谓之音。宫商角徵羽，声；丝竹金石匏土革木，音也。从言含一。"于口中加一画以表说话发出的语音。睡虎地秦简作󰀀，马王堆汉帛书作󰀀、󰀀，史晨碑作󰀀，郭有道碑作󰀀，"口中含一"渐成"日"。

（3）由"贝"形变而来

"得"甲骨文作󰀀、󰀀，金文作󰀀师旂鼎、󰀀克鼎，以手取贝会意，或增彳。《说文》："󰀀，行有所得也。从彳䙷声。󰀀，古文省彳。""贝"讹为"见"。睡虎地秦简作󰀀，孔宙碑作󰀀，史晨碑作󰀀，郭有道碑作󰀀，部件"见"又省变成"日"。

（4）由甘形变而来

"甘"甲骨文作󰀀，《说文》："󰀀，美也。从口含一。一，道也。"王筠《说文释例》："口是意，一则所含之物也。"口中的短横为指事符号。马王堆汉帛书作󰀀，景君碑作󰀀。

"旨"甲骨文作󰀀、󰀀，金文作󰀀匽侯鼎、󰀀伯旅鱼父匜，《说文》："󰀀，美也。从甘匕声。"白石君碑作󰀀，王羲之作󰀀，部件"甘"写作"日"。

211

"香"甲骨文作⬚,《说文》:"⬚,芳也。从黍从甘。"史晨碑作⬚,衡方碑作⬚,部件"甘"写作"日"。

(5)由器皿形变而成

"鲁"甲骨文作⬚、⬚,象鱼在器皿之上。金文作⬚井侯簋、⬚鲁司徒仲齐盘、⬚鲁大司徒元盂,《说文》:"⬚,钝词也。从白,鮺省声。"器皿变作"白"。马王堆汉帛书作⬚,乙瑛碑作⬚,张迁碑作⬚,"白"又变作"日"。

"會"甲骨文作⬚,金文作⬚蔡子匜、⬚趠亥鼎,小篆作⬚,睡虎地秦简作⬚,下部之"日"原本是盛物之器具。

"曾"甲骨文作⬚,朱芳圃《殷周文字释丛》、徐中舒《甲骨文字典》以为系"甑"之本字,"田"象箅,"丷"象逸出之蒸气。金文作⬚曾子仲宣鼎、⬚曾子匜,增口,口象箅下承水之器,继而又于口中加饰笔而成"日"。

12. 月

(1)由月亮形变而来

"望"的甲骨文作⬚,以人立于土堆上举目远望会意。金文作⬚庚嬴卣,增月,以人登高望月会眺望之意。《说文》:"⬚,月满,与日相望,以朝君也。从月从臣从壬。"隶书作⬚郭有道碑,月亮形渐成"月"。

(2)由舟形变而来

"朕"甲骨文作⬚,金文作⬚师遽簋,《说文》:"⬚,我也。"段玉裁注:"朕在舟部,其解当曰舟缝也。从舟关声。何以知为舟缝也?《考工记·函人》曰:'视其朕,欲其直也。'戴先生曰:'舟之缝理曰朕。'"假借为代词。马王堆汉帛书作⬚,王羲之作⬚,"舟"渐成"月"。

"朝"金文作⬚孟鼎、⬚克盨、⬚矢方彝,为"潮"之本字。《说文》:"⬚,旦也。从倝舟声。"睡虎地秦简作⬚、⬚,马王堆汉帛书作⬚、⬚,衡方碑作⬚,西狭颂作⬚,"舟"渐成"月"。

212

第二章 汉字形变的主要类型

(3) 由玉或贝串形变而来

"朋"甲骨文作♠,金文作♠敏尊。《诗·小雅·菁菁者莪》:"既见君子,锡我百朋。"郑玄笺曰:"古者货贝,五贝为朋。"马王堆汉帛书作♠,郭有道碑作♠,王羲之作♠,渐与"月"相混同。

(4) 由丹形变而来

"青"金文作♠墙盘、♠吴方彝,《说文》:"青,東方色也。木生火,从生丹。"睡虎地秦简作♠、♠,马王堆汉帛书作♠、♠,孔彪碑作♠,"丹"渐成"月"。

(5) 由肉形变而来

"胃"金文作♠吉日壬午剑,《说文》:"♠,穀府也。从肉,♠象形。"睡虎地秦简作♠,马王堆汉帛书作♠、♠,渐与"月"相混同。

13. 夫

(1) 由"廾""半"融合而成

"奉"金文作♠散盘,《说文》:"♠,承也。从手从廾,半声。"马王堆汉帛书作♠、♠,华山神庙碑作♠,张迁碑作♠。部件"廾""半"融合而成"夫"。

(2) 由"廾""午"融合而成

"舂"甲骨文作♠,金文作♠伯春盉,《说文》:"♠,捣粟也。从廾持杵临臼上。"睡虎地秦简作♠,马王堆汉帛书作♠,部件"廾""午"融合而成"夫"。

"秦"甲骨文作♠、♠,金文作♠史秦鬲、♠秦公簋、♠秦公镈。以双手持杵捣禾脱谷表义。《说文》:"♠,伯益之后所封国,地宜禾。从禾,舂省。一曰:秦,禾名。♠,籀文秦从秝。"籀文与甲骨文、金文同。隶书作♠睡虎地秦简、♠马王堆帛书、♠曹全碑,双手与杵融合成了"夫"。

(3) 由"艸""屯"融合而成

"春"甲骨文作♠、♠、♠,金文作♠蔡侯残钟,《说文》:"♠,推也。从艸从日,艸春时生也;屯声。"睡虎地秦简作♠,马王堆汉帛书作🗚、🗚，乙瑛碑作🗚，桐柏庙碑作🗚，部件"艹""屯"融合成"夫"。

(4) 由"中""廾"融合而成

"奏"甲骨文作🗚、🗚，金文作🗚作册般甗。象双手捧着个什么东西，学者多认为与祭祀有关，可能是捧物以进献神灵。小篆所捧之物断离为两个部分。《说文》："🗚，奏进也。从夲，从収，从屮；屮，上进之义。"隶书作🗚睡虎地秦简、🗚马王堆帛书、🗚乙瑛碑，双手与捧持之物的上半逐渐融合成了"夫"。

(5) 由"大""廾"融合而成

"泰"小篆作🗚，《说文》："🗚，滑也。从廾从水，大声。""泰"大概表示的是水从双手间滑落，但此义于文献无征，只能存疑。典籍中"泰"的用义多同"太""大"。隶书作🗚汉马王堆帛书、🗚王基碑，"大""廾"融合成"夫"。

14. 大

(1) 由鸟张开的毛羽形变而来

"奪"金文作🗚夺壶，《说文》："🗚，手持隹失之也。从又从奞。"又"🗚，鸟张毛羽自奋也。从大从隹"。即"奪""奞""奮"中的部件"大"由鸟奋飞时张开的毛羽形变而成。

(2) 由人形形变而来

"奔"金文作🗚盂鼎，《说文》："🗚，走也。从夭，贲省声。"睡虎地秦简作🗚，王羲之作🗚，舞动双臂的人形渐成"大"。

"美"甲骨文作🗚、🗚，金文作🗚美爵、🗚中山王罍壶，《说文》："🗚，甘也。从羊从大。"古文字中"大"象人形。睡虎地秦简作🗚、🗚，马王堆汉帛书作🗚、🗚，西狭颂作🗚，欧阳询作🗚，欧阳通作🗚，人形渐变成"大"。

(3) 由丌形变而来

"奠"甲骨文作🗚、🗚，金文作🗚昌鼎、🗚弔上匜、🗚弔尃父盨，《说文》：

"奠，置祭也。从酋。酋，酒也。下其丌也。"马王堆汉帛书作奠、奠，虞世南作奠，"丌"渐变作"大"。

（4）由⺮形变而来

"樊"金文作樊君鬲、龙赢盘，《说文》："樊，鷙不行也。从廾从棥，棥亦声。"孙秋生造像记作樊，欧阳询作樊，颜真卿作樊，"⺮"渐变作"大"。

（5）由犬省变而成

"类"，《说文》："類，种类相似，唯犬为甚。从犬頪声。"睡虎地秦简作類，马王堆汉帛书作類，辟雍碑作類，褚遂良作類、類，"犬"渐变作"大"。

"奖"，《说文》："獎，嗾犬厉之也。从犬，將省声。"颜真卿作獎，"犬"渐变作"大"。

（6）由艸粘合而成

"莫"甲骨文作茻、茻，金文作莫散盘，《说文》："莫，日且冥也。从日在茻中。"睡虎地秦简作莫、莫，马王堆汉帛书作莫、莫，华山神庙碑作莫，衡方碑作莫，"艸"渐变作"大"。

15. 勹

（1）由人形变而来

"包"，《说文》："包，象人褢妊，巳在中，象子未成形也。"段玉裁注："勹象裹其中。巳字象未成之子也。""勹"本为人。睡虎地秦简作包，马王堆汉帛书作包，人形渐隐。

（2）由丩形变而来

"句"甲骨文作句，金文作句禹比盨，《说文》："句，曲也。从口丩声。"睡虎地秦简作句，马王堆汉帛书作句、句，褚遂良作句，"丩"渐成"勹"。

16. 士

"士"甲骨文作士，金文作士默簋、士尹氏弔鯀臣，《说文》："士，事也。数始于一，终于十。从一从十。"睡虎地秦简作土，马王堆汉帛书作土，衡方碑作土，郭有道碑作士，曹全碑作土，皇象作士，索靖作士。"壮""堉"等字从之。

汉字中也有其他字形演变而成的"士"，如：

"磬"甲骨文作㐅，《说文》："磬，乐石也。从石殸，象县虡之形。殳，击之也。古者母句氏作磬。殸，籀文省。"籀文与甲骨文同，小篆在甲骨文的基础上增部件"石"。钟繇作磬，悬虡写作了"士"。

17. 土

"土"甲骨文作Ω、▲，象地上土块。金文作土召卣、土毫鼎，《说文》："土，地之吐生物者也。二象地之下、地之中，丨，物出形也。"睡虎地秦简作土，马王堆汉帛书作土，史晨碑作土，衡方碑作土，与今形同。

（1）由大形变而来

"赤"甲骨文作赤，金文作赤昌鼎、赤弭伯簋、赤颂鼎，《说文》："赤，南方色也。从大从火。"睡虎地秦简作赤，马王堆汉帛书作赤，史晨碑作赤，"大"渐变作"土"。

"黑"金文作黑郳伯取簋、黑铸子弔黑臣匜，《说文》："黑，火所熏之色也。从炎，上出囱。囱，古窻字。"从金文看，非从炎，实从大。睡虎地秦简作黑、黑，马王堆汉帛书作黑、黑，史晨碑作黑，"大"渐变作"土"。

（2）由夭形变而来

"走"金文作走盂鼎，火象挥臂疾趋的人形。《说文》："走，趋也。从夭止。"睡虎地秦简作走，马王堆汉帛书作走、走，桐柏庙碑作走，"夭"渐成"土"。

（3）由屮形变而来

"寺"金文作寺沇伯寺簋，《说文》："寺，廷也。有法度者也。从寸屮声。"睡虎地秦简作寺，马王堆汉帛书作寺，史晨碑作寺，衡方碑作𡧧，"㞢"渐变作"土"。

（4）由箭头及地面融合而成

"至"甲骨文作𦥑，金文作𦥑禹鼎、𦥑至鼎、𦥑驹父盨，《说文》："𦥑，鸟飞从高下至地也。从一，一犹地也。"误以矢形为飞鸟形。睡虎地秦简作𦥑、𦥑，马王堆汉帛书作至，曹全碑作至，箭头及地面融合成"土"。

18. 龷

（1）由屮形变而来

"每"甲骨文作𦥑、𦥑，于省吾先生以为："每字的造字本义，系于母字的上部附加一个∨划，作为指事字的标志，以别于母，而仍因母字以为声。"① 于说得之，甲骨文每母通用而𦥑形多见。金文作𦥑杞伯簋。《说文》："𦥑，艸盛上出也。从屮母声。"马王堆汉帛书作𦥑，衡方碑作每，孔彪碑作每，钟繇作每，"屮"形变为"龷"。

（2）由人形变而来

"饰"，《说文》："𦥑，刷也。从巾从人，食声。"王羲之作饰，欧阳询作饰，欧阳通作饰，部件"人"渐成"龷"。

"临"金文作𦥑盂鼎、𦥑毛公屠鼎，《说文》："𦥑，监临也。从卧品声。"睡虎地秦简作临，景君碑作临，衡方碑作临，王羲之作临，部件"人"渐成"龷"。

19. 卜

（1）由人形变而来

"卧"，《说文》："𦥑，休也。从人臣，取其伏也。"睡虎地秦简作卧，马王堆汉帛书作卧，衡方碑作卧，王羲之作卧，部件"人"渐成"卜"。

---

① 于省吾：《释古文字中附划因声指事字的一例》，见《甲骨文字释林》，商务印书馆，2010。

（2）汉字简化符号替代

"处"甲骨文作🔲，金文作🔲墙盘，《说文》："🔲，止也。得几而止。从几从夊。🔲，处或从虍声。"睡虎地秦简作🔲，马王堆汉帛书作🔲，礼器碑作🔲，桐柏庙碑作🔲。汉字简化时取其小篆🔲形稍加省改，部件"几"改作"卜"。

（3）汉字简化同音替代

"卜"本象龟甲上的裂纹，汉字中有用为记音符号者，如："补"，《说文》："🔲，完衣也。从衣甫声。"睡虎地秦简作🔲，史晨碑作🔲。简化时改声符"甫"为"卜"。

20. 匕

（1）由人形变而来

"比"甲骨文作🔲，金文作🔲禹攸比鼎，《说文》："🔲，密也。二人为从，反从为比。"睡虎地秦简作🔲，马王堆汉帛书作🔲，白石君碑作🔲，褚遂良作🔲。

（2）由声符形变而来

"牝"甲骨文作🔲，《说文》："🔲，畜母也。从牛匕声。""匕"为声符，甲骨文与"比"的部件本不相同，小篆始写法混同。睡虎地秦简作🔲，马王堆汉帛书作🔲，曹全碑作🔲，褚遂良作🔲。

21. 几

"几"象几形，《说文》："🔲，踞几也。象形。《周禮》五几：玉几、雕几、彤几、鬃几、素几。"有些字本不从几，字形演变中渐变作"几"。

（1）由人讹变而来

"秃"，《说文》："🔲，无发也。从人，上象禾粟之形，取其声。"草书作🔲，楷化时人形变作了"几"。

"凫"金文作🔲仲凫父簋、🔲禹簋，《说文》："🔲，舒凫，鹜也。从鸟几声。"金文、小篆写法非"几"，为俯伏之人形。皇象作🔲，讹

218

人形为"力"。欧阳通作🈳，讹人形为"乃"。苏轼作🈳，赵孟頫作🈳，人形近于"几"。

（2）由儿讹变而成

"亮"，《说文》："亮，朙也。从儿、高省。"段玉裁注："人处高则明，故其字从儿高。"礼器碑作亮，孔彪碑作亮，欧阳询作亮，均从"儿"。董其昌作亮，已写作"几"。

（3）由乃形变而成

"朵"，《说文》："朵，树木垂朵朵也。从木，象形。"段玉裁注："凡枝叶华实之垂者皆曰朵朵。今人但谓一华为一朵。"字象树木上下垂之枝叶、花朵、果实，"乁"即其下垂状。从乁的还有"秀"，徐锴曰："禾实也。有实之象，下垂也。"《尔雅》："不荣而实者谓之秀。"即"秀"本指植物果实下垂貌。"朵"马王堆汉帛书作朵，皇象作朵，尚未变作"几"。讹变为"几"当是很晚才发生。

（4）由虎足与尾融合而成

"虎"甲骨文作🈳，金文作🈳师西簋、🈳朕虎簋，《说文》："虎，山兽之君。从虍，虎足象人足。象形。""虎"为全体象形字，字形演变中虎头部分化作"虍"，后足与尾写作"𠁁"。睡虎地秦简作🈳，马王堆汉帛书作🈳，衡方碑作虎，字之下半讹似"巾"。颜真卿作虎，苏轼作虎，米芾作虎，字之下半近于"几"。

（5）由盘之外形形变而来

"凡"甲骨文作🈳，金文作🈳昌鼎，本象盘形。《说文》："凡，最括也。从二，二，偶也。从乃，乃，古文及。"小篆已变形，析形有误。睡虎地秦简作凡、🈳，马王堆汉帛书作凡，史晨碑作凡，郭有道碑作凡，皇象作凡，盘形渐失，盘之外廓变作"几"。

（6）汉字简化同音替代

"讥"，《说文》："譏，诽也。从言幾声。"汉字简化时采取同音替代的办法，将声符"幾"改成了"几"。

22. 目

甲骨文"目"作◫、⬭，金文作⬭ 目父癸爵，《说文》："目，人眼。象形。"

汉字中有的"目"不是由眼睛演变而来，如，"鼎"甲骨文作
⿱、⿱，金文作⿱ 虘鼎、⿱ 虢文公鼎，象鼎形。《说文》："鼎，三足两耳，和五味之宝器也。"小篆中象鼎腹的部分写法已与"目"混同。

23. 丷

（1）由羊角形变而来

"羊"甲骨文作⿱、⿱，金文作⿱ 父庚鼎、⿱ 盂鼎，《说文》："羊，祥也。从丫，象头角足尾之形。"睡虎地秦简作羊，衡方碑作羊，羊之曲角写作"丷"。

"美"甲骨文作⿱、⿱、⿱，金文作⿱ 美爵、⿱ 中山王譻壶，《说文》："美，甘也。从羊从大。"睡虎地秦简作美、羙，羊之曲角写作"丷"。

（2）由气流形变而来

"兑"甲骨文作⿱，金文作⿱ 师兑簋，《说文》："兑，说也。从儿㕣声。"徐铉曰："当从口从八，象气之分散。"是也。睡虎地秦简作兊，马王堆汉帛书作兊，颜真卿作兑，均写作"八"，写作"丷"是很晚的事。

"曾"为"甑"的初文，上边原本以"八"表示升腾的水蒸汽，假借为副词，《说文》遂以为"从八从曰，囧声"。为方便书写，楷书中上边的"八"渐成"丷"。

（3）由水形变而来

"益"甲骨文作⿱，金文作⿱ 益公钟，《说文》："益，饶也。从水皿。"睡虎地秦简作益，马王堆汉帛书作益、益，华山神庙碑作益，钟繇作益，王羲之作益，上半之水形渐成"丷"。

"酋"，《说文》："酋，绎酒也。从酉，水半见于上。"北魏王僧墓志作酋，已写作"丷"。

第二章 汉字形变的主要类型

（4）由从形变而来

"并"甲骨文作🔳，金文作🔳_{中山王礜鼎}，《说文》："🔳，相从也。从从幵声。"睡虎地秦简作🔳，马王堆汉帛书作🔳，王羲之作🔳，并立的人形上半渐成"丷"。

（5）由干之叉首及缠缚的石块形变而成

"单"甲骨文作🔳、🔳，金文作🔳_{单异簋}、🔳_{王盉}，象干上有田网、前叉缠有石块，为猎具，亦可作战具。《说文》："單，大也。从叩、甲，叩亦声。"误析字形，睡虎地秦简作🔳，马王堆汉帛书作🔳，汉隶作🔳_{鲜于璜碑}、🔳_{衡方碑}，王羲之作🔳，上部写作"丷"。

24. 䒑

（1）由止形变而来

"前"甲骨文作🔳、🔳，金文作🔳_{兮仲钟}，《说文》："歬，不行而进谓之歬。从止在舟上。"睡虎地秦简作🔳，马王堆汉帛书作🔳、🔳，衡方碑作🔳，"止"写作"䒑"。

（2）由人的头发形变而来

"首"甲骨文作🔳，金文作🔳_{农卣}、🔳_{师兑簋}，《说文》："䭫，古文百也。巛象髮，谓之鬊，鬊即巛也。"睡虎地秦简作🔳、🔳，马王堆汉帛书作🔳、🔳，史晨碑作🔳，曹全碑作🔳，头发形渐变作"䒑"。

（3）由人的双腿形变而来

"屰"甲骨文作🔳、🔳，金文作🔳_{目父癸爵}，象倒人形，为顺屰之"屰"。《说文》："屰，不顺也。从干下屮。屰之也。"后假逆迎之"逆"为之，"逆"行而"屰"废。"逆"睡虎地秦简作🔳，马王堆汉帛书作🔳，曹全碑作🔳，部件"屰"原象人双腿的部位写作"䒑"。

（4）由秝的上半形变而来

"兼"金文作🔳_{郘王子胐钟}，《说文》："兼，并也。从又持秝。"睡虎地秦简作🔳，马王堆汉帛书作🔳、🔳，张表碑作🔳，衡方碑作🔳，

221

王羲之作 𬀪，"秝"之上半渐成"䒑"。

（5）由艸形变而来

"兹"甲骨文作 𢆶，金文作 𢆶 录伯簋，均不从"艸"，借"丝"为"兹"。《说文》："兹，艸木多益。从艸，兹省声。"马王堆汉帛书作 兹，校官碑作 兹，王羲之作 兹，"艸"渐成"䒑"。

25. 八

《说文》："八，别也。象分别相背之形。"以两个向两边分开的抽象笔画表分别之意。从八的"分"《说文》曰："别也。从八从刀，刀以分别物也。"

有的字虽然有与之类似的构件，但并非为抽象符号，如，"只"，《说文》："只，语已词也。从口，象气下引之形。""八"象口中呼出的气流。

26. 六

（1）由丌形变而来

"其"甲骨文作 𠀠，象簸箕之形，为"箕"之本字。金文作 𠀠 盂鼎、𠀠 𠀠向父簋、𠀠 师虎簋，增丌。《说文》："箕，簸也。从竹𠀠，象形，下其丌也。"睡虎地秦简作 其、其，马王堆汉帛书作 其、其，华山神庙碑 其，衡方碑作 其，曹全碑作 其，小篆里的"丌"变作"六"。

"典"甲骨文作 𠔰，为双手捧典册会意。金文作 𠔖 召伯簋、𠔖 格伯簋、𠔖 另父丁觯，多从丌。《说文》："典，五帝之书也。从册在丌上，尊阁之也。"睡虎地秦简作 典，马王堆汉帛书作 典，景君碑作 典，华山神庙碑作 典，"丌"变作"六"。

（2）由捧举的双手形变而来

"具"甲骨文作 𠊿，金文作 具 从鼎、具 秦公簋，《说文》："具，共置也。从廾，从贝省。"从甲骨文、金文看，当从鼎省。睡虎地秦简作 具，马王堆汉帛书作 具、具，曹全碑作 具，捧举之

222

双手渐成"六"。

"兵"甲骨文作🔲，金文作🔲_{禽志盘}，《说文》："🔲，械也。从廾持斤，并力之皃。"睡虎地秦简作🔲，马王堆汉帛书作🔲、🔲，孔宙碑作🔲，捧举之双手渐成"六"。

"共"甲骨文作🔲，金文作🔲_{共覃父乙簋}、🔲_{禽志盘}，《说文》："🔲，同也。从廿廾。"睡虎地秦简作🔲，马王堆汉帛书作🔲、🔲，华山神庙碑作🔲，曹全碑作🔲，捧举之双手渐成"六"。

"兴"甲骨文作🔲、🔲，金文作🔲_{父辛爵}、🔲_{禺弔盨}，《说文》："🔲，起也。从舁从同。"睡虎地秦简作🔲，马王堆汉帛书作🔲、🔲，衡方碑作🔲，曹全碑作🔲，🔲变作"六"。

"與"，《说文》："🔲，党與也。从舁从与。""🔲"下之🔲现写作"六"。

"舆"甲骨文作🔲，小篆作🔲，为四手抬车之形，本义指车厢。隶书中上边的两只手成了"𠂉 彐"，下边的两只手变作"六"。

27. 小

（1）由丝之端绪形变而来

"系"甲骨文作🔲、🔲，金文作🔲_{小臣系卣}、🔲_{戟系爵}，《说文》："🔲，繫也。从糸丿声。🔲，籀文系。从爪丝。"丝之端绪隶变楷化渐成"小"。

"孙"甲骨文作🔲、🔲，多未画丝束之端绪。金文作🔲_{颂鼎}、🔲_{格伯作晋姬簋}，多画丝之端绪形。《说文》："🔲，子之子曰孙。从子从系。系，续也。"马王堆汉帛书作🔲，钟繇作孫，王羲之作孫，丝之端绪渐成"小"。

（2）由火形变而来

"尉"，《说文》："🔲，从上按下也。从𡰣，又持火。"睡虎地秦简作🔲、🔲，史晨碑作🔲，衡方碑作🔲，校官碑作🔲，白石君碑作🔲，曹全碑作🔲，钟繇作尉，"火"渐成"小"。

"寮"甲骨文作🔲、🔲、🔲，金文作🔲，《说文》："🔲，柴祭天

223

也。从火从昚。"下边的部件"火"隶变楷化中渐成"小"。

（3）由水液形变而来

"原"金文作⿱厂泉_克鼎_、⿱厂泉_散盘_，《说文》："⿱厂灥，水泉本也。从灥出厂下。原，篆文从泉。"睡虎地秦简作原，马王堆汉帛书作原、原，衡方碑作原，皇象作原，北魏元显㑺墓志作原，部件"泉"中的水形渐成"小"。

"示"甲骨文作丅、示、丌、示、示，象祭台，或于其下加点以示祭祀时所洒的酒水。《说文》："示，天垂象，见吉凶，所以示人也。从二。三垂，日月星也。"《说文》据小篆形体立说，析形有误。马王堆汉帛书作示，西狭颂作示，张迁碑作示，钟繇作示，祭台的支柱与两旁的酒水渐成"小"。

（4）由芋豆形变而来

"叔"金文作叔_师㝨簋_、叔_叔卣_，象采拾芋豆形，假借为叔伯之叔。《说文》："叔，拾也。从又尗声。汝南名收芌为叔。"睡虎地秦简作叔，马王堆汉帛书作叔，礼器碑作叔，郭有道碑作叔，赵宽碑作叔，曹全碑作叔，芋豆形渐成"小"。

（5）由高台形变而来

"京"甲骨文作京、京，金文作京_矢方彝_、京_师克盨_，《说文》："京，人所为绝高丘也。从高省，丨象高形。"马王堆汉帛书作京，礼器碑作京，华山神庙碑作京，皇象作京，高台形渐成"小"。

28. 少

（1）由表微粒的点形变而来

"少"甲骨文作少，以散落的点会少之意。金文作少_哀成弔鼎_、少_封孙宅盘_，《说文》："少，不多也。从小丿声。"睡虎地秦简作少，马王堆汉帛书作少，乙瑛碑作少，衡方碑作少，象微粒的点形变为"少"。

"沙"金文作沙_寰盘_、沙_㢋伯簋_，《说文》："沙，水散石也。从水从少。"睡虎地秦简作沙，马王堆汉帛书作沙，象沙石的点变作"少"。

224

第二章 汉字形变的主要类型

（2）由中形变而来

"省"甲骨文作🔲，从中从目，以察视草木会省视之意。金文作🔲成甫鼎、🔲省瓠、🔲寓攸比鼎，《说文》："🔲，视也。从眉省，从中。"睡虎地秦简作🔲，马王堆汉帛书作🔲，华山碑作🔲，皇象作🔲，"中"渐成"少"。

29. ⺌

（1）由小形变而来

"肖"金文作🔲大梁鼎，《说文》："🔲，骨肉相似也。从肉小声。"

（2）由八形变而来

"尚"金文作🔲曶鼎、🔲中山王譻壶，《说文》："🔲，曾也。庶几也。从八向声。"段玉裁注："从八，象气之分散。"睡虎地秦简作🔲，马王堆汉帛书作🔲，礼器碑作🔲，校官碑作🔲，钟繇作🔲，皇象作🔲，上半渐成"⺌"。

（3）由火形变而来

"光"甲骨文作🔲，金文作🔲启尊、🔲墙盘、🔲毛公屠鼎，《说文》："🔲，明也。从火在人上，光明意也。"睡虎地秦简作🔲，马王堆汉帛书作🔲，礼器碑作🔲，华山神庙碑作🔲，火形渐成"⺌"。

30. 冖

（1）由巾帕形变而来

《说文》："冖，覆也。从一下垂也。"象覆盖物品的巾帕。

"冠"，《说文》："🔲，絭也。所以絭发，弁冕之总名也。从冂从元，元亦声。冠有法制，从寸。"元者首也，寸象手形，冂象冠。马王堆汉帛书作🔲，景君碑作🔲，乙瑛碑作🔲，华山神庙碑作🔲，皇象作🔲，索靖作🔲，王献之作🔲，"冂"渐成"冖"。

（2）由勹形变而来

"军"金文作🔲庚壶、🔲邮右军矛，《说文》："🔲，圜围也。四千人为军。从车，从包省。"睡虎地秦简作🔲、🔲，马王堆汉帛书作🔲、🔲、

225

审,白石君碑作军,钟繇作军,"勹"渐变作"宀"。

(3) 由盘形变而来

"受"甲骨文作■、■,金文作■伯康簋、■毛公厝鼎,一手授盘一手受之,表授受之义,舟盘形近,多有混同。《说文》:"■,相付也。从受,舟省声。"睡虎地秦简作■、■,马王堆汉帛书作■,衡方碑作■,郭有道碑作■,夏承碑作■,皇象作■,王羲之作■,原象盘子的部件渐成"宀"。

(4) 由缰绳形变而来

"牵",《说文》:"■,引前也。从牛,冂象引牛之縻也。玄声。"皇象作■,王徽之作■,"冂"渐成"宀"。

(5) 由增繁的笔画形变而来

"帚"甲骨文作■、■,本象可编扎成扫帚的高粱一类的植物,唐兰曰:"其或作■者,字体之增繁。""■为繁画,本无意义。"① 金文作■比簋,均有■,罗振玉以为"象置帚之架"②。《说文》:"■,粪也。从又持巾冖内。"从来源上看,由■变成的"冖"似非表示门内之义。"帚"马王堆汉帛书作■,皇象作■,■渐成"宀"。

31. 宀

(1) 由房屋形变而成

"室"甲骨文作■,金文作■颂壶、■扬簋、■吕鼎,《说文》:"■,实也。从宀从至。至,所止也。"睡虎地秦简作■、■,马王堆汉帛书作■、■,肥致碑作■,衡方碑作■,夏承碑作■,曹全碑作■,索靖作■,王羲之作■。屋宇形渐成"宀",汉字中从"宀"的字多与房屋有关。

(2) 由蛇头形变而成

"它"甲骨文作■、■,金文作■郑伯匜、■弔男父匜,《说文》:"■,

---

① 唐兰:《殷虚文字记》,中华书局,1981。
② 罗振玉:《殷虚书契考释三种》,中华书局,2006,第479页。

虫也。从虫而长，象冤曲垂尾形。上古艸居患它，故相问无它乎。"蛇形易与其他虫形相混，故甲骨文于其上增"止"，以提示行走时要注意遭遇，即《说文》所谓患之。金文小篆省"止"。睡虎地秦简作㔾，马王堆汉帛书作㔾、㔾，居延汉简作㔾，蛇头渐成"宀"。

（3）由储物之器形变而成

"宁"甲骨文作𠕁，金文作𠕁（宁末盉），《说文》："𠕁，辨积物也。象形。"象一中空可储物之器。汉字简化时从宀盛声的"寧"被简作"宁"，也就是说，"宁""寧"本来是两个没有什么关系的字，后来"宁"被弃用，汉字简化后"寧"用该形。今"佇""貯"本从"宁"。

"佇"，《说文》："佇，久立也。从人从宁。"孔彪碑作佇，索靖作佇。

"貯"甲骨文作𠕁、𠕁，宁中贮贝。金文作𠕁（颂鼎），贝被写在宁下。《说文》："貯，积也。从贝宁声。"颜真卿作貯，柳公权作貯。

32. 𠂉

（1）由龟的唇吻部分形变而成

"龟"为象形字。甲骨文多取侧视形，作𠃜、𠃜、𠃜；金文作𠃜（龟父丙鼎）、𠃜（龟父丁爵），为正视形；小篆作𠃜，为侧视形，甲骨文、金文、篆字形龟之头、甲、足、尾均完备。《说文》："𠃜，旧也。外骨内肉者也。从它，龟头与它头同。"隶书头部唇吻部分由原来的短竖曲写作𠂉，这种写法正是后来"𠂉"的来源。桐柏庙碑作龜，郭有道碑作龜，逐渐变为"𠂉"。

（2）由兔头形变而成

"兔"甲骨文作𠔿、𠔿，《说文》："兔，兽名。象踞，后其尾形。兔头与㲋头同。"睡虎地秦简作兔，马王堆汉帛书作兔，居延汉简作兔，皇象作兔，兔头渐成"𠂉"。

（3）由象鼻形变而成

"象"甲骨文作𠃜，金文作𠃜（师汤父鼎），《说文》："象，长鼻牙，南

227

越大兽，三年一乳，象耳牙四足之形。"睡虎地秦简作象，马王堆汉帛书作象、象、象，乙瑛碑作象，皇象作象，象鼻渐成"勹"。

（4）由鱼头形变而成

"鱼"甲骨文作鱼，金文作鱼鱼父癸鼎、鱼伯鱼父壶，《说文》："鱼，水蟲也。象形。"睡虎地秦简作鱼、鱼，马王堆汉帛书作鱼，曹全碑作鱼，张迁碑作鱼，钟繇作鱼，鱼头渐成"勹"。

（5）由角形变而成

"角"甲骨文作角，金文作角鄂侯鼎，《说文》："角，兽角也。象形，角与刀、鱼相似。"睡虎地秦简作角、角，马王堆汉帛书作角，曹全碑作角，索靖作角，角形渐成"勹"。

（6）由刀形变而成

"绝"甲骨文作绝、绝，金文作绝中山王䝶壶，《说文》："絕，斷絲也。从糸从刀从卩。𢇍，古文絕。象不连体，絕二絲。"《说文》古文跟金文比较接近，以刀断丝会意。小篆中部件"刀"写在了字形的右上部分。睡虎地秦简作绝，马王堆汉帛书作绝，衡方碑作绝，郭有道碑作绝，孔彪碑作绝，刀形渐成"勹"。

（7）由帽饰形变而成

"冕"甲骨文作冕，金文作冕冕簋，本象人头戴冠冕形。睡虎地秦简作冕、冕、冕，帽子尖顶处已写成"勹"。后来渐成有身份的人戴的帽子的专称，故《说文》云"大夫以上冠也"，用作修饰的"垂鎏紞纩"，即秦简、汉帛中"冕"上之"勹"；南北朝以后又成为皇冠的称呼，帝王登基要行加冕礼，字形确定为"冕"，"冕"是由"免"增加义符"冃"而成。

（8）由人形变而成

"危"，《说文》："危，在高而惧也。从厃，自卪止之。"山崖之上的人形十分清晰。睡虎地秦简作危，马王堆汉帛书作危、危，皇象作危，人形变作"勹"。

"色",《说文》:"㐌,颜气也。从人从卪。"睡虎地秦简作㐌,马王堆汉帛书作㐌,史晨碑作色,衡方碑作色,人形渐成"⺈"。

"急",《说文》:"㣴,褊也。从心及声。"睡虎地秦简作㣴,马王堆汉帛书作㣴,曹全碑作急,钟繇作急,人形渐成"⺈"。

"臽"甲骨文作㐁,金文作㐁〔默钟〕,《说文》:"臽,小阱也。从人在臼上。"睡虎地秦简作㐁、㐁,马王堆汉帛书作㐁,人形渐成"⺈"。

"负",《说文》:"负,恃也。从人守贝,有所恃也。"睡虎地秦简作负,马王堆汉帛书作负,曹全碑作负,人形渐成"⺈"。

(9) 由爫形变而成

"争"甲骨文作㐁,以两手争一物会意,所争之物以曲线表示,殆以别于"爱"也。金文未见独体的"争",但作构字部件有之,如秦公钟"静"作㐁,表示所争之物的曲线略有变形。小篆上边的手写作"爪",下边的手写作"又"。《说文》:"爭,引也。从𠬪𠂆。"睡虎地秦简作争,马王堆汉帛书作争,礼器碑作争,辟雍碑作争,索靖作争,王羲之作争,"爫"形渐成"⺈"。

(10) 其他形体草书楷化而成

"刍"甲骨文作㐁,从又从艸,以又持断艸会意。《说文》:"芻,刈艸也。象包束艸之形。"睡虎地秦简作芻,马王堆汉帛书作芻,褚遂良作芻。《草书韵会》"芻"作㐁,皇象"急"作㐁,上半写法类似。"刍"中的"⺈"系"芻"之上半"句"草书楷化而成。

33. 鱼

(1) 象鱼的头身

"鱼"甲骨文作鱼,金文作鱼〔鱼父癸鼎〕、鱼〔伯鱼父壶〕,小篆作鱼,睡虎地秦简作鱼、鱼,马王堆汉帛书作鱼,曹全碑作鱼,张迁碑作鱼,钟繇作鱼,鱼的头身部分作"⺈"。

(2) 角讹变而成

"衡"金文作衡〔毛公厝鼎〕、衡〔番生簋〕,《说文》:"衡,牛触,横大木其角。从角从大，行声。"睡虎地秦简作▨、▨，已有误"大"为鱼尾者。马王堆汉帛书作▨、▨，有将"角"误作"鱼"的情况。衡方碑作▨，郭有道碑作▨，一将"角"误为"角"，一将"角""大"误为"鱼"。王羲之作▨，王献之作▨，"衡"形稳定下来。

34. 巛

（1）由川形变而成

"邕"，金文作▨_{邕子瓶}，部件"邑"与"川"左右排布。《说文》："▨，四方有水，自邕城池者。从川从邑。"小篆字形"川"在"邑"上。欧阳询作▨，"川"写作"巛"。

"巡"，《说文》："▨，延行皃。从辵川声。"马王堆汉帛书作▨，礼器碑作▨，华山神庙碑作▨，白石君碑作▨，王羲之作▨，"川"写作"巛"。

（2）由鸟形变而成

"巢"，《说文》："▨，鸟在木上曰巢，在穴曰窠。从木，象形。"郭有道碑作▨，苏孝慈墓志作▨，鸟形渐成"巛"。

（3）由缶口形变而成

"甾"甲骨文作▨、▨，金文作▨_{子侠鼎}，《说文》："▨，东楚名缶曰甾。象形。"隶变后缶口渐成"巛"。

35. 西

（1）由鸟巢形变而成

"西"甲骨文作▨、▨、▨，金文作▨_{戍甫鼎}、▨_{散盘}、▨_{国差𦉢}，《说文》："▨，鸟在巢上。象形。"段玉裁注："下象巢，上象鸟。会意。上下皆非字也，故不曰会意而曰象形。"睡虎地秦简作▨，马王堆汉帛书作▨、▨，华山神庙碑作▨，史晨碑作▨，西狭颂作▨，鸟形变作一横，与下边的鸟巢构成了"西"。

（2）由栗子形变而成

"栗"甲骨文作▨，《说文》："▨，木也。从木，其实下垂，故

第二章 汉字形变的主要类型

从卤"马王堆汉帛书作栗，栗子已讹作"西"。

(3) 由襾形变而成

"覆"金文作■中山王響壺，《说文》："覆，覂也。一曰盖也。从襾复声。"《说文》："襾，覆也。从冂，上下覆之。""覆"睡虎地秦简作■、■，马王堆汉帛书作■，王羲之作■，虞世南作■，后来"襾"渐讹作"西"。

"贾"，《说文》："贾，贾市也。从贝襾声。"睡虎地秦简作■，马王堆汉帛书作■，王羲之作■，"襾"渐讹作"西"。

(4) 由双手及上半身融合而成

"要"金文作■是要簋，《说文》："■，身中也。象人要自臼之形。从臼，交省声。■，古文要。"睡虎地秦简作■、■，与《说文》古文和金文的写法相似。马王堆汉帛书作■、■，曹全碑作■，双手及上半身融合为"西"。

(5) 由臼囟融合而成

"票"，《说文》："■，火飞也。从火■。"即今"熛"之本字。■义待考，隶变之后成了"西"。

36. 厶

(1) 由■形变而成

"私"，《说文》："私，禾也。从禾厶声。"睡虎地秦简作■，马王堆汉帛书作■，校官碑作■，皇象作■，王羲之作■，王献之作■，环形讹作"厶"。

(2) 由气流形变而来

"牟"，《说文》："牟，牛鸣也。从牛，象其声气从口出。"曹全碑作■，颜真卿作■，气流形写作"厶"。

(3) 由容器形变而来

"去"甲骨文作■，金文作■哀成弔鼎，为"呿"之本字。《说文》："■，人相违也。从大凵声。"为"笶"之本字。因为形近，混为一

231

字。"△"之"大"象盖形，如"壶"甲骨文作🏺，金文作🏺伯公父壶，小篆作🏺，盖形相类。"凵"象饭器，《说文》："凵，凵盧，饭器，以柳为之。象形。""△"睡虎地秦简作🔲，马王堆汉帛书作🔲，景君碑作🔲，乙瑛碑作🔲，衡方碑作🔲，皇象作🔲，王羲之作🔲，王献之作🔲，"凵"讹变为"厶"。

（4）由目形变而来

"台"金文作🔲鄘侯库簋，《说文》："吕，说也。从口目声。"睡虎地秦简作🔲，马王堆汉帛书作🔲，褚遂良作台，"目"讹变为"厶"。

（5）由口形变而成

"勾"其实是由"句"变来的，部件"口"变形成了"厶"。"枸""狗""苟"等均是以"句"为声符的形声字，部件"句"与今天的"勾"读音相近。这是因为这些字中的"句"仍用的是本形。"钩"本作"鉤"，"厶"也是由"口"变形而来。

37. 林

（1）由二木组成

"林"甲骨文作🔲，金文作🔲卓林父簋，《说文》："林，平土有丛木曰林。从二木。"睡虎地秦简作🔲，马王堆汉帛书作林，张迁碑作林。

（2）由㯃形变而成

"麻"金文作🔲师麻匡，《说文》："麻，与㯃同。人所治，在屋下。从广从㯃。"段玉裁注："今俗语缉麻析其丝曰劈，即㯃也。""㯃麻古盖同字"，"絲起于糸，麻缕起于㯃。"睡虎地秦简作麻，马王堆汉帛书作麻，王羲之作麻，"㯃"讹作"林"。

38. 艹

（1）由艸形变而来

"草"，《说文》："草，草斗，栎实也。一曰象斗子。从艸早声。"睡虎地秦简作草，马王堆汉帛书作草、草，桐柏庙碑作草，

232

孔彪碑作草，曹全碑作草，张猛龙碑作草，现代将本相断离的两部分连写而为"艹"。

（2）由眉毛形变而成

"蔑"甲骨文作𦏡，金文作𦏡录卣，上边为画有眉眼的人形，下以一戈穿过，疑其本义与杀伐有关。《说文》："蔑，劳目无精也。从苜，人劳则蔑然；从戍。"张迁碑作蔑，眉毛部分已与同时期的"艸"头写法相同，后来连写而为"艹"。

（3）由羊角形变而成

"莧"，《说文》："莧，山羊细角者。从兔足，苜声。"又《说文》："苜，目不正也。从丫从目。"徐锴曰："丫，角戾也。"今体"苜"保留了原形，而"莧"上之角形则讹为"艹"。

（4）由廾形变而成

"共"甲骨文作𠃨，金文作𠃨共覃父乙簋、𠃨䶣忎盘，《说文》："共，同也。从廿廾。"睡虎地秦简作共，马王堆汉帛书作共、共，华山神庙碑作共，曹全碑作共，"廿"渐成"艹"。

"黄"甲骨文作𦰩、𦰩，赵诚先生云："从甲骨文字的发展来看，矢、寅、黄三字同源，皆由矢衍化而来，所以在甲骨文早期容易混同，到了晚期才区别显然，矢作𠂕、寅作𠂤、黄作𦰩。"①姚孝遂先生云："卜辞'矢'与'寅'初本同形，乃借'矢'为'寅'。其后复于'矢'形加'一'作'𠂤'，进一步变化作'𠂤'或'𠂤'，这一形体是'寅'和'黄'的通用形体，乃借'寅'为'黄'。其后又增'一'作'寅'，以为'黄'之专用形体。"②厘清了矢、寅、黄三字的关系。金文作黄善夫山鼎、黄师酉簋，增廿。《说文》："黄，地之色也。从田从炗，炗亦声。炗，古文光。"睡虎地秦简

---

① 赵诚编著《甲骨文简明字典》，中华书局，1988。
② 姚孝遂：《说"一"》，见《第二届国际中国文字学研讨会论文集》，问学社有限公司，1993。

作〇，马王堆汉帛书作〇，史晨碑作〇，西狭颂作〇，廿与矢头融合为"廿"。

（5）由巛形变而来

"昔"甲骨文作〇、〇，金文作〇卯簋，从巛从日，本义为往昔。《说文》："〇，干肉也。从残肉，日以晞之。与俎同意。〇，籀文从肉。"实释"〇"之义，〇从肉昔声。睡虎地秦简作〇，马王堆汉帛书作〇、〇，索靖作〇，王羲之作〇，上部渐成"廿"。

39. 圭

（1）由丞形变而成

"素"金文作〇师克盨，《说文》："〇，白致缯也。从糸丞，取其泽也。"以下垂的未染色的丝绸会意。马王堆汉帛书作〇、〇，史晨碑作〇，衡方碑作〇，"丞"讹作"圭"。

（2）由來形变而成

"麦"甲骨文作〇、〇，金文作〇麦盉，象麦形，上为麦穗，下为根须。《说文》："麥，芒穀，秋種厚薶，故谓之麥。麥，金也。金王而生，火王而死。从來，有穗者；从夊。"犹知"來"为麦穗之象。睡虎地秦简作〇、〇，马王堆汉帛书作〇、〇，西狭颂作〇，虞世南作〇，"來"讹作"圭"。

（3）由朿形变而成

"责"甲骨文作〇，金文作〇旂作父戊鼎、〇秦公簋、〇兮甲盘，《说文》："〇，求也。从贝朿声。"睡虎地秦简作〇、〇，马王堆汉帛书作〇、〇，衡方碑作〇，"朿"讹为"圭"。

（4）由生形变而成

"青"金文作〇吴方彝、〇墙盘，《说文》："〇，东方色也。木生火，从生丹。"睡虎地秦简作〇、〇，马王堆汉帛书作〇、〇，孔彪碑作〇，"生"讹为"圭"。

234

(5) 由部件"亠""毛"糅合而成

"表"小篆作𧝞，《说文》："表，上衣也。从衣从毛。古者衣裘，以毛为表。"徐锴《说文系传》："古以皮为裘，毛皆在外，故衣毛为表。会意。"楷书中的部件"圭"由"亠"与"毛"糅合而成。居延汉简作表，已有糅合趋势。北魏《北海王元详造像记》作表，《魏灵藏造像记》作表，写法与今体同。

(6) 由中土糅合而成

"毒"，《说文》："𦸫，厚也。害人之艸，往往而生。从屮从毐。"徐锴以为毒为声符。马王堆汉帛书作毒，王羲之作毒，欧阳询作毒，"屮""士"糅合为"圭"。

40. 白

(1) 由曰形变而来

"皆"金文作皆(皆壶)，《说文》："𤾔，俱词也。从比从白。"睡虎地秦简作皆，马王堆汉帛书作皆，史晨碑作皆，欧阳询作皆，虞世南作皆，龙藏寺碑作皆，"白"渐多见。

(2) 由泉眼形变而来

"泉"甲骨文作𣱵、𣱶、𣱷、𣱸，《说文》："𤽄，水原也。象水流出成川形。"睡虎地秦简作泉，马王堆汉帛书作泉，曹全碑作泉，王羲之作泉，泉流所出之穴写作了"白"。

41. 非

(1) 由鸟之双翅形变而成

"非"金文作非(班簋)、非(毛公𪔅鼎)，《说文》："𣍝，违也。从飞下翄，取其相背。"以向相反的方向张开的翅膀会意。睡虎地秦简作非，马王堆汉帛书作非，袁博碑作非，王羲之作非，欧阳询作非，渐成"非"。

(2) 由植物茎叶形变而成

"韭"，《说文》："韭，菜名。一种而久者，故谓之韭。象形，在一之上。一，地也。""非"象茎叶，"一"指地。睡虎地秦简作 ![字形], 马王堆汉帛书作 ![字形], 颜真卿作 ![字形], 茎叶写成了"非"。

42. 门

（1）"門"的草书楷化

"門"甲骨文作 ![字形]、![字形]，金文作 ![字形]裹盘、![字形]元年师兑簋、![字形]师西簋，《说文》："門, 闻也。从二户。象形。"睡虎地秦简作 ![字形], 马王堆汉帛书作 ![字形], 史晨碑作 ![字形], 衡方碑作 ![字形], 王羲之作 ![字形], 王献之作 ![字形], 后来"門"草书楷化为"门"。

（2）"鬥"的草书楷化

"闹"，《说文》："鬧, 不静也。从市鬥。"董其昌作 ![字形], 后来"鬥"草书楷化为"门"。

43. 曲

（1）由器物形变而来

"曲"甲骨文作 ![字形], 金文作 ![字形]曲父丁爵,《说文》："曲, 象器曲受物之形。或说曲，蚕薄也。![字形], 古文曲。""曲"象某种容器，所谓蚕薄是一种盛桑叶的器物。睡虎地秦简作 ![字形]、![字形], 马王堆汉帛书作 ![字形], 校官碑作 ![字形], 索靖作 ![字形], 王羲之作 ![字形]。

（2）由臼囟融合而成

"農"甲骨文作 ![字形], 金文作 ![字形]墙盘、![字形]沇其钟、![字形]史农觯、![字形]散盘,《说文》："農, 耕也。从晨囟声。![字形], 籀文農从林。![字形], 古文農。![字形], 亦古文農。"睡虎地秦简作 ![字形], 马王堆汉帛书作 ![字形], 乙瑛碑作 ![字形], 华山神庙碑作 ![字形], 史晨碑作 ![字形], 曹全碑作 ![字形], 索靖作 ![字形], 王羲之作 ![字形], 字上半之"![字形]"融合讹变为"曲"。

（3）由玉串与容器融合而成

"豊"甲骨文作 ![字形]、![字形], 金文作 ![字形]长由盉、![字形]伯豊方彝,《说文》："豊, 行礼之器也。从豆, 象形。"马王堆汉帛书作 ![字形]。玉串与器物逐渐融合成"曲"。

第二章 汉字形变的主要类型

44. 业

（1）由锯齿状的簨虡变来

"业"金文作 ※郾王职剑，《说文》："業，大版也。所以饰悬钟鼓。捷業如锯齿，以白画之。象其鉏铻相承也。从丵从巾。巾象版。"马王堆汉帛书作業，华山神庙碑作業，孔宙碑作業，王羲之作業，锯齿形的钟磬架写作"业"。

（2）由北形变而成

"虚"，《说文》："壚，大丘也。昆仑丘谓之昆仑虚。古者九夫为井，四井为邑，四邑为丘，丘谓之虚。从丘，虍声。"睡虎地秦简作虚、虚，马王堆汉帛书作虚，华山神庙碑作虚，孔彪碑作虚，虞世南作虚，"北"渐成"业"。

45. 巾

（1）象巾帛形

"帛"甲骨文作帛，金文作帛召伯簋，《说文》："帛，缯也。从巾白声。"睡虎地秦简作帛，马王堆汉帛书作帛，华山神庙碑作帛，衡方碑作帛，"巾"形一直比较清晰，为缯帛之象。

（2）由花杯形变而成

"帝"甲骨文作帝、帝，金文作帝㝬簋、帝秦公簋，"不"甲骨文作不、不，金文作不㝬钟、不秦公簋，它们与花杯的部分形体颇为相似。《说文》："帝，谛也。王天下之号也。从丄朿声。帝，古文帝。"马王堆汉帛书作帝、帝，华山神庙碑作帝，桐柏庙碑作帝，史晨碑作帝，衡方碑作帝，渐成"巾"形。

46. 乚

（1）由乙形变而成

"乱"金文作乱召伯簋，《说文》："乱，治也。从乙，乙，治之也；从𤔔。"睡虎地秦简作乱，马王堆汉帛书作乱，曹全碑作乱，皇象作乱，王羲之作乱，"乙"渐成"乚"。

237

(2) 由乙形变而成

"乳"甲骨文作🀄，象怀子哺乳之形。《说文》："🀄，人及鸟生子曰乳，兽曰产。从孚从乙。乙者，玄鸟也。"环臂抱子之形变作🀄，身体部分变作🀄，即《说文》误以为象玄鸟之"乙"。睡虎地秦简作🀄，马王堆汉帛书作🀄、🀄，皇象作🀄，姚懿碑作🀄，"乙"渐成"乚"。

(3) 简化符号

"礼"甲骨文作🀄，金文作🀄中山王䑗壶，《说文》："禮，履也。所以事神致福也。从示从豊，豊亦声。🀄，古文禮。"马王堆汉帛书作🀄、🀄，乙瑛碑作🀄，礼器碑作🀄，华山神庙碑作🀄，衡方碑作🀄，西狭颂作🀄，衡方碑将部件"豊"简写作"乚"。

47. 乂

(1) 象相交的草

"乂"甲骨文作🀄，金文作🀄小臣系卣、🀄乂父乙簋，《说文》："乂，交也。象《易》六乂头交也。"字形本象相交的蓍草。

(2) 简化符号

"区"本作區，从品在匸中。简化时"品"处理作"乂"。

"赵"本作🀄，从走肖声。简化时"肖"处理作"乂"。

"风"小篆作🀄，从虫凡声。"冈"小篆作🀄，从山网声。简化时用符号"乂"代替了里边的部分。

二 同形分化

1. 止

"止"甲骨文作🀄，金文作🀄召伯簋，《说文》："🀄，下基也。象艸木出有址，故以止为足。"从甲骨文、金文看，"止"本象人足，《说文》误以为象草木从地下冒出。汉字发展中作部件的"止"有多个形变。

第二章　汉字形变的主要类型

（1）止。汉字中多写作"止"。"正"甲骨文作🄯，金文作🄯虞钟、🄯申鼎，《说文》："🄯，是也。从止，一以止。"睡虎地秦简作🄯，马王堆汉帛书作🄯，郭有道碑作🄯，渐成"止"形。企、武、歷、峙、踵、距等字里的"止"均象脚形。

（2）少。"步"甲骨文作🄯、🄯，金文作🄯父癸爵，两止一前一后会行走之意。《说文》："🄯，行也。从止少相背。"下止已定形为反止。睡虎地秦简作🄯、🄯，马王堆汉帛书作🄯，衡方碑作🄯，皇象作🄯，王羲之作🄯，反止形写作"乂"。

"涉"甲骨文作🄯，金文作🄯格伯簋、🄯散盘，在水的两边各画一只脚表示涉水过河。《说文》："🄯，徒行厉水也。从沝从步。🄯，篆文从水。"马王堆汉帛书作🄯、🄯，皇象作涉，王羲之作涉。部件"步"下的"止"先定形为反止，后隶变作"少"。

（3）龰。"足"甲骨文作🄯、🄯、🄯，🄯与"正"同，须根据卜辞文义来区分它们。金文作🄯兔簋、🄯元年师兑簋，上半均为虚廓之圆，"正"金文上半或填实之或作一。《说文》："🄯，人之足也。在下。从止口。"睡虎地秦简作🄯，马王堆汉帛书作🄯、🄯，曹全碑作🄯，王羲之作🄯，欧阳询作足，多将"止"书写作"龰"。"走"金文作🄯休盘，小篆作🄯，本从夭从止，以摆动双臂疾行的人会意，桐柏庙碑"走"已写作走，将"止"写为"龰"。赴、赳等字里的"龰"均由"止"变来。

（4）辶。现行汉字里的"辶"基本都是由彳与止的组合隶变而成，如"追"甲骨文作🄯、🄯，从𠂤从止，金文增彳作🄯追簋，小篆作🄯，彳与止组合成"辵"，与"𠂤"左右排布。隶书作🄯景君碑，"辵"渐成"辶"。"逐"甲骨文作🄯，从豕从止，金文增彳作🄯逐簋，小篆作🄯，隶书作🄯马王堆帛书，形变情形与"追"基本相同。

（5）之。"之"甲骨文作🄯、🄯，从止从一，表示离开某地前往另一处。《尔雅·释诂》："之，往也。"就是往……去的意思。

239

金文作 ▲盠驹尊、▲善夫克鼎、▲戈弔鼎、▲秦公簋，脚形渐失。小篆作 㞢，脚形类似于"屮"。《说文》："㞢，出也。象艸过屮，枝茎益大有所之。一者，地也。"误将脚形析为草木枝茎。隶书作 ㇏睡虎地秦简、㇏孔宙碑、㇏史晨碑、㇏肥致碑，由脚形讹成的枝茎形渐难看出，下边表示出发地的横则变成了捺。

(6) 屮。"出"甲骨文作 ㊀、㊁，金文作 ㊂颂鼎，以止从坎穴出会出之意。《说文》："㞢，进也。象艸木益滋，上出达也。"误以"止"为草木之象。睡虎地秦简作 出、出，马王堆汉帛书作 出、出、出，乙瑛碑作 出，曹全碑作 出，"止"形渐成"屮"。

(7) 十。"奔"的金文作 ※孟鼎、※效卣、※或簋，上边为一扬起手臂的人形，表示人在快跑，下边为三个"止"，表示脚步急促。西周金文已多讹三"止"为三"屮"。小篆承其误。《说文》："奔，走也。从夭，贲省声。与走同意，俱从夭。"从来源看，非"贲省声"，当从三止。"走"下从一止，"奔"从三止，仅字形上就反映出"奔"比"走"快。"奔"的隶书笔形平直化，"夭"写成了"大"，"芔"写成了"卉"，熹平石经作 奔。

(8) 㞢。"先"甲骨文作 ㇏、㇏，本从止。金文作 ※师虎簋、※弔向簋、※默簋，已有不少将"止"写的近于"屮"。《说文》："兂，前进也。从儿从㞢。"睡虎地秦简作 先，马王堆汉帛书作 先，景君碑作 先，史晨碑作 先，"止"渐成"㞢"。

(9) 丶。"往"的甲骨文作 ※，从止王声，本义为去往。金文增"彳"作 ※吴王光鉴。小篆"止"形变作"㞢"。《说文》："徃，之也。从彳，㞢声。徨，古文从辵。"隶书作 徃衡方碑、徃曹全碑，"屮"又简省为横。楷书中逐渐稳定为点。

(10) 一。"前"甲骨文作 ※、※，从行从止从舟，或省行，舟象履形，《说文》"履"条有："足所依也。从尸从彳从夂，舟象履形。"因履形与舟形相近，故相混同。金文作 ※兮仲钟，无部件"行"，

240

第二章 汉字形变的主要类型

小篆同之。《说文》："肯，不行而进谓之肯。从止在舟上。"段注："后人以齐斷之翦为肯後字。""翦"从刀肯声，为"剪"之本字，借用为"肯"并沿用下来，后复增刀成"剪"以表剪断义。"翦"睡虎地秦简作肯，马王堆汉帛书作翦、翦，衡方碑作翦，上边的"止"逐渐简省成"䒑"。

（11）夂。"夂"甲骨文作夂，本象倒止形，《说文》："夂，从后至也。象人两胫后有致之者。"倒止形隶作"夂"，见于多个汉字。"後"金文作後帅鼎、後林氏壶，《说文》："後，迟也。从彳幺夂者，後也。遘，古文後从辵。"睡虎地秦简作後，马王堆汉帛书作後、後，华山神庙碑作後，衡方碑作後，曹全碑作後，张迁碑作後，王羲之作後，倒止形写为"夂"。"夏"甲骨文作夏，象蝉形。金文作夏邾伯鼎，《说文》："夏，中国之人也。从夂从頁从臼。臼，两手；夂，两足也。夓，古文夏。"睡虎地秦简作夏，马王堆汉帛书作夏，礼器碑作夏，曹全碑作夏，皇象作夏，王羲之作夏，虞世南作夏，倒止形渐成"夂"。

（12）キ。横向的"止"。"韋"甲骨文作韋、韋，为"围"之本字，以众足围城会包围之意；韦鼎作韋，改从帀，帀者周也，表示的仍是包围义；《说文》："韋，相背也。从舛口声。"非本形溯义，"韋"上下之"キ"为横向的"止"形变而成。"舞""桀""椉"部件中均有之。"舞"甲骨文作舞，为人持物舞蹈状；金文作舞匽侯舞易器，增双止；《说文》："舞，乐也。用足相背，从舛，無声。""舛"即相背之两足。"桀"，《说文》："桀，磔也。从舛在木上也。"为双足登于木上。"椉"甲骨文作椉，从大从木，以人乘木上会登乘之意；金文作椉匽公匜，增双止；小篆作椉，变为从入从桀，"入"实为大之省，"舛"为两足形。

（13）癶。双止。"登"甲骨文作登，金文作登登鼎、登复公子簠，《说文》："登，上车也。从癶豆。象登车形。䦒，籀文登。"睡虎地秦简作󰀀，马王堆汉帛书作󰀀、󰀀，华山神庙碑作󰀀，登车之双足变作"󰀀"。"癹"甲骨文作󰀀，《说文》："󰀀，以足蹋夷艸。从󰀀从殳。"双足今写作"󰀀"。

表示与脚有关的动作的汉字很多，最初字形中的脚形是十分清晰的，但是，在字形的发展演变中，因所处位置不同，象脚形的"止"出现了各种不同的变化，很多变化早在汉代已辨识不清，以致《说文解字》中多有字形分析的错误。隶书在单纯追求书写便捷、字形均衡的驱动下，形体的变化更大。

2. 舟

"舟"甲骨文作󰀀，金文作󰀀 舟父丁卣、󰀀 鄂君启舟节，《说文》："󰀀，船也。古者，共鼓、货狄，刳木为舟，剡木为楫，以济不通。象形。"汉字发展中作部件的"舟"有多个形变。

（1）月或月

"俞"甲骨文作󰀀，金文作󰀀 鲁伯俞父盘，《说文》："󰀀，空中木为舟也。从亼从舟从巜。巜，水也。"马王堆汉帛书作󰀀、󰀀，舟形渐成"月"。

"前"甲骨文作󰀀、󰀀，金文作󰀀 兮仲钟，小篆作󰀀，舟形明显。睡虎地秦简作󰀀，马王堆汉帛书作󰀀、󰀀，舟形变作"月"。

"朕"甲骨文作󰀀，金文作󰀀 师遽簋，《说文》："󰀀，我也。"段玉裁注："朕在舟部。其解当曰舟缝也。从舟、灷声。"马王堆汉帛书作󰀀、󰀀，舟形写成了"月"。

"朝"金文作󰀀 趞簋、󰀀 先兽鼎，《说文》："󰀀，旦也。从倝舟声。"睡虎地秦简作󰀀，马王堆汉帛书作󰀀、󰀀，字之右半渐成"月"。

"服"甲骨文作󰀀，金文作󰀀 盂鼎、󰀀 班簋，《说文》："󰀀，用也。一曰车右騑，所以舟旋。从舟𠬝声。󰀀，古文服从人。"睡虎地秦简作󰀀、󰀀，马王堆汉帛书作󰀀、󰀀，桐柏庙碑作󰀀，小篆里的舟形渐成"月"。

(2) 日

"恒"甲骨文作☒,金文作☒恒篆,《说文》:"☒,常也。从心从舟,在二之间上下。心以舟施,恆也。☒,古文恆从月。"甲骨文、金文本从"月",小篆误以为从"舟"。睡虎地秦简作☒,马王堆汉帛书作☒,均从"月"。衡方碑作恒,已写作"日"。

3. 夭

"夭"甲骨文作☒,金文作☒亚毁爵,本象人奔走时双臂摆动之状。《说文》:"夭,屈也。从大,象形。"小篆解为象人曲屈形,写法与"矢"的金文同。"矢"甲骨文作☒、☒,金文作☒矢王鼎盖、☒散伯簋,《说文》:"夭,倾头也。从大,象形。"

(1) 大

"奔"金文作☒孟鼎、☒效卣,《说文》:"☒,走也。从夭,贲省声。"从金文看本从"夭"从"㞢"。睡虎地秦简作☒,王羲之作☒,欧阳通作奔,"夭"写作"大"。

(2) 土

"走"金文作☒孟鼎、☒元年师兑簋,为人摆动两臂疾走之状,《说文》:"☒,趋也。从夭止。夭止者,屈也。"段玉裁注:"从夭止者,安步则足胻较直,趋则屈多。"睡虎地秦简作☒,马王堆汉帛书作☒、☒,桐柏庙碑作走,"夭"渐成"土"。

4. 大

(1) 大

"大"的甲骨文作☒、☒,金文作☒大禾方鼎、☒作册大鼎、☒颂鼎,以四肢伸展的人形会大之意。《说文》:"大,天大、地大、人亦大,故大象人形。"隶书作大景君碑、大曹全碑,双臂平直为一横。

"夸"甲骨文作☒,金文作☒夸甗、☒夸戈、☒伯夸父盨,《说文》:"夸,奢也。从大,于声。"夸大、夸张犹用其本义。

"奢"金文作☒奢虎匜,《说文》:"☒,张也。从大,者声。☒,籀

243

文。"奢侈犹用其本义。

（2）土

"赤"甲骨文作【图】，金文作【图】晋鼎、【图】彔伯簋、【图】颂鼎，《说文》："【图】，南方色也。从大从火。"隶书作【图】马王堆帛书、【图】史晨碑，部件"大"渐成"土"。

（3）亣

"亦"甲骨文作【图】，金文作【图】效卣、【图】兮甲盘，为"腋"之初文，于"大"下以两点指示腋之所在。《说文》："【图】，人之臂亦也。从大，象两亦之形。"隶书作【图】郭有道碑、【图】西狭颂，部件"大"渐成"亣"。

（4）立

"立"甲骨文作【图】、【图】，金文作【图】师酉簋、【图】颂鼎，以人立于地面会意。《说文》："【图】，住也。从大立一之上。"甲骨文、金文、篆体中部件"大"都十分清晰。隶书作【图】乙瑛碑、【图】礼器碑，部件"大"渐成"立"。

5. 心

"心"金文作【图】克鼎、【图】王孙钟，《说文》："【图】，人心，土藏，在身之中。象形。"睡虎地秦简作【图】，马王堆汉帛书作【图】、【图】，景君碑作【图】，曹全碑作【图】，逐渐丧失象形意味。

（1）心

"志"金文作【图】中山王䜤壶，《说文》："【图】，意也。从心㞢，㞢亦声。"睡虎地秦简作【图】，马王堆汉帛书作【图】、【图】，曹全碑作【图】。

（2）忄

"恒"甲骨文作【图】，金文作【图】恒簋，小篆作【图】，睡虎地秦简作【图】，马王堆汉帛书作【图】，衡方碑作【图】，"心"渐成"忄"。

（3）⺗

"恭"，《说文》："【图】，肃也。从心共声。"肥致碑作【图】，王羲之作【图】，"心"渐成"⺗"。

244

6. 肉

（1）月

"有"甲骨文作✋，假"又"为之。金文作🖐免簋，从又持肉。《说文》："🖐，不宜有也。《春秋传》曰：'日月有食之。'从月又声。"误以为从"月"。睡虎地秦简作有、有，马王堆汉帛书作有、有，衡方碑作有，曹全碑作有，作"月"。王羲之作有，欧阳询作有，褚遂良作有，渐成"月"。

"胃"金文作🍖，《说文》："🍖，榖府也。从肉，囟象形。"睡虎地秦简作胃、胃，马王堆汉帛书作胃、胃，楷化中渐成"月"。

"背"，《说文》："背，脊也。从肉北声。"衡方碑作背，作"月"。王羲之作背，王献之作背，楷化中渐成"月"。

（2）月

"筋"，《说文》："筋，肉之力也。从力从肉从竹。竹，物之多筋者。"睡虎地秦简作筋，马王堆汉帛书作筋、筋，衡方碑作筋，"肉"渐成"月"。

（3）夕

"祭"甲骨文作🖐，金文作🖐郊公华钟，《说文》："祭，祭祀也。从示，以手持肉。"睡虎地秦简作祭，马王堆汉帛书作祭、祭，华山神庙碑作祭，肉形渐成"夕"。

（4）夕

"多"甲骨文作多、多，金文作多㲃簋、多先兽鼎，《说文》："多，重也。从重夕。夕者，相绎也，故为多。"王国维曰："从二肉，会意。"比较"多""祭"的甲骨文，肉块相近。睡虎地秦简作多，马王堆汉帛书作多、多，王羲之作多，欧阳通作多，肉形渐成"夕"。

7. 攴

（1）攴

"寇"金文作🖐昌鼎、🖐虞司寇壶，《说文》："寇，暴也。从攴从完。"

睡虎地秦简作█，马王堆汉帛书作█。

(2) 攵

"牧"甲骨文作█、█，金文作█牧师父簋、█同簋，《说文》："█，养牛人也。从攴从牛。"睡虎地秦简作█，马王堆汉帛书作█，衡方碑作█，西狭颂作█，曹全碑作█，"攴"写为了"攵"。

"攴"隶变为"攵"的情形比较多，还有如："肇"小篆作█，"敏"小篆作█，"孜"小篆作█，"整"小篆作█，"效"小篆作█，"故"小篆作█，"政"小篆作█，"孜"小篆作█，"放"小篆作█，"改"小篆作█，"敛"小篆作█，"敌"小篆作█，"救"小篆作█，"赦"小篆作█，"攸"小篆作█，"敦"小篆作█，"收"小篆作█，"攻"小篆作█，"败"小篆作█，"畋"小篆作█，"叙"小篆作█，"敕"小篆作█，"教"小篆作█，"放"小篆作█，"敝"小篆作█，"散"小篆作█，"敬"小篆作█，"鳌"小篆作█，等等。

(3) 又

"变"金文作█曾侯乙钟，《说文》："█，更也。从攴䜌声。"睡虎地秦简作█，马王堆汉帛书作█，"攴"简作了"又"。

(4) 乂

"更"甲骨文作█，金文作█班簋，《说文》："█，改也。从攴丙声。"睡虎地秦简作█，马王堆汉帛书作█、█，礼器碑作█，皇象作█，王羲之作█，"攴"与其他部件融合，仅剩"乂"。

8. 宀

(1) 宀

"家"甲骨文作█，金文作█㝬簋，《说文》："█，居也。从宀，豭省声。█，古文家。"从甲骨文、金文看当从宀从豕。睡虎地秦简作█，马王堆汉帛书作█、█，史晨碑作█，衡方碑作█，曹全碑作█，王羲之作█，渐成今形。

(2) 门

"向"甲骨文作🔲、🔲，金文作🔲向篮、🔲甲向父簋，《说文》："向，北出牖也。从宀从口。"甲骨文、金文、篆文中部件"宀"的写法与"家"中的"宀"相同。马王堆汉帛书作🔲，王羲之作🔲，"宀"写成了"门"。

"奥"，《说文》："奥，宛也。室之西南隅。从宀乔声。"郭有道碑作奥，校官碑作奥，索靖作奥，王羲之作奥，"宀"写作"门"。

9. 目

(1) 目

"相"甲骨文作🔲、🔲，金文作🔲折尊、🔲四年相邦戟，《说文》："相，省视也。从目从木。"睡虎地秦简作🔲，马王堆汉帛书作🔲，乙瑛碑作相，史晨碑作相，钟繇作相，眼睛形写作"目"。

"见"甲骨文作🔲、🔲，金文作🔲见尊、🔲史见卣，《说文》："见，视也。从儿从目。"睡虎地秦简作见，马王堆汉帛书作见，礼器碑作见，史晨碑作见，眼睛形写作"目"。简体是草书楷化而成，王羲之作见。

(2) 臣

"臣"甲骨文作🔲、🔲，金文作🔲辰卣、🔲公臣簋，《说文》："臣，牵也。事君也。象屈服之形。"臣常俯首，俯首时目竖，故以之象人屈服之形。睡虎地秦简作臣，马王堆汉帛书作臣、臣，乙瑛碑作臣，史晨碑作臣，衡方碑作臣，眼睛形写为"臣"。

"监"甲骨文作🔲，金文作🔲，《说文》："监，临下也。从卧，衉省声。"睡虎地秦简作监，马王堆汉帛书作监，华山神庙碑作监，王羲之作监，眼睛形写为"臣"，汉字简化时又将"臣"草书楷化作"川"。

(3) 罒

"蜀"甲骨文作🔲、🔲，金文作🔲班簋，《说文》："蜀，葵中蚕也。从虫，上目象蜀头形，中象其身蜎蜎。"睡虎地秦简作蜀，马王堆汉帛书作☐，乙瑛碑作☐，肥致碑作☐，曹全碑作☐，目形均写作"罒"。

"眾"甲骨文作☐、☐，金文作☐师旂鼎、☐师裹簋，《说文》："☐，多也。从乑目，眾意。"睡虎地秦简作☐，马王堆汉帛书作☐，目形均写作"罒"。

"德"甲骨文作☐，金文作☐师望鼎、☐蔡姞簋，《说文》："德，升也。从彳德声。"马王堆汉帛书作☐、☐，史晨碑作☐，衡方碑作☐，孔彪碑作☐，目形均写作"罒"。

(4) 尸

"民"金文作☐何尊、☐孟鼎、☐曾子斿鼎、☐王孙钟，《说文》："民，众萌也。从古文之象。凡民之属皆从民。"睡虎地秦简作☐、☐，马王堆汉帛书作☐、☐，华山神庙碑作☐，史晨碑作☐，衡方碑作☐，郭有道碑作☐，袁博碑作☐，目形变作"尸"。

10. 屮

(1) 乚

"屯"甲骨文作☐，金文作☐颂簋，《说文》："☐，难也。象艸木之初生。屯然而难。从屮贯一。一，地也。尾曲。"马王堆汉帛书作☐、☐，传世历代书法中单体的"屯"少见，但含有部件"屯"的"纯""钝"衡方碑作☐、☐，已将草形写作"乚"。

(2) 十

"朝"金文作☐，《说文》："☐，旦也。从倝舟声。"睡虎地秦简作☐，马王堆汉帛书作☐、☐，衡方碑作☐，西狭颂作☐，曹全碑作☐，"屮"写作"十"。

"卉"，《说文》："卉，艸之总名也。从艸屮。"王羲之作☐，"屮"写作"十"。

另外还有双"屮"连接而成的"艹"，如下所示。

"草"，《说文》："草，草斗，栎实也。一曰象斗子。从艸早声。"睡虎地秦简作☐，马王堆汉帛书作☐、☐，桐柏庙碑作☐，孔彪碑作【草】，曹全碑作【草】，双"屮"渐成"卄"。

"莽"，《说文》："【莽】，南昌谓犬善逐菟艸中为莽。从犬从茻，茻亦声。"睡虎地秦简作【莽】，智永作【莽】，后上部的"艸"也相连接而成"卄"。

11. 网

（1）网

"网"甲骨文作【网】，金文作【网】戈网甗，《说文》："【网】，庖牺所结绳以渔。从冂，下象网交文。"象网形。"罕""罨""罥"等字中今仍写作"网"。

（2）罒

"罚"金文作【罚】散氏盘，《说文》："【罚】，辠之小者。从刀詈。"睡虎地秦简作【罚】，马王堆汉帛书作【罚】，钟繇作【罚】，网形渐成"罒"。

"罗"甲骨文作【罗】，《说文》："【罗】，以丝罟鸟也。从网从维。"睡虎地秦简作【罗】，马王堆汉帛书作【罗】、【罗】，王羲之作【罗】，网形渐成"罒"。

"買"甲骨文作【買】，金文作【買】买王卣、【買】右买戈，《说文》："【買】，市也。从网贝。"睡虎地秦简作【買】，史晨碑作【買】，褚遂良作【買】，网形渐成"罒"。

"罩"，《说文》："【罩】，捕鱼器也。从网卓声。"欧阳通作【罩】，颜真卿作【罩】，网形渐成"罒"。

"罪"，《说文》："【罪】，捕鱼竹网。从网、非。秦以罪为辠字。"马王堆汉帛书作【罪】，乙瑛碑作【罪】，樊敏碑作【罪】，钟繇作【罪】，网形渐成"罒"。

"置"，《说文》："【置】，赦也。从网、直。"睡虎地秦简作【置】，马王堆汉帛书作【置】，乙瑛碑作【置】，衡方碑作【置】，郭有道碑作【置】，孔彪碑作【置】，曹全碑作【置】，网形渐成"罒"。

12. 矢

（1）矢

"矢"甲骨文作【矢】，金文作【矢】豆闭簋、【矢】伯晨鼎，《说文》："【矢】，弓弩矢也。从入，象镝栝羽之形。"睡虎地秦简作夫，马王堆汉帛书作矢，王羲之作矢。

(2) 至

"至"甲骨文作🔱，金文作🔱禹鼎、🔱驹父盨，《说文》："🔱，鸟飞从高下至地也。从一，一犹地也。象形。不，上去；而至，下来也。"从甲骨文、金文看，上非鸟形，当象矢形，"至"以箭矢到达某处会意。睡虎地秦简作至、至，马王堆汉帛书作至、至，曹全碑作至，王羲之作至，箭头朝下的箭矢变作了"至"。

13. 刀

(1) 刀

"刀"甲骨文作𠂆，《说文》："𠂆，兵也。象形。"睡虎地秦简作刀，马王堆汉帛书作刀，衡方碑作刀。

"初"甲骨文作𥘀，金文作𥘀虢季子白盘，《说文》："𥘀，始也。从刀从衣。"睡虎地秦简作初，马王堆汉帛书作初，华山神庙碑作初，衡方碑作初，孔彪碑作初。

(2) 刂

"削"，《说文》："𠛴，鞞也。一曰析也。从刀肖声。"睡虎地秦简作削，马王堆汉帛书作削，孔彪碑作削，索靖作削，"刀"写成了"刂"。

(3) 丿

"班"金文作班班簋，《说文》："班，分瑞玉。从珏从刀。"王羲之作班，欧阳通作班，"刀"写成了"丿"。

"辨"金文作辨辨簋，《说文》："辨，判也。从刀辡声。"睡虎地秦简作辨，马王堆汉帛书作辨，颜真卿作辨，"刀"逐渐变成了"丿"。

(4) 丁

"贼"金文作贼散盘，《说文》："贼，败也。从戈则声。"声符"则"金文本从鼎从刀，小篆部件"鼎"讹作"贝"。"贼"睡虎

250

地秦简作🖼、🖼，马王堆汉帛书作🖼，礼器碑作🖼，曹全碑作🖼，"刀"逐渐变成了"ナ"。

14. 冊

（1）冊

"冊"甲骨文作🖼，金文作🖼_{免盘}，象用绳子编在一起的简册。《说文》："冊，符命也。诸侯进受于王也。象其札一长一短，中有二编之形。"马王堆汉帛书作🖼，王基碑作🖼，王羲之作🖼，虞世南作🖼，在此基础上进一步形变为🖼。

"删"，《说文》："删，剟也。从刀、冊。冊，书也。"早期文章是写在竹简、木牍上的，如果要清除往往是用刀刮削，所以"删"从冊从刀。史晨碑作🖼，王羲之作🖼，虞世南作🖼，在此基础上进一步形变为🖼。

（2）冊

"扁"，《说文》："扁，署也。从户、冊。户冊者，署门户之文也。"睡虎地秦简作🖼，马王堆汉帛书作🖼、🖼，颜真卿作🖼。

15. 才

"才"甲骨文作🖼，金文作🖼_{克钟}，《说文》："才，艸木之初也。从丨上贯一，将生枝叶。一，地也。"睡虎地秦简作🖼，马王堆汉帛书作🖼、🖼，张迁碑作🖼，王羲之作🖼。

（1）才

"在"甲骨文作🖼，假借"才"为之。金文作🖼_{作册魋卣}，增"土"。《说文》："在，存也。从土才声。"睡虎地秦简作🖼，马王堆汉帛书作🖼，礼器碑作🖼，华山神庙碑作🖼，史晨碑作🖼，校官碑作🖼，曹全碑作🖼，张迁碑作🖼，王羲之作🖼。"才"变作"才"。

（2）十

"𢦏"甲骨文作🖼、🖼、🖼，金文作🖼_{何尊}、🖼_{禹鼎}、🖼_{𢦏弔鼎}，《说文》：

"𢦏，伤也。从戈才声。"后作部件使用时，均写作"𢦏"，"才"省写为"十"。

"栽"金文作[字]曹卹父鼎，《说文》：「栽，筑墙长版也。从木𢦏声。」"栽"本指古代为筑墙而竖立起来的长木板。睡虎地秦简作[字]，马王堆汉帛书作[字]，索靖作[字]，张猛龙碑作[字]，"才"省写作"十"。

16. 牛

（1）牛

"牛"甲骨文作[字]，金文作[字]牛叔卣，象牛头形。《说文》："牛，大牲也。牛，件也；件，事理也。象角头三、封尾之形。"段玉裁注："角头三者，谓上三岐者象两角与头，为三也。"睡虎地秦简作[字]，马王堆汉帛书作[字]、[字]，居延汉简作[字]，皇象作[字]。

"牟"，《说文》："牟，牛鸣也。从牛，象其声气从口出。"曹全碑作[字]。

（2）半

"半"金文作[字]秦公簋，《说文》："半，物中分也。从八从牛。牛为物大，可以分也。"睡虎地秦简作[字]，马王堆汉帛书作[字]，皇象作[字]，王羲之作[字]，"牛"简作"半"。

17. 衣

（1）衣

"衣"甲骨文作[字]，金文作[字]颂鼎，本象古代的上衣，衣领、两袖、两襟均十分完备。《说文》："衣，依也。上曰衣，下曰裳。"睡虎地秦简作[字]，马王堆汉帛书作[字]，居延汉简作[字]，王羲之作[字]。

"裏"金文作[字]师兑簋，《说文》："裏，衣内也。从衣里声。"睡虎地秦简作[字]，马王堆汉帛书作[字]，褚遂良作裏，颜真卿作裏，声符"里"在义符"衣"中。

"卒"甲骨文作[字]，金文作[字]外卒铎，《说文》："卒，隶人给事者衣为卒。卒，衣有题识者。""卒"系于"衣"之衣襟上加一横而成。睡虎地秦简作㐰，马王堆汉帛书作㲳，乙瑛碑作㲳，王羲之作㲳，部件"衣"形体变化颇大。

（2）礻

"初"甲骨文作㓝，金文作㓝虢季子白盘，小篆作㓝，睡虎地秦简作㓝，马王堆汉帛书作㓝，华山神庙碑作初，衡方碑作初，孔彪碑作初，王羲之作初，"衣"渐成"礻"。

18. 士

（1）士

"壮"金文作㐅中山王䇴鼎，《说文》："壯，大也。从士爿声。"睡虎地秦简作㽯，马王堆汉帛书作壯，索靖作壯，欧阳询作壯，虞世南作壯，褚遂良作壯，或写为士或写为土，今定形为"士"。

"壻"，《说文》："壻，夫也。从士胥声。《诗》曰：'女也不爽，士贰其行。'士者，夫也。读与细同。婿，壻或从女。"后或体行。

（2）土

"牡"甲骨文作㲻、㲻、㲻、㲻，金文作牡剌鼎，从士。《说文》："牡，畜父也。从牛土声。"段玉裁注："或曰，土当作士。士者夫也。之韵尤韵合音最近。从士则为会意兼形声。"睡虎地秦简作牡，马王堆汉帛书作牡、牡，皇象作牡，欧阳询作牡，褚遂良作牡。

19. 川

（1）巛

"巡"，《说文》："巡，延行皃。从辵川声。"马王堆汉帛书作巡，礼器碑作巡，华山神庙碑作巡，白石君碑作巡，王羲之作巡，"川"渐成"巛"。

（2）㐬

"流"金文作㐬䀉壶，《说文》："㳅，水行也。从沝、㐬。㐬，突忽也。流，篆文从水。"睡虎地秦简作流，马王堆汉帛书作流、流，华山神庙碑作流，史晨碑作流，张表碑作流，孔彪碑作

253

流,校官碑作流,曹全碑作流,"川"逐渐变作"儿"。

(3) 其他

"巠",《说文》:"巠,水脉也。从川在一下。一,地也。壬省声。一曰水冥巠也。巠,古文巠不省。"因独体的"巠"相关文字资料不充分①,我们以"经"为例,金文作经虢季子白盘,《说文》:"經,织也。从糸巠声。"睡虎地秦简作経、経,马王堆汉帛书作経、経,乙瑛碑作經,华山神庙碑作經,衡方碑作經,白石君碑作經,皇象作經,王羲之作経、経,褚遂良作経,"巠"中的"巛"形渐失。

20. 禾

(1) 禾

"禾"甲骨文作禾、禾,金文作禾禾鼎、禾子禾子釜,《说文》:"禾,嘉穀也。从木,从垂省。垂象其穗。"睡虎地秦简作禾,马王堆汉帛书作禾、禾,西狭颂作禾,王羲之作禾。

"秉"甲骨文作秉,金文作秉秦公簋,《说文》:"秉,禾束也。从又持禾。"睡虎地秦简作秉,马王堆汉帛书作秉,校官碑作秉,曹全碑作秉,索靖作秉,"禾"形均十分清晰。

(2) 省减部分笔画

"兼"金文作兼郐王子旃钟,《说文》:"兼,并也。从又持秝。兼持二禾,秉持一禾。"睡虎地秦简作兼,二禾均十分完整。马王堆汉帛书作兼、兼,衡方碑作兼,张表碑作兼,王羲之作兼,颜真卿作兼,双禾各省减一部分。

21. 八

(1) 八

"分"甲骨文作分,金文作分郑公趩钟,《说文》:"分,别也。从八

---

① 疑"巠"为"经"之本字,若此,则"巠"中的"巛"非"川",而是象丝线。

从刀，刀以分别物也。"睡虎地秦简作🔲，马王堆汉帛书作🔲，曹全碑作🔲，皇象作🔲。

(2) 儿

"介"甲骨文作🔲、🔲，罗振玉曰："象人着介形，介联革为之，或从🔲者，象联革形。"① 《说文》："🔲，画也。从八从人。"睡虎地秦简作🔲，马王堆汉帛书作🔲、🔲，华山神庙碑作🔲，王羲之作🔲，颜真卿作🔲，原分居于人形两侧的"八"写成了人下的"儿"。

(3) 变作点

"必"为"柲"之初文，金文作🔲五年师旋簋、🔲衰盘，中间部分已表现出了兵器的柄，疑分散在两边的"八"为声符。必须为其假借义。《说文》："🔲，分极也。从八弋，弋亦声。"睡虎地秦简作🔲、🔲，马王堆汉帛书作🔲、🔲，郭有道碑作🔲，皇象作🔲，王羲之作🔲，"八"写成了两边的点。

(4) 八

"谷"甲骨文作🔲，金文作🔲启卣，《说文》："🔲，泉出通川为谷。从水半见，出于口。"朱歧祥云："从🔲从八通用。"② 李孝定云："疑字本从🔲从口，会意。两山分处是为谷矣，口则象谷口也。"③ 睡虎地秦简作🔲，马王堆汉帛书作🔲，曹全碑作🔲，谷朗碑作🔲，王羲之作🔲，褚遂良作🔲、🔲，下"八"写作了"八"。

22. 金

(1) 金

"金"的金文作🔲过伯簋、🔲臣卿簋、🔲麦盉、🔲师兑簋、🔲史颂簋、🔲邕子甗，上边为声符"今"，下边的形体在西周早期多为在斧钺的旁边加两点以表示铸造的金属，中晚期线条化之后，斧钺形渐失。《说文》：

---

① 罗振玉：《殷虚书契考释三种》，中华书局，2006，第469页。
② 朱歧祥：《甲骨学论丛》，台湾学生书局，1992。
③ 李孝定：《甲骨文字集释》，中研院史语所专刊，1965。

255

"金，五色金也。黄为之长。久薶不生衣，百炼不轻，从革不违。西方之行。生于土，从土；左右注，象金在土中形；今声。凡金之属皆从金。金，古文金。""金"的小篆字形上边是声符"今"，下边斧钺形变成了"土"，表示金属块的点加在"土"的两边。睡虎地秦简作金、金，马王堆汉帛书作金，衡方碑作金，曹全碑作金，张迁碑作金，樊敏碑作金，皇象作金，王羲之作金。

（2）钅

"钧"金文作守簋，《说文》："鈞，三十斤也。从金匀声。銞，古文钧从旬。"睡虎地秦简作鈞，马王堆汉帛书作鈞，欧阳询作鈞、鈞，简化时采取草书楷化的办法，"金"简写作"钅"。

23. 示

（1）示

"禁"，《说文》："禁，吉凶之忌也。从示林声。"义符"示"象祭台，"祭"字形表现的即是手持肉摆放到祭台上，"示"下边的点象祭祀时洒的酒水。睡虎地秦简作禁，马王堆汉帛书作禁，礼器碑作禁，鲜于璜碑作禁，曹全碑作禁，王羲之作禁。

（2）礻

"祀"甲骨文作祀，金文作祀保卣，《说文》："祀，祭无已也。从示巳声。"睡虎地秦简作祀，马王堆汉帛书作祀，华山神庙碑作祀，史晨碑作示已，衡方碑作祀，欧阳询作祀、祀，后经过草书楷化，"示"写为"礻"，智永作祀。

24. 子

（1）子

"字"的金文作字父己觯、沈其簋，从宀从子，表示在房子里养育孩子。《说文》："字，乳也。从子在宀下，子亦声。"隶书作字睡虎地秦简、字郭有道碑、字曹全碑，为就书写之便，"子"的头部写法有所变化，渐成今形。

第二章 汉字形变的主要类型

(2) 孑

"孙"的甲骨文作🔲、🔲，金文作🔲宅簋、🔲格伯簋，从子从系，"系"表延续之义，如"後"里表示的是队伍的延续，"孙"为子之延续。《说文》："孙，子之子曰孙。从子从系。系，续也。"隶书作🔲马王堆帛书，为就书写之便，孩子的象形意味渐失，写成了"子"，因为"子"处于字形的左边，中横渐向上提，钟繇作孫。现行汉字中"子"作部件使用时，如果处于字形的左边，多如此作。

(3) 呆

"保"甲骨文作🔲、🔲，从人从子，部件"人"与"子"的位置可以变换，但"子"一律在"人"的背后，"保"以人背负着孩子会意。金文作🔲孟鼎、🔲秦公簋，于"子"之右下增一斜笔，以增强保护背负着的孩子的意思。为求对称协调，金文亦有于子之左下复增一斜笔作者，如司寇良父簋作🔲、鄦侯簋作🔲、陈侯因𫔳錞作🔲。《说文》："🔲，养也。从人，从孚省。"从甲骨文、金文来看，非从"孚"省。隶书作🔲马王堆帛书、🔲衡方碑，为就书写之便，子的头部渐成一方框。"保"里边的"呆"就是原来的"子"。

(4) 厶

"弃"的甲骨文作🔲，以双手持簸箕抛弃婴儿会意。金文作🔲散盘、🔲中山王䇣鼎，将婴儿倒写。《说文》："🔲，捐也。从廾推𠦒棄之，从𠫓，𠫓，逆子也。"隶变之后，倒子形渐成"厶"。同为倒子形变成"厶"的还有"育"，其小篆作🔲，隶书作育曹全碑。

25. 又

象手形的"又"有的变形为"ナ"，如"有""友""左""右""灰"等，它们的小篆分别为🔲、🔲、🔲、🔲、🔲，均从"又"，隶变中渐成"ナ"。有的变形成"乂"，如"父"，小篆作🔲，隶书为求对称协调，象手形的"又"离析变形。有的"又"小篆中加点变成了"寸"，如"树""封""射""得""对""寺"，它们的

257

金文分别为▢射仲簋、▢召伯簋、▢静簋、▢得罍、▢克鼎、▢沇伯寺簋，均本从"又"，它们的小篆分别为▢、▢、▢、▢、▢、▢，都变作了"寸"。有的省写为"又"，如"祭"，小篆作▢，隶书中作"又"，简省为"又"是现代才出现的。有的"又"跟其他部件融合后成了一体，如"丈""史""更"，它们的小篆分别为▢、▢、▢，隶书分别作丈马王堆汉帛、史景君碑、更礼器碑，象手的"又"被简省并与上半字形融合为一。

可以发现，发展中的形变不少是为求形体结构协调、追求美化而导致的书写上的调整。作部件使用时，所处位置会影响其形体演变，如现行汉字中的部件"巴"与"卩"有一部分同来自人形，且姿态相似，"邑""印"小篆分别为▢、▢，相关部件的写法相同，马王堆汉帛书分别作▢、▢，"巴""卩"是隶变后在新的结构环境下，为字形协调美观而产生的分化。因为字形变化的出发点是外形的协调美观，而非形体所承载的意义，这就必然出现不同的情况：有的形变古今对应比较规整，可以有效地追溯其理据，而有的则是纯为便于书写而发生的省减、黏连、合并，自然就对理据的破坏十分严重了。

第三节　发展形变与造字形变之比较研究

汉字的形体变化主要可以分为两种类型，一种是发展形变，一种是造字形变。发展形变是同一汉字书写形式方面的历时演变。造字形变指变易已有字形以记录某个与之密切相关的意义的形体改变。

因为它们的外在表现都是字形方面的变化，故长久以来被混为一谈，不少学者不加区分笼统地视作汉字的演变现象，往往不去深

第二章　汉字形变的主要类型

究是一般发展的结果还是造字意图支配下的结果。其实，发展形变与造字形变虽外在形式上相似，但形变的动因、具体表现、方式以及结果等都是有很大差异的。

一　动因比较

发展形变的主要动力为便于书写、字形美观，部分演变伴有增加形近字的差异的考虑。追求书写便捷引起的形变如："自"甲骨文作 ᕼ、ᕼ，象鼻形，金文作 自 臣卿簋、自 召卣，小篆作 自，隶书作 自 睡虎地秦简、自 睡虎地秦简、自 马王堆帛书、自 马王堆帛书、自 史晨碑，在方便书写的推力下，象形意味渐失，字形逐渐线条化、符号化。由多个部件组成的汉字，为求整体协调美观，部件受出现位置及与之组合的其他部件的影响，外形会有调整，如："步""前""先""出"甲骨文分别作 ᕼ、ᕼ、ᕼ、ᕼ，相同部件"止"清晰可辨；它们的金文分别为 ᕼ 父癸爵、ᕼ 兮仲钟、ᕼ 默簋、ᕼ 颂鼎，"先"的部件"止"已近于"中"；它们的小篆分别作 ᕼ、ᕼ、ᕼ、ᕼ，睡虎地秦简作 ᕼ、ᕼ、ᕼ、ᕼ，"ᕼ""ᕼ"的部件"止"写成了"中"，而出于协调及区别左右脚的考虑，"步"之下"止"取反"止"形被写成了"少"；汉隶"前""先"作 ᕼ 衡方碑、ᕼ 史晨碑，"止"形分别变成了"ᕼ""ᕼ"。四字中的"止"在漫长的演变过程中分别变成了"少""ᕼ""ᕼ""中"四形。有一些形变是为增加字形间的区分度，如："气"甲骨文作 ᕼ，与"ᕼ（三）"之别主要在于中横较短，因区别特征不够突出，金文作 ᕼ 洹子孟姜壶，上下两横变作曲线。又如："玉""王"甲骨文分别为 ᕼ、ᕼ，差异明显；金文分别作 ᕼ 攻吴王夫差鑑、ᕼ 乙亥簋，小篆分别作 ᕼ、ᕼ，以中横居中者为"玉"，以中横偏上者为"王"，区别不明显，极易混淆；"玉"隶书作 ᕼ 孔宙碑、ᕼ 樊安碑，通过加点的形式增加了字形的区别。当然，很多时候影响字形变化的因素并

259

不是单一的。如："正"甲骨文作🅤，金文作正‍虢钟、正‍申鼎，隶书作正‍睡虎地秦简、正‍马王堆帛书、正‍郭有道碑，"足"甲骨文作🅤、🅤、🅤，金文作足‍兔簋、足‍元年师兑簋，隶书作足‍睡虎地秦简、足‍马王堆帛书、足‍马王堆帛书、足‍曹全碑，二字晚期甲骨文至早期隶书写法颇为相似，而在稍晚的隶书中，"足"下之"止"渐近于"止"，一则为部件组合显得更加协调，再则，也可能有增加"正""足"字形差异的考量。

造字形变是在记录语言的需求下产生的。在文字体系还不够完备、不少意义没有对应的字形记录的情况下，变易意义密切相关的熟识字的形体来记录相关语义。如通过对甲骨文字形的综合考察，可以发现"🅤（夕）"是在"🅤（月）"中增点而成，因二字意义密切相关，故甲骨文中已有混用情况，金文尚典雅，喜加饰笔，常以"夕"为"月"，故造成了两形所记录的语义互换。有的可能为方言俗字，语音演变后，没有准确反映方音的合适字形，故以义为线索改易已有字形以记音，如近代方言字"冇"即是省"有"之笔画以表"没有"义并兼记其方音。

发展形变多是在外形的审美、辨识的驱动下产生的，造字形变则主要是由完善语言记录系统以更细致、准确地表情达意的内在需求触发的。

二 表现形式比较

发展形变主要表现为同形分化与异形同化。同形分化如："奔"金文作🅤‍盂鼎、🅤‍效卣，《说文》："🅤，走也。从夭，贲省声。""走"金文作🅤‍盂鼎、🅤‍元年师兑簋，《说文》："🅤，趋也。从夭止。夭止者，屈也。"从金文看，两字均由"夭""止"组成，区别仅在"止"之多少不同，小篆已误"奔"下之"𣥂"为"卉"，隶变之后构件就完全不同了，"奔"的构件写成了"大""卉"，而"走"的构件写作"土""走"。异形同化如："丞""鱼""马""鸟"甲骨文分别为👐、🐟、🐴、🐦，小篆作👐、🐟、🐴、🐦，都没有下长横；四字隶书作 丞 曹全碑、魚 曹全碑、馬 曹全碑、鳥 马王堆帛书，"👐"本象陷阱的"凵"小篆误写为"山"，隶书被写成"一"，鱼尾、马蹄、鸟爪则被写作"灬"；魚、馬、鳥中的"灬"魏晋书法作品多写为"一"，如 鱼 王羲之、马 王羲之、乌 皇象。可见，"奔""走"的基础构件本相同，而"丞""鱼""马""鸟"中的"一"来源其实各不相同，它们今形之异同主要是书写形变的结果。

造字形变主要表现为以已有字形为基础的倒、反、增、省。倒者如：《说文》："𠤎（七），变也。从到人。"段玉裁《说文解字注》："到者，今之倒字，人而倒，变意也。"从"七"的"化"甲骨文作 𠬝，以倒人形表变化之意，《说文》："𠤎（化），教行也。从七从人，七亦声。"意指通过教育感化人，倒人表感化义。"眞"以倒人形表变形，《说文》："眞（眞），仙人变形而登天也。从七，从目，从乚。八，所乘载也。"意指羽化而登仙，倒人表已得道、异于凡人。虽然一般情况下古文字正书反书无别，但并不能否定存在有表意意图的有意反书者，如：《说文》："司（司），臣司事于外者。从反后。""后"甲骨文作 𠯑、𠯝，正书反书均可，后来分化，以"后"之反书"司"为有司之专字。增者如《说文》："衣（卒），隶人给事者衣为卒。卒，衣有题识者。""衣"甲骨文作 衣，"卒"甲骨文作 衣、衣，于"衣"上增𠂇、乂以表题识，金文作 衣 外卒铎，以下襟上加斜横与 衣 颂鼎（衣）相别，小篆"衣（衣）""衣（卒）"之别正在所加之横。省者如《说文》："片（片），判木也。从半木。"即"片（片）"系取"朩（木）"之半以表木片义。

发展形变关注的焦点不在字形所承载的意义，主要考虑的是书写方面的因素，书写的简省、变形造成了大量笔画、部件的同形分化与异形同化，因而也破坏了不少汉字的理据。造字形变以已有字形为变形基础，其变化处往往正是新义之所在，是在理据支配下的有迹可寻的字形改造。

三　方式手段比较

发展形变主要是形体、结构上的，以笔形变化最为常见，构件重组次之。如："莫"甲骨文作❂、❂，金文作❂散盘，小篆作❂，隶书作❂睡虎地秦简、❂马王堆帛书、❂华山神庙碑、❂衡方碑，现代正体为"莫"，上"艸"粘连为"艹"，下"艸"变作"大"。"昃"甲骨文作❂、❂，金文作❂媵侯昃戟，小篆作❂，徐铉曰："今俗别作昃，非是。"徐说有误，其俗作正与金文字形相类，保留了古形。古玺文多作"❂"，石刻篆文"❂""❂"并见。通过字形比较，不难发现"昃""厌"分别是❂、❂结构重组而成，主要变形是"大"被分解成了"厂"和"人"两个部件，"昃"日在上，"厌"日在人侧。

造字形变主要通过改变书写方向和增减笔画来记录新义。改变书写方向具体有倒、反两种形式，倒书、反书多因与实际物象相符，也有以倒的形式表异于常态、以反的形式表对立面者。如，"屰"甲骨文作❂、❂，金文作❂父癸爵，将"大"倒写以表倒逆之义，《集韵》《类篇》以"屰"为"逆"之本字，段玉裁《说文解字注》："后人多用逆，逆行而屰废矣。"《书·太甲》："有言逆于汝心，必求诸道。"即用倒逆义。《说文》："叵（叵），不可也。从反可。"甲骨文未见"叵"但有"可（可）"，"叵"当为后起字，反写"可"以表"不可"义。增减笔画分增笔与省笔两种形式，多为更精细地表意。增减笔画是在保留原字字形轮廓特征的基础上进行的，字形的相似提示着意义的相关，而增笔与省笔处则往往为新义之所在。如："史"甲骨文作❂，"吏"甲骨文作❂，二字之别在于中竖顶部，《说文》："❂（吏），治人者也。从一从史，史亦声。"

262

以"吏"为会意兼形声字,王国维先生曰:"史为掌书之官,自古为要职。殷商以前,其官之尊卑虽不可知,然大小官名及职事之名,多由史出。""史之本义,为持书者之人,引申而为大官及庶官之称,又引申而为职事之称。其后三者各需专字,于是史吏事三字于小篆中截然有别。持书者谓之史,治人者谓之吏,职事谓之事。"① 即"吏"实由"史"得义,为字形上区别开来,甲骨文已有调整,在"㕜(史)"的基础上增一小笔而成"㕜(吏)"遂为分担了不同意义的两个字形。《说文》:"卂(卂),疾飞也。从飞而羽不见。"即"卂(卂)"系省"飛(飛)"之羽翅而成。

从外在形式来看,单纯的形体演变主要是书写过程中的笔画变形,是同一汉字的书写形式在历时层面的变化,而有造字意图的形变均有参照字,是对参照字在共时层面的改造,变体字与参照字形体间的关联十分明显。

四 结果比较

发展形变不产生新字。演变序列上的字形有历史的继承关系,是同一个字在不同历史时期的变体,即使在使用过程中产生了引申义,一般也均由后起字形全部承载。如:"七""十"甲骨文分别为十、丨,区别明显;金文于丨上加点,作十守簋、丨虢季子白盘,点又被写作横,作十申鼎、十者沪钟,这样就与"七"的金文十善夫山鼎、十大梁鼎形体比较接近,特别是手写中极易混淆,为相区别,小篆"七"曲其中竖作㐄,而"十"则作十。虽然两字形体上的变化较大,但历史关系明晰,后期字形承担了前期字形的全部职能。"即"字形经历了𣆪→𠨍孟鼎→𨙷史晨碑→即王羲之的演变,形体的历时变化颇大,

---

① 王国维:《释史》,见《观堂集林》,中华书局,1959,第 269~270 页。

后世义项丰富，但不管产生何种引申义，演进过程中一直以同一形体兼载，没有为某一引申义单独创造新形。

造字形变产生新字。这类形变的共同点是都有一个参照字，新字与参照字各有所指，意义一般不相重合。如："世"金文作 ㄓ恒簋、 邵钟，"枼"金文作 拍敦盖，"世"系"枼"之省。"枼"为"葉"之本字，本指草木之叶。裘锡圭先生曰："由于树叶一年一生，'枼'引申而有世代的意思。"① 《诗·商颂·长发》："昔在中葉，有震且业。"毛传："葉，世也。"段玉裁云："葉与世音义俱相通。"因树叶义常用，为免歧解，金文省"枼"下之"木"而成"世"以专记世代义，从此"枼""世"为各有所指的两个字。少数假借字在发展中也通过形变的方式产生了新形，如"毋"金文作 戍方鼎，借"母"为之，孙诒让《古籀拾遗》云："母、毋一字。"郭沫若②、李孝定③、金祥恒④均发现甲骨文常假"母"为"毋"，但"母"十分常用，其意义一直是明确的，为从字形上明显区分开来，小篆稍变"母"形为"毋"以专表否定义。

发展形变是字形的历时更替，旧形演化为新形，新形继承旧形的全部职能，文字体系里没有产生新字。造字形变是为记录语义而变易已有字形，变易之后产生的新字与参照字为各司其义的两个字。

结　语

发展形变的主要推力为便于书写、字形美观以及增加辨识度，

---

① 裘锡圭：《文字学概要》，商务印书馆，1988，第119页。
② 郭沫若：《殷契粹编·考释》，科学出版社，1965。
③ 李孝定编述《甲骨文字集释》，中研院史语所，1965。
④ 金祥恒：《甲骨文叚借字续说——比毋》，《中国文字》第十六册，台北，1965。

通常是笔形变化、构件重组使得笔画、部件中产生大量异形同化与同形分化的情况,形变的结果不产生新字。造字形变的主要动因是为更细致、准确地记录语言,通常是将熟识的字形改变书写方向和增减笔画,与参照字相比,呈现出倒、反、缺笔、多笔的情况,形变的结果是文字体系中产生了记录新义的新字。

从时间序列与书写形式上看,发展形变与造字形变颇为相似,都为后出、都有字形的变化,但发展形变是在审美与辨识的需求下,汉字的外在书写形式的调整,与其记录的意义无关,新形是旧形的替换者,而造字形变是为填补文字体系中的空白,在记录语言的驱动下,通过将熟识字形改变书写方向、增减笔画来创造出新字,新字与参照字的读音、意义均不相同。

第三章

汉字形变的主要动因

第一节 同源异构现象例析

汉字中不少文字取象于同一事物,但为表达不同的意思,写法差异较大。

一 取象于手部的不同写法

(一) 单手

(1) ᚎ – 看,扌 – 投。"看"甲骨文、金文未见。《说文》:"看,睎也。从手下目。"所谓"从手下目"即手搭在目上向远处看。桂馥《说文解字义证》:"凡物见不审,则手遮目看之,故看从手下目。"[①] 又《说文》:"睎,望也。"看与望意义相近。"看"上边的部件是"手",把五个手指都表现出来了,用于遮挡阳光、凝聚视线,以眺望远方。王羲之作看,写法与今同,手形写作"手"。"投""持""扶"等字小篆作投、持、扶,部件"手"的写法与

---

① 桂馥:《说文解字义证》,中华书局,1987。

"臂"中的手基本相同,但"投""持""扶"在汉隶中分别作 投_曹全碑、持_华山神庙碑、扶_桐柏庙碑,手已简省为扌。

(2) 又－取。《说文》:"取,捕取也。从又从耳。《周礼》:'获者取左耳。'"甲骨文作 、 ,正为以手取耳。汉隶作 取_桐柏庙碑,手形作"又"。可见,"取"中的"又"为持拿耳朵的手形。表示手形的"又"在汉字里十分常见,如"奴""叔""支""度""皮""攴"等,均与手的动作有关,"奴"中的"又"表示驱使奴隶的手[①],"叔"中的"又"表示持杖挖掘的手,"支"中的"又"表示持竹枝的手,"度"中的"又"为度量长短的手,"皮"中的"又"为剥取兽皮的手,"攴"中的"又"为持木棒的手。"又"作为简写的手形可代表多种不同的动作状态,其中有不少为握持状态。

(3) ⇒－秉。《说文》:"秉,禾束也。从又持禾。"甲骨文作 、 ,部件又、禾相分离,金文作 _秉觚、 _秉中鼎、 _班簋、 _井人妄钟,班簋、井人妄钟写法与小篆基本相同,部件又与禾相交。睡虎地秦简作 ,"又"已写作"⇒",出于字形协调的考虑,不再写向右下延伸的手臂。"尹"甲骨文作 、 ,小篆作 ;"隶"金文作 _邿钟,小篆作隶;"兼"金文作 _郘王子旃钟,小篆作兼,象手形的部件"又"形体十分清晰。"尹"为手持笔形[②],"隶"以手抓尾巴会逮住之意,"兼"以手持两个禾会一并的意思。"尹""隶""兼"汉隶作 尹_衡方碑、隶_曹全碑部件、兼_衡方碑, "又"均写为"⇒"。还有如"事"以手持盛筹之器会职事之意[③],"妻"为手抓女子的头发[④],里边的手形也变成了"⇒"。

---

① 于省吾:《释奴、婢》,《考古》1962年第9期。
② 王国维:《释史》,见《观堂集林》,中华书局,1959,第272页。
③ 王国维:《释史》,见《观堂集林》,中华书局,1959,第267页。
④ 徐中舒主编《甲骨文字典》,四川辞书出版社,2006,第1303页。

267

(4) ナ-友。《说文》："𠬪，同志为友。从二又。"甲骨文作𠬪、𠬢，以朝向同一方向的手会意。衡方碑作友，上"又"写作"ナ"。"左""有"金文作ナ虢季子白盘、𠂇免簋，"ナ"均本为"又"，汉隶作左马王堆帛书、有衡方碑，手形近于"ナ"。

(5) 寸-尃。《说文》："𡉚，六寸簿也。从寸，叀声。一曰尃，纺尃。"其一曰近于字之本义，"尃"甲骨文作𡉚、𡉚，为手持纺砖形，本从又，罗振玉云："凡篆文从寸之字，古文皆从又。"是也，如"對"甲骨文作𡉚，"封"金文作𡉚召伯簋，"射"金文作𡉚静簋，"尌"金文作𡉚尌仲簋，"寺"金文作𡉚沇伯寺簋，"寽"金文作𡉚毛公厝鼎，等等。

(6) 爫-采。"采"甲骨文作𡉚、𡉚，《说文》："采，捋取也。从木从爪。""爪"画的是朝下的手形，正是手抓取东西时的状态。"采"在典籍里多用于捋取植物枝叶，如《诗·周南·关雎》："参差荇菜，左右采之。"《诗·邶风·谷风》："采葑采菲，无以下体。"𡉚为捋取树叶，省写作𡉚，为后起字所本。衡方碑作采，钟繇作采，表捋取的手形写为"𠆢"。现代汉字里抓取状态的手多写作"爫"。类似的情形还有"舀"中的"爫"为抓着瓢勺的手，"禹"甲骨文作𡉚，象用手提着某物。"孚""爲"甲骨文分别作𡉚、𡉚，金文分别为𡉚盂鼎、𡉚舀鼎，上之"爫"其实均本为"又"，因其所处部位在上，金文中均统一作𡉚，遂与"采""禹"上部形同，后来在形体演变中仍保持一致。"受""爰"甲骨文作𡉚、𡉚、𡉚、𡉚，上边的手或作"又"，或作"爫"，金文一律作"𡉚"。可见，部件所处的位置对其写法存在着一定的影响。

(7) 𠂎-印。"印"金文作𡉚毛公厝鼎，小篆作𠮷，睡虎地秦简作𡉚，按抑的手形写在了字形的左边，变作"𠂎"。

(8) 爪-爬。《说文》未见，《广韵》："爬，搔也。或作把。"而《说文》："把，握也。从手巴声。"《广韵》："把，持也。"手部状态当有一定的差别。"爬梳"中用的当为其本义。

268

第三章 汉字形变的主要动因

（9）𠂆－失。"失"小篆作㈱，《说文》："失，纵也。从手乙声。"睡虎地秦简作㈱，马王堆汉帛书作㈱，衡方碑作㈱，手形成"𠂆"。

（10）又－牧。"牧"甲骨文作㈱、㈱、㈱、㈱、㈱。金文作㈱牧师父簋、㈱同簋。小篆作㈱。"牧"的甲骨文从牛从攴，有增彳或辵作者，亦有从羊从攴者。"攴"表现的是手拿着牧鞭，"牧"以手持牧鞭放牛或羊会意。金文与甲骨文大体相同。甲骨文、金文中常用以指掌畜牧的职官，即《周礼·地官司徒·牧人》中的"牧人"："牧人掌牧六牲而阜蕃其物，以共祭祀之牲牷。"《说文》："㈱，养牛人也。从攴从牛。"隶书作㈱秦简、㈱衡方碑、㈱西狭颂、㈱曹全碑，"攴"变作"攵"。其放牧义一直沿用至今。由放牧引申为州官之名，有管理之义，《礼记·曲礼下》："九州之长，入天子之国曰牧。"郑玄注："每一州之中，天子选诸侯之贤者以为之牧也。"握着牧鞭的手本来是写作"又"的，隶变中牧鞭变成了撇，与象手的"又"融合为"攵"。汉字里手与手里拿的棍棒融合成"攵"的还有"政""教""救""败""放"等字，它们的小篆分别为㈱、㈱、㈱、㈱、㈱，象手形的"又"均十分明显。

（二）双手

（1）八－承。《说文》："㈱，奉也，受也。从手从卩从収。"甲骨文、金文作㈱，从卩从収，以双手捧人会捧举、承接之意。小篆作㈱，在下边中间复增一手形。汉隶作㈱礼器碑、㈱华山神庙碑，"㈱"变作"八"。《说文》："㈱，翊也。从廾从卩从山。""丞"甲骨文作㈱，罗振玉云："象人臽阱中有拯之者。臽者在下，拯者在上，故从㈱象拯之者之手也。"[①] 是也，"丞"为"拯"之本字。"㈱"

[①] 罗振玉：《殷虚书契考释三种》，中华书局，2006，第509页。

269

之双手为向上提拉,"丞"之双手为自下往上捧举,甲骨文字形上差异明显。然小篆"丞"作㞢,双手的写法已与"承"无别。汉隶作丞[校官碑]、丞[曹全碑],与"承"一样,"𠬞"变作"⺈人"。

(2)𠬞-兵。《说文》:"兵,械也。从𠬞持斤,并力之貌。"段玉裁说"𠬞"字:"谓竦其两手以有所捧也。"① "𠬞"表现的是捧着物体时的两只手的状态。"兵"的甲骨文作𠂇,以双手持斤会意,所执之物为兵器,执器之人为士兵。睡虎地秦简作兵,"𠬞"被写为廾,马王堆汉帛书作兵,廾又变作⺈,衡方碑作兵,基本与今形同。"共"甲骨文作𠬞,金文作𢍱[舍志盘],小篆作𠔏,睡虎地秦简作共,马王堆汉帛书作共,⺈也系由𠬞形变而来。"兴"甲骨文作𦥝、𦥑,金文作𦥑[鬲弔盨],小篆作興,隶书作興[曹全碑],下边的双手𠬞变作"⺈"。"具"甲骨文作具,金文作具[从鼎]、具[秦公簋],小篆作具,睡虎地秦简作具,马王堆汉帛书作具,双手之形变与"兵""共""兴"同。

(3)廾-戒。《说文》:"戒,警也。从廾持戈,以戒不虞。"甲骨文作戒,以双手持戈会警戒之意。睡虎地秦简已有戒,写"𠬞"为"廾"。《说文》:"弄,玩也。从廾持玉。"马王堆汉帛书作弄,将"𠬞"写作"廾",后来楷化为"廾"。"弃"甲骨文作𢌳,金文作𢌳[散盘],小篆作𢎵,睡虎地秦简作弃,双手形近于"廾"。

(4)大-奂。"奂"小篆作奂,本从𠬞,虞世南作奂,双手形渐变为"大"。

(5)大-樊。"樊"金文作樊[龙赢盘],小篆字形去之不远。《说文》:"樊,鷙不行也。从𠬅从棥,棥亦声。"又"棥,藩也。从爻从林。""棥"为藩篱,"𠬅"为分开藩篱的双手。魏碑作樊[孙秋生造像],两相背的手形融合成了"大"。

(6)𦥑-要。《说文》:"要,身中也,象人要自臼之形。从臼,

---

① 段玉裁:《说文解字注》,上海古籍出版社,1988,第103页。

270

交省声。""要"金文作🔲是要篡，李孝定曰："要字象女子自曰其要之形。"从金文字形来看，当得其实，《说文》所谓"交省声"实由女形形变而来。睡虎地秦简作🔲，马王堆汉帛书作🔲，双手渐与人腰相糅合，曹全碑作要，与今形同。《说文》："🔲，兽皮治去其毛，革更之。……🔲，古文革。""革"金文作🔲鄂君启车节，与《说文》古文同。"皮"金文作🔲弔皮父簋，为剥取兽皮之象。"革"较之多一手，正为强调将皮进一步加工，即《说文》所谓"兽皮治去其毛"也。"革"的小篆"🔲"与"🔲"形已相糅合，变作🔲。

（7）鬥-門。"鬥"甲骨文作🔲、🔲。小篆作🔲。甲骨文以两个人对立格斗会意，繁复的字形中双方的手均伸向对方的头发，有的则简省了头发，只表现抓头发的手。《说文》："🔲，两士相对，兵杖在后，象斗之形。"分析字形有误，小篆表现的仍然是两个在打斗的人形，上边是由手形变形而成的。秦简中的"🔲（鬪）"是由"鬥"增声符"斲"而成，因为有了声符，形符"鬥"常被讹写作"門"，段玉裁曰："俗皆用'鬪'为争竞，而'鬥'废矣。""鬥"的上边保留的其实是两只相对搏打的手。现行简化字将"鬥"归并进了同音的表示容器的"斗"里。

手的动作很丰富，因手的状态不同，写法往往也有一定的差异，这些差异在形体演变中必然被放大，形成区别更加明显的不同形体。

不过，不得不承认在一些字形里边，有部分形体写法一样，但表示的却是几种不同的动作，这是因为这些动作里手的状态相似，描摹时字形自然也就相似了。必须注意的是，有时类似的状态可能会有写法上的细微区别，如同样是握持状态，有的写作"又"，有的写作"丮（𠬞）"，埶（今作艺）、巩（今作巩）、𦎧（今作熟）、執（今作执）等字即从"丮（𠬞）"，这应该与当年对动作的不同分类以及跟其他部件的配合有一定关系。当然，更多的情况是，不少字形早在造字之初就已有差异，随着字形的发展演变，后来的差异越发明显。

二 取象于足部的不同写法

（1）止－正。"正"为"征"之本字，甲骨文作🚩、🚩，囗为目的地，🚩为向囗行进之足，金文多有将囗写作一者，如王中妫匜作正，亦有不少增饰笔作正_{钟伯鼎}者，小篆作正，睡虎地秦简作正，已有将下横平直化的趋势。郭有道碑作正，已与今形同。

（2）止－足。"足"甲骨文作🚩、🚩、🚩，象人的腿及脚，金文作足_{兔簋}，将股胫形写作○，略带圆形以别于城邑之象的囗，小篆作足，与正之别就在上半部件。睡虎地秦简作足、足，或止或从之，马王堆汉帛书多从之作足。欧阳询作足，与今形同。

（3）屮－出。"出"甲骨文作🚩，为人足出于坎穴之形。小篆作屮，"🚩"变作"屮"，许慎遂误以为"象草木益滋上出达也"。睡虎地秦简作出，与今形基本相同，止形被写作"屮"。

（4）䒑－前。"前"甲骨文作🚩、🚩，从止从舟，或增彳。杨树达因《说文》"履"条有"舟象履形"，以为"歬字谓止在履上"，即以足穿鞋会前行之意。于省吾曰："🚩字从止，止有行动向前之义。其所从的🚩即古般字，歬般叠韵。因此可知，🚩为从止🚩声的形声字。"目前，尚无更多的资料来判断孰是孰非。《说文》："歬，不行而进谓之歬。从止在舟上。"以止舟两个部件构形。睡虎地秦简作前，增部件刀，实为"剪"之本字，假借作"歬"。马王堆帛书作前、前，部件"止"已写作"䒑"。

（5）丶－往。"往"甲骨文作🚩，从止王声，金文作𢓊_{吴王光鑑}，增彳，《说文》："𢓊，之也。从彳𡉚声。"又"𡉚，艸木妄生也。从𡉚在土上"。止、屮小篆形近，常相混同，"出"本从止，小篆误以为从中即其类矣。"往"睡虎地秦简作【往】,"止"写作"中"。马王堆帛书作【往】,"中"里的"凵"写作横。衡方碑作【往】,曹全碑作【往】,在此基础上,右半部件渐成"主",如果将之与"往"从止王声的甲骨文相较,"止"成了"丶"。

(6) 㞢-先。《说文》:"先,前进也。从儿从㞢。"又"㞢,出也。象艸过中,枝茎益大,有所之。一者,地也。"其实,"㞢"本为"止",如"祉"甲骨文作【祉】,"止"形清晰。"先"甲骨文作【先】、【先】,从止从人。睡虎地秦简作【先】,马王堆汉帛书作【先】,景君碑作【先】,史晨碑作【先】,"止"渐成"㞢"。

(7) 夂-各。"各"甲骨文作【各】、【各】,金文作【各】师西簋、【各】师虎簋,为"佫"之本字,甲骨文、金文中已有从"彳"作者,"各"以止朝向坎穴会来到之意。《说文》:"各,异辞也。从口夂。夂者,有行而止之,不相听也。"所释虽非本义,但还是清楚"夂"跟行走有关。"後"金文作【後】帅鼎,小篆作【後】。"复"甲骨文作【复】,小篆作【复】,为"復"之本字。"夏"金文作【夏】邛伯罍,小篆作【夏】。"麦"甲骨文作【麦】,小篆作【麦】。它们的部件中均有象倒止形的"夂"。

(8) 舛-舞。"舞"甲骨文作【舞】,为人手持牛尾状的舞具跳舞之形。金文作【舞】匽侯舞易器,增双止,所谓手舞足蹈也。小篆作【舞】,继承了金文的写法。"桀"甲骨文、金文未见,小篆作【桀】,《说文》:"从舛在木上也。"《尔雅》:"象两足在木上形。"部件"舛"为两足。"韋"甲骨文作【韋】、【韋】、【韋】,金文作【韋】盂爵、【韋】黄韦俞父盘,为"圍"之本字,部件"止"之多少本不拘,以众止环绕城邑会围之意,小篆作【韋】,仅留两止,呈上下排列,《说文》:"韋,相背也。从舛,口声。""从舛"说明许慎是清楚韋之上下为两足形的。

(9) 北-乘。"乘"甲骨文作【乘】,以人在木上会登乘之意。金文作【乘】匽公匜,增双止。小篆作【乘】,《说文》:"从入桀。"双止形作"舛"。睡虎地秦简作【乘】,马王堆汉帛书作【乘】,人形及脚重新组合后难以辨

273

识。王羲之作乘，虞世南作乘，褚遂良作乘，渐成今形。

（10）癶－登。"登"甲骨文作㐁，金文作㲀邓公簋，《说文》："𤽄，上车也。从癶豆。象登车形。"小篆中登车之双止仍十分清晰。睡虎地秦简作登，马王堆汉帛书作登，华山神庙碑作登，白石君碑作登，"癶"渐成"癶"。

（11）少－步。"步"甲骨文作㐁、㐁，金文作㐁步爵、㐁子且辛尊，以两只脚朝同一方向行进会意。《说文》："步，行也。从止、少相背。"小篆中右足已略有变形，与上边象左足的"止"出现较大差异，隶变之后，下边象右足的反止讹为"少"。

（12）卉－奔。"奔"金文作㐁孟鼎、㐁效卣，本形从夭从三止，以人扬起双臂快速奔跑会意。金文已有将三止讹作三中者。《说文》："𧺆，走也。从夭，贲省声。与走同意，俱从夭。"直接将三止作三中进行形体分析，已非造字之本意。隶变之后，"夭"成了"大"，三中再变作"卉"。

三 取象于人形的不同写法

（1）人－从。"从"甲骨文作㐁、㐁，金文作㐁从鼎、㐁天作从尊，为二人相从状。《说文》："㐁，相听也。从二人。"① "企"甲骨文作㐁，《说文》："㐁，举踵也。从人止声。"马王堆汉帛书作㐁。可以看到，它们部件中的"人"形一直比较清晰。

（2）卜－卧。"卧"甲骨文、金文未见，《说文》："㐁，休也。从人臣，取其伏也。"② 马王堆汉帛书作㐁、㐁，人形仍然清晰。褚遂良作㐁，人形已写作"卜"。

---

① 《说文》："㐁，随行也。从辵从，从亦声。"段玉裁注："从者今之從字。從行而从废矣。"今则"从"行而"從"废。

② "臣"为目之象，犹"監""臨"中之"臣"。

(3) 亻-臨。"臨"金文作[图]盂鼎,《说文》:"[图],监临也。从卧品声。"小篆人形清晰。景君碑作[图],衡方碑作[图],人被写作"亻"。《说文》:"[图],飾也。从巾从人,食声。"欧阳询作[图],欧阳通作[图],楷化中,部件"人"渐成"亻"。

(4) 匕-化。"化"甲骨文作[图],金文作[图]中子化盘,《说文》:"[图],教行也。从匕从人,匕亦声。"又"匕,变也。从到人"。许慎仍明了"匕"为倒人形。马王堆汉帛书作[图],衡方碑作[图],倒人形渐失。

(5) 北。"北"甲骨文作[图],金文作[图]师虎簋,《说文》:"[图],乖也。从二人相背。"甲骨文、金文、小篆人形十分清晰。马王堆汉帛书作[图],史晨碑作[图],衡方碑作[图],人形渐失。

(6) 比。"比"甲骨文作[图],金文作[图]禹攸比鼎,《说文》:"[图],密也。二人为从,反从为比。"甲骨文、金文以二人相并会比之意。马王堆汉帛书作[图],白石君碑作[图],人形已失。

(7) 大。"大"甲骨文作[图],金文作[图]颂鼎,《说文》:"[图],天大地大人亦大,故大象人形。""大"象正面的人形。马王堆汉帛书作[图],景君碑作[图],双臂已写作一横。

(8) 立-立。"立"甲骨文作[图],金文作[图]史兽鼎,《说文》:"[图],住也。从大立一之上。""立"为人立于地面之上。马王堆帛书作[图],乙瑛碑作[图],礼器碑作[图],人形写作"立"。

(9) 六-交。"交"甲骨文作[图],金文作[图]珊伐父簋,《说文》:"[图],交胫也。从大,象交形。""大"为人形,"交"象其腿胫相交之形。马王堆帛书作[图],王羲之作[图],褚遂良作[图],人形渐隐。

(10) 尸-尾。"尾"甲骨文作[图],《说文》:"[图],微也。从到毛在尸后。古人或饰系尾,西南夷亦然。"从甲骨文看"尸"本为人形,《说文》亦云"古人或饰系尾",即许慎是清楚尸象人形的。马王堆汉帛书作[图],仍可见人形。隶书楷化中被写作"尸",颜真卿作🖹。

(11) 勹－匋。"匋"金文作🖹麓伯簋、🖹邛君壶，《说文》："🖹，瓦器也。从缶，包省声。"段玉裁注："作瓦器也。作字各本无。今依《玉篇》补。"从金文看，字形象人执杵制作陶器状。后来与地名之"陶"并作"陶"。孔彪碑作🖹，人形写作"勹"。"身"金文作🖹虢鼎、🖹默簋，《说文》："🖹，躬也。象人之身。从人厂声。"金文、小篆尚可见人形。现行汉字里仍可见来自人形的"勹"。

(12) 巴－邑。"邑"甲骨文作🖹，金文作🖹柞钟，《说文》："🖹，國也。从口；先王之制，尊卑有大小，从卩。"其实"卩"本为跽坐之人形，这从甲骨文、金文可以看出。龙藏寺碑作🖹，欧阳通作🖹，人形变作"巴"。

(13) 勹－色。《说文》："🖹，颜气也。从人从卩。"衡方碑作🖹，部件"人"变形为"勹"。

(14) 巳－危。《说文》："🖹，在高而惧也。从厃，自卩止之。"《韵会》："厃，人在厓上。"即"厃"之"勹"为人形。其下之"卩"与"🖹"中的相关部件相同，为人跽坐之形。马王堆汉帛书作🖹，欧阳询作🖹，"厂"上下之人形均难识别，跽坐的人形写作"巳"。🖹(卷)中"巳"也本为人形。《说文》："卷，厀曲也。从卩，关声。"

(15) 卩－𠬝。"𠬝"甲骨文作🖹，金文作🖹默钟，《说文》："🖹，治也。从又从卩。"隶变楷化中，跽坐的人形变作"卩"。

(16) 龴－令。"令"甲骨文作🖹，金文作🖹井侯簋、🖹克钟，《说文》："🖹，发号也。从亼卩。""亼"为发号令的口，如"龠"金文作🖹臣辰卣，吹竹管的口写法与之相同。"卩"为跽坐的人形。睡虎地秦简作🖹，武威汉简作🖹，礼器碑作🖹，王羲之作🖹，人形渐变为"龴"。

(17) 𠂉－及。"及"甲骨文作🖹，金文作🖹保卣，《说文》："🖹，逮也。从又从人。"小篆人形仍十分清晰。睡虎地秦简作✍，马王堆汉帛书作✍，华山神庙碑作✍，衡方碑作✍，人形写作"丿"，且与部件"又"连成一体。

（18）儿－兄。"兄"甲骨文作✍、✍，金文作✍_{刺卣}、✍_{曾子仲宣鼎}，《说文》："✍，长也。从儿从口。"从甲骨文、金文看，特别是金文，"儿"本为人形。睡虎地秦简作✍，马王堆汉帛书作✍，衡方碑作✍，人形已变作"儿"。

四　取象于水的不同写法

（1）兴－益。《说文》："✍，饶也。从水皿。"甲骨文作✍，以皿中水漫溢会溢之意，为"溢"之本字。金文作✍_{益公钟}，水被处理成两部分，八为溢出的水，━为皿中的水。睡虎地秦简作✍，与小篆均将水横作。马王堆汉帛书作✍，水之点形开始美化。华山神庙碑作✍，钟繇作✍，水形变作"兴"。《说文》："✍，绎酒也。从酉，水半见于上。"即丿八为酒水形，后楷化为"丷"，与"益"上相类。

（2）水－浆。《说文》："✍，酢浆也。从水，将省声。"马王堆帛书作✍，欧阳通作✍，部件"水"一直十分完整。

（3）氵－海。"海"金文作✍_{小臣遽簋}，《说文》："✍，天池也。以纳百川者。从水每声。"金文与小篆中部件"水"十分完整。马王堆汉帛书作✍，景君碑作✍，将水形减省为三点。现行左右结构的汉字中，很多"氵"在古文字里均为完整的"水"，如："汜"甲骨文作✍，小篆作✍；"汝"甲骨文作✍，小篆作✍；"江"金文作✍_{鄂君启舟节}，小篆作✍；"湯"金文作✍_{汤弔盘}，小篆作✍；"汪"金文作✍_{汪伯卣}，小篆作✍。它们的汉隶分别为✍_{衡方碑}、✍_{礼器碑}、✍_{马王堆帛书}、✍_{马王堆帛书}、✍_{衡方碑}，均变作"氵"。

277

五　取象于火的不同写法

（1）火－炙。《说文》："炙，炮肉也。从肉在火上。"睡虎地秦简作⿱夕火，苏轼作炙，赵孟頫作炙，部件"火"字形没有大的变化。

（2）火－然。《说文》："然，烧也。从火肰声。"睡虎地秦简作然，马王堆汉帛书作然，"火"形仍较清晰，肥致碑作然，"火"已写作"灬"。

（3）小－尉。《说文》："尉，从上案下也。从尸，又持火，以尉申缯也。""尉"为"熨"之本字，以手持熨斗会熨烫之意，睡虎地秦简作尉，汉隶作尉（史晨碑）、尉（衡方碑），三国魏钟繇楷书作尉，部件"火"写作"小"。

（4）业－光。《说文》："光，明也。从火在人上，光明意也。"睡虎地秦简作光，马王堆汉帛书作光，"火"形十分清晰。礼器碑作光，华山神庙碑作光，"火"已变作"业"。

（5）小－赤。《说文》："赤，南方色也。从大从火。"睡虎地秦简作赤。不难发现，部件"火"在小篆、秦隶中写法相同。马王堆汉帛书作赤，"火"近于"灬"。史晨碑作赤，中间两笔稍长。欧阳询作赤，"火"已写作"小"。

六　现代汉字简化与整理而产生的同源异形

有些同源异形现象是在现代汉字简化与整理时才产生的。

（1）冓→冓，勾，井。

"篝""覯""遘""媾""構""購""溝""講"这些字均本以"冓"为声符，因语音演变了，原来的声符已不能准确表音，根据现代读音，"構""購""溝"的声符被换成了"勾"，就成了

"构""购""沟","講"的声符被换成了"井",就成了"讲",而不太常用的"篝""觏""遘""媾"则没有进行简化。这样,原来的部件"冓"经过整理后,就人为地被分成了三个不同的形体了。

(2) 盧→庐,卢,户。

"驢""鑪""廬""蘆""鸕""臚""艫""顱""瀘""壚""櫨""黸""纑"这些字均本以"盧"为声符,汉字简化时"盧"被简成了"卢",按理前面这些字中对应的部件应该均被类推简化成"卢",但实际情况却是"鸕""臚""艫""顱""瀘""壚""櫨"类推成了"鸬""胪""舻""颅""泸""垆""栌",而"驢""鑪""廬""蘆"中的"盧"却被简成了"户",这就有了今天的"驴""炉""庐""芦",至于不太常用的"黸""纑"则没有进行简化。现代汉字整理后,"盧"人为地被分成了三个不同的形体。

(3) 句→句,勾。

以"句"为声符的"构""佝""狗""驹""笱""苟""拘""鉤",汉字简化时大多仍为"句",但"拘"简作了"拘","鉤"简作了"钩","句"被分成了两个不同的形体。

以上几例是声符,其中有不少变形是受语音演变的影响,即为了更加准确地记录语音而有所调整。义符同样也有分化的情况。如:广→广,厂。

"府""庠""序""庖""庭""廣""廉""廟""库""廊""庑""廚""廁""廐""廠""廈""廂"都跟房屋建筑有关,所以《说文解字》中它们同属"广"部。现代汉字整理后,"廚""廁""廐""廠""廈""廂"等字改从"厂"了,但"厂"本象山石之崖岩,"厓""厚""厉""原""危"等字从之。

结　语

不少同一来源的部件在现行汉字里区别很大,主要原因在于它们虽然来源于同一事物,但表现的却是不同的状态,如"⺤"为捋取,"又"为执持,"𦥑"为自下往上捧举,"𠬝"为向两边分开,初形本来就有区别,加之字形的历时演变,差异自然会被进一步放大。此外,还有一些其他因素的影响。

增加区分度的考虑。如:"足"与"正"的甲骨文多区别明显,但金文保留了类似于"正"的写法,为免二字相混,金文"正"上之"口"多写作"一","𧾷(足)"上由股胫变来的部分则略带圆形,以别于"口"。小篆分别作"足""正",稳定了金文中的区别特征。隶书又将"足"下之"止"写为"龰",两字的区别就更明显了。

形体结构协调的考量。不少字的部件在甲骨文或小篆中是相同的,但隶变后就完全不同了。如:"手"在"看""投""持""扶"等的小篆字形中是一样的,为形体协调,左右结构中的"手"渐成"扌"。"承""兵"小篆分别作𢎏、𠔯,本来都有"𦥑",但形变中它们的部件一呈左中右排列,一呈上下排列,不同的结构类型影响了部件的写法,隶书中"𦥑"被分化为㐄乀、六。

讹变的结果。不可否认,因误解部件和简捷书写,不少汉字在发展中出现了一些错误的写法,使得构形理据破坏严重。如:小篆误"𡳿(出)"之"止"为"屮"。"𨒍(往)",金文作𢓸,误"王"为"土",小篆作𢓸,误"止"为"屮",后来隶书又将"屮"处理为"十",进而变作"亠"。

第三章 汉字形变的主要动因

第二节 异源同形现象例析

一 部件"立"的来源及演变动因研究[1]

现行汉字中作部件的"立"和外形颇近的"立""辛""辛"来源不同，有的甚至有多个来源，然而因它们形体相似，自古文字以来就常混淆不清，学界意见也颇不一致。郭沫若云："言、音二字古不从辛，其与辛类似之形构古本作Ɏ作Ƴ，或作Ж，殆象箫管之形"[2]，"龍、鳳于卜辞有从辛作者，如龍作ᙎ、鳳作ᙏ是也。案：此乃象龍鳳头上之冠，字当为《说文》部首丵字之省"。已指出"言、音、龍、鳳均非从辛若辛之字"，但他认为言、音中类似于"立"形的构件"象箫管之形"，殆有未当，对与"龍""鳳"冠饰相关的其他字形未有讨论。此外，我们对他所主张的"从辛之童、妾、僕等字"[3] 也持保留态度。通过字形比较，不难发现，小篆"僕"之所从当为"丵"而非"辛"，陈梦家云："余谓辛即冠也，故卜辞僕字象头戴辛而系尾，犹汉侍中之冠骏鸃而饰貂尾"[4]，对"僕"字部件的分析是可取的。童、妾上半之"立"也非来自于"辛"，本像发髻形。于省吾指出："古文辛辛无别。在人则为头饰，在物则为冠角类之象形。"[5] 于先生已明确指出这些部件虽然外

---

[1] 本节主要内容曾以《部件"立"的几个来源及相关问题研究》发表于《语言研究》2017年第1期。此略有修改。
[2] 郭沫若：《释支干》，见《甲骨文字研究》，科学出版社，1982，第178~179页。
[3] 郭沫若：《释支干》，见《甲骨文字研究》，科学出版社，1982，第184页。
[4] 陈梦家：《商代的神话与巫术》，《燕京学报》1936年第20期。
[5] 于省吾：《释竟》，《双剑誃古文杂释》，中华书局，2009，第2页。

形相似，而实际所指之物有别，需区别对待。在前贤研究的基础上，通过对文字资料的全面观照，我们拟对它们的源头作一梳理，以厘清相关字的理据及演变问题。

（一）取象于人立形的"立"

"立"甲骨文作🮲，以人站立于地面会意。从甲骨文字形看，与"🮲（音）""🮲（辛）""🮲（妾）""🮲（龙）""🮲（商）""🮲（帝）"等字中的部件"立""🮲"写法迥别。"立"小篆作🮲，与"🮲（音）""🮲（辛）""🮲（妾）""🮲（龙）""🮲（商）""🮲（帝）"中的相关部件区别也十分明显。"立"睡虎地秦简作🮲，上半仍大致保留着双臂形，但双臂至双腿的身躯部分被省去了。马王堆汉帛书中🮲、🮲二形并存，已有将双臂平直为一横的写法①。魏晋楷书中上点与横分离开来，王献之书法作品作🮲，与今形一致。

（二）取象于舌形的"音"之"立"

"音"上之"立"源于舌形。在讨论"音"前，须将与它有直接关系的"舌""言"两字讲清楚。

《说文》："舌，在口所以言也，别味也。从干从口，干亦声。"甲骨文字形作🮲、🮲，正象口中舌形，加点者示口中唾液也。"舌"甲骨文有繁写为🮲、🮲者，🮲为🮲之简写。睡虎地秦简作🮲，与甲骨文🮲形颇似。舌形何以为Y？疑非取象于人舌，乃取象于蛇舌，所以然者，当为方便识别，造字年代，人们对蛇舌印象深刻，故拿来作为

---

① "大"甲骨文作🮲，在文字演变过程中，双臂平直化为一横。头部变为点，双臂变为横的字较多，如"文"甲骨文作🮲、🮲、🮲，睡虎地秦简中出现🮲的写法；"交"甲骨文作🮲，居延汉简牍作🮲；"亦"甲骨文作🮲，马王堆汉帛书出现🮲的写法等。类似现象还有"高"甲骨文作🮲，武威汉简作🮲，上部建筑物顶端接合处的"八"形变成了"亠"；"衣"甲骨文作🮲，秦睡虎地竹简已有写为🮲者，上部本象衣领接合处的"八"变成了"亠"。

代表了。"歓"甲骨文作█、█、█、█，象人于酉中啜饮，其舌形亦如此。徐中舒以为█、█、█"象木铎之铎舌振动之形，█为倒置之铎体，Y、Y、Y为铎舌。"① 而又有"█象人俯首吐舌捧尊就饮之形"②，对于Y、Y形的说解，两条颇不一致，当以象人舌形为是。铎舌本因其象人或动物之舌才得名，如此造字过于间接；加之铎非如蛇之常见，《说文》有"上古草居而患它，故相问'无它乎？'"连日常打招呼都是问有没有蛇，可见蛇之普遍，给人印象之深刻。从取象的典型性原则看，蛇舌可能性更高。"舌"小篆作█，舌形近于干形，《说文》遂以为从干。马王堆汉帛书作█，已将上之█形写为━，与后世楷体基本相同。

"言""音"是直接在"舌"的基础上经过字形调整而来。

《说文》："言，直言曰言，论难曰语。从口辛声。"甲骨文"言"作█、█、█，历来学界对其形体分析颇不一致。郭沫若云："言之Y若Y，即箫管也，从口以吹之。"③ 箫管之音与言语之音有较大的差异，且语言的产生当在以箫管作乐音之前，造字时以口吹箫管会言语之意似乎不太合理。此外，口吹箫管，口当在管口处，且口形多作"△"形，覆口于管上，所以吹之也，如"龠"金文作█ 臣辰卣、█ 臣辰盉。叶玉森以为："█字则从辛从口。④《说文》：'辛，辠也。'先哲造言字，即主慎言。"以"慎言"表达言语之意不够直接，且慎言笃行观念的产生也较晚，在早期文字中用如此间接的方式表意的可能性不大。其实"言""舌"一字。徐中舒指出"言""实与告、舌为一字之异构。"⑤ 从字形上发现了"言""舌"的相似度高。"言"上半部分象舌形，以口中舌动示言说之意。与

---

① 徐中舒主编《甲骨文字典》，四川辞书出版社，2006，第208页。
② 徐中舒主编《甲骨文字典》，四川辞书出版社，2006，第986页。
③ 郭沫若：《释龢言》，《甲骨文字研究》，科学出版社，1982，第99页。
④ 叶玉森：《殷虚书契前编集释》，台湾艺文印书馆，1966。
⑤ 徐中舒主编《甲骨文字典》，四川辞书出版社，2006，第222页。

"舌"之作🙂、🙂、🙂相较，区别在于上加一横。疑所加横线为区别性符号，以将二字区分。① 可能正是因为二字差异不大，为避免混淆，"言"有加上示唾液之点形作🙂、🙂者。"言"所加的一横在字形演变中影响甚大。小篆作言，字形上又加一横。睡虎地秦简作言，也有草率写为言、言、言者，唐兰指出古文字"凡字首为横画，又往往于其上加短横画"。② 短横在后来的演变中大多变为了文字的一部分，"言"上所加短横楷书中变为了斜点。此外，不难发现睡虎地秦简中已出现将本象舌形的"∨"写成与上下平行的一横者，而中间贯穿的竖也大多被略写。③ 马王堆帛书字形与睡虎地秦简大体相似，但居延汉简基本作言，至楷体始变其上横为点，钟繇书法作品作言。

《说文》："音，声也。生于心，有节于外，谓之音。……从言含一。"已指出"音"之形为在"言"的基础上于口中增一横而成。罗振玉发现甲骨文中"从言从音殆通用不别"。④ 于省吾指出："言与音初本同名，后世以用各有当，遂分化为二。周代古文字言与音之互作常见。先秦典籍亦有言音通用者。"⑤ 甲骨文中未见独体的"音"，但作为部件用有之。如"戠"作🙂、🙂。从书写形式看，甲骨文"音"与"言"相似，均当来源于"舌"，作部件时常简写成🙂，草率则成∨。甲骨文"竟"作🙂，《说文》以为"从音从人"，其上半之"音"与"言"同。"音"金文作言秦公鎛、言篱平钟，

---

① 从这个层面上看，有人以为"舌"象舌动之形似乎是有道理的。但我们仍坚持舌取象于蛇舌的推测，因为根据经验，人饮水时舌头一般是紧贴于口腔下部的，而猫、狗等动物会卷舌取水，所以"歓"虽表示的是人捧樽就饮，但舌形也可能并非取象于人舌。何以如此？这应该是古人造字时的一种策略，因为在相似的情景下，动物的舌头状态比人的舌头状态辨识度更高，故借以传达有关舌的意义。
② 唐兰：《古文字学导论》，齐鲁书社，1982，第224页。
③ "言"小篆作言，保留着舌形，与秦隶相差较大。
④ 罗振玉：《殷虚书契考释三种》，中华书局，2006，第501页。
⑤ 于省吾：《释言》，《甲骨文字释林》，商务印书馆，2010，第87页。

上加饰笔一短横，下边的口中也添了一短横。加饰笔的情况比较常见，本文所讨论的这些字上面的点均为饰笔演化而来。口中添横，以抽象符号表示音发于口也。因古文字中"言""音"形体十分相似，口中添横客观上也可以起到区别字形的作用，这是后来"立"下之"曰"的来源。"音"小篆作🔲，舌形仍基本保留着。马王堆帛书已见大量将"音"写作🔲者，也有一些上半仍写为"辛"作🔲者，北魏楷书则已全从"立"。

"舌""言""音"三字的创制之源相同，字形上有密切关联，为免混同，甲骨文、金文中已多有调整。甲骨文"舌"作🔲、🔲、🔲，也有加上示唾液之点形作🔲、🔲，与"言"的写法🔲、🔲、🔲甚似，二字之别在于"言"上加有一横。"歆"甲骨文作🔲、🔲，均从言；金文作🔲格伯簋、🔲豆闭簋、🔲免簋，从言从音均有，构字部件"音"旁加示唾液的┄、┄，说明当时书写者仍清楚"音"与"舌""言"的发生学关系。在后来的发展中，三字的区别特征逐渐稳定，"舌"是三字之源，故通过在其基础上加笔以分化之，上加横者为"言"，又在"言"的基础上，构件"口"中加横者为"音"。

从古文字字形能较清晰地看出"舌""言""音"三字的关系，但随着字形的演变，原来主要起区别作用的笔画在字形变化中也发挥了很大的影响力，结果造成了源同而形异的局面。

（三）取象于刑具的"辛""辛"

"辛""辛"本同源。《说文》："辛，秋时万物成而孰；金刚味辛，辛痛即泣出。从一从䇂。䇂，辠也。"《说文》解释了"辛"的两个意思——辛辣、艰辛，但均非其本义。"辛"甲骨文作🔲、🔲，依形分析，当为刑具之象，郭沫若以为"系古之剖劂"[①]，即

---

① 郭沫若：《释支干》，见《甲骨文字研究》，科学出版社，1982，第181页。

《说文》释为"辠"的"辛","辛字之结构,横画固可多可少,而直画亦可曲可直。更积极而言之,则辛、辛实本一字。"罗振玉发现:"许书辛辛两部之字义多不别。"① 李孝定:"辛辛二字形近义同,其始当为一字。"② 徐中舒:"辛辛初为一字","为施黥之刑具"。③"辛""辛"一字,学界已多认同之。

王国维通过字形的排比,指出"十干之辛自为一字,其字古文作▽、作▽、或作▽。训辠之辛又自为一字,其字古作▽、作▽、作▽、作▽。此二字之分,不在横画多寡,而在纵画之曲直"④。观察可谓细致,然以小篆"辛""辛"两部字字义多不别的情况前推,疑"辛""辛"为一字之异文。因产生的年代较早⑤,"辛""辛"出现了字用上的分工,以其本形表十干之"辛",而以曲其纵画之形表辠之"辛"。但在后来的字体演变中,这一区别性写法并不十分严格,如"薛"甲骨文作▽、▽,金文作▽薛侯匜、▽薛侯壶,均从"辛";睡虎地秦简作▽,马王堆汉帛书作▽,均已变从"辛"。又如"辟"甲骨文作▽、▽、▽、▽,金文作▽臣谏簋、▽沂羌钟,虽多从"辛",但也有少数从"辛"者,说明"辛""辛"确系一字,甲骨文书写上的区分还不甚严格。《说文》:"辟,法也。从卩从辛。"小篆已统一从"辛"。《说文》由曲"辛"之纵笔演变而来的仅存训为叫人住嘴的"辛"字。

金文"音"作▽秦公鎛、▽鼒平钟。舌形与剞劂形在写法上十分相似,所以出现了字形上均写为"立",而实际所示之义截然不同的情况。

---

① 罗振玉:《殷虚书契考释三种》,中华书局,2006,第534页。
② 李孝定编述《甲骨文字集释》(第三卷),台湾中研院史语所专刊之五十,1965,第762页。
③ 徐中舒主编《甲骨文字典》,四川辞书出版社,2006,第1561~1562页。
④ 王国维:《释辥》,《观堂集林》,中华书局,1959,第281页。
⑤ "辛"产生的年代比较早,所以甲骨文中已有以其为声符者。"新"甲骨文作▽、▽,从斤(或增从木)辛声。

第三章 汉字形变的主要动因

（四）取象于发髻形的"立"

现行汉字"妾"的构件中有"立"，但其来源与前文所论人立形、舌头和刵剭均无关。

《说文》："妾，有辠女子给事之得接于君者。从辛，从女。"因此，早期学者多以"妾"中之"立"由"辛"演化而来。如孙诒让云"此从辛省"①。诚如王国维先生发现的，卜辞中训辠之"辛"往往曲其纵画作𢆉，卜辞中"妾"作𡚬、𡚬、𡚬、𡚬，构件未见一例"𢆉"，"妾"或非从"辛"。

随着研究的深入，已有学者提出了与《说文》不同的意见。如商承祚云："童妾字皆从▽、▽者，辠人之冠与众异也。"②指出▽、▽为冠形，以为是罪人之冠。我们认为，▽、▽或非罪人之冠，乃有装饰作用的发髻。▽、▽为当时常见的一种冠饰形制，非罪人之标识。当然，可能童、妾、仆常用这种发式，遂使得它带上了一定的身份印记。于省吾指出："古文辛䇂无别。在人则为头饰，在物则为冠角类之象形。"③十分精准地指出了古文字中字形相似而所指有别的这一组字的判断标准。李孝定申之曰："卜辞妾字，其用与习见之𡚬字相同，盖相当于今之妻字，并未见有卑下之意。"④从字义上提供了有力的佐证。"辟"甲骨文作𨐊、𨐊、𨐊，从卩从辛（或从䇂）。卩、女甲骨文合体字中多通用无别⑤，"辛""䇂"来源本同，若"妾"从辛从女，则与"辟"易被误认为一字之异体。甲骨文合体字中多有此类一字构件相同而组合方位有别的

---

① 孙诒让：《契文举例》，齐鲁书社，1993。
② 商承祚：《甲骨文字研究》，天津古籍出版社，2008，第244页。
③ 于省吾：《释丙》，《双剑誃殷契骈枝》，中华书局，2009，第2页。
④ 李孝定编述《甲骨文字集释》（第三卷），中研院史语所专刊之五十，1965，第765页。
⑤ 如"鬼"作𢁘、𢁘。

现象，如"姜"有作🈚️，也有作🈚️者；"娥"有作🈚️，也有作🈚️者。由此看来，"妾"上之"立"为人之头饰可能更为恰当。

"姜"甲骨文多作🈚️，偶有作🈚️者，所从之▽、🈚️与"辛""辛"的甲骨文🈚️、🈚️相较，区别明显。金文作🈚️_{伊簋}、🈚️_{克鼎}，发髻形与"辛"已开始混同，失却原有理据，《说文》遂以为"从辛从女"。

"競"甲骨文作🈚️、🈚️、🈚️，以并排的二人会意。因其上部与"言"形近，金文已有误写为🈚️_{默钟}者，然亦有不少仍可大致见其本形，如🈚️_{競卣}、🈚️_{競作父乙卣}。《说文》："競，彊语也。一曰逐也。从誩，从二人。"论文字者，亦多以为"競"从誩，如：林义光从宗周钟、取彝字形出发认为🈚️为"二人首上有言，象言语相競意"。① 罗振玉也认为甲骨文🈚️"从誩省"。② 其实《说文》"一说逐也"当为"競"之本义，甲骨文字形以二人齐头并进会"競争"之意，故也有字形于二🈚️之上加横，有平齐之意也。甲骨文中"言"的完整写法为🈚️、🈚️、🈚️，而遍查甲骨文，"競"无一从此作者，▽殆非言矣。可能有人说，▽为🈚️之省。但甲骨文中有"竟"作🈚️，既然有不省的情况存在，何以"競"之诸形无一写"全形"者呢？所以，比较可靠的原因应该是：甲骨文时代，书写者都清楚🈚️非从"誩"。

另外，"童"甲骨文作🈚️，"僕"甲骨文作🈚️。从字形分析，它们上从之▽也可能均为头饰，为童仆之常见发饰。《诗·齐风·甫田》："婉兮娈兮，总角丱兮。"郑玄笺："总角，聚两髦也。"孔颖达疏："总角聚两髦，言总聚其髦以为两角也。"即将头发左右两边分别束在一起，其形状如角，故称总角，这种发式颇有点类似于后来的"丫鬟"，"丫鬟"者，梳"丫"形发髻的女子也，不过总角发式单一些，丫鬟的双髻要稍复杂些，后来丫鬟不一定仍梳此发

---

① 林义光：《文源》，中西书局，2012。
② 罗振玉：《殷虚书契考释三种》，中华书局，2006，第 501 页。

式，但称呼已相沿成习了。《红楼梦》第三回："这院门上也有四五个才总角的小厮，都垂手侍立。"反映的年代虽晚许多，但正说明幼年为仆这一现象由来已久，童仆并称是有一定的历史原因的。因家庭贫苦、出身微贱，他们往往自小就作奴仆。这种历史现实使得童仆成为一组近义词，遂使得人们以为童有仆义。

此外，汉字部件中的"立""亠"还有取象于花冠、冠饰的一些字，也可以说明这些字之上半极有可能有所取象，是发饰。

（五）取象于冠饰"立（亠）"

"龍"甲骨文作⿰、⿱、⿲，《说文》以为："从肉，飞之形，童省声。"系据后起字形立说，从甲骨文观之，当象"首角全身之形"①，⿰、⿱、⿲象头饰，⿰象龙首，⿰象龙身。《说文》训"龍"为"鳞虫之长"，从甲骨文字形看，确有象王者之征的冠饰形。"龍""鳳"为华夏民族古老的图腾、中国传说中的王者象征，我们从"鳳"字的甲骨文字形上也可以发现类似于"龍"所从之王冠的部件。"鳳"甲骨文作⿰、⿱、⿲、⿰，从⿰、⿱清晰的尾羽⿰、⿱可看出其取象与孔雀有关，孔雀头部有簇立的翎羽，为天然的冠饰。有意思的是，我们在金文中发现"皇"被写作⿰仲师父鼎、⿰弔向簋、⿱申簋、⿲沈儿钟，上半部正象羽饰。说明金文时代书写者明了凤冠与皇冠的作用相似，均为王者标识。郭沫若以为"龍""鳳"所从之⿰"乃象龙凤头上之冠，字当为《说文》丵部字之省。"②从字形上看，类于"丵"的写法在"鳳"中存在，而"龍"中未见，殆冠饰本为⿰，⿱为繁写。冠饰为权力与地位的标识，在古代生活中多有体现，如古时君王即位，要行加冕礼。

"商"甲骨文作⿰、⿱、⿲、⿰、⿱、⿲，《说文》："商，从外

---

① 罗振玉：《殷虚书契考释三种》，中华书局，2006，第449页。
② 郭沫若：《释支干》，见《甲骨文字研究》，科学出版社，1982，第179页。

知内也。从向，章省声。"《说文》："向，言之讱也。从口从内。""商"何以从"向"？形义间无法建立起合理的联系来。其实，"商"甲骨文字形多本从🔲，🔲为高地之象。甲骨文中有🔲，释为"丙"。于省吾以为"即今俗所称物之底座"①。基座往往高平，故底座、高地均写为🔲。古人多择高地而居，如"尧"本指高而上平之地，"九州"之"州"本指水中高地。今商丘古称亳，为商汤建都之地。《说文》："丘，土之高也，非人所为也。"即丘是自然形成的高地。《说文》："亳，从高省，乇声。"亦有高义。从甲骨文字形看，"商"其实非"章省声"。王国维认为商："始以地名为国号，继以为有天下之号。其后虽不常厥居，而王都所在仍称大邑商。"② 由此，可以解释"商"之甲骨文上部何以有与"龍"的甲骨文相同之部件——🔲或🔲，"商"为王都，故加冠饰以象之。🔲为🔲之繁写，🔲为🔲之繁写。🔲则为🔲上加饰笔。🔲于🔲下加口，卜辞中并不常见，说明是附加符，并无实际寓义，但在后来字形演变中却被一直保留了下来。"商"小篆字形为🔲，上半构件与"龍"的小篆🔲之左上部件形体相同，但马王堆汉帛书中已见🔲、🔲两体并存，曹全碑则仅见🔲形，构件"立"之下横与"冂"之上横合一。

（六）取象于花蒂形的"帝"

"帝"甲骨文作🔲、🔲、🔲、🔲。关于其本源有两种有影响力的说法。一说以为象花蒂之形，如郑樵③、吴大澂④、王国维⑤、商承

---

① 于省吾：《释丙》，见《双剑誃殷契骈枝》，中华书局，2009。
② 王国维：《说商》，见《观堂集林》，中华书局，1959，第517页。
③ 郑樵：《六书略》，见《通志》，浙江古籍出版社，2007。
④ 吴大澂：《帝字说》，见《字说》，学海出版社，1998。
⑤ 王国维：《释天》，见《观堂集林》，中华书局，1959，第283页。

祚①、马叙伦②、戴家祥③等。一说以为象积薪祭天，如叶玉森④、明义士⑤、朱芳圃⑥、朱歧祥⑦、徐中舒⑧等。

从甲骨文字体系来看，燎柴祭天之说殆有未安。古代祭有专名，《说文》："尞，柴祭天也。"甲骨文作※、※、※、※，正象燎柴祭天。既然都是燎柴祭天，何以一作"帝"一作"尞"？针对同一现象造两个字形，构意、字形上区分度不大，难免混淆不清，不符合一般的造字心理。皇帝之"帝"为假借字，"帝"为"蒂"之本字。甲骨文"不"写作 ，虽然大多写的尽量与花柎形近，但也有一些下半线条写的较直，至于金文基本定形为 元年师兑簋、 虢弔钟、 师酉簋、 休盘、 王孙钟，更是与"帝"接近了。 与 主要的区别在于中间的 ，殆以象花蒂与花柎之接合处也。"帝"小篆作 ，仍隐约可见甲骨文相似之部件，楷书又变上之短横为" "，下之花柎为"巾"，如北魏北海王元详造像记作帝，元珍墓志作帝，张猛龙碑作帝，元倪墓志作帝。

结　语

综上，"立"像人立于地面；"音"之"立"来源于舌形；"辛"为刑具，其上之"立"为刀面；"妾""童""竞"上之"立"为发髻形；"龍""商"上之"立（亠）"为王冠形；"帝"上之"亠"为花蒂形。它们的来源有别，在甲骨文中的写法虽有一些相似之处，但如果仔细辨别，可以发现它们在构字时区别明显，

---

① 商承祚：《说文中之古文考》，上海古籍出版社，1983。
② 马叙伦：《说文解字六书疏证》，上海书店，1985。
③ 戴家祥：《金文大字典》，学林出版社，1999。
④ 叶玉森：《殷虚书契前编集释》，台湾艺文印书馆，1966。
⑤ 明义士：《柏根氏旧藏甲骨文字》，齐鲁大学，1935。
⑥ 朱芳圃：《殷周文字释丛》，中华书局，1962。
⑦ 朱歧祥：《殷墟甲骨文字通释稿》，台湾文史哲出版社，1989。
⑧ 徐中舒主编《甲骨文字典》，四川辞书出版社，2006，第7页。

字形上也存在着细微的差异——舌形多作👅，发髻多作▽，冠饰多作▽，刑具多作▽。👅为舌形上加横而成，故下部是一条竖直线；▽为冠饰，倒三角下常有一短横，该形的繁写为▼，装饰性更明显；▽则为刑具之象。👅、▽、▽又常被省写作▽①。因文字的手写时代漫长，早期的正字观念不够严格，难免出现一些潦草、省简的写法，以致本来迥然有别的部件外形相似。加上并非人人都具备汉字理性知识，结果就造成它们相互混同，很多字的理据遂被湮没。

文字发展中，这些来源不同的字经过了一个由不太严格区别到渐相混同的过程。追求书写便捷的秦隶、汉隶中趋同的写法尤为突出，但也时有比较严谨的完整写法，说明当时不少书者是明了字的理据的。它们在魏晋楷书中就基本混同了。

甲骨文虽是早期较为成熟的文字，但因为是手写，往往会带上书写者的个人风格，这就难免因书写者的随意性或一些错误认识而产生一些不合文字创制理据的字形，这些错误字形在文字发展过程中有的甚至成为"正字"流传了下来。幸运的是，汉字系统性强，通过意义相关的字群的比较，往往可能追溯到它们造字时的理据。

二 部件"冫"的来源及演变动因研究②

现行汉字中含有部件"冫"的字不少，"冫"所传达的具体信息不尽相同，这是因为它们的来源不同。学界对现代汉字中的异源同形现象关注不多，目前还未有关于"冫"来源的讨论。我们拟作一系统梳理，并对其演变动因作一些分析。

---

① ▽先有被省写作👅，与"👅"一样，也有省其下竖线直接作▽者。
② 本节主要内容曾发表于《励耘语言学刊》2016年第3辑（总第25辑）。此略有修改。

第三章 汉字形变的主要动因

（一）古文字中本从"氵（水）"

1. 来源于与"水"有关的各种形态或性质

古文字中本从"氵（水）"，后来变从"冫"，本义均与水有密切关系。

（1）瀞-净①。金文作[图]国差𦉢。《说文》："瀞，无垢薉也。从水静声。"② "瀞"本为"清"的近义词，"清"重在澄澈，"瀞"重在无污垢秽物。《说文》："淨，鲁北城门池也。从水争声。" "淨"本为水名。段玉裁《说文解字注》"淨"条云："今俗用为瀞字。"③ 可见，俗体中已有人写"瀞"为"淨"。在两字的构件中，静、争均为声符，且"静""从青争声"。大概是因为读音相近，而"淨"笔画简少，"瀞"就多被写为"淨"，"瀞""淨"遂成一组古今字。又因"淨"义为"鲁北城门池也。"为区别二义，遂省去一点作"净"，东汉衡方碑（168年）已见[图]。

（2）準-准。《说文》："準，平也。从水隼声。"段玉裁云："天下莫平于水，水平谓之準。"指出了"準"何以从"氵"。《汉书·律历志上》有："準者，所以揆平取正也。"可见古人已知借水取平，后泛化指一般事物的平，如《周礼·考工记·辀人》："辀注则利準，利準则久，和则安。"指的是车行驶的平稳。因水为取平的"标準"，在此基础上又衍生出"标準""準则"义，如《荀子·致士》："程者，物之準也；礼者，节之準也。"用的即为"準绳"、法则义。"準"小篆作[图]，与"[图]（淮）"之别在于隹下一横，区分度不够明显，容易误认和误写。据《说文》古已有用为水

---

① 文中字头以"-"连接者，表示《说文》仅有前字，无后形；用"、"者，表示两字均有，但实为不同的字。
② 许慎：《说文解字》，中华书局，1963，第235页。
③ 段玉裁：《说文解字注》，上海古籍出版社，1988，第560页。

293

名的"淮",若写"準"为"淮"势必造成混乱,古人遂省写作"准",东汉衡方碑(168年)已见准。

(3)决－決。《说文》:"決,行流也。从水从夬。""決"指畅流的水。朱骏声《说文通训定声》① 云:"人导之而行曰決,水不循道而自行亦曰決。"指出人为的疏通水道来引导水流与水冲破堤岸自由流淌均可称为"決",前者如《国语·周语上》"为川者决之使导",后者如《左传·襄公三十一年》"大决所犯,伤人必多"。《说文》无"决",古籍多作"決",王羲之作品有决、决,从"冫"。这其中有书写因素的影响,也不能排除书写者有意为之的可能,《玉篇》说:"决,俗決字。"大概是因为决堤之水危害大,俗字遂省写之。现代汉字简化时,以"决"为正体。

(4)凄－淒。《说文》:"淒,云雨起也。从水妻声。"《诗·邶风》:"缔兮绤兮,淒其以风。"毛传:"淒,寒风貌。"《诗·郑风》:"风雨淒淒,鸡鸣喈喈。"孔颖达《毛诗正义》曰:"《四月》云'秋日淒淒',寒凉之意,言雨气寒也。"朱熹《诗集传》亦云:"淒淒,寒凉之气也。"可见"淒"多有寒冷意,早期的用例多与淒冷的雨水有关。水之寒者以冰(仌)为代表,为使形符更准确地提示意义,后遂改从"冫(仌)"作"凄"。《说文》未见"凄",而《玉篇》②有之:"凄,寒也。"《玉篇》本为南朝梁顾野王撰,唐上元元年孙强曾经增字释,宋陈彭年等又重修。明代的《正字通》说:"凄,寒凉也,通作淒。"但古籍中多作"淒"。另外,《说文》收有表心之凄凉的"悽",主客观方面的因素均有可能导致凄冷,"悽"可能是在"淒"的基础上通过改形符而衍生出的侧重于心理体验的新字,但其实际使用终不如"淒"普遍,后来仍多以"凄"统一之。

---

① 朱骏声:《说文通训定声》,中华书局,1984。
② 顾野王:《原本玉篇残卷》,中华书局,1985。

（5）涼－凉。《说文》："涼，薄也。从水京声。"郑众云："涼，以水和酒也。"因之，段玉裁以为《说文》："盖薄下夺一酒字，以水和酒，故为薄酒。"《周礼·天官·浆人》："浆人掌共王之六饮，水、浆、醴、涼、医、酏，入于酒府。"郑玄注："涼，今寒粥，若糗饭杂水也。"郑众与郑玄关于"涼"的注解有差异，但有一共性，即加水稀释过，故不再浓稠。据《周礼》上下文，"涼"当为一种饮品，藏于酒府，当以郑众所释为是，即段注所谓薄酒也。语言发展中，由专指而泛化的现象比较常见，后来凡物之薄均可称为"涼"，如《左传·庄公三十二年》："虢多涼德，其何土之能得？""涼"用来指道德浅薄。"薄"容易引申出寒冷义，典籍中早有用为寒冷者，如《诗·邶风·北风》："北风其涼，雨雪其雱。"《毛传》："北风，寒涼之风。"郑玄笺："寒涼之风，病害万物。"孔颖达疏："言天既为北风其寒涼矣，又加之雨雪其雱然而盛。"均以"涼"为寒意。而寒冷均从"冫（仌）"，故俗书"涼"为"凉"。《玉篇》《字林》《广韵》[①]均云："凉，俗涼字。"孙过庭（646~691年）书法作品有凉，怀素作品有凉，说明晋已有之，后世亦偶见。

（6）況－况。《说文》："況，寒水也。从水兄声。"典籍未见用例，大概很早就被借为语词使用。《说文》："𠣬，況也，词也。"以況、𠣬互训，指出它们均为虚词。既然常用为虚词，与水相去甚远，故字形上也发生了调整，变从"冫"了。西晋索靖（239~303年）作况，但古籍多作"況"。

（7）湊－凑。《说文》："湊，水上人所会也。从水奏声。"从字形上看不出与人有关的信息，《广韵》："湊，水会也，聚也。"水会或为其本义。《楚辞·九叹》："赴江湘之湍流兮，顺波湊而下

[①] 陈彭年：《宋本广韵》，中国书店，1982。

降。"东汉王逸注："凑，聚也。言己乘船赴江湘之疾流，顺聚波而下行。""波凑"为聚波，当用的"凑"之本义。与"凉"的情形相似，其含义后来也由专指而泛化，凡聚集义均可用之，如《淮南子·原道》"趋舍相凑"指人聚集，《史记·货殖列传》"繈至而辐凑"指辐条聚拢。古籍中多作"凑"。后来因"凑"的常用义与水已无明显相关性，俗体字的字形上也出现了调整，省从"氵"。汉字简化时，以"凑"为正体。

（8）减－减。《说文》："减，损也。从水咸声。"又《说文》："渻，少减也。从水省声。"减、渻为近义词。何以均从"氵"？从它们均作义符来分析，可能本指水少。后由专名泛化而指凡物之少。于是常见用义中与"水"的联系逐渐疏远，"减"遂改从"冫"。殆物微须仔细察视，故典籍中多以本表省视义的"省"为"微小"之"渻"。这就有了今天的"减省"。钟繇（151～230年）作品已见减，但古籍多作"减"。

（9）冲－沖。甲骨文作、，金文作。《说文》："沖，涌摇也。从水中。""沖"为会意字，指一种水流的状态，字义由水而泛化，段注云："涌，上涌也。摇，旁摇也。"典籍中向上义与摇晃义均有用例，如《史记·廉颇蔺相如列传》"怒发上冲冠"，南朝梁何逊《七召》："神忽忽而若忘，意冲冲而不定。"① 随着其引申义的丰富，有关"水"的义素弱化，后遂被写为"冲"，但古籍多作"沖"。《玉篇》："冲，俗沖字。"相对来说，"冲"通行的时间要晚很多，现代汉字整理时才以"冲"为正体，"沖"为异体。大概是其与水的关联其实一直都还隐约存在着，人们从理据上一直都有较为正确的认识，所以字形较为稳定地保持着从"氵"的本形。

---

① 疑两句中均本为"沖"，后世据后以例前，改作"冲"。

以上诸字初始义均与水有密切关系，基本上是形声字①，形符为"氵"，指与水有关的各种性质状态。"瀞"指水质干净，"準"指水面平坦，"決"指水流畅通，"凄"指雨水寒凉，"凉"指掺水的酒，"况"指寒水，"凑"指水聚集，"减"指水少，"冲"指水涌摇。

此组字演变的共性为，本无从"氵"的字形，从"氵"者均是后来的调整。字形发展中改从"冫"大致有四种原因。

第一，书写方面求简捷、增加区分度。如："瀞"本从水静声，俗书中将声符"静"简化为"争"，又为与已有水名之"淨"相区别，遂调整为"净"；"準"本从水隼声，而小篆"隼"与"隹"相似度高，这样，"準"易与水名"淮"相乱，古书中已多写为"准"。

第二，趋利避害心理造成的字形调整。如："決"的典籍用义是明确的，指浩浩荡荡流淌的大水，水难驾驭，常易伤人，可能出于避害的心理，书写上有意省却"氵"之一点。

第三，为增强理据信息而出现的同化现象。如凄、凉等字字义引申后，寒冷义成为常用义，而在汉字体系中，已有义符"冫（仌）"提示寒冷，于是被同化。"凄"最初指雨寒，风雨往往相伴，故其义由雨及风，进而又扩大到主观的心理体验，泛化为寒后，原义符"氵"已不能准确提示意义了，因汉字中从"冫（仌）"者多有寒冷意，遂与从"冫（仌）"之字看齐，调整为"冫（仌）"。"凉"原指掺水稀释酒，后引申凡物之薄均可称为"凉"，又由"薄"引申出寒冷义，遂改义符为"冫（仌）"，以更准确提示字义。

第四，常用义抽象化，后世不明理据，字形上欲区别于水。字义泛化或字形被假借后，常用义与水已无明显关联，书写者不明字

---

① "決""冲"为会意兼形声字。段玉裁《说文解字注》以"決"为"从水，夬声"。以"冲"为"从水，中声"。

297

之由来而有意与水相区别，如凑、减、冲、况之类。"凑"由水之聚泛化为人、物之聚后，常用义已难联想到水，故字形出现调整。"减"本指水少，后泛化指物之少，"冲"原指水涌流的一种状态，后泛化指其他事物上涌或情绪上涌，随着引申义的抽象化，已难感知其来源于"水"。"况"原指寒水，但被借作语词后，很难再与水联系起来，故字形上有所调整以表新义。

2. 来源于涎水

"涎"之本字作"㳄"。《说文》："㳄，慕欲口液也。从欠从水。""欠"甲骨文作㇒、㇒，象人张口形，"㳄"从欠从水，意指水从口中流出，为会意字，段注"俗作涎"，"涎"为形声字，大约在东汉时出现。后世"涎"行而"㳄"废，"㳄"仅作部件使用，"盗""羡"等从之，作构件使用中由"㳄"演变为"次"。

（1）盗-盜。《说文》："盜，私利物也。从㳄，㳄欲皿者。""盜"为会意字，㳄者，欲也，欲皿为盜。元周伯琦《六书正讹》[①]云："俗从次，误。"其实，"盜"已见于甲骨文，作㿺，睡虎地秦简多作㿺，然也有作㿺者，王羲之作盗，说明"盗"出现的比较早。

（2）羡-羨。《说文》："羨，贪欲也。从㳄，从羑省。""从羑省"颇为奇怪，《说文》："羑，进善也。从羊久声。"说明"羨"是以羊为义符的。若此，可能林义光所谓"羨""从羊㳄，谓见羊美而涎欲下也"[②]得之。当然，"羨"的对象非局限于肥美的羊，羊仅为造字时选取的一个典型代表。《诗·大雅·皇矣》："帝谓文王，无然畔援，无然歆羨。"用的即为其本义，朱熹《诗集传》："歆，欲之动也；羨，爱慕也。"北魏元珍墓志（514年）作羨，已从"次"。

---

① 周伯琦：《六书正讹》，古香阁藏版，明刻本。
② 林义光：《文源》，卷十，中西书局，2012。

"盗""羡"等字中的"次"变为"次",可能原因有二:一是书者认为涎水有别于一般的水,不像水那样丰沛,故有意省"氵"为"冫";二是并非人人都清楚它们的构字理据,而当时相关字的常用义与"次"已无直接关联,即书者或许根本不清楚构件"次"的表意功能,故书作"次"。

(二) 来源于"冫(仌)"

《说文》:"仌,冻也。象水凝之形。凡仌之属皆从仌。"从"仌"者多有寒冷义。小篆从"仌"之字,隶变中往往变从"冫",如"冰""馮",马王堆汉帛书作 ![], "馮"马王堆帛书作 ![], "凍""凌""冷"衡方碑作 ![], "凌"衡方碑作 ![], "冷"衡方碑作 ![]。

(1)冰。最早见于金文,陈逆簋作 ![],从水从 ![], ![] 对应于小篆" ![] "之仌,指凝水之形。《说文》:"冰,水坚也。从仌从水。凝,俗冰从疑。"《集韵》[①]《正韵》:"冰,鱼陵切,音凝。同凝。"冰凝一字,后以"冰"为名词、以"凝"为动词。

(2)凍、涷。《说文》:"凍,仌也。从仌東声。"段玉裁注曰:"初凝曰仌,仌壮曰凍。又于水曰冰,于他物曰凍。"辨析了仌、冰与凍之别,从典籍用例来看,十分准确,如:《礼记·月令》:"孟冬,地始凍。孟春,东风解凍。"《说文》以"涷"为水名,《尔雅·释天》[②]"暴雨谓之涷",《楚辞·九歌·大司命》:"令飘风兮先驱,使涷雨兮洒尘。"东汉王逸《楚辞章句》:"暴雨为涷雨。"凍、涷为表意迥别的两个字。

(3)凌、淩。"凌"为"仌出也。从仌朕声。《诗》曰:'纳于凌阴。'凌,凌或从夌。"《风俗通》[③]:

---

① 丁度等:《集韵》,中华书局,1983。
② 郭璞注,邢昺疏《尔雅注疏》,上海古籍出版社,2010。
③ 应劭著,王利器校注《风俗通义校注》,中华书局,1981。

"积冰曰凌。"西汉藏冰之室曰"凌室"。"䑏（朕）"所从之"仌"在"䜮（凌）"中被置于左侧。段玉裁以为"仌""象水初凝之文理"，系由小篆字形生发的联想，从金文看，"仌"之本形为𠕒，象凝水之形。隶书中当"仌"处于字形下部时往往变为"〉"，如"䨛"睡虎地秦简作"寅"，"𡿨"睡虎地秦简作"冬"。"朕"本义为水凝为冰，或体改声符"朕"为"夌"。《说文》："夌，越也。从夂从夌。"受部件"夌"的影响，字产生了凌越之意。《说文》有为水名的"淩"，与"凌"为两字。

（4）冷、泠。《说文》："冷，寒也。从仌令声。"《说文》有为水名的"泠"，与"冷"为两字。

（5）凊、清。《说文》："凊，寒也。从仌青声。"该字现在不常用但典籍有之，如《礼记·曲礼上》："凡为人子之礼，冬温而夏凊，昏定而晨省。"《墨子·辞过》："冬则不轻而温，夏则不轻而凊。"用义近于"凉"，疑今"冷清""凄清""清凉""清风"当作"冷凊""凄凊""凊凉""凊风"。李清照《声声慢》："寻寻觅觅，冷冷清清，凄凄惨惨戚戚。乍暖还寒时候，最难将息。"根据前后文不难判断"冷清"实为"冷凊"也。《说文》："清，朖也，澄水之貌。从水青声。""清"本指水干净、透澈，与"凊"形义有别。

（6）凔、滄。《说文》："凔，寒也。从仌倉声。"《列子·汤问》："日初出则凔凔凉凉。"《汉书·枚乘传》："欲汤之凔，一人炊之，百人扬之，无益也，不如绝薪止火而已。"用义与"凉"相近。又《说文》："滄，寒也。从水倉聲。"与"凔"音义均同，疑有误，当以"凔"为正。《水经注》有"滄河"，曹操诗中有"滄海"，《集韵》《韵会》以"滄"为水名。"滄""凔"当为两字。

（7）涵、涵。《说文》："涵，寒也。从仌圅声。"涵、涵两字。《说文》："涵，水泽多也。从水圅声。"今写作"涵"，《集韵》：

300

"涵，或从圅作浛。"

（8）瀨、濑。《说文》："濑，寒也。从仌賴声。"另有："瀨，水流沙上也。从水賴声。"《楚辞·九歌·湘君》："石瀨兮浅浅，飞龙兮翩翩。"东汉王逸《楚辞章句》："瀨，湍也。"即"瀨"为水流的一种状态，与"濑"为两字。

（9）澤、滭。《说文》："澤，风寒也。从仌畢声。"《诗·豳风·七月》有"一之日觱發"。段玉裁以为"觱發皆假借字，澤冹乃本字"。参看《诗》不同版本，确有作"澤冹"者。"澤冹"为摹寒风之声音，故有不同写法，"澤"《集韵》还收有"飋""飂""颷"的写法，其义一也。《说文》无"滭"，《广韵》有之："滭，泉沸也。"为泉水汩汩涌出之貌。《文选·司马相如·上林赋》："滭弗宓汨"，郭璞注引司马彪曰："滭弗，盛貌也。"

（10）冹、泼。《说文》："冹，一之日澤冹。从仌友声。"未具体解释"冹"的意义，大概以"澤冹"为连绵词。《集韵》："冹，风寒。"《说文》无"泼"，《玉篇》有之："寒也。一曰溧也，通流也。"释为寒当因与"冹"相混，其本义当为"通流"，《文选·木华·海赋》："于是乎禹也，乃铲临崖之阜陆，决陂潢而相泼。"用义为使水流相贯通。

（11）凓、溧。《说文》："凓，寒也。从仌栗声。"《广韵》："凓，寒风。"《诗·豳风·七月》："二之日栗烈。"毛传："栗烈，寒气也。""凓"大概多用来形容风寒。《说文》另有作水名的"溧"："溧，水。出丹阳溧阳县。从水栗声。"溧阳即溧水之北，因水而得名。

（12）冽、洌。《说文》："冽，凓冽也。从仌列声。"又："洌，水清也。从水列声。"本为意义区别甚大的两个字。《周易》有："井洌，寒泉食。"后人因之以为"洌"有寒意。其实《诗经》仅见"冽"，但《文选·宋玉·高唐赋》："洌风过而增悲哀。""洌风"即寒风。大概因"冽"使用频率不高，遂以为"冽""洌"一字，文献中偶见用"洌"为"冽"，而未见用"冽"为"洌"，可为之证。

（13）澌、凘。《说文》：" 澌，流仌也。从仌斯声。"《风俗通》："冰流曰澌。"《楚辞·九歌·河伯》："与女游兮河之渚，流澌纷兮将来下。"东汉王逸《楚辞章句》："流澌，解冰也。"《说文》另有："澌，水索也。从水斯声。"《方言》[①]："澌，尽也。"后来"澌"由水之尽引申为物之尽的通称，如元刘壎《隐居通议·杂录》："往时故迹，销磨澌灭。"宋时已与"凘"混同，如吴感《折红梅》："喜轻澌初泮，微和渐入、芳郊时节。""澌初泮"其实为"凘初泮"，指冰初融。

（14）泮、冸。"冸"因使用频率较低，所以常被写作"泮"，其实为两字。《说文》未收"冸"，《风俗通》："冰解曰冸。"《集韵》："冰释也。通作泮。""冰释"为其本义。《诗·邶风·匏有苦叶》："士如归妻，迨冰未泮。"毛传："泮，散也。""冰泮"当作"冰冸"，指冰融化。《文选·潘岳·西征赋》："砰扬桴以振尘，繣瓦解而冰泮。"句中"冰泮"与"瓦解"相对而言，"泮"当作融解讲，实为"冸"。《说文》："泮，诸侯乡射之宫，西南为水，东北为墙。从水从半，半亦声。"认为"泮"指两面环水的宫殿，从字形上看，"泮"指两方为岸的水池或更准确。

（15）凋、洞。《说文》："凋，半伤也。从仌周声。"段玉裁指出："仌霜者伤物之具，故从仌。"草木经冰霜后往往呈现出衰落状，故常指凋萎，如《论语》："岁寒，然后知松柏之后凋。"《说文》未收"洞"，《玉篇》有之："洞，匝也。或作周。"为水回旋之义，故后多以广义的"周"代之。

[①] 扬雄：《輶轩使者绝代语释别国方言》，商务印书馆，1937。

（16）馮。《说文》："馮，馬行疾也。从馬仌声。"段玉裁云："馬行疾馮馮然，此馮之本义也。展转他用而馮之本义废矣。馮者，馬蹄着地坚实之貌。"认为"馮"为拟急促的马蹄声。"冫（仌）"为"馮"之声符。

以上诸字基本为形声字，除"馮"用为声符外，余皆以"冫（仌）"为形符，故字往往有寒义。"冰"为水凝，"涷"指物凝，"凌"指积冰，"冷""凊""凔""凅""瀨"均为寒凉，"澤波""溧冽"则往往形容寒风，"澌"为流冰，"泮"为冰释，"凋"指草木经冰霜之后的状态。

与它们对应的从"氵"之字，含义迥然别于从"冫"者。《说文》中或为水名，如"涷""凌""泠""溧"等；或为水之性质，如"清"指水清且净，"涵"指水丰沛，"冽"指水的清澈；或为水的状态，如"瀨"指湍流，"澌"指水尽，"泮"为两方为岸的水池。有些从"氵"的字虽然《说文》未见，但其他字书有之，也均与水有关，如"澤"《广韵》指其状泉涌之态，"泼"《玉篇》指其为通流，"洞"《玉篇》指其为洞水。

从"氵"与从"冫"亦有混同者。《说文》"凔""滄"均释为寒，可能为许慎偶误，也可能汉时已混用之，实际上"滄"为水名，这从其他字书与典籍用法可知。使用频率不高的字混同的情况尤其厉害，如"冷凊"早已被写作"冷清"，"冰泮"常被写作"冰泮"，"冽""澌"也有被写作"洌""澌"者。

（三）来源于金属块

冶。《说文》："销也。从仌台声。"段玉裁云："仌之融如铄金然，故炉铸亦曰冶。"指出其所以从"仌"的原因——冰融与金融情形相类，故以冰形容之，但"冶"金文作 二十三年郸令戈，构形要素有匕勺 、金属块 、器范 ，或增火作 七年邦司寇矛，字形大概欲表

303

达的是冶铸制器的情形，非形声字，其实为会意字。"金"金文作 [字形]利簋、[字形]麦方鼎、[字形]过伯簋、[字形]师同鼎、[字形]矢令方尊①，所从之两点与"冶"之"冫"相类。《说文》："金，生于土，从土；左右注，象金在土中形；今声。"指出点形象金属块。②因金属块之形与冰块之形相似，故造字时出现了书写形体相同的情况。"冶"字形上表意十分清晰，故该字与"治"从无混用的情况。今"冶炼""冶金"用的仍为其本义。

（四）来源于气流

次。《说文》："次，不前，不精也。从欠二声。"甲骨文作[字形]、[字形]，金文作[字形]史次鼎、[字形]次卣，综合甲骨文、金文来看，或非从二，所谓的"二"当为气流，春秋晚期字形出现调整，如王子婴次卢作[字形]，因"次与贰音近"③，《说文》遂误以为以"二"为声符。"次"描摹的是发"次"时的状态，其本义为"其次"之"次"，引出排在后的事物。其所以从欠者，与吹、歌、欸、歡、欷、欨、歔等相同，同为相关行为发音时有较强的气流通过口腔。

结　语

部件"冫"主要来源于"仌"。"仌"有寒冷义，加上冰、凍、冷等比较常用，其核心意义一直保留着，形成较稳定的一个语义集群，构成了现行汉字据形联想的基础，一般从"冫"的字人们往往会往寒凉方向联想。但文献中也有以"滄"为"凔"、以"洌"为"冽"、以"渐"为"凘"、以"泮"为"冸"、以"清"为"凊"

---

① 金文亦有从三点、四点作者，如[字形]史颂簋、[字形]师寰簋。
② 字形演变中为求整体的美观协调，西周晚期开始"金"中的点被置于字中，如史颂簋作[字形]，师寰簋作[字形]。
③ 杨树达：《释次》，见《积微居小学述林》，中华书局，1981，第55页。

的情况，主要原因可能是这些本从"冫"的字义有专指故使用频率过低，一段时间后，书者甚至可能认为不存在这样的汉字，所以写成另一个常见的汉字了。这几组字未见相逆的用法，即未见用"凔"为"滄"、用"冽"为"洌"、用"渐"为"渐"、用"泮"为"泮"、用"清"为"清"的情况，说明我们的这一估计是有一定道理的。

部件"冫"有一些来源于"氵（水）"，相关字是改造原从"氵"的字而来。"净"来源于"瀞"、"准"来源于"凖"、"决"来源于"决"、"凄"来源于"淒"、"凉"来源于"涼"、"况"来源于"況"、"凑"来源于"湊"、"减"来源于"减"、"冲"来源于"沖"。演变路径大致相同，但演变动因有别。有书写方面增加差异度的考虑，如"净"为别于"淨"，"准"为别于"淮"。有字义引申后理据信息的校准，如"凄""凉"常用义为寒冷后，义符遂调整为"冫"。有用字心理的影响，如可能是"决"容易形成水灾，故有意省减之。更多的情形是，字义抽象化后失去了与"氵"的直接关联，因"氵"族字数量庞大，构件"氵"表意明确，对整字的意义理解影响巨大，为避免误导而改，其实省去一点，主要目的在于提示字与水无涉。当然，不排除有些演变是综合因素影响的结果，如"盗""羡"变从"次"，既有可能是书者明其理据，故变形以别于一般的水，也有可能是书者不明理据，但又觉得它们与"氵"无关，故改之。此外，需要明确的是，由"氵"变从"冫"的时间早晚有差异，与字义引申后的常用义有关，如"冲"于南朝始见，但古籍多用"沖"，汉字简化后"冲"才通行开来，这是因为一直以来其理据清晰，用字者明了其与"氵"的关系，而其他抽象化较早的字则变从"冫"的时间也相对早些。

部件"冫"少数来源于其他物质之象，主要是所象之物形的偶合，这样的情形不多，只有"冶""次"二字。

需要特别指出的是，我们这里探讨的字形演变与原因并不具有一一对应的限制，暂如此讨论，旨在突出主因和方便行文，字形的演变本就是多方面综合影响的结果。

三 部件"田"的来源及演变动因研究①

一般来说，看到部件中含有"田"的汉字，人们往往会把字义与稻田联系起来。《说文》："田，陈也。树谷曰田。象四口。十，阡陌之制也。"② 何以训"陈"？段玉裁指出许慎是"以叠韵为训。取其畡列之整齐谓之田"③。确实，"田"甲骨文作田、田、囲，金文作田_{告田觯}、田_{田农鼎}，从字形上即可直观地看到规整的田地，字中纵横交错者即许慎所云"阡陌之制也"。《说文》还指出了"田"是用来"树谷"的，因此，从田之字多与稻谷有关。但现行汉字中从田之字却并非全与稻田有关，这就需要一定的文字学知识，对相关字形也要有科学的认识。一般的字词典仅从字形出发归类，容易引起误解，我们从源流上对这些外形相同而表义有异的情况作一梳理，以为汉语教学与字词训诂提供一些资料。

（一）与田地密切相关

具体来说主要包括田地情状、田中植物、田间活动、居处环境、领土疆域等。

1. 田地情状

（1）菑。《说文》："菑，不耕田也。从艸、甾。"徐锴曰："当

---

① 本节主要内容曾以《部件"田"构字理据信息现状研究》为题收入《第九届全国语言文字应用学术研讨会论文集》，中国书籍出版社，2017。
② 许慎：《说文解字》，中华书局，1963，第 290 页。
③ 段玉裁：《说文解字注》，上海古籍出版社，1988，第 694 页。

第三章 汉字形变的主要动因

言从艸从巛从田,田不耕则艸塞之,故从巛。""菑"本指杂草丛生的未耕之田,后来指新开垦之田。《诗·小雅·采芑》:"于彼新田,于此菑亩。""新田"与"菑亩"相对而言,《毛传》:"田一岁曰菑。"《淮南子·泰族训》:"后稷垦草发菑,粪土树谷,使五种各得其宜,因地之势也。""垦草发菑"即指除草开荒,使菑由未耕之田变为可种之地。

(2)畬。《说文》:"畬,三岁治田也。"《尔雅·释地》[①]:"田一岁曰菑,二岁曰新田,三岁曰畬。""畬"本指经过三年整治的熟田。古代刀耕火种,治田须焚烧草木,一则清除秽莽,二则草木灰为天然肥料,故"畬"引申出有烧荒耕种之义,《广韵·麻韵》[②]曰:"畬,烧榛种田。"《集韵·麻韵》[③]曰:"畬,火种也。"

(3)畴(疇)。《说文》:"疇,耕治之田也。从田,𠷎象耕屈之形。"从小篆字形看,"畴"为会意字,指已耕的田地。《国语·周语》:"田畴荒芜,资用乏匮。"即用的本义。

(4)畈。《广韵》:"田畈。"《韵会》[④]:"平畴也。""畈"指成片的田。

(5)畸。《说文》:"畸,残田也。从田奇声。""畸"指不规整的田地,后泛化为"畸形"之"畸"。

(6)𤲟。《说文》:"𤲟,残薉田也。""𤲟"指不规整且荒芜的田地。

(7)畇。《说文》:"畇,城下田也。一曰畇,郐也。从田奭声。""畇"指城郭附近的田地。

(8)埸。《说文》:"埸,不生也。从田易声。""埸"指田不

---

① 郭璞注,邢昺疏《尔雅注疏》,上海古籍出版社,2010。
② 陈彭年:《宋本广韵》,中国书店,1982。
③ 丁度等:《集韵》,中华书局,1983。
④ 黄公绍、熊忠:《古今韵会举要》,中华书局,2000。

生。徐铉以为借为"通畅"之"畅",段玉裁以为"今之畅盖即此字之隶变"。由不生反指畅茂,类似的情况字义引申与造字中均存在,如"落",《说文》"凡艹曰零,木曰落",而《尔雅·释诂》"落,始也";"祀",《说文》"祭无已也",段玉裁注:"从已而释为无已,此如治曰乱、徂曰存,终则有始之义也";"家",《说文》:"从意也。"却从表分别之"八",段玉裁注:"有所从则有所背,故从八。"

(9) 畕。《说文》:"畕,比田也。从二田。""畕"指田与田相密近。

(10) 黄。《说文》:"黄,地之色也。从田从芡,芡亦声。""黄"本指土地之颜色。

2. 田中植物

苗。《说文》:"苗,艹生于田者。从艹从田。"段玉裁云:"苗本禾未秀之名。因以为凡艹木初生之名。""苗"金文作苗,字形与小篆基本一致。苗为田中禾苗,何以未将禾苗作于田中?甲骨文"园囿"之"囿"作,可能是出于区别二形的考虑,故禾苗一作于田外一作于田内①。犹"邑"与"囚","邑"本为人之居处,但考虑到与"囚"字形上易混,故将人置于城邑之下。

3. 田间活动

(1) 田间劳作

①畋。《说文》:"畋,平田也。从攴、田。"甲骨文作、。《尚书·多方》:"今尔尚宅尔宅,畋尔田。"唐孔颖达疏:"治田谓之畋,犹捕鱼谓之渔。今人以营田求食谓之畋食。""畋"本指整

---

① "囿"后来金文变作秦公簋,为形声兼会意字。《说文》:"囿,苑有垣也。从口有声。一曰禽兽曰囿。,籀文囿。"籀文与甲骨文相类,古草木时有通作。依字形来看,"囿"本指畜养禽兽的林地,"口"指区域范围,常有围墙;甲骨文从"中"者,示其环境也,金文变从"有"除有示音的作用外,也表示此为狩猎场所,可以获取动物以为肉食,"有"金文作毛公屠鼎、秦公鎛,正象手持肉形。

治田地，后亦指猎取禽兽。文字义近者往往音同或音似，如《说文》："穫，刈穀也。从禾蒦声。胡郭切。""獲，猎所获也。从犬蒦声。胡伯切。"一般会视意义经常使用与否，有的造出两形以精确分指，有的则以字义引申的方式一形兼多义。《集韵》已收有"畋"的异体"㹨"，当为后世为表猎捕禽兽而造出的专字，但终不如"畋"用得普遍。

②佃、甸。《说文》："佃，中也。从人田声。""甸，天子五百里地。从田，包省。"从金文与典籍异文用字情况来看，古"佃""甸"一字。汉字演变中多有由人变为"勹"的，如："匋"金文作󰀀麓伯簋，"包"睡虎地秦简作󰀀，"甸"金文作󰀀克钟，"匍"金文作󰀀墙盘，"匊"金文作󰀀番匊生壶，均可清晰看出"勹"为人形。"甸"非从"包省"，实从"勹"。《尚书·禹贡》："锡土姓，祇台德先，不距朕行，五百里甸服。"《周语》："先王规方千里，以为甸服。"郑玄云："服治田，出穀（谷）税也。言甸者，主治田，故服名甸也。"《诗·小雅·信南山》："信彼南山，维禹甸之。"毛传："甸，治也。"《广韵》："佃，营田。"《玉篇》[①]："佃，作田。""佃"的本义为耕种田地，《说文》有："树谷曰田。""佃"当是为表动词义的"田"而新造的字。《诗·齐风·甫田》："无田甫田，维莠骄骄。"孔颖达曰："上田谓垦耕，下田谓土地。"即前一"田"为动词，孔颖达疏："言'无田甫田'，犹《多方》云'宅尔宅田'。田，今人谓佃。"实已指出"田""佃"为古今字。此外，典籍中还有用"佃"作"畋"者。《易·系辞下》："作结绳而为网罟，以佃以渔，盖取诸离。"指的是畋猎。其实，"畋""佃"均当为在"田"字义引申后，为表新义造出的新字形。典籍中多见仍用"田"者，如《易·解卦》："田获三狐，得黄矢。"《韩非子·难

---

① 顾野王：《原本玉篇残卷》，中华书局，1985。

一)"焚林而田,偷取多兽,后必无兽。"其中的"田"均指畋猎。《汉书·高帝纪上》:"令民得田之。"《说苑》:"使各居其宅,田其田。"其中的"田"则指种田。

③畟。《说文》:"畟,治稼畟畟进也。从田、人,从夊。"段玉裁注:"从田儿,儿亦人字。田人者,农也。从夊,夊言其足之进,足进而耜亦进矣。"字之本义指田间耕作的行为。

④疁。《说文》:"疁,烧穜也。《汉律》曰:'疁田茠艸。'从田翏。""疁"指以火烧田而种也。焚火烧田,可消灭虫害,清理荒芜,草木灰又可肥沃田地。现在此俗仍在不少地方流行。

⑤輮。《说文》:"輮,和田也。从田柔声。"徐锴《说文解字系传》①:"从田柔,会意,柔亦声。""輮"指使田地柔润以便于耕作。

⑥略。《说文》:"略,经略土地也。从田各声。""略"本指治理经营土地,后引申出经营天下,谋略、要略等义。

⑦疄。《说文》:"疄,轹田也。从田粦声。""疄"指以车践田。又《集韵》:"田垄。"文字中多有形声兼会意者,家与家相连曰"邻"(《广韵》俗作"隣"),田与田相连曰"疄"也是可能的。

(2) 活动背景

①町。《说文》:"町,田践处曰町。从田丁声。"《广韵》:"田区畔埒也。""町"本指田埂,起分界区隔的作用,即《广韵》所谓"畔埒",田埂也供人通行,即《说文》所谓"田践处"。

②疃。《说文》:"疃,禽兽所践处也。"《诗·豳风·东山》:"町疃鹿场,熠耀宵行。"《毛传》曰:"町疃,鹿迹也。"殆有未当,"疃"与"町"义近,朱熹《集传》:"町疃,舍旁隙地也。无人焉,故鹿以为场也。"从《东山》全诗来看,说的是征夫久不归

---

① 徐锴:《说文解字系传》,中华书局,1987。

家，町疃之地，践为鹿场，"疃"当指田与房舍间的空地。

③里。《说文》："里，居也。从田从土。"《诗·郑风》："将仲子兮，无踰我里。"《毛传》："里，居也。"《尔雅·释言》："里，邑也。"《汉书·食货志上》："在壄曰廬，在邑曰里。""里"本指耕种者之居所，后泛指人的居所。今"乡里""故里"等词中仍大致保留着其本义。

④奋。《说文》："奮，翬也。从奞在田上。"又"翬，大飞也。""奞，鸟张毛羽自奮也。""奮"指鸟奋飞，"田"指鸟奋飞之场所。清代《岭南逸史》中已有省写作"奋"者。

⑤畜。《说文》："畜，田畜也。"《尔雅》："在野曰兽，在家曰畜。"《周礼·天官·庖人》："掌共六畜、六兽、六禽，辨其名物。"郑玄注："六畜，六牲也。始养之曰畜，将用之曰牲。""畜"指畜养的动物，"田"为畜养之地。

⑥畤。《说文》："畤，天地五帝所基址，祭地。从田寺声。""畤"指神灵所依止之处，因之指祭处。古祭处往往选择高地，后凡土高处皆曰畤。

⑦畱（留）。《说文》："畱，止也。从田丣声。"段玉裁注："田，所止也，犹坐从土也。"欧阳询作品作**留**，与之相较，**留**为书写之变，"田"形未变，书写因素导致声符变形。

⑧畢（毕）。《说文》："田网也。从華，象畢形。"从田者，因其为田猎之网也。今形"毕"变其上半为声符"比"。

⑨畯。《说文》："畯，农夫也。从田夋声。"《释言》云："畯，农夫也。"孙炎曰："农夫，田官也。"《诗·豳风·七月》："同我妇子，饁彼南亩；田畯至喜。"《毛传》："田畯，田大夫也。"郑玄笺："田畯，司啬，今之啬夫也。"孔颖达疏："田畯，田家，在田司主稼穑，故谓司啬。""畯"指监督农事的官员，"田"提示其工作涉及的领域。

311

⑩甿。《说文》:"甿,田民也。从田亡声。"《周礼·地官·遂人》:"凡治野,以下剂致甿,以田瑞安甿,以乐昏扰甿,以土宜教甿稼穑,以兴锄利甿,以时器劝甿,以强予任甿。"郑玄注:"变民言甿,异外内也。""甿"指由他地迁来的农民,即"氓",段玉裁云:"唐人讳民。故'氓之蚩蚩'、《周礼》'以下剂致氓'、《石经》皆改为'甿'。"又"氓"注云:"盖自他归往之民则谓之氓。"郑玄笺《硕鼠》云:"古者三年大比,民或于是徙。"即古时人口流动的情况是存在的。

⑪男。《说文》:"男,丈夫也。从田从力。言男用力于田也。"又:"夫,丈夫也。从大,一以象簪也。周制八寸为尺,十尺为丈,人长一丈,故曰丈夫。""男"甲骨文作田,金文作田矢令方彝,可清晰看到"力"实为耒形,"男"以田、耒会意,指在田间用耒耜耕作的成年男子。

4. 计量对象

(1) 畮(亩)。《说文》:"畮,六尺为步,步百为畮。从田每声。畆,畮或从田、十、久。"《字汇·田部》:"畮,古畝字。""畝"为"畆"之变,部件"十"变成了"亠"。"畝"后又简化为"亩"。而关于"畮"何以变为"畆"则有不同的意见。"畮""从田每声","畆""从田、十、久"。徐铉曰:"十,四方也,久声。"徐锴《说文解字系传》:"十其制",段玉裁曰:"十者,阡陌之制。"林义光则从字形省变的角度以为"古每或作更,上类十,而下类久,此隶书以形近省变也"①。均未得其实。何琳仪先生根据战国文字字形,指出"畆"实由田、又、久三个部件构成,由战国文字中双重声符者屡见不鲜的现象认为"畮,'从田每声',是西周文字;畆,'从田久声,又亦声',是战国秦系文字"②。目前学界

---

① 林义光:《文源》,卷十一,中西书局,2012。
② 何琳仪:《秦文字辨析举例》,《人文杂志》1987年第4期,第83页。

基本认同之。

（2）畦。《说文》："畦，田五十畝曰畦。从田圭声。"又《广韵》："菜畦。"《集韵》："田起埒埓也。"今两义均用，作量词时面积非如《说文》那样大。

（3）畹。《说文》："田三十畝也。从田宛声。"与"畦"相似，既作量词，也用以指园田。

（4）當。《说文》："當，田相值也。从田尚声。"段玉裁注："田与田相持也。引申之，凡相持相抵皆曰當。""當"本指田与田相当，后泛指相当、相称。

5. 田界疆域

（1）畿。《说文》："畿，天子千里地。以逮近言之，则言畿也。从田，幾省声。""畿"指都城附近的地域，泛指疆域。《诗·周颂·玄鸟》："邦畿千里，维民所止。"《毛传》："畿，疆也。"

（2）畔。《说文》："畔，田界也。从田半声。""畔"本指田地的边界，引申指边界。《左传·襄公二十五年》："行无越思，如农之有畔，其过鲜矣。"用的即为其本义。《史记·屈原列传》："屈原至于江滨，被发行吟泽畔。""泽畔"即江边。今言"江畔""湖畔""河畔"，即"江边""湖边""河边"也。

（3）畍。《说文》："畍，境也。从田介声。"《玉篇》："同界。"《尔雅·释诂》："界，垂也。"本指田界，引申指边界。

（4）畖。《说文》："畖，境也。一曰陌也。赵魏谓陌为畖。从田亢声。"段玉裁注："竟，乐曲尽为竟。曲之所止也。引申之凡事之所止、土地之所止皆曰竟。""境"为表土地之所止而后造的字。《说文》"畖"训"境也"，指田地之所止，即田地的边界。

（5）畕。《说文》："畕，界也。从畕；三，其界畫也。""畕"指田界，引申指疆界。

（6）畛。《说文》："畛，井田间陌也。从田㐱声。""畛"指田间小路，因其为田与田之分界，引申而有界限、范围义，《广雅》："畛，界也。"

（7）畷。《说文》："畷，两陌间道也，广六尺。从田叕声。""畷"指田间小道。

（二）容器囊袋

（1）畬（畚）。《说文》："畚，䉛属，蒲器也，所以盛穜。从甾弁声。""畚"小篆作𤰇，睡虎地秦简作畚，"田"象蒲器形。

（2）䆃（糞）。《说文》："䆃，弃除也。从廾推𠦒弃采也。""糞"甲骨文作𤕠，小篆作䆃，睡虎地秦简作糞，王羲之作品作糞，"田"由"𠦒"之上半形变而来，原为盛物之箕形。

（3）胃。《说文》："胃，谷（谷）府也。从肉；⊠，象形。""胃"金文作[吉日壬午剑]，小篆作胃，可清晰见其上半非从"田"，本象胃囊。睡虎地秦简已作胃。

（三）头形面具

（1）思。《说文》："思，容也。从心囟声。""囟，头会脑盖也。象形。"《韵会》曰："自囟至心，如丝相贯不绝也。""思"金文作[五年郑令思戈]，为形声兼会意字，⊕本象头形，可能为与"田"相区分，小篆写作𢗅，但睡虎地秦简作思，与今形一样，从"田"。

（2）畀。《说文》："畀，相付与之。约在阁上也。从丌由声。"《说文》所释非其本义，因音同假借为付与之"畀"。"畀"甲骨文作↑、↑，金文作[班簋]、[永盂]，上本象扁平的矢镞形，可能为与"田"相区别，小篆写作畀，然睡虎地秦简"畀"作畀、畀，已写为"田"。

（3）異。《说文》："異，分也。从廾从畀。"《说文》所释或非本义。"異"甲骨文作𢌳、𢌿，金文作[召卣]、[单異簋]、[虢弔钟]，象头部戴物，《说文》有："戴，从異𢦒声。"即"戴"从"異"得义，

314

从甲骨文、金文看,"田"本象所戴之物。

(4)畏。《说文》:"畏,恶也。从甶,虎省。鬼头而虎爪,可畏也。"指出"田"为"鬼头"之象,甲骨文"畏"作🗆、🗆,与"鬼"的甲骨文🗆、🗆相关部件相同。其初形与"田"相近,为与"田"相别,金文已有意变其外形,金文"鬼"作🗆鬼壺、"畏"作🗆王孙諿钟,小篆则变为🗆、🗆,而睡虎地秦简作🗆、🗆,已均写作"田"。

(四)印迹图纹

(1)番。《说文》:"番,兽足谓之番。从釆;田象其掌。""釆"为掌印,"田"象兽掌形。林义光以为:"从田者,兽足所践处也。"① 《金文大字典》:"从田为兽足所践处也。"② 似亦成理。《说文》载有"番"之古文作🗆,兽爪形颇为完备,而与"田"形相近,疑"釆"为后加,以免与"田"形相混。文字中多有于形近字上加提示义符以相区别者,如"甲"甲骨文原作十,与"十(七)"颇似③,后加"囗"为"田",小篆引长其中竖作🗆,睡虎地秦简作🗆,遂成今形。

(2)畫(画)。《说文》:"畫,界也。象田四界。聿,所以畫之。""象田四界"误。"畫"甲骨文作🗆,🗆为手持笔,🗆则为错画之形;金文作🗆小臣宅簋、🗆吴方彝、🗆彔伯簋、🗆五年师旋簋,加周,郭沫若以为"当系以规画圆之意"④,近是,但不够准确,综观金文,🗆、🗆、🗆为古"瑂"字,疑所加之形为"瑂"或"彫",以玉纹提示画纹。"田"为画纹。"画"为"畫"之省,始见于元代的《六书故》。

---

① 林义光:《文源》,卷一,中西书局,2012。
② 戴家祥主编《金文大字典》,学林出版社,1995,第3387页。
③ 另外,甲骨文"十"作丨,金文中渐成🗆申鼎、🗆沪钟,而金文"甲"仍多有写作十杠觯、且甲卣、父甲彝、矢方彝、休盘、颂鼎、元年师兑簋、利簋者,也易相混。为将三字区别开来,遂从字形上均作了一定的调整。
④ 郭沫若:《甲骨文字研究》,后记一,上海大东书店,1931。

315

（五）声符

（1）靁（雷）。《说文》："靁，阴阳薄动靁雨，生物者也。从雨，畾象回转形。"段注："凡积三则为众，众则盛，盛则必回转。""雷"甲骨文作■、■、■，金文作■对罍、■洹子孟姜壶、■泊罍、■陵方罍，随着认识的变化，字形也有一些调整，甲骨文中■、■、■[1]本象雷声，但金文已据连鼓的传说有所改造，小篆在保留连鼓形的同时，"田"其实也有一定的示音作用[2]，《楚辞·九歌》有"雷填填矣雨冥冥"，"田""填"古音均为真部定母，《广韵》均注："徒年切。"马王堆汉帛书■、■并存，开始出现仅写一田形的"雷"。

（2）鈿。《说文》："鈿，金華也。从金田声。"又"華，荣也。"段玉裁注俗作"花"，则"金華"即金花也，指女子饰物。"田"为声符，《六书故》："金華为饰田田然。"以为"田"兼有表义成分。

（六）讹变

（1）细。《说文》："細，微也。从糸囟声。"睡虎地秦简作■，声符"囟"易识。马王堆汉帛书作■，"囟"讹作"田"。

（2）备。金文作■或簋、■元年师旋簋，《说文》："僃，慎也。从人葡声。"睡虎地秦简作■、■，马王堆汉帛书作■、■，楷化后成俑欧阳询、虞世南，俑草书楷化而为"俻"，如王羲之作■。"葡"的部件"用"讹作"田"。

结　语

总体来看，大多数含有部件"田"的字与田地有密切的关联，

---

[1] 于省吾先生认为田形中间之横竖画为纹饰，与○其实一也。于省吾：《甲骨文字释林》，中华书局，1979，第9页。

[2] 详第一章第二节"天文地理字溯源"中的"雷"字条。

或为田地种类，或为田中活动，或为田界疆域等，说明其理据信息传承得比较好。正因大部分保留着与田地的联系，容易形成类推，因此，有必要对其他来源的"田"有足够的认识。

不难发现，其他来源的"田"多数在古文字字形中并非从"田"，然字形演变中省变为"田"。之所以发生偶合，主要因其所象之初形在写法上近于"田"，虽然在一定的阶段——如金文、小篆，它们字形上有过区别于"田"的努力，然而隶变时，当初加上的细小区别基本又全被忽略掉了，于是字形上相混同。

值得注意的是，有一些本从"田"的字在演化中却不从"田"了，如"圃"金文作🔲御尊，小篆作🔲，构件"🔲"变为声符"甫"；"啬"甲骨文有作🔲、🔲，睡虎地秦简仍从田作🔲，《说文》所收古文尚从田作🔲，然小篆作🔲，以从"回"的字形作为正体。

无可否认，文字是记录语言的符号，但汉字有其一定的特殊性。因汉字有相对完整的历史继承，仍保留着丰富的理据信息，不重视或忽略汉字中的理据信息是很可惜的。退一步讲，哪怕单纯从符号的角度来看，符号自身应具有系统性，何以意义相去甚远的字含有同一构件？没有科学的梳理，只会累积下重重的疑惑，造成混乱。因此，无论是从历史文化信息的保护还是从符号的系统性来看，对相关部件的构字理据的系统整理都是十分必要的。

四 现代汉字简化与整理而产生的异源同形

1. 同音替代、归并

现代汉字简化时用同音替代的办法归并了不少写法本不相同的字。举例如下。

（1）后、後→后

"后"与"後"本来是两个不相同的字，两字在甲骨文里就有了,"后"指君主,"後"指行走中落后了,意思毫无关联,汉字简化时,用形体简单的"后"代表了两字。

(2) 髮、發→发。

"髮"与"發"本各有所指,"髮"从髟发声,"髟"是长髮的意思,与毛发有关的"鬚""髻""鬘""髯"等字均从之;"發"从弓癹声,古代射箭要用弓把箭射出去,所以从弓,"發"本指发射。可见,两字意义是毫无关联的,汉字简化时,却用"发"代表了这两个意义无关的字。

(3) 鞦韆→秋千

"鞦韆"是个连绵词,原本两个字都从革,因为鞦韆是用绳子悬挂着横板,供人坐或站在板上握绳摆荡的,革指兽皮,古代常用兽皮做绳子,成语韦编三绝即反映了古代用兽皮做绳子把简册编在一起。汉字简化时却用"秋千"来代替"鞦韆",荡鞦韆的绳子看不到了,词形令人疑惑不解。

2. 符号替代

还有一些形体复杂的部件被相同的符号替代。如,

虫、岜、肖、品→乂

"風""岡""趙""歐"等字被简化成了"风""冈""赵""欧",来源各异的"乂"与"爻"等字里边表示交叉义的"乂"混同。

3. 字形替代

(1) 蕚、莫、圣、奚、車、耳、馬、登、壴→又

汉字简化时不少繁复的形体用"又"替代了,被替代的对象各不相同,并且这个符号还跟汉字里本有的表示手的"又"形体相同。如:"歡""漢""對""雞""鳳""鄧""樹""轟""聶"等字分别被简化成了"欢""汉""对""鸡""凤""邓""树""轰""聂"等。来源各异的"又"跟"友""取"等汉字里边表

示手的"又"相混同，必然给汉字的理据分析造成很大的障碍。

（2）曾、亶、軍、重、會、嘗、酈→云

"層""壇""運""動""會""嘗""酈"等字被简成了"层""坛""运""动""会""尝""酝"，里边形体繁复的部分被简成了"云"，来源各异的"云"与已有的表示云朵的"云"相混同。

4. 字形删略

"際""標"等字被简成了"际""标"，其实是省减了各自声符"祭""票"的部分形体，人为地造成了奇怪的混同。

汉字简化时，"決""沖""盜"等字以"决""冲""盗"为正体，形符"氵"被省成了"冫"，水成了冰。字形混同带来的是理解的困扰。

第三节　异源类构现象例析

汉字中不少外形相同源于造字时的偶同，我们称之为异源类构。

一　"一"的几个来源

（1）抽象符号

"一""二""三"甲骨文分别为一、二、三，构字部件"一"为积画成字的抽象符号。

（2）玉片

"玉"甲骨文作丰、丰，象以丝线贯结玉片。金文作王_{乙亥簋}、王_{毛公厝鼎}，省却丝线之端头。横线本为玉片之象。

319

(3) 天空

"雨"甲骨文作🝏、🝏，《说文》："雨，水从云下也。一象天，冂象云，水霝其间也。"

"云"甲骨文作☁、☁，象天上回转之云气，一象天。

(4) 地面

"立"甲骨文作🙏，金文作🙏史兽鼎，为人立于地面之形。《说文》："🙏，侸也。从大立一之上。"徐铉曰："一，地也。"

"丞"甲骨文作🙏，本指抍人于陷阱中。小篆作🙏，误以陷阱为山。睡虎地秦简作🙏，陷阱写作⌣，与甲骨文相似。校官碑作丞，曹全碑作丞，陷阱写作"一"。

(5) 发簪

"夫"甲骨文作夫，金文作夫善夫克鼎，《说文》："夫，丈夫也。从大，一以象簪也。"

二 "口"的几个来源

(1) 人口

"吹"甲骨文作🙏，金文作🙏吹方鼎，《说文》："吹，嘘也。从口从欠。"马王堆汉帛书作吹，史晨碑作吹，张猛龙碑作吹，欧阳询作吹。

"兄"甲骨文作🙏、🙏，金文作🙏曾子仲宣鼎，《说文》："兄，长也。从儿从口。"殆因"兄"为家中年长者，在家族祭祀活动中常充当主祭者，故有意突出其礼祭时的行为特征。睡虎地秦简作兄，马王堆汉帛书作兄，衡方碑作兄，欧阳询作兄。

"右"，《说文》："右，助也。从口从又。"段玉裁注："又者手也，手不足，以口助之，故曰助也。"睡虎地秦简作右，马王堆帛书作右、右，史晨碑作右，衡方碑作右，曹全碑作右。

第三章 汉字形变的主要动因

"可"甲骨文作可，金文作可_{可侯簋}、丂_{蜜壶}，《说文》："可，肎也。从口丂，丂亦声。"

"名"甲骨文作🔲、🔲，金文作🔲_{南宫乎钟}，《说文》："自命也。从口从夕。"

"舌"甲骨文作🔲、🔲，上象舌形，下为口。

"台"金文作🔲_{郾侯库簋}，《说文》："说也。从口㠯声。"

（2）容器

"合"甲骨文作🔲，余永梁以为："合象器盖相合之形。"上为盖，下为器物。金文作🔲_{秦公簋}，《说文》："合，合口也。从亼从口。"睡虎地秦简作合，马王堆汉帛书作合、合，曹全碑作合，王羲之作合。

"豆"甲骨文作🔲、🔲，金文作🔲_{豆闭簋}、🔲_{散盘}，《说文》："豆，古食肉器也。从口，象形。"睡虎地秦简作豆，校官碑作豆，王羲之作豆。

（3）股胫

"足"甲骨文作🔲，金文作🔲_{兔簋}，《说文》："足，人之足也。在下。从止口。"徐锴曰："口象股胫之形。"睡虎地秦简作足，马王堆汉帛书作足、足，曹全碑作足，欧阳询作足。

（4）符号

"员"甲骨文作🔲、🔲，金文作🔲_{从鼎}、🔲_{员鼎}，为"圆"之本字，从〇从鼎，〇为指事符号，指示如鼎口之圆也。《说文》："员，物数也。从贝口声。鼏，籀文从鼎。"籀文与甲骨文、金文同，从贝乃从鼎之讹，犹"贞"甲骨文作🔲、🔲，金文作🔲，从卜从鼎，小篆作貞，从贝。"员"睡虎地秦简作員，马王堆汉帛书作員、員，史晨碑作員，颜真卿作員。

"古"甲骨文作🔲、🔲，金文作🔲_{古伯尊}、🔲_{墙盘}、🔲_{录卣}，《说文》："古，故也。从十、口。"裘锡圭先生以为"固"之本字，上象盾牌，下之"口"为区别性意符，以表坚固义。

"吉"甲骨文作🔲、🔲，金文作🔲㝬攸比鼎，于省吾先生以为上象勾兵，下为笲盧。裘锡圭先生以为是"在具有质地坚实这一特点的勾兵的象形符号上加上区别性意符'口'，造成'吉'字来表示当坚实讲的'吉'"。

"周"甲骨文作🔲、🔲、🔲，金文作🔲德方鼎、🔲何尊、🔲史頌簋，出现增口作者。"周"为"彫"之本字，"口"为附加符，因常假用作国名，于是加"口"以相区别，这样就分化出了"周"。

（5）区域范围

"邑"甲骨文作🔲，金文作🔲㝬比盨，《说文》："🔲，国也。从口；先王之制，尊卑有大小，从卩。"睡虎地秦简作🔲，马王堆汉帛书作🔲，礼器碑作邑，敬使君碑作🔲。

"或"甲骨文作🔲，金文作🔲兮甲盘，《说文》："🔲，邦也。从口从戈，以守一。一，地也。🔲，或又从土。"睡虎地秦简作🔲，马王堆汉帛书作🔲，华山神庙碑作🔲，曹全碑作🔲。

（6）坎穴

"各"甲骨文作🔲、🔲，金文作🔲頌壺，杨树达、于省吾先生均以为"口"原象人所居之坎穴形。

（7）建筑或地理上的孔洞、出口

"谷"甲骨文作🔲，金文作🔲启卣，象水出山谷形，"八"象山的分界处，"口"象谷口。《说文》："🔲，泉出通川为谷。从水半见，出于口。"睡虎地秦简作🔲，马王堆汉帛书作🔲，曹全碑作🔲，谷朗碑作🔲，王羲之作🔲，褚遂良作🔲、🔲。

"向"甲骨文作🔲，金文作🔲向簋、🔲甶向父簋，《说文》："🔲，北出牖也。从宀从口。""口"象在墙上开的用以透光通风的窗口。马王堆汉帛书作🔲，王羲之作🔲。

（8）建筑物

"舍"金文作🔲毛公層鼎、🔲居簋，《说文》："🔲，市居曰舍。从人中，象屋也。口象筑也。"字形上边象屋顶、横梁和支柱，"口"象人居住的地方。睡虎地秦简作[图]、[图]，马王堆汉帛书作[图]，乙瑛碑作[图]，衡方碑作[图]，曹全碑作[图]，王羲之作[图]，虞世南作[图]。

"倉"甲骨文作[图]，金文作[图]猷钟，《说文》："倉，谷藏也。倉黄取而藏之，故谓之倉。从食省，口象倉形。""口"象储藏谷物的地方。睡虎地秦简作[图]，马王堆汉帛书作[图]，王献之作[图]。

(9) 石头

"石"甲骨文作[图]，金文作[图]钟伯鼎，《说文》："[图]，山石也。在厂之下；口，象形。""口"象山崖下的石头。睡虎地秦简作[图]，马王堆汉帛书作[图]，乙瑛碑作[图]，衡方碑作[图]，西狭颂作[图]，曹全碑作[图]，王基碑作[图]，王羲之作[图]。此外，在字形演变中，原本象山石之崖岩的"厂"也变形成了"丆"。

(10) 骨头

"吕"甲骨文作[图]，金文作[图]吕仲爵，《说文》："吕，脊骨也。象形。"睡虎地秦简作[图]，马王堆汉帛书作[图]、[图]，景君碑作[图]，衡方碑作[图]，王羲之作[图]。

(11) 亭楼

"京"甲骨文作[图]，金文作[图]矢方彝，《说文》："京，人所为绝高丘也。从高省，丨象高形。"马王堆帛书作[图]，礼器碑作[图]，华山神庙碑作[图]，衡方碑作[图]，张迁碑作[图]，皇象作[图]。"高"甲骨文作[图]、[图]、[图]，金文作[图]秦公簋，《说文》："高，崇也。象台观高之形。从冂口，与仓、舍同意。""象台观高之形"是就字上半之"[图]"而言。比较"京""高"的甲骨文、金文字形，它们的区别在于"冂"下的部件，因此，我们认为"京"本取台观之高，泛化而指其他事物之高大。

"亭"，"[图]，民所安定也。亭有楼，从高省，丁声。"睡虎地秦简作〇,华山神庙碑作〇,史晨碑作〇,曹全碑作〇。

(12) 鼓面

"壴"甲骨文作〇、〇,金文作〇〇王孙钟,本象鼓形,"屮"为饰物,"口"为鼓面,下为鼓座。"鼓""彭"甲骨文分别为〇、〇,所从之鼓形正与之同。《说文》:"壴,陈乐立而上见也。从屮从豆。"误以鼓面及鼓座为"豆"。

三 "田"的几个来源

(1) 田地

"田"甲骨文作〇、〇、〇,取象于阡陌纵横的田地。金文作〇告田觯、〇克鼎,字形基本稳定。《说文》:"田,陈也。树谷曰田。象四口。十,阡陌之制也。"睡虎地秦简作〇,马王堆汉帛书作〇,王羲之作〇。

(2) 兽掌印

"番"金文作〇番菊生壶,《说文》:"番,兽足谓之番。从采;田,象其掌。"段注:"下象掌,上象指爪,是为象形。许意先有采字,乃后从采而象其形。则非独体之象形,而为合体之象形也。"马王堆汉帛书作〇、〇,礼器碑作〇,白石君碑作〇,皇象作〇。

(3) 面具

"異"甲骨文作〇、〇,金文作〇召卣、〇单異簋、〇虢弔钟,《说文》:"異,分也。从廾从畀。"所释非其本义。《说文》:"戴,分物得增益曰戴。从異戠声。"段玉裁注:"引伸之凡加于上皆曰戴。""異"为头部戴物,流传至今的傩祭中常戴面具跳舞,两者可能有一定的联系。

324

第三章 汉字形变的主要动因

四 "舟"的几个来源

（1）舟船

"舟"甲骨文作▽，金文作▽舟父壬尊、▽鄂君启舟节，《说文》："舟，船也。古者，共鼓、货狄，刳木为舟，剡木为楫，以济不通。象形。"马王堆汉帛书作▽，虞世南作舟。

（2）盘形

"盘"甲骨文作▽、▽，▽象盘形，▽从▽般声，▽者盛物之器也。金文作▽虢季子白盘，从皿般声。《说文》："槃，承槃也。从木般声。鎜，古文从金。盤，籀文从皿。"罗振玉云："此作▽，象形。旁有耳以便手持，或省耳。古者盘与舟相类，故般庚之般从▽，或径作▽，殆与▽字同，后世从舟，与从▽同意也。"① 李孝定云："字当作▽，以与古文舟作▽者形近，故篆文误从舟耳。"② 舟盘形近，古文字中已多有混同。

（3）鞋履

"履"，《说文》："履，足所依也。从尸从彳从夊，舟象履形。"睡虎地秦简作履，马王堆汉帛书作履，衡方碑作履，夏承碑作履，王羲之作履，本象履形的"舟"已形变。

五 "冫"的几个来源

（1）冰凌

"冰"金文作▽陈逆簠，《说文》："仌，水坚也。从仌从水。凝，俗冰从疑。"马王堆汉帛书作冰，欧阳询作冰。

---

① 罗振玉：《殷虚书契考释三种》，中华书局，2006，第461~462页。
② 李孝定：《甲骨文字集释》（第六），中研院史语所专刊，1965。

325

(2) 金属块

"冶"金文作☒二十三年郚令戈,《说文》:"㽋,销也。从仌台声。"以匕盛金属块置于铸范会意,即销金制器。马王堆汉帛书作☒,欧阳询作冶。

六 "彡"的几个来源

(1) 声音

"彭"甲骨文作☒、☒、☒,金文作☒彭女簋、☒彭姬壶,《说文》:"彭,鼓声也。从壴彡声。"马王堆汉帛书作☒。

(2) 饰画

"彤"金文作☒虢季子白盘、☒弭伯簋,《说文》:"彤,丹饰也。从丹从彡。彡,其画也。"段玉裁注:"彡者,毛饰画文也。"

"彪"金文作☒毛弔盘、☒鄦伯彪戈,《说文》:"彪,虎文也。从虎,彡象其文也。"段注:"彡,毛饰画文也。"

"彰"《说文》:"彰,文彰也。从彡从章,章亦声。"

"彩"《说文》:"彩,文章也。从彡采声。"

(3) 毛发

"参"金文作☒参卣,《说文》:"㐱,稠髮也。从彡从人。"段玉裁注:"从彡,谓髮。"

"须"金文作☒易弔盨、☒郑义伯盨,《说文》:"須,面毛也。从頁从彡。"睡虎地秦简作☒。

"髟"《说文》:"髟,長发猋猋也。从長从彡。"

(4) 阴影

"影"《说文》无,《集韵》:"物之阴影也。""影"为后起字形,先以"景"为"影",《诗·邶风·二子乘舟》:"二子乘舟,汎汎其景。"孔颖达疏:"景,指舟影。"后增"彡"分化出"影"来。

(5) 纹理

"形"《说文》:"形,象形也。从彡开声。"段玉裁注:"有文可见,故从彡。"王羲之作形。

七 "∧"的几个来源

(1) 象倒口形

"令"甲骨文作🔲,金文作🔲井侯簋、🔲盂鼎,上为发号令之口,下为听令之人。《说文》:"令,发号也。从亼卩。"睡虎地秦简作令,马王堆汉帛书作令、令,景君碑作令,礼器碑作令,衡方碑作令,校官碑作令,曹全碑作令,王羲之作令、令。

"龠"甲骨文作🔲、🔲,象并排的竹管。金文作🔲散盘、🔲臣辰卣,或于竹管上增口。《说文》:"龠,乐之竹管,三孔,以和众声也。从品侖。侖,理也。"甲骨文、金文系以口吹笙竽会音乐之意。睡虎地秦简作龠。

"食"甲骨文作🔲、🔲,金文作🔲仲义昴簋,《说文》:"食,一米也。从皀亼声。或说亼皀也。"甲骨文、金文象张口进食。① 睡虎地秦简作食,马王堆汉帛书作食、食,桐柏庙碑作食,白石君碑作食,王羲之作食,王献之作食,虞世南作食。

(2) 象器盖

"仓(倉)"甲骨文作🔲,金文作🔲默钟。《说文》:"倉,穀(谷)藏也。仓黄取而藏之,故谓之倉。从食省,口象仓形。"从甲骨文、金文看,非从食省,上为仓库之盖。睡虎地秦简作倉,马王堆汉帛书作倉,王献之作倉。

"会(會)"甲骨文作🔲,金文作🔲蔡子匜、🔲趙亥鼎,《说文》:"會,

---

① 一说象簋上有盖,似亦通。然甲骨文、金文里多用为动词,疑先指进食,进而指进食所用的器物。

合也。从亼，从曾省。"甲骨文、金文以器盖相合会会合之意。睡虎地秦简作【會】，马王堆汉帛书作【會】，华山神庙碑作【會】，衡方碑作【會】，西狭颂作【會】，王羲之作會、【会】，王献之作【會】、【会】。

（3）人形

"企"甲骨文作【】、【】，金文作【】癸企爵，从人从止，以人跂足而望会意。《说文》："【】，举踵也。从人止声。"当从人从止。马王堆汉帛书作【】，欧阳通作【企】，人形一直被较好地保留着。

"介"甲骨文作【】、【】，罗振玉、王国维认为象人身穿铠甲之形，《广雅·释器》有："介，铠也。"《说文》："【】，画也。从八从人。"隶书作【】睡虎地秦简、【】马王堆帛书，人形一直保留了下来。

（4）顶篷

"伞"本写作"繖"，《说文》："【繖】，盖也。从糸散声。"《集韵》："繖，盖也。或从巾，亦作伞。""伞"为后起象形字，"人"象张开的伞布。

"舍"金文作【】令鼎、【】墙盘、【】善夫克鼎，从余从口，于省吾先生认为口为分化符，因"余"假借作人称代词，遂增"口"以与"余"相别。"余"甲骨文作【】、【】，金文作【】善鼎、【】默钟、【】秦公簋，象简易的房舍，上为屋盖。"舍"的隶书作【舍】睡虎地秦简、【舍】睡虎地秦简、【舍】乙瑛碑、【舍】衡方碑，屋盖形渐成"人"。

结　语

先民造字"近取诸身，远取诸物"，原初汉字一般象形意味都比较浓，而事物外形的相似使得"画成其物，随体诘诎"的结果必定相似。也正因为这样，有些字后世在讨论它们的来源时多有分歧。如"受"甲骨文作【】，金文作【】孟鼎，《说文》："【】，相付也。从受，舟省声。"《说文》以为部件中含有"舟"，作声符用。"受"

为授受之形，没什么问题，从甲骨文、金文看，中间的部分明显当是授受之物，"受"本为会意字。不少学者拘泥于字形以为授受之物为舟。舟之大，授受明显不便，加之非生活常见之事，古人造字当优先选取身边常见的现象，明义士[①]、马叙伦[②]、李孝定[③]以为舟实为盘，得之。

造字时的偶同必然给本形溯义的分析带来较大的困难，欲准确呈现其造字理据须以审慎的态度对异源类构的情形仔细区分，既要有形体发展演变的完整性，又要结合典籍考察其意义与形体关联的合理性。

[①] 明义士：《柏根氏旧藏甲骨文字考释》，北京图书馆出版社，2000。
[②] 马叙伦：《说文解字六书疏证》，卷八，上海书店，1985。
[③] 李孝定：《〈金文诂林〉读后记》，卷四，中研院史语所专刊之八十，1982。

第四章

字形对理据的动态承载

第一节 书写变形记录理据

一 笔画变形以增加字形的区分度

以不同的字形记录不同的意义，是汉字形体演变中一个比较朴素的观念，这种心理使得书写者有意识地将形近字区别开来。

"土"与"士"。"土"甲骨文作♦，金文作♦ 猷篡、♦ 沈儿钟、♦ 士父钟、♦ 秦公鎛，一般中竖均较长，两横的长短则无严格的约定。"士"甲骨文作♦、♦，金文作♦ 孟鼎、♦ 毫鼎、♦ 士匀錍、♦ 公子土斧壶，其上横形成后，就容易跟"士"的金文混淆了。"士""土"的小篆分别为±、±，"士"上横长、下横短，而"土"的两横等长。后来为方便区分，以下横短者为"士"字，下横长者为"土"字。

"七"与"十"。"七"甲骨文作+、十、十，金文作十 矢簋、十 伊簋、十 大梁鼎，横画、竖画长短无一定之规。"十"甲骨文作↓，金文作↓ 守簋、↓ 申鼎，其横画由点演变而来，故中竖长而横画短。但实际书写中两字极易相混。小篆分别为七、十，曲"七"之中竖以相区别。

330

"米"与"采"。"米"甲骨文作✿、✿、✿，《说文》："✿，粟实也。象禾实之形。""采"甲骨文作✿、✿，象兽足之迹，与"米"的甲骨文字形颇似，金文作✿_{采盉作父乙卣}、✿_{采卣}，《说文》："✿，辨别也。象兽指爪分别也。"为别于"米"，金文、小篆皆曲其中竖。

二 加区别符以增加字形的区分度

"王"与"玉"。"玉"甲骨文作✿、✿，金文作✿_{乙亥簋}，小篆作✿。"王"甲骨文作✿、✿，金文作✿_{戍甬鼎}、✿_{沈儿钟}，小篆作✿。它们的甲骨文、金文字形区别较为明显，随着字形的演变，差异越来越小，小篆以三横的间距来相区别，中横居中的为"王"，偏上的为"玉"，很明显这样的区分方式不够有效。汉孔宙碑作✿，樊安碑作✿，通过加点的形式来表"玉"。索靖作✿，王羲之作✿，渐成今形。

"斗"与"升"。"斗"甲骨文作✿，"升"甲骨文作✿，同为盛物器具，初未细分，在度量衡意识强化之后，两字开始有所区别，金文"斗"作✿_{秦公簋}、✿_{釁朕鼎}，"升"作✿_{友簋}、✿_{秦公簋}，以盛器中是否加点别之，加点者为"升"，不加者为"斗"。小篆字形将作区别符号的点与盛器均写为斜横，可以看到✿（升）与✿（斗）的区别在于柄上多一斜横。

"二"与"上"。"二"甲骨文作✿、✿，金文作✿_{沈子它簋}、✿_{同簋}，"上"甲骨文作✿、✿，金文作✿_{默钟}、✿_{虢弔钟}、✿_{上官鼎}、✿_{上乐鼎}、✿_{盗壶}，两字的甲骨文区别甚小，金文"上"多增竖以相区分。它们的小篆分别为✿、✿，睡虎地秦简分别作✿、✿，史晨碑分别作✿、✿，为免混淆"上"所增之竖均被保留。

"衣"与"卒"。"衣"甲骨文作🔲，金文作🔲颂鼎，《说文》："🔲，依也。上曰衣，下曰裳。""卒"甲骨文作🔲，金文作🔲外卒铎，《说文》："🔲，隶人给事者衣为卒。卒，衣有题识者。"二字金文、小篆之别就在于"卒"多一短横。

"乂"与"五"。"五"早期甲骨文作X，X为"交午"之本字，甲骨文假借为"五"，为与"交午"字相别，于其上下加横成🔲。

"入"与"六"。"六"早期甲骨文作🔲，"🔲"为"入"之初文，假借为"六"，为与"入"相别，加笔成🔲、🔲。

"壬"与"工"。"壬"甲骨文作工，金文作工宅簋、工吕鼎、工汤弔盘，小篆作🔲。"工"甲骨文作🔲、工、工，金文作工司工丁爵、工师衰簋、工鳌壶，小篆作工。甲骨文、金文中有不少写法相似，但金文"壬"中竖多加点或短横，而"工"无之。为保证字形的差异性，"壬"的小篆字形中横最长，以与王（玉）、王（王）相别，而"工"则中竖上无饰笔。

三　减省笔画增加字形的区分度

"瀞"本从水静声，俗书中将声符"静"简化为"争"，但这样与表水名的"凈"形同，为相区别，遂省"氵"为"冫"而成"净"。

"準"本从水隼声，而小篆"隼"与"隹"相似度高，为免"準"与水名"淮"相乱，遂省"氵"为"冫"，汉代的衡方碑、桐柏庙碑已有"准"。

当然，"氵"能省为"冫"还有个重要原因就是"瀞""準"的字义已由具体而抽象，《说文》："瀞，无垢薉也。从水静声。""準，平也。从水隼声。"一由水净泛化指一般事物的净，一由水平泛化指一般事物的平，它们的常用义与水的关联已不够直接了，形义关系的疏离为字形调整提供了可能。不然，是不大可能将义符省减的，这也说明了在字形调整中理据信息实际是有制约作用的。

四 部件变形导致的理据信息的重构

1. 部件变形重构造义

"解"甲骨文作✳，从𠕋从角从牛。金文作✳解子甗、✳中山王䁖鼎，有改"𠕋"从"刀"作者。《说文》："解，判也。从刀判牛角。"解牛之手变作"刀"。

"得"甲骨文作✳、✳，金文作✳克鼎、✳亚父庚鼎，原从"贝"。《说文》："得，行有所得也。从彳䙷声。"又《说文》："䙷，取也。从见从寸。"小篆"贝"讹为"见"。可见，变形之前的"得"为会意字，小篆里的"得"变成了会意兼形声字。

"折"甲骨文作✳，金文作✳兮甲盘、✳多友鼎，《说文》："折，断也。从斤断艸。"睡虎地秦简作✳，甲骨文、金文、篆文及秦隶断艸之形十分清晰。马王堆汉帛书作✳、✳，汉代碑刻作✳衡方碑、✳曹全碑，断艸渐讹作"扌"。

2. 部件变形增加读音信息

"牡"甲骨文作✳、✳、✳、✳，从牛（或羊或豕或鹿）从士，士象牡器。金文作✳剌鼎，"丄"上加横成"土"。《说文》："牡，畜父也。从牛土声。"段玉裁注："或曰，土当作士。士者夫也。之韵尤韵合音最近。从士则为会意兼形声。""✳"本为会意字，小篆因"土"变作"土"遂成形声字。

"何"甲骨文作✳、✳、✳，象人荷物形，金文作✳何尊、✳子何爵，象人荷物侧视状。《说文》："何，儋也。从人可声。"人与所何之物离析，复于[字]下加口而成声符"可"。①

"歓"甲骨文作[字]、[字]、[字]，以人俯首伸舌就酉啜饮会意，[字]为人形，[字]象倒口，[字]象舌，为盛酒之器。金文作[字]善夫山鼎、[字]伯作姬饮壶，《说文》："[字]，歓也。从欠畲声。"又"畲，酒苦味也。从酉今声。""歓"初文中的口舌形变形为声符"今"。

"弦"小篆作[字]，从弓从糸，马王堆汉帛书作[字]、[字]，已有改"糸"为提示字音的"玄"者。

"到"金文作[字]伯到尊、[字]昌鼎、[字]伯到簠，从至从人或增止。《说文》："[字]，至也。从至刀声。"小篆改"人"为"刀"，变作形声字。

第二节　书写变形湮没理据

一　部件混同造成的理据信息的淆乱

从甲骨文到小篆，汉字图画色彩逐渐减弱，符号化、线条化、结构定型化。有些毫不相干的形体混同为一，致使一些原本清晰的理据信息变得模糊起来。

"出"甲骨文作[字]，金文作[字]敔卣，象止之出于坎穴也。小篆作"[字]"，讹脚趾形为草木形，《说文》遂误解为"象艸木益滋，上出达也"。

"先"甲骨文作[字]，金文作[字]，以趾在人上会行于人先之意。小篆作"[字]"，讹脚趾形为[字]，《说文》遂误解为"从儿从之"。人形变为"儿"有一定的对应规律，如"元"甲骨文作[字]、"见"甲骨

---

① 古人常于字之虚空处加"口"，仅为美观，如"商"甲骨文作[字]、[字]、[字]，多无"口"，"周"甲骨文作[字]、[字]、[字]，无"口"，疑"何"亦如之。

334

文作🧍, 它们的下半部分均本为人形。但"先"小篆上半从"㞢（之）"则为无规律的讹变。

循序渐进、有迹可寻的循变，可以通过研究抓住一些对应规律，借助对应规律，仍可将已经模糊了的理据信息恢复出来；但偏离原有形义关系的偶变、突变，会破坏文字的理据信息，造成误解。

例：原形　　循变　　讹变
　　Ψ　　　止　　　十（奔）
　　ϟ　　　舟　　　月（朕）
　　𠂉　　　人　　　卜（卧）
　　犭　　　犬　　　大（奖）

因为它们讹变后与其他字形相混同，必然会造成理据辨识上的困难。

在小篆与隶变的阶段均有一些字形混同，致使相关字的理据信息湮没。

二　字形规整化使汉字成为纯符号

1. 合体字部件融合为一体

"半"先秦货币文作🪙、🪙，从八从斗。金文作半（秦公簋），小篆作半，从八从牛。睡虎地秦简作半、半，马王堆汉帛书作半，"牛"形渐失。皇象作半，王羲之作半，"八"亦不见。字形上再难析解出是由哪些部件组成的了。

"年"甲骨文、金文、篆文字形均可清晰看到从禾从人，以人负禾会五谷丰登之意，《穀梁传·桓公三年》"五谷皆熟为有年也"、《说文》"年，谷熟也"是其本义。居延汉简作"年"，史晨碑作"年"，均已难从字形上找到这些信息了。

335

"赤"小篆作"㚒",从大从火。史晨碑作"赤",上半部分的"大"讹变为"土";下半部分"火"变为"灬",与"然""烈"等所从之"灬"同一渊源,均是手写"火"的变体,居延汉简"赤"作"赤",下半即直接写为"灬"。"火"的变体还有"小",如"尉"小篆作㷉,"尞"小篆作尞,可以清晰地看到,字形里边的"小"原本作"火"。"赤"的构字部件"土"、"尉"的构字部件"小",其实与"土""小"的意义无关,仅可视作书写符号。"赤"的理据如果不回到小篆是很难弄明白的。

2. 合体字部件变形

合体字中部件被规整后造成整字理据的湮没。

"保"甲骨文作𠈃、𠈃,从人从子。金文作保盂鼎、保鄘子匜,增饰笔。为字形平衡,小篆作保,马王堆汉帛书作保、保,"子"变作"呆",理据再难辨识。

"香"甲骨文作香,从黍从口,小篆作香,从黍从甘。为就书写之便,汉隶已写作香史晨碑、香衡方碑、香白石君碑,从禾从日,"甘"变作"日",构字理据已失。

三 增加部件形成专字

汉字中存在少量受前后字的影响而产生的形变,同化的处理有时会影响原字理据的传达。

"鳳皇"指鸟中之皇,但后来"皇"受"鳳"的影响同化为"凰"。《说文》:"鳳,神鸟也。从鸟凡声。"曹全碑作鳳,欧阳询作鳳,声符"凡"十分清晰。"皇"增"几"实无意义,系受前字"鳳"的影响而发生的形变,这样一来,就出现了"凰",成为"凤凰"之专字。

类似的如:"涟漪"本作"涟猗",出自《诗经》:"河水清且涟猗。""猗"原是语气词,因受"涟"字影响,加上了"氵",字义也发生了变化,与"涟"成为近义词,有了微波的意思。"嫦娥"本作"恒娥",汉代避汉文帝刘恒的讳,改为"常娥","常"又受"娥"的影响而加了"女"旁,就成了"嫦"。

四 书写简化处理破坏理据

1. 部件融合造成理据信息难以识别

"春"甲骨文作❀、❀,从木从日从屯。金文作❀蔡侯残钟,从艸从日从屯。《说文》:"❀,推也。从艸从日,艸春时生也;屯声。"段玉裁注:"从日艸屯。日艸屯者,得时艸生也。屯字象艸木之初生。屯亦声。""春"为形声兼会意字,甲骨文、金文、篆文中日、艸或木、屯三个部件均十分清晰。睡虎地秦简作❀,马王堆汉帛书作❀、❀,乙瑛碑作❀,桐柏庙碑作❀,部件"艸""屯"融合成"夫",理据难识。

"死"甲骨文作❀、❀,罗振玉认为造意为:"生人拜于朽骨之旁。"金文作❀追簋、❀哀成弔鼎,小篆作❀,均从歺从人,《说文》:"歺,剡骨之残也。从半冎。"即"歺"为残骨。马王堆汉帛书作❀、❀,乙瑛碑作❀,史晨碑作❀,曹全碑作❀,部件位置微调,为使整体性更强,"歺"被写成了"歹"。

2. 草书楷化造成的理据信息丢失

"长"甲骨文作❀、❀,象人有长发形;金文作❀曶长鼎、❀墙盘,或增拐杖形。小篆作❀,形体发生了较大的变化,《说文》误以为从兀从匕亾声。睡虎地秦简作❀、❀,马王堆汉帛书作❀,史晨碑作❀,长发形仍然清晰。皇象作❀,索靖作❀,王羲之作❀,后来草书楷化为"长",理据已难辨识。

"東"甲骨文作❀、❀,金文作❀宴簋,本象囊橐之形,借为方

337

向名。小篆作㮅，睡虎地秦简作㮅，字形与金文相去不远。索靖作东，王羲之作东，王献之作东，草书楷化而成"东"，橐橐形全失。

"敵"金文作㪣（戟篇），《说文》："敵，仇也。从攴啇声。"马王堆汉帛书作敵，"啇"写作"商"，后来草书楷化又变作"舌"，丧失了提示字音的功能。

"屬"，《说文》："屬，连也。从尾蜀声。"马王堆帛书作屬，"蜀"之下部有简化处理。曹全碑作屬，"尾"的构件"毛"形已失。草书又有不少简化处理，字形变化颇大，王献之作属，初形里的"尾""蜀"皆不见。

"傷""觴"原均为𧶠省声，但草书楷化后，部件"昜"一作"力"一作"勿"，不仅失去表音功能，为什么作此形也令人费解。

3. 使用抽象符号造成的理据信息丢失

（1）"又"。"僅"简作"仅"，"歡"简作"欢"，"鄧"简作"邓"，"難"简作"难"，原字部件"堇""雚""登""𩀀"为声符，简化后失去声音提示，且对它们何以从"又"感到费解。有部件被简化成"又"的字还有"鳳"将声符"凡"内的点与意符"鸟"一起简为"又"，"聖"简作"圣"，也跨层简省了一些部件，"樹"从木尌声，"尌"的构件"壴"被简作"又"。用符号"又"简化的，还涉及一些表意部件，《说文》："對，膺无方也。从丵从口从寸。對，對或从士。"意符"丵""士"被简化符号"又"代替。《说文》："聶，附耳私小语也。从三耳。""轟，群车声也。从三车。"简化时字形下用两个"又"取代。

（2）"㐅"。"趙"金文作𧺆（赵孟壶），《说文》："趙，趍趙也。从走肖声。"简化时，部件"肖"被抽象符号"㐅"代替。"風"甲骨文作𠙹、𠙻，金文作𠙸（南宫中鼎），借"鳳"为之。《说文》："鳳，从虫凡声。"睡虎地秦简文字作𩙿，后来简化时，"虫"被抽象符号"㐅"代替。《说文》："歐，吐也。从欠區声。"后来简化时，"品"被抽

第四章 字形对理据的动态承载

象符号"乂"代替。

4. 笔画、部件省减造成的理据信息丢失

"文"早期甲骨文作 ◊、◊、◊，金文作 ◊史喜鼎、◊兮仲钟、◊虢文公鼎，以人身上有交错的花纹表意，或省去花纹，只表现人的轮廓。《说文》："介，错画也。象交文。"小篆省略了代表花纹的部件。

"产"金文作 ◊哀成弔鼎，《说文》："產，生也。从生，彦省声。"小篆字形的声符若不恢复原形，是没法有效提示字音信息的。

《说文》已有大量省形字、省声字，若不知相关部件由何而省，对于字义理解、字音识别均有较大的困难。现代汉字简化时，也有类似情况。

《说文》："燭，庭燎，火烛也。从火蜀声。"语音演变后，"蜀"已不能准确表音，被省作"虫"，简化字"烛"的字形理据无由解析。《说文》："際，壁会也。从𨸏祭声。""櫼，木杪末也。从木籤声。"后来它们读音本不相同的声符"祭""籤"均简写作"示"，失去提示读音的功能，不知来源的人肯定会感到费解：何以均有部件"示"？

5. 同音合并造成的理据信息丢失

为书写简便，取笔画数少的字合并本不相关的字，造成理据的丢失。

"隻""只"。"隻"甲骨文作 ◊、◊，金文作 ◊或簋，《说文》："隻，鸟一枚也。从又持隹。"《说文》："只，语已词也。从口，象气下引之形。"本为两字，简化时合并为"只"，这样，理据清晰的称量"一隻鸟"变成了讲不出缘由的"一只鸟"。

"榖""谷"。《说文》："榖，续也。百榖之总名。从禾籤声。"本指"稻榖"等粮食。"谷"甲骨文作 ◊，金文作 ◊何尊，《说文》："谷，泉出通川为谷。从水半见，出于口。"本指山谷。它们本来是意义无关的两个字，简化时合并为"谷"。

339

"後""后"。"後"金文作✦小臣单觯,《说文》:"後,迟也。从彳幺夂。"为落后义。"后"甲骨文作✦,金文作✦吴王光鑑,《说文》:"后,继体君也。"本指君王。二字本不相涉,简化时合并为"后"。

　　"麵""面"。《正字通》:"麵,俗麪字。""麪"与"麵"只是声符不同,"麵"从麦面声,指麦做的食物。"面"甲骨文作✦、✦,《说文》:"✦,颜前也。从𦣻,象人面形。"本指人的面部。简化时本不相关的两个字因音同合为"面"。

　　"幾""几"。"幾"金文作✦幾父壶,《说文》:"✦,微也。殆也。从𢆶从戍。戍,兵守也。𢆶而兵守者,危也。"为细微、危殆义。《说文》"几,踞几也。象形。"象可以凭靠的器具。简化时两字并为"几"。

　　"醜""丑"。"醜"甲骨文作✦,《说文》:"醜,可恶也。从鬼酉声。"为丑恶义。"丑"甲骨文作✦,金文作✦令簋,为"扭"之本字,假借为地支字。《说文》:"丑,纽也。十二月,万物动,用事。象手之形。"简化时两字合为"丑"。

　　"發""髮"。"發"金文作✦工敾大子剑,《说文》:"✦,躲發也。从弓登声。"本发射义。"髮"金文作✦狢钟,《说文》:"✦,根也。从髟犮声。✦,髮或从首。"本指头发。两字简化为"发"。

第三节　字形调整补充理据

一　增加部件形成的理据信息的凸显

　　不少新字形往往先为俗字,因为一般的文字使用者并非都对文字有深入的了解与认识,当他们觉得字的意义信息不够明朗时,往往会增加形符,也有一些字在演变过程中增加了表读音的部件。

1. 为补足意义而增加部件

"㳭""渊"。"渊"甲骨文作🝆，象回水形。金文作🝆沈子它簋，增"水"，以提示与水相关。《说文》："㴃，回水也。从水，象形。左右岸也，中象水皃。㳭，渊或省水。🝆，古文从口水。"增"水"的小篆形体"㴃"沿用了下来。

"畺""疆"。"疆"甲骨文作🝆，从弓从田，弓为古代丈量土地的计量单位，《度地论》："二尺为一肘，四肘为一弓，三百弓为一里。三百六十步为一里，即三百弓也。"一说"畺"为"强"之本字，从弓畺声。而"弱"从二"弓"，可能也与弓有关。若此，则金文用"畺"为"疆"是通假现象，后来为准确表示与土地有关，遂在"畺"上增加义符"土"而成"疆"字。金文里表疆界义的字形有🝆颂簋、🝆吴王光鑑二形，秦公簋、吴王光鑑、庚儿鼎、王孙寿甗、王子启疆尊等均增"土"。《说文》："畺，界也。从畕；三，其界画也。疆，畺或从彊土。"所收古文疆与秦公簋等相同，因信息最为完备故沿用至今。

"㐭""廪"。"㐭"甲骨文作🝆，象仓廪之形。《说文》："㐭，穀所振入。宗庙粢盛，仓黄㐭而取之，故谓之㐭。从入，回象屋形，中有户牖。廩，㐭或从广稟。"廩增禾与广，"禾"为积禾，"广"为屋宇，可补充形变之后的理据，故沿用至今。

2. 为区别形近字而增加部件

"左""右"。甲骨文本以手的朝向表左右，"左"作🝆，"右"作🝆，但这样区别特征不够明晰，加之早期文字多左右无别，为分别二字，金文分别作🝆鲁左司徒元鼎、🝆班簋和🝆颂鼎，"左"有作🝆者，说明实际仍以"又"的朝向为主要区别。小篆始区分严格，《说文》："𠂇，手相左助也。从𠂇工。""🝆，助也。从口从又。"段玉裁注："工者，左助之意。""手不足，以口助之，故曰助也。"即所增部件"工""口"有补足意义信息以相区分的作用。

3. 为分化引申义而增加部件

（1）增加部件记录本义

"益""溢"。"益"甲骨文作❀，金文作❀益公钟，从水从皿，以水从皿中漫溢而出会意。后来引申义"增加"成为常用义，遂增"氵"作"溢"以表其本义。《说文》："❀，饶也。从水皿。皿，益之意也。"已训"益"为饶余、多。甲骨文、金文无"溢"，《说文》有之："❀，器满也。从水益声。"

"州""洲"。"州"甲骨文作❀，金文作❀井侯簋，《说文》："❀，水中可居曰州。"本指水中人所居之高地，引申之凡人所居之地皆称州，遂增"氵"作"洲"以表其本义。《说文》无"洲"。《字汇》："洲，本作州，后人加水以别州县之字也。"

"臭""嗅"。"臭"甲骨文作❀，《说文》："臭，禽走，臭而知其迹者，犬也。从犬从自。"本指嗅，引申为气味，遂增"口"作"嗅"以表其本义。《说文》无"嗅"。《玉篇》："齅，亦作嗅。"

"冒""帽"。"冒"金文作❀九年卫鼎，《说文》："冒，冢而前也。从冃从目。"本指帽，引申指有所冒犯，遂增"巾"作"帽"以表本义。《说文》无"帽"。《玉篇》："帽，头帽也。"

"原""源"。"原"金文作❀克鼎，《说文》："原，水泉本也。从灥出厂下。原，篆文从泉。"以灥出于崖岩会意，指本原，引申指原野，遂增"水"表源泉义。

"正""征"。甲骨文作❀、❀，金文作❀卫簋、❀君夫簋、❀陈侯鼎、❀钟伯鼎，本从口从止，金文口简作一或二。口为城邑，足趾向之，义为征伐。《说文》："正，是也。从止，一以止。"训释的其实为其引申义。《说文》："证，正行也。从辵正声。徰，延或从彳。"增"辵"或"彳"正为突出其行动义。

（2）增加部件记录引申义

"府""腑"。《说文》："府，文书藏也。从广付声。"《说文》

无"腑",徐铉曰:"今藏腑字俗书从肉,非是。"意即脏腑字本作"府",《素问》均作"府",如:"五藏已伤,六府不通。""腑"是为更准确地记"府"的脏腑义增表义部件"肉"而成。"五藏"之"藏"后来增义符"肉"作"臟",也是同样道理。

"坐""座"。《说文》:"坐,止也。从土,从畱省。土,所止也。此与畱同意。坐,古文坐。"非从畱省,坐从从土,与坐构意相同,为二人对坐之形。引申指所坐的地方,《陌上桑》:"坐中数千人,皆言夫婿殊。"《史记·项羽本纪》:"请以剑舞,因击沛公于坐,杀之。"等即用座位义。《说文》无"座",《玉篇》:"座,牀座也。"收增"广"的"座"。

"昏""婚"。"昏"甲骨文作 、,《说文》:"昏,日冥也。"本指黄昏。《仪礼·士昏礼》疏引郑玄说:"士娶妻之礼,以昏为期,因而名焉。"早期典籍均用"昏",即婚礼本当作"昏礼"。因昏礼为娶妻之礼,后增"女"以为婚媾之专字。《说文》:"婚,妇家也。《礼》:'娶妇以昏时,妇人阴也,故曰婚。'从女从昏,昏亦声。䰷,籀文婚。"籀文䰷与金文有关①,《说文》以婚为形声兼会意字,意即"婚"义来源与"昏"有关。

"取""娶"。"取"甲骨文作 、,金文作 卫盃、 格伯簋,本为古代割耳计功的写照。《说文》:"取,捕取也。从又从耳。"引申为获取、取亲等,《诗·齐风·南山》:"取妻如之何?匪媒不得。"《论语·述而》:"君取于吴,为同姓,谓之吴孟子。"《礼记·杂记》:"可以冠子取妻。"典籍"取""娶"区分尚不严格,"取"多用迎娶义。其实"娶"甲骨文已有之,作 ,《说文》:"娶,取妇也。从女从取,取亦声。"以"娶"为形声兼会意字,意即"娶"义来源与"取"有关。

---

① 详第一章第二节"天文地理字溯源"之"昏"条脚注。

"反""返"。"反"甲骨文作〒，金文作〒大保簋，杨树达先生认为字之本义为反手，"人以手攀厓，亦必反其手"。① 引申为正反、反覆，进而又有回返义。《论语·微子》："使子路反见之。"《墨子·鲁问》："三年而反。"《孟子·梁惠王上》："王欲行之，则盍反其本矣。"《庄子·逍遥游》："适莽苍者，三餐而反，腹犹果然。"均用返回义，为更准确地记录此义，增"辵"成"返"。《说文》："〒，还也。从辵从反，反亦声。"意即"返"为形声兼会意字，"反"有表义作用。

"毌""贯"。"毌"甲骨文作〒、〒、〒，《说文》："毌，穿物持之也。从一横贯，象宝货之形。""贯，钱贝之贯。从毌贝。""毌"为穿物，"贯"增部件"贝"，细化为穿贝。今"贯"行而"毌"废，穿物亦谓"贯"。

"啚""鄙"。"啚"甲骨文作〒、〒、〒，金文作〒康侯啚簋、〒雍伯啚鼎，〒象仓廪形，"啚"于"靣"的基础上增口，殆以示仓廪所在之处矣，犹"邑"以口示人所聚居之处。罗振玉云："考古金文都鄙字亦不从邑，从邑者，后来所增也。"② 即"啚"义引申指边鄙后，为更准确地记其引申义，遂增"邑"成"鄙"，《说文》："〒，五酇为鄙。从邑啚声。"段玉裁注："郑注以邦之所居曰国、都之所居曰鄙对言。春秋经传鄙字多训为边者，盖周礼都鄙距国五百里，在王畿之边，故鄙可释为边。又引伸为轻薄之称，而鄙夫字古作啚。"古仅有"啚"，边鄙、鄙陋均是"啚"的引申义，后来增"邑"的"鄙"取代了"啚"。

"右""佑""祐"。"右"甲骨文作〒，金文作〒颂鼎、〒录伯簋、〒楚簋，金文多增口作者殆为与"又"相别，其书写方向稳定，手形朝向左边，为将右手放于眼前所见之形，本为右手，与左手相对。引申表

---

① 杨树达：《释反》，见《积微居小学述林》，中华书局，1981，第68页。
② 罗振玉：《殷虚书契考释三种》，中华书局，2006，第397页。

344

方向的"右"。因其核心构件为手,引申为帮助义,进而又细分为人助、神助,人助则增"人"作"佑",神助则增"示"作"祐"。

"火伴""伙伴"。古兵制十人为火,同灶饮食,故相互称火伴。《木兰诗》:"出门看火伴,火伴皆惊忙。"元稹《估客乐》诗:"出门求火伴,入门辞父兄。"都是用的"火伴"。后来由同灶吃饭的战友泛化指同伴,"火"义渐隐,为突出其同伴义,增"人"成"伙"。

"食""饲"。甲骨文作&、&、&,金文作&仲义昃簋,《说文》:"&,一米也。从皀亼声。或说亼皀也。"段玉裁注:"集众米而成食也,引伸之,人用供口腹亦谓之食,此其相生之名义也。""食"由进食引申指供人食物,犹"饮"既指自饮,也用作让他人或动物饮。如《诗·小雅·绵蛮》:"饮之食之,教之诲之。"指给人提供饮食。为与自饮自食相区别,往往变读第四声,改变了读音以明确字义。后来,为准确地提示变读后的字音,"食"字形上增声符"司"就成了"饲"。

4. 为分化假借义而增加部件

(1) 增加部件记录本义

"云""雲"。"云"甲骨文作&,象天空回转的云形,假借为言说之"云",小篆增雨作"雲"以表其本义。

"其""箕"。"其"甲骨文作&,金文作&孟鼎、&善夫克鼎,象簸箕形。卜辞中已有借"其"为语词者,遂出现增"竹"表其本义的"箕",金文已见&叟筭鼎。

"莫""暮"。"莫"甲骨文作&,金文作&散盘,《说文》:"莫,日且冥也。从日在茻中。"以太阳降于草木之中会意。后借用为否定代词"没有谁",遂增"日"作"暮"以表其本义。"暮"《说文》无之,马王堆帛书有&,从夕,曹全碑有&,从日,是目前所见较早的文字资料。《广雅》:"暮,夜也。"

"止""趾"。甲骨文作&,金文作&召伯簋,小篆作&,象足趾。假

345

借为止息字，遂增"𧿹"作"趾"以记其本义。《说文》无"趾"，华山神庙碑有趾。《尔雅》："趾，足也。"

"要""腰"。"要"金文作🔲是要簋，《说文》："🔲，身中也。象人要自𦥑之形。从𦥑，交省声。🔲，古文要。"本指腰，假借为要约、约请字，遂增"月"作"腰"以表本义。《玉篇》："腰，骻也。"

"韦""围"。"韦"甲骨文作🔲、🔲，金文作🔲盂爵、🔲黄韦俞父盘，以足围城邑会包围之意，为"围"之本字。假借为违背、皮韦字，复增表范围的"囗"作"围"以表本义。《说文》："圍，从囗韦声。"已不知"韦"的本义而仅视作声符。

"孚""俘"。"孚"甲骨文作🔲，金文作🔲盂鼎、🔲多友鼎，从爪从子，指俘虏。于省吾先生发现"甲骨文以孚为俘虏之俘"。① 小盂鼎："孚人万三千八十一人。"亦用"孚"。《说文》："🔲，卵孚也。从爪从子。"所释其实为假借义，即今之"孵"。《说文》："俘，军所获也。从人孚声。""俘"为后起字，增"亻"以记字之本义。

"孰""熟"。《说文》："🔲，食饪也。从丮𦎧声。"段玉裁注："孰与谁双声，故一曰谁也。后人乃分别孰为生孰、孰为谁孰矣。"《韵会》："熟，本作孰。后人加火，而孰但为谁孰字矣。"即"孰"借作代词后成为专字，遂增"火"以表其本义。

"它""蛇"。"它"甲骨文作🔲、🔲，以足触蛇会意，或增彳以示行于道也。金文作🔲郑伯匜、🔲弔男父匜，象繁画的蛇形。《说文》："🔲，虫也。从虫而长，象冤曲垂尾形。上古艹居患它，故相问无它乎。凡它之属皆从它。🔲，它或从虫。"仍然清楚"它"本指蛇。假借作代词后，以"蛇"表其本义。

"丁""钉"。"丁"甲骨文作🔲、🔲，金文作🔲皮寅鼎、🔲且丁尊、🔲盬卣，象钉帽形。假借作天干字后，增表示其材质的"金"成

---

① 于省吾：《释孚》，见《甲骨文字释林》，商务印书馆，2010。

"钉"以表其本义。

"然""燃"。"然"金文作[中山王礜鼎],《说文》:"然,烧也。从火肰声。"段玉裁注:"通假为语词,训为如此,尔之转语也。"《广韵》:"燃,俗然字。""然"为"燃"之本字,假借作转折连词后,增"火"以表其本义。

"北""背"。"北"甲骨文作[],金文作[师虎簋],《说文》:"北,乖也。从二人相背。"假借作北方之北,增肉作"背"。

"师子""狮子"。"师子"的"师"最初只记音,《汉书》《后汉书》均不从"犬",后为突出其为动物,增犬作"狮"。

（2）增加部件记录借义

"蜈蚣"本作"吴公",《广雅·释虫》:"蝍蛆,吴公也。"是典籍所见最早的"吴公",不从"虫"。陶弘景《名医别录》云:"蜈蚣生大吴川谷及江南,头、足赤者良。"可能因盛产于吴地川谷中,公者个体较大,故曰吴公。因其为虫,后增部件"虫"成"蜈蚣"。

"尚羊""徜徉"。贾谊《惜誓》:"临中国之众人兮,托回飚乎尚羊。"王逸注:"尚羊,游戏也。"《魏书·阳固传》:"陵江湖之骇浪兮,升医闾之尚羊。""尚羊"二字本仅记音,故典籍还有"尚佯""尚阳"等写法,《淮南子·览冥训》:"邅回蒙汜之渚,尚佯冀州之际。"《九宫赋》:"聊优游以尚阳。"因其与人的行走有关,故增"彳"成"徜徉"。

"仓庚""鸧鹒"。《诗·豳风·东山》:"仓庚于飞,熠燿其羽。"《诗·小雅·出车》:"仓庚喈喈,采蘩祁祁。"均作"仓庚"。典籍中一直有写作"仓庚"者,如《礼记·月令》:"始雨水,桃始华,仓庚鸣,鹰化为鸠。"陶潜《答庞参军》:"昔我云别,仓庚载鸣。"张煌言《妒妇津》:"古云粥仓庚,可以疗此痼。"王韬《淞滨琐话·白琼仙》:"妾无妒意,不烦君调仓庚羹也。"因其为鸟,故常增"鸟"作"鸧鹒",典籍亦见,如宋玉《登徒子好色

347

赋》："鸰鹉喈喈,群女出桑。"王赞《杂诗》："昔往鸰鹉鸣,今来蟋蟀吟。"

"丁宁""叮咛"。"丁宁"本为摹声词,如《国语·吴语》："昧明,王乃秉枹,亲就鸣钟鼓。丁宁,錞于振铎,勇怯尽应。"韦昭注:"丁宁,谓钲也,军行鸣之,与鼓相应。"摹的是钲的声音;王建《宫词》："琵琶先抹六幺头,小管丁宁侧调愁。"黄景仁《绮怀》："敛袖掬成弦杂拉,隔窗掺碎鼓丁宁。"摹的是管、鼓之音。亦用以摹人声,如《诗·小雅·采薇》："曰归曰归,岁亦莫止。"郑玄笺:"丁宁归期,定其心也。"《汉书·谷永传》："二者同日俱发,以丁宁陛下,厥咎不远,宜厚求诸身。"颜师古注:"丁宁,谓再三告示也。"张籍《卧疾》："见我形颠颊,劝药语丁宁。"指人说话时反复嘱咐发出的声音。因其为声音,故有增"口"作"叮咛"者,《三国演义》："不须子敬叮咛,亮自有对答之语。"

5. 为明晰文字的读音信息而增加部件

"齿"甲骨文作▦,象门齿。金文作▦中山王礜壶,增声符"止"。

"藉"甲骨文作▦、▦,从耒从人从止,以人执耒劳作会意。金文作▦弭伯簋,加声符"昔"。小篆作▦,省去人与止,但保留了声符"昔"。

"禽"甲骨文作▦,象猎具。金文作▦大祝禽鼎、▦多友鼎,增声符"今"。小篆作▦,从厹今声,"凶""厹"其实由▦形变而来。

"宝"甲骨文作▦、▦,从宀从玉从贝。金文作▦史梅簋、▦颂鼎,增声符"缶"。《说文》:"▦,珍也。从宀从玉从贝,缶声。"小篆与金文同。

"裘"甲骨文作▦,象裘衣。金文作▦五祀卫鼎、▦卫簋,增声符"又"或"求",小篆作▦,从衣求声。

"晕"甲骨文作▦,象日旁光晕环绕,《说文》:"▦,日月气也。从日军声。"小篆加声符"军"。

"凤"甲骨文作▦,象凤形,后来出现增声符"凡"作▦。小篆作🐦，从鸟凡声。

"鸡"早期甲骨文作🐔，象鸡形，后来出现加声符"奚"作🐓者。《说文》："鷄，知时畜也。从隹奚声。𪅏，籀文鸡从鸟。"小篆也有声符"奚"。汉字简化时"奚"被简为"又"。

二 更换部件反映的理据信息的变迁

1. 更换部件以更直观地提示意义信息

（1）为更直观地反映客观事物而更换部件

"辒辌"其实为温凉车，本指可安卧的车，为反映其为车，改"温凉"为"辒辌"。因后来用以载丧，遂成为丧车的代称。

"峨嵋山"本为"蛾眉山"，"蛾眉"指象蚕蛾触须一般细长弯曲的眉毛，因以代美丽的女子，后用来形容月亮、远山。成为山名后，为突出其山的特性，有俗书"眉"为"嵋"者，"蛾"改作"峨"。

（2）为分化引申义而更换部件

"振""赈"。《说文》："振，举救也。从手辰声。"段玉裁注："诸史籍所云振给、振贷是其义也。凡振济当作此字。俗作赈，非也。"振济往往在钱物上提供帮助，故俗字改"手"为"贝"。其实典籍亦有借"赈"作"振"者，如《汉书·文帝本纪》："夏，大旱蝗……诏发仓庾，以赈民。"因《说文》有："赈，富也。从贝辰声。"故段玉裁曰俗作非也。但实际上可视为两同形字，救济义的"赈"由"振"改换偏旁而来，与已有的表富裕义的"赈"形体偶合。现代基本不用富裕义，仅古籍中存有一些用例，故未造成用字上的混乱。

"赴""讣"。《说文》："赴，趋也。从走，仆省声。"段玉裁注："古文讣告字只作赴者，取急疾之意。今文从言，急疾意转隐矣。"典籍无"讣"，后来俗作为突出其消息义，改"赴"之部件"走"为"言"。《玉篇》："赴，告也。或作讣。"即先有"赴"，后有"讣"。

（3）客观物质改变而更换部件

"罍"金文作 ▨ 邾伯罍、▨ 且甲罍、▨ 圅皇父盘，或从缶或从皿或从金，《说文》："▨，龟目酒尊，刻木作云雷象，象施不穷也。从木畾声。"金文、小篆之所以出现从缶从金从木作的字形，原因就在于制造罍的材料不同，为精确表义故在形符上进行了调整。

"盘"甲骨文作 ▨，从口。金文作 ▨ 虢季子白盘、▨ 伯侯父盘，或从皿或从金，《说文》："▨，承槃也。从木般声。"有从金从木不同的写法，是因为想准确反映盘的材质。

宋代的《集韵》里收录了"碗"的五种异体："䀝，或作埦䀣。"又"埦，与䀝䀣椀同"。它们的偏旁分别提示了材质分别是金属的、土的、由土烧制而成的、木的、石的。

2. 更换部件以更准确地提示读音信息

（1）更换部件将非形声字改造为形声字

文字发展中，形声化是比较常见的现象，有不少非形声字被改造成形声字。

"沉"甲骨文作 ▨、▨，从水从牛或羊，以沉牛或羊于水中会意。金文作 ▨ 沈子它簋，小篆作 ▨，从水冘声，牛或羊换作了声符"冘"。

"沬"甲骨文作 ▨，金文作 ▨ 殷毃盘，从水从页从皿，以人就皿洗面会意。《说文》："▨，洒面也。从水未声。▨，古文沬从页。"小篆"▨"仅保留了"水"，其余部件则被更换为声符"未"。

"闢"金文作 ▨ 孟鼎，从 ▨ 从门，以手开门会意，《说文》："闢，开也。从门辟声。闢，从门从𠬞。"开门的双手在小篆"闢"中被替换为声符"辟"。

"闻"甲骨文作 ▨，于省吾先生云："本象人之跪坐，以手掩面，倾耳以听外警。可以想见古人造字之妙。上特著其耳，亦犹见之从横目，罕之从立目，臭之从自矣。"① 金文作🐚孟鼎、🐚利簋，"分耳，伸足，缩手，加重口液置首上"②，字形变化较大。小篆作聞，从耳门声，改作形声字。

"宾"甲骨文作🐚、🐚、🐚、🐚，从宀从人或增从止，以人至宀内会宾客之意。金文作🐚保卣、🐚大簋，易"止"从"贝"，王国维以为："古者宾客至，必有物以赠之，其赠之之事谓之宾，故其字从贝。其义即《礼经》之傧字也。"③ 新形系在礼仪制度完备的背景下新改造而成。小篆作賓，从贝宷声，又将构件"宀""人"改造成声符"宷"。简化字形"宾"更是直接将宀下比较繁复的部分换成了声符"兵"。

"烝"金文作🐚段簋，从米从豆，冬祭曰烝，指向祖先神灵进献初稻。《说文》："🐚，火气上行也。从火丞声。"小篆改造为形声字。

"亦""腋"。"亦"甲骨文作🐚，金文作🐚兮甲盘，《说文》："夾，人之臂亦也。从大，象两亦之形。"徐锴曰："人之腋也，)(其处也。"其本义为腋。段注："臂与身有重叠之意。故引申为重累之词。"典籍多用为虚词，遂另造从肉的"腋"以表其本义，声符也改作"夜"。

（2）语音演变后，更换更准确的记音符号

语音演变之后，声符不能准确提示读音，更换部件以更准确的提示声音信息。

"耻"本从心耳声，汉代语音演变后的"耳"已不能准确记音，因部件"心"隶书中写法近于"止"，有人误以为"止"为声

---

① 于省吾：《释聑·双剑誃殷契骈枝续编》，中华书局，2009。
② 董作宾：《殷历谱》下编卷三，巴蜀书社，2010。
③ 王国维：《与林浩卿博士论洛诰书》，《观堂集林》，中华书局，1959，第43~44页。

符,"耻"遂误作"耻"。

"邮""窜"本为会意字,简化时改作形声字"邮""窜"。

"肤"本作"膚"。《说文》:"膚,皮也。从肉盧声。"语音演变后声符"盧"已不能准确表音,遂改声符为"夫"。

"桩"本作"橁"。《说文》:"橁,橛杙也。从木春声。"语音演变后"春"已不能准确表音,遂改声符为"庄"。

"钟"本作"鍾"或"鐘"。"鐘"金文作 [秦公鎛]、[兮仲钟],"鍾"金文作 [郘公鏗钟],因音相近,金文里两字常通用。《说文》:"鐘,乐钟也。从金童声。""鍾,酒器也。从金重声。""鍾""鐘"其实为两种不同的器物。语音演变后,"童""重"均不能准确表音,简化时改声符为"中"。

"护"本作"護"。《说文》:"護,擎攫也。一曰布攫也,一曰握也。从手蒦声。"语音演变后,"蒦"已不能准确表音,遂改作"户"。

理据信息对字形是有一定的制约作用的,如:"圃"金文有作 [召卣]、[解子鼎],不合理据,后世不传。"恒"甲骨文作 [图],金文作 [图][恒簋],均从月,小篆作 [图],误"月"为"舟",睡虎地秦简作 [图],马王堆汉帛书作 [图],均从月。说明书写者是清楚"恒"的理据的。另外,不少字形讹变的背后,其实也有理据因素的影响,如:"斯"之"艹"讹为"扌",因讹变后字形可析解为手持斤断草木。"耻"之"心"讹作"止"某种程度上也是因为"止"与"耻"的读音更为接近。

第五章

理据对字形演变的影响

第一节　汉字形体演变的主要情形

汉字的形体演变主要有七种情形。

1. 笔画粘连

"丑"甲骨文作🖐, 金文作🖐_{三年瘋壶}, 曲其手指以表用力也, 还可以跟"又"的形体相区别。"丑"为"扭"之初文。小篆作丑, 睡虎地秦简作🖐, 马王堆汉帛书作🖐, 原表曲指的部分连作一笔。居延汉简作丑, 衡方碑作丑, 与今形同。

在小篆隶变的过程中这类情形尤多。如:"申"小篆作申, 睡虎地秦简作申、申, 马王堆汉帛书作申、申, 居延汉简作申, 礼器碑作申, 本相分离的𠃑、𠃍, 渐相粘连。"寅"小篆作寅, 睡虎地秦简作寅, 马王堆汉帛书作寅, 衡方碑作寅, 𠃑、𠃍粘为一体。

2. 笔画离析

"厢"甲骨文作🖐、🖐, 金文作🖐_{滕侯昊戟},《说文》:"厢, 日在西方时。侧也。从日仄声。"段玉裁注:"日在西方则景侧也。"即字本以太阳在西方时人影倾侧会意。石刻篆文作"🖐", 疑小篆就是在此基础上形变而成的:"🖐"析为"𠆢""人","𠆢"变作"厂"。

3. 笔形变化

（1）为便于书写进行的笔形改变

就书写之便而产生的笔形变化比较常见，如"土"甲骨文作 👁，金文作 ⼟孟鼎、⼟毫鼎、⼟土匀錍，小篆作土，表示土块的部分先是写作肥笔，后简作点，既而变成短横。"立"甲骨文作 ⽴，金文作 ⽴克鼎，《说文》："⽴，住也。从大，立一之上。"睡虎地秦简作 ⽴，马王堆汉帛书作 立，礼器碑作 立，象人形的"大"变化很大。

（2）为美化字形进行的笔形改变

小篆中相同的写法，隶书、楷书因所处位置不同，为与其他部件协调而出现了不同的变体。如："心"在作构件时主要有心、忄、㣺三个写法，小篆中其实本来相同，"志""恒""恭"小篆作 ⾩、⾩、⾩，部件"心"虽然所处位置不同，但写法一致，汉隶作 志曹全碑、恒衡方碑、恭肥致碑，隶变时协调美观的考虑使其在与不同构件组合时被写成了三个形体。"火"作部件时有火、灬、小、⺌等写法。"炙"小篆作 炙，部件"火"至今完整。"熹"甲骨文作 ⾩、⾩，小篆作 熹，汉隶作 熹华山神庙碑、熹桐柏庙碑，"尉""寮"小篆作 ⾩、⾩，处于下部的部件"火"今均变作"小"。"光"小篆作 光，马王堆汉帛书作 光，礼器碑作 光，"火"写作了"⺌"。"赤"小篆作 赤，马王堆帛书作 赤，史晨碑作 赤，"火"渐成"⺌"。

（3）为区别形近字进行的笔形改变

有些字书写形式过于接近，为相区别，会有意变化某些笔形以增加区分度。如："七"甲骨文作 ✛，金文作 ✛伊簋，"甲"甲骨文作 ✛、⊞，金文作 ✛休盘、⊞甲鼎，为与"七"相别，⊞形被保留下来，而⊞又易与"田"相混，遂引长其中竖而成"甲"。"十"甲骨文作 ｜，金文作 ｜守簋、｜申鼎，中竖上先加点进而演变作横，遂与"七"的甲骨文、金文相混，为相区别，小篆曲"七"之中竖而成 ✚。

第五章 理据对字形演变的影响

（4）为区别意义进行的笔形改变

有些笔形变化与文字孳乳、字义引申有关，属于同字分化。如"气"甲骨文作三，金文作⺈洹子孟姜壶、⺈洹子孟姜壶，象水气流动形，甲骨文将中画写的稍短，金文曲其首笔或末笔，以与"三"相区别。卜辞中"气"的含义有三：气求、迄至、终止。《博雅》："气，求也。一曰取也。或省文作乞。"明代徐官的《古今印史》说："气、乞本同一字也。后世隶楷以二字易混，乃省一笔以别之。"即"乞"系在"气"的基础上省一横画而成。

4. 笔画规整

形体比较接近的部件，在笔画规整时差异会不断缩小，书写者多有误合数字为一形的情况。如："青"小篆作青，本从丹，"背"小篆作背，本从肉，"前"小篆作前，本从舟。它们的隶书分别为青孔彪碑、背衡方碑、前衡方碑，它们之间的差异逐渐被湮没。

5. 增加部件

（1）加声符

"曐"甲骨文作晶、品，象闪耀的星星，甲骨文已有⺈、⺈，加注声符"生"。金文作⺈麓伯星父簋，小篆作曐，均有声符"生"。原形"晶"则表光辉义。

"風"甲骨文作⺈，假"凤"为之。后多作"⺈"，增声符"凡"，"凡"即"凡"。《说文》："風，从虫凡声。"

（2）加义符

"云"甲骨文作⺈，象回转的云气。先秦货币文已有增雨作雲者，即"雲"。"云"则借为表言说之义。

（3）加区别符

"月""夕"甲骨文字形相同，后于⺈中加点表"夕"以相区别。因"月"较"夕"常用，金文喜繁复为文以求典雅，常以⺈为"月"，于是二字形体互换。

表数字概念的"百"造字比较困难，遂于"❍（白）"的基础上加一曲画成❍。后来为增加区分度以"一百"的合文"❍"作"百"。类似的现象还发生在"千""万"身上，"千"本来是假借"人"来表示的，甲骨文、金文里多以"人"上加一横的⺅为"千"，⺅实际上是"一千"的合文。"萬"甲骨文作⾠，本象蝎子形，假借作数字"万"时，常于蝎子的尾钩上加一横作⾠，实际上是以"一万"作"万"。客观上，所加的这一横可以将借字与本字区别开来，所以就稳定为字形的一部分了。

（4）加饰笔

甲骨文、金文中的饰笔多有笔画化而成为文字的一部分的情形。如："壬"甲骨文作工，本象绕丝之器，金文作工员尊、工兢簋，小篆作王，饰笔由点化作横，成为字形的一部分。

"帝"甲骨文多作帝，或加饰笔作帝，金文作帝禋狄钟、帝商尊、帝仲师父鼎、帝默簋、帝秦公簋，多加饰笔。小篆作帝，汉隶作帝华山神庙碑、帝桐柏庙碑、帝史晨碑，王羲之作帝，饰笔成为字形一部分。

有的饰笔本身相对独立，演变中成为独立的部件。如"商"甲骨文作商、商、商、商，多无"口"，"口"为附加符，无实际意义，金文作商殷甗、商何尊、商商丘弔匡，小篆作商，"口"成为字形的一部分。"周"甲骨文作周、周、周，无"口"，金文作周德方鼎、周井侯簋、周克钟，多增"口"。

6. 删减部件

（1）删减重复部件

"靁"甲骨文作雷、雷、雷、雷，金文作雷对罍、雷洹子孟姜壶、雷泊罍、雷陵方罍，小篆作靁，构件中有多个"田"。马王堆汉帛书作雷、雷，已见仅写一"田"的"雷"。

"韋"甲骨文作韋、韋，金文作韋盉爵、韋黄韋俞父盘，以众止环绕城邑会围之意，小篆作韋，仅留两止。

356

"集"甲骨文作🐦，木上仅一"隹"。金文作🐦父癸爵、🐦小集母乙觯，开始出现多个"隹"。《说文》："🐦，群鸟在木上也。从雥从木。㠭，雧或省。"睡虎地秦简作🐦，均从三"隹"。汉隶作集华山神庙碑、集肥致碑，仅写一"隹"。

（2）删减细节部件

"门"甲骨文作門，金文作門寰盘，小篆作門，汉隶作門史晨碑、門衡方碑、門西狭颂，王羲之作门，王献之作门。

7．更换部件

"望"甲骨文作🧍、🧍、🧍，以人登高望远会意。金文作🧍保卣、🧍臣辰盉、🧍望簋、🧍无叀鼎，可以发现，金文中已有改部件"臣"为"亡"者。

（1）实物改变

《说文》："盌，小盂也。从皿夗声。"又"瓯，小盂也。从瓦夗声。"疑本一字，从皿重在强调功用，从瓦重在强调材质。《广韵》："椀，与盌同。"《集韵》："埦，邬管切，音宛。与盌瓯椀同。"今一般写为"碗"。因材质不同，"盌"出现了"瓯""埦""椀""碗"等多个异体。

《正字通》："《说文》酒器字本作尊。后加缶，加木，加瓦，加土者，随俗所见也。"即因材质不同，"尊"产生了罇、樽、甑、塼等多个写法。

（2）视角改变

"囿"甲骨文作🏞️，金文作🏞️秦公簋，《说文》："🏞️，苑有垣也。从囗有声。一曰禽兽曰囿。🏞️，籀文囿。"甲骨文从"屮"，示其环境，金文变从"有"除有提示字音的作用外，也表示此为狩猎场所，可以获取动物以为肉食。

"盘"甲骨文作🥘、🥘，🥘象盘形，🥘从🥘般声，金文作🥘虢季子白盘，从皿般声，均注意表现其功用。《说文》："槃，承槃也。从木般声。

357

鋡，古文从金。鑑，籀文从皿。"鏨、鋡着重表现的是其材质。

（3）文化心理与认识方面的影响

《说文》无"决"，有"決，行流也。从水从夬"。殆因决堤之水危害大，后人遂省写之。

《说文》："涼，薄也。从水京声。"引申而有寒冷义，而汉字中表寒冷的字多从"冫（仌）"，故俗书"涼"为"凉"。

第二节　理据对汉字演变的影响①

汉字的创制有很强的理据性，这些理据不仅或多或少地被传承了下来，而且影响着汉字的发展演变。理据在文字孳乳、字形演变中均发挥着深刻的影响，很大程度上维护了汉字系统的严密性。

在以甲骨文、金文为视角研读《说文解字》时会发现，不少形体许慎都"误析"了。究竟是误析，还是重构了理据？学者们对此类现象早有关注，如王立军提出："一方面，构形理据对形体变异发挥着重要的制约作用；另一方面，构形理据有时还会成为促使形体发生变异的动力。"②丁秀菊认为汉字的形体演变"不可避免地影响到汉字的构形理据，并使其产生某种程度的改变"③。齐元涛、符渝认为"面对理据缺失的字形，人们会采取一定的方式使理据重新获得"④，对汉字理据重构的一些情形进行了讨论。其实，如果从

---

① 本节曾以《理据对字形发展演变的影响》为题发表于《湖南工业大学学报》（社会科学版）2019年第3期。此略有修改。
② 王立军：《汉字形体变异与构形理据的相互影响》，《语言研究》2004年第3期。
③ 丁秀菊：《论汉字的构形理据及其演变》，《山东大学学报》（哲学社会科学版）2005年第3期。
④ 齐元涛，符渝：《汉字的理据缺失与重构》，《北京师范大学学报》（社会科学版）2006年第1期。

小篆的字形系统本身出发来看，许慎的很多分析并不是完全没有道理的。这是因为，在汉字的发展演变中，理据有着深刻的影响，是理据使得很多小篆字形重构了，或者说小篆重构了部分汉字的理据。我们试以《说文》中的从甲骨文、金文看来是误析字形，但从小篆看来形义相合的相关字例为基础，综合汉字演变其他阶段的类似情形，对这一现象进行研究，希望对前贤的研究有所补充，也借以进行一些个人的思考。

一 理据在文字孳乳中的影响

当一个字形承载上不同的意义时，往往会发生文字的孳乳，最常见的手段就是增加或更改有表义作用的构字部件，也有少数增加区别符号或表音部件的情形。

根据来源，字形所承载的新义产生的途径大致可以分为假借和引申，假借和引申均促进了汉字的孳乳。

1. 理据对假借字演变的影响

假借字只是在音的方面与所记录的语词有关，字形对借义一般是没有提示作用的。比较典型的有表方位的"东""南""西"等字。甲骨文、金文与小篆的"东""南""西"写法有很大的差异。

（1）東。★、★、★。★父乙尊、★东尊、★保卣。★。

甲骨文字形像一个两头开口的袋子，两头是绳子缠束的样子，中间隆起的部分表示袋子里装着东西，捆扎的绳子或相交叉，或相纵横。后来人们用"橐"来记"东"的本义，"东"这个字形就专表方位了。小篆"東"中间的部分笔画规整后与"日"的形体相似，于是汉代就有了"从日在木中"的说法，《说文》引用了这一说法。因为太阳从东方升起的时候刚好就是这个状态，这一说法就流行开来了。

（2）南。󰀀、󰀁、󰀂献钟、󰀃兮甲盘、󰀄南宫乎钟。󰀅。

甲骨文本来像钟镈一类的乐器，下为钟形发音体，上为悬饰。后来"南"这种乐器失传或易作它名，于是"南"这个字形就专表方位了。小篆变成由"宋""羊"两个部件组成的字形，汉代"羊"的音与"南"相近，而"宋宋"常被用来形容草木枝叶茂盛，这自然容易与适宜草木生长的南方产生相关联想。于是本为假借过来表示南方的"南"在小篆里被改造成了从宋羊声的形声结构。《说文》说"南"从宋羊声。

（3）西。󰀆、󰀇、󰀈、󰀉散盘、󰀊国差蟾、󰀋。

甲骨文、金文写法虽有一定的差异，但均象鸟巢形。小篆变化较大，《说文》："西，鸟在巢上。象形。日在西方而鸟栖，故因以为东西之西。"其实应该是会意，上象鸟，下象巢，以鸟在巢上会栖息之意。小篆与甲骨文、金文相比，最大的变化就是在鸟巢上增加了像鸟形的曲线，这样"日在西方而鸟栖"的理据就更加清晰了。

这类情形当然不仅存在于方位字中，在希望从字形上得到更多关于字义信息的心理的驱动下，假借最后大都促成了新字形的产生。

（4）采。󰀌、󰀍、󰀎趞卣、󰀏。

甲骨文、金文、篆文从字形上均可明显看出字形表现的是手部采摘的动作。《说文》："采，捋取也。从木从爪。"是也。但典籍里多借用作彩色之彩，如《尚书·益稷》："以五采彰施于五色，作服，汝明。"《礼记·月令》："命妇官染采。"《孟子·梁惠王上》："抑为采色不足视於目与？"《史记·项羽本纪》："吾令人望其气，皆为龙虎，成五采，此天子气也。"《玉篇》曰："采，色也。"又有"彩，文章也。""彩"可能是魏晋时期出现的，是在"采"的基础上增提示意义的"彡"而成。"彡"在汉字里多充当提示纹饰意义的部件，如形、彤、修、彫、辿、彰等均从之。

假借字本来只是因为声音与意欲记录的事物相近而充当记音符

号罢了，但在演变过程中，不断加入意义和声音的信息，使字形承载上了丰富的理据。除了针对假借字的借义进行的字形改造，还有因为假借之后字形的常用义为借义所专，而为原形增加表义部件来明晰字的本义的。

（5）免。🆎免篆。

金文"免"本从人从🆎，象人戴着冠冕，借作脱免字后，加冃成"冕"以表其本义，"冃"是头衣的意思，这样就可以更直观地提示字义了。《说文》无"免"但有"冕"，将之分析为"从冃免声"，仅将"免"视作声符，主要原因当在于已不清楚"免"的构形本义，因为典籍里用的大都是它的假借义。

此外，不少小篆字形仍然较好地保留着造字理据，《说文》里对它们的分析都是符合当初造字的意图的。

（6）莫。🆎、🆎、🆎散盘、🆎。

《说文》："莫，日且冥也。从日在茻中。"从甲骨文金文以及小篆字形可以很清楚地看出，字形是以日在草木之中会日暮之意的。徐锴《说文解字系传》说："今俗作暮。""暮"的出现应该是较晚的事。但是后来"莫"被借用来表示"没有谁"，进而又单纯表否定，相当于"不"，还有劝诫、揣测等用法，如莫要、莫非等，都是在假借作否定代词之后的不断引申发展，正因为这样，人们对"莫"的本义逐渐陌生，于是在"莫"的下面加"日"来凸显其时间义，虽有叠床架屋之嫌，但这是在"莫"的本义已经比较隐晦的背景下增加理据信息的字形调整。

还有如《说文解字》："然，烧也。从火肰声。"也就是说"然"其实是"燃"的本字。在"然"假借作语气词并成为"然"的主要用法之后，因为一般人都将"然"视作语气词，于是，人们又在字形上加"火"来表示燃烧义。徐铉曰："今俗别作燃。"说明"燃"的出现很早。

2. 理据对通假字的影响

假借是"本无其字,依声托事",但是,将两个毫无关联的意义由一个字形承担,终究让人觉得别扭,所以,当常用义相对稳定后,往往会对字形进行一定的调整,以从字形上区分两个不同的意义。通假是本有其字的假借,通假字与本字同时存在,但使用中却将本该用甲字的地方用了乙字,一般来说,既然有甲字存在,应该是没有必要再造新字形的,可是,当习用久了,人们甚至忘了甲字的存在,也会对乙字进行一定的改造以相区别。也就是说,通假也促使一些汉字字形进行了调整。

《说文》:"歬,不行而进谓之歬。从止在舟上。""歬"是一个会意字,本义是前进。《说文》:"前,齐断也。从刀歬声。""前"是一个形声字,从刀歬声,本义为剪断。但是,典籍里常借"前"来表示"歬"的意思,如《史记·项羽本纪》有"膝行而前",当大家都习惯了"前"的常用义为前进了之后,由前进引申出的方位或时间上居于前面等丰富的义项也均由"前"这一字形来承担,而"歬"却被弃用了。为了凸显剪刀义,后来,人们在"前"的下部又加了一把刀,于是就有了"剪",用"剪"来表示剪断的意思。王羲之作品中已见剪。

3. 理据对为分化引申义而进行的字形调整的影响

为满足记录语言的需要,文字的意义越来越丰富,很多字都引申出多个含义来,为了在字形上更准确、精细地反映某个意义,很多时候都会在字形上进行一定的调整。

(1) 增加理据以记录引申义

"境"本作"竟"。"竟"甲骨文作。《说文》:"竟,乐曲尽为竟。从音从人。""竟"本指乐曲的终结,泛化指一般事物的终结。《诗·大雅·瞻卬》:"谮始竟背。"郑玄笺:"犹终也。"指话语的终结。《史记·廉颇蔺相如列传》:"秦王竟酒,终不能加胜于赵。"

指的是酒宴的终结。此外，文献里还有指境域界限的，如《礼记》："入竟而问禁，入国而问俗，入门而问讳。"《庄子·齐物论》："忘年忘义，振于无竟，故寓诸无竟。"《左传·宣公二年》："子为正卿，亡不越竟，反不讨贼，非子而谁？"指的是边境、国境、境界。后来，为突出疆域义，俗体字里加上了部件土就成了"境"，据清代郑珍的考证，"境"始见于汉代碑刻①。《说文解字·新附字》有："境，疆也。从土竟声。经典通用竟。"新附字是宋代徐铉校定时加上去的，虽未言及"竟""境"的孳乳关系，但明确指出"经典通用竟"。也就是说，"境"是为分化"竟"的"竟界"义增加义符"土"而成。

"腑"本作"府"，郑玄说："府，谓宝藏货贿之处也。""府"本指储藏文书、财货的仓库。"五臟六腑"本作"五藏六府"，班固《白虎通》有："五藏者何？谓肝、心、肺、肾、脾也。""六府者何谓也？谓大肠、小肠、胃、膀胱、三焦、胆也。"古人认为，人的五种情志分别藏在不同的器官里，《素问》说："心藏神，肺藏魄，肝藏魂，脾藏意，肾藏志。"也就是说"五藏"储藏着人的精气神。五藏都是藏于体内的器官，所以叫内藏，因为是器官，增加义符肉就成了"臟"，汉字简化时将声符换作了"庄"，就成了"脏"。"六府"的共性是都起着容器的作用，唐代的贾公彦说："以其受盛，故谓之为府。"这也是人们称之为"府"的主要原因，因为是器官，增加表义部件"肉"就成了"腑"。

还有如"饲"本作"食"。"食"甲骨文作䉒、䉒、䉒，金文作䉒仲义㠱簋，既指自己进食，也指供人食物。犹"饮"既指自饮，也用作让他人或动物饮。为与自饮自食相区别，往往变读第四声，改变了读音以明确字义。后来，为准确地提示变读后的字音，在"食"

---

① ［清］郑珍：《说文新附考》，上海商务印书馆，1936年。

这个字形上增加声符"司"就成了"飼"。

（2）增加理据以分化本义

"帽"本作"冒"，金文写作🅰九年卫鼎，小篆作🅱，基本承袭了金文的写法。《汉书·隽不疑传》："衣黄襜褕，著黄冒。""著黄冒"是戴着黄色的帽子的意思，用的就是"帽"的本字。《说文》："冒，冢而前也。从冃从目。"释义为其引申义，帽子是蒙覆在头上的，所以很早就产生了引申义蒙盖。《诗·邶风·日月》："日居月诸，下土是冒。"是日月的光辉覆盖大地的意思，把光辉普照叫作"冒"。因为引申义使用得十分普遍，造字理据渐隐，人们就给"冒"增加了形符"巾"用以记其本义。宋初的徐铉校定《说文解字》时说："冒，今作帽，帽名。"《玉篇》："帽，头帽也。"《广韵》："帽，头帽。"对"帽"的注解义项都仅一个。

"复"甲骨文作🅰，用象倒止形的"夊"跟象居住地的🅱会返回之意①。与脚部动作有关的字，金文里多增部件彳或辵，如，"进"甲骨文作🅰，金文增彳作🅱兮甲盘；"追"甲骨文作🅰，金文增"彳"写作🅱追簋；"逐"甲骨文作🅰、🅱、🅰、🅱，或从豕、或从鹿、或从兔、或从犬，以人追某种动物会追逐之意，金文作🅰逐簋、🅱逐鼎，或从豕、或从犬，但均增加了表示道路的部件"彳"。"复"的金文有增加部件彳或辵的写法，写作🅰小臣簋、🅱散氏盘。《说文解字》将"复"与"復"分立为两个字头，"复，行故道也。""復，往来也。"意义差异不大，其实是同一个字。《玉篇·夊部》说："复，今作復。""复"引申有重复的意味，作部件使用可表示多次、多层，《说文》："複，重衣貌。"《释名·释衣服》："有里曰複，无里曰襌。""複"指有里的衣服，也就是双层的夹衣。这样，从"彳"的"復"就跟行走有关，而从"衤"的"複"就跟衣物有关。

---

① 徐中舒主编《甲骨文字典》，四川辞书出版社，2006，第621页。

第五章 理据对字形演变的影响

如果从理据上分析,为分化本义而增加义符往往有叠床架屋之嫌,但因为本字的常用义已与本义相去较远,增加表义符号以重新明晰意义提示未尝不是一种理据的补足。

4. 调整字形以增加实物信息理据

随着生产力的进步,人们使用的物品越来越精致、丰富,材质发生了改变,记录它们的字形往往会有反映和调整。

"监"的甲骨文作 ,金文作 应监甗、 颂鼎、 邓孟壶,是一个人低头在器皿的水中察看自己的写照。初名动二义同形,都写作"监",青铜镜产生后,遂有增表器物材质的"金"作"鑑",以记录名词义,进而出现异体"鑒",部件"金"与"监"变左右结构为上下结构时"皿"被写作了"皿"。《玉篇》有"甖,大盆也。"则为瓦质盛水器,与"鑒"的材质不同。"镜"为后起形声字,是改"鑑"的部件"监"为声符"竟"而成。

记录器物名的汉字有很多异体,反映了它们在历史上的不同制作材质。《正字通》:"《说文》酒器字本作尊。后加缶,加木,加瓦,加土者,随俗所见也。"是说因为材质的不同,"尊"产生了罇、樽、甑、墫等多个写法。"碗"在历史上也有 等埦椀等不同的异体。

5. 理据对词汇用字的影响

"蚂蚁"原作"马蚁","蝴蝶"本作"胡蝶",关于"马"与"胡"的意义有不同的看法,可参阅董为光[1]、黄树先[2]先生的相关论文,因未有一致意见,暂不追溯它们的本义,但有一点是明确的,就是后来人们给"马"与"胡"都加上了虫旁,个中原因恐怕主要是它们都是昆虫。

"狮子"本作"师子"。"师"记的是梵语音,早期佛经里常见写作"师子",《汉书》《后汉书》也均不从"犬",因其是动物,

---

[1] 董为光:《"语素替换确定法"献疑》,《语言研究》1994年第1期。
[2] 黄树先:《"蝴蝶"释名》,见《汉藏语论集》,华中科技大学出版社,2007。

为凸显这一信息,后来在字形上进行了调整,加"犭"成"狮",遂与狗、猫、猴等在字形上体现出一致性。

"椅子"本来写作"倚子",因为它是有靠背可供人倚靠的坐具。"桌子"本来是"卓子","卓"是高的意思,卓子就是说这种家具最明显的特征是比较高。宋代仍有写作"卓倚"者,如赵与时《宾退录》有:"京遣人廉得有黄罗大帐,金龙朱红倚卓,金龙香炉。"宋黄朝英《靖康缃素杂记·倚卓》说:"今人用倚卓字,多从木旁。"可见,宋代人们开始对"卓倚"进行了改造,因为它们多是木质的,就改"卓"字下边的部件为"木"①,改"倚"字左边的部件为"木",于是就有了"桌""椅"。

"筷子"的由来更为曲折,秦汉以来,直到宋、元、明、清筷子通行的叫法都是"箸"。明代陆容的《菽园杂记》说:"民间俗讳,各处有之,而吴中为甚。如舟行讳'住'、讳'翻',以'箸'为'快儿'。"同为明代的李豫亨在《推蓬寤语》中也有类似的说法:"世有讳恶字而呼为美字者,如立箸讳滞,呼为快子。今因流传已久,至有士大夫间亦呼箸为快子者,忘其始也。"清代赵翼在《陔馀丛考·呼箸为快》里说:"俗呼箸为快子。"不难发现,"快子"的"快"本来取意于快慢的快,但是因为它多是竹制的,后来人们就增竹字头而成"筷"了。

"脚跟"其实与耳根、舌根是一类的,但因其在现实生活中关注度高,也更换表义部件"木"为"𧾷"而造出了新字形。

二 理据对字形演变的影响

不少汉字在演变过程中,意义相对来说较为稳定,主要变化在

---

① 最初也有将"卓"增木旁写作"棹"的,明代的《正字通·木部》仍有:"棹,椅棹。"但因为与用作船桨的"棹"偶合了,为免混淆,就改造了"卓"字下边的部件。

于字形笔画的调整与改变,这些调整与改变很多都跟理据有重要的关系。

1. 理据导致的字形繁化

"舞"的甲骨文作 ![], 以人手持牛尾一类的舞具会意。金文在象人形的"大"下增加了两只脚写作 ![]匽侯舞易器。这样更符合跳舞时手舞足蹈的状态。

"佐"本作"左"。表方位左的字本作"ナ",甲骨文写作 ![],象左手之形。一般情况下,甲骨文里正书反书往往是没有区别的。这样就难以与"ㄟ(又)"相区别了。西周早期人们借在 ![] 下增加了言或口、本义为佐助的 ![]矢方彝、![]班簋 来表示方位左。西周中期以后,主流写法逐渐稳定为从工,之所以稳定为从工,是因为"工"象工具形,而工具是用来辅助手的,"左"以手持工具会意,佐助、辅佐的意思就十分显豁了。《说文》:"左,手相左助也。从ナ、工。"但是文献里"左"常用来表示左手和方位,这样,五代时期就出现了增部件"亻"的俗体字形"佐"以分担辅佐义。

"佑"本作"右"。表方位的右本作"又",甲骨文作 ![],象右手之形。因为甲骨文正书反书往往无别,为与方位左在字形上有所区别,金文里借用了佑助的 ![]颂鼎。《说文》:"右,助也。从口从又。"后来,增部件"亻"而成"佑"来表示佑助义。

当文字发展到一定阶段,随着符号化观念的增强,人们希望字形上能够提供一些字音线索,这种需求使得汉字形声化趋势明显。早在金文里就有不少汉字在原有字形基础上增加字音信息或改造部件来提示字音。如"齿"和"望"。

"齿"甲骨文作 ![],象口齿之形,金文作 ![]中山王䁐壶,增加了提示字音的部件"止"。

"望"甲骨文作 ![],以人登高望远会意。西周早期的臣辰盉作 ![],增加部件"月",以人登高望月会意。西周中期的走马休盘作 ![],

367

改部件"目"为"亡"以提示字音。隶变又将人在土上的"壬"写作了"王",一个字形里出现了两个提示字音的部件。

2. 理据累增引起的字形变化

(1) 理据累增引起的字形简化

"往"甲骨文作⿱,从止王声。金文增"彳"写作⿰吴王光鉴,汉字里从"彳"的字多有行走义,这样,原本表脚部动作的部件"止"的功用被分担了一些。为求协调美观,"往"的书写笔画变形了,小篆成了"⿰",部件"止"变化颇大,《说文》:"往,之也,从彳,㞷声。"释义"之也"其实仍一定程度上反映了字形的理据,然而字形分析却以"㞷"为声符了,未有追溯其中包含的部件"㞷"所蕴含的意义。因为有"彳"来提示字义,"㞷"的职能弱化,为其进一步变形提供了可能。"往"的隶书作⿰衡方碑、⿰曹全碑,"㞷"被简省为一横,后来又演化为斜点。

(2) 理据累增引起的字形类化

汉字初形一般都有较强的理据性,发展演变中,因为相关理据信息的累增,使其原有的个性理据职能相对弱化,没有必要在字形里精细地予以呈现,这样,往往会出现与相关类属字形同类化的倾向。如"裘"和"鳳"。

"裘"甲骨文作⿰,象裘衣之形。西周中期金文出现增声符"又"的写法,如⿰次尊、⿰次卣,变作形声结构后,义符只需提供类属信息即可,因为裘衣是衣服,裘衣外的兽毛被省去,就成了从衣又声的⿰卫簋或从衣求声的⿰五祀卫鼎,从衣求声的这一形体因表音更为准确就沿用了下来。

"鳳"甲骨文作⿰、⿰。前一个字形像一只头部有冠饰、羽翼丰满的鸟。后一字形增加上声符"凡"。金文作⿰中方鼎,沿袭的是有声符的写法。小篆作⿰,从鸟凡声。因为有提示字音的声符"凡",而凤又是鸟类,所以简省了原来凤的诸多细节。

（3）增加声音理据引起的字形变化

"次"甲骨文作🦴，象人的口液外流的样子，本是一个会意字，《说文》："次，慕欲口液也。从欠从水。"东汉碑文俗体字改部件"欠"为声符"延"，《玉篇·次部》："次，亦作涎。"

"羴"甲骨文作🦴、🦴、🦴，以多只羊会羊的气味意。《说文》："羴，羊臭也。从三羊。羶，羴或从亶。""羴"的异体"羶"是对字形进行调整后增加声符"亶"而成。

三 理据对汉字系统的维护

1. 书写变形后，增加理据信息

"蓑"金文作🦴_{蓑鼎}，象用蓑草或棕毛编织而成的蓑衣，🦴象衣领，🦴为蓑草或棕毛。小篆作🦴，字形的底下增加了象襟袖之形的衣的下半部分，这样雨衣的意义就更为明晰了。后来，象蓑草或棕毛的部件🦴隶变为🦴，从字形上难以看出它是蓑衣了，于是又出现了增加义符"艹"或"竹"的字形。

2. 理据对异体字字用分工的影响

历史上有一些异体字字用分工后各司一类意义。

"常"与"裳"本是一对异体字。《说文》："常，下帬也。从巾尚声。裳，常或从衣。""巾""衣"作部件使用时常常通用，如《说文》："帬，下裳也。从巾君声。裠，帬或从衣。"因为裳是衣裳，从衣的"裳"被更多地使用，沿用了下来。还有"卷帙浩繁"的"帙"本义是书衣的意思，也作"袟"；表示头衣的"帽"也作"褐"。与"帬""帙""帽"不同的是，"常"与"裳"后来各司一类意义，分化成了两个字。"常"本是围在下半身作遮挡的一大块布。围在身上的一大块布是"常"，挂在旗杆上的一大块布也是"常"，旗帜有象征意义，人们希望它永远不倒，于是"常"又引

369

申出恒久、经常等义项来。① 这样，就以"常"为旗帜及其相关引申义的字形，而以"裳"为衣裳之"裳"了。《诗·邶风》："绿衣黄裳。"《楚辞·离骚》："制芰荷以为衣兮，集芙蓉以为裳。"均用的是"裳"，是下衣的意思。《周礼·春官》："司常掌九旗之物名，日月为常。"《释名》："日月为常。谓画日月于其端，天子所建，言常明也。""常"指的是旌旗。

"鸦"与"雅"本为一对异体字。《说文》："雅，楚乌也。一名鸒，一名卑居。秦谓之雅。从隹牙声。"古文字里隹鸟常通用，如《说文》："雞，知时畜也。从隹奚声。鷄，籀文雞从鸟。"又"雕，鷻也。从隹周声。鵰，籀文雕从鸟。""雞""雕"均有从隹和从鸟两种写法。其实，"雅""鸦"本来也是异体关系，《集韵》："雅，亦作鸦鵶。"但"雅"很早就被假借作正确、规范等意思了，如《毛诗序》说："雅者，正也，言王政之所由废兴也。"是说雅讲的是治国理政的道理，政事有大小，所以《诗经》有"大雅""小雅"，儒家的经典之学在当年被称为雅学也是这个道理。"雅"由正确引申而有美好、高尚的含义，如高雅、典雅、文雅等。为免混淆，人们就用从鸟的"鸦"来表示乌鸦的意思了。这样，本为异体关系的"雅""鸦"就各司其职，分化为两个字了。

3. 理据一定程度上保证了字形发展的方向

在正字法观念不十分严格的年代，不少书写者对字形时常有一些加工改造，但是，这些对造字理据破坏较为严重的写法最终没有沿用下来。

"明"甲骨文作◐、◐、⨀，金文作◑克鼎、◑弔向簋、☽厲羌钟，以日与月或日与窗会意。《说文》："朙，照也。从月从囧。明，古文朙从日。"收有从日和从囧两种字形，"囧"其实是由窗形变来。甲骨文、

---

① 详第一章第五节《服饰相关字溯源》。

金文、篆文的理据一直都是十分清晰的。隶书有 **明**郭有道碑、**明**白石君碑、**明**曹全碑的写法，从目从月，与其历史理据不合，这一写法后世不传。

"競"甲骨文作 **羽**、**羽**，以两人齐头并进会竞争之意，金文里有 **競**或篆的写法，汉隶中有 **競**池阳令张君残碑的写法，但这些写法均没有被采用作正体。

"攸"甲骨文作 **攸**、**攸**，从攴从人。金文作 **攸**师西簋、**攸**弭伯簋，小篆与之相近，《说文》："攸，行水也。从攴，从人，水省。"重构了理据。隶书中有写作 **攸**景君碑、**攸**衡方碑、**攸**张君碑者，改部件"彳"为"氵"，与甲骨文、金文、篆文均不同，但这一写法没有被采用为正体。

还有"土"有被写作 **土**皇象、**土**索靖、**土**王羲之、**社**（社）史晨碑、**社**（社）张迁碑、**坪**（坪）曹全碑的情形，与甲骨文、金文、篆文字形不同，最终也均未被采用。

结　语

汉字演变与理据信息间相互有深刻的影响。一方面，汉字是理据信息的载体，理据信息赖汉字得以保存，汉字的演变直接影响理据信息的传承。另一方面，理据信息对汉字的创制、演变又产生一定的影响。主要表现有以下四点。

（1）造新字时考虑意义方面的信息提示。化学家给新元素命名时，往往有意识地在字形上进行信息的提示，属于气体的就加气字头，如氧、氮，属于金属的就加金字旁，如铀、锑，属于矿石类的就加石字旁，如砷、硫。

（2）为添加意义信息调整字形。"支解"一词不仅使用历史悠久（《战国策·秦策三》就有"功已成矣，卒支解"），而且字形简单,但在字形上表示的意义不够明晰,遂被"肢解"代替,从历史文献看,其中的"支"表示的也均是"肢体"义。"枝""肢"是"支"的分化字。类似的主动补足的还有"结婚"的"婚",《诗·邶风》有"宴尔新昏",《礼记·昏义》"昏礼者,将以合二姓之好",均不写作现在的"婚"。其实这是因为"婚"本作"昏",《仪礼·士昏礼注》:"士娶妻之礼,以昏为期,因而名焉。"后世风俗移易,不一定都清楚这一礼仪,为明确字义,遂加"女"为之。狮子为外国物种,佛经里常见写作"师子","师"记的是梵语音,因其是动物,为更好地承载文化信息,后来在字形上进行了调整,加"犭"成"狮",遂与猫、狗、猴等在字形上体现出一致性。

(3)有些字形的调整与社会生活的变化有一定的关系。如古人把账目记于布帛上,以利保存和查看,故日用的账目也叫"帐"。但很早人们就不再用布帛作书写的载体了,"帐簿"丧失了赖以存在的物质基础。宋、元以来,民间已倾向于用"账"表示与钱财出入有关的意思。

(4)有些词形的变化与字音有一定的关系,是同音更换的理据重构。"倒楣"本是明后期有参加科举考试的家庭在门前竖的旗杆,当年称之为"楣",如若考生考中则是所谓"光耀门楣"也,而如果不幸未中,则放倒撤去,谓之"倒楣"。随着时代的发展,这些信息早已不为人知,后世不明理据,于是写作音同但从字形可以产生坏的联想的"倒霉"了。

汉字虽然在书写笔形上有较大的变化,但变化后组字部件有较规整的对应性,使得其理据信息在某种程度上较好地传承了下来。有些虽有多个变体,但与其所处位置有关,对应规整,不难进行理据分析。正是这种可追溯性,使得线条化、符号化后的汉字仍然顽强地保留着理据信息。隶书开始文字简省得比较厉害,往往著其轮廓，这使得一些本不相同的字形混同，也使得一些本来相同的字形出现多个变体，特别是充当部件时，为整体协调美观，所处位置不同，笔画不尽相同。如"腐""隋""能""筋""胡""䏌""船""服""前"小篆分别为𦢊、隋、𦝼、筋、胡、䏌、船、服、𦝿，"腐""隋""能""筋""胡"均从肉，但现行汉字中有肉、月、月三个写法，"船""服""前"均从舟，而现行汉字里也是三个写法，"月"可能是肉，也可能是舟，而"月"可能是月，也可能是肉，还可能是舟。这类情形必然使得汉字的理据信息湮没，换个角度看也就是汉字符号性特征加强了，但无法否认的是，这其中有一部分理据保持得还比较完整，如"腐""䏌""船"。

　　文字是记录语言的符号，虽然符号具有抽象性，但文字在记录语言之初，往往取象于一些具体的物象，这就使得它具有较强的理据性。理据信息随着文字的发展有很大的调整与变化，需要具备一定的文字学知识才能比较正确地解读，特别是有些文字已经彻底地符号化了，无法由字形解析其理据信息。加之构件间的关系存在多种可能性，为一些文字爱好者趣解或歪解汉字提供了空间，造成一种无须专业知识就可以析解文字的假象。不少汉字的甲骨文、金文字形正反顺逆不拘，哪怕是作部件使用时书写形式也比较随意。但在汉字定形过程中，为更准确地记录相关理据信息，来源相同的部件为更精细的表意，往往会出现多个变体，如止、攵、牛、𠬶等。当然，有的变化是出于字形整体架构协调美观的考虑，如步中的"少"、走中的"止"等。有些变体已完全看不出相关理据信息或与其他形体混同而导致对字之形义的误解，如《说文》误以"芈（芇）"从干下屮、误以"先（先）"从儿从之、误以"屮（出）"象艸木益滋等。具备一定的有关文字的历史知识，比较准确地梳理形义变迁的线索，有助于准确释读历史典籍，提高字词的理解与运用能力。

语言产生之初是约定俗成的，但在原初的一些基本词产生之后新词新义的衍生往往有较强的理据性。表意特征明显的汉字，在发展演变的过程中，理据对字形的影响是十分深远的。人们在用字时，总是希望能从字形上或多或少地找到一些意义或声音的直接线索，这种心理使得汉字在发展过程中，形声化的趋势明显。一些字被改造成了形声结构，造新字的时候更是优先考虑形声造字法。

从汉字历时发展的实际情况来看，很大一部分字形的调整与变化是有理据信息的补足的考量的。因为理据信息的补充是在已经变形了的字形基础上进行的改变，所以不可避免的有些变化是不太符合文字初造字时的本义的。这就自然存在一种旧理据与新理据协调的问题。不过，因为大多数文字使用者不一定具备汉语史方面的系统知识，新理据必然会更容易被人接受。我们进行汉字的理据分析时必须严格区分造字理据与新生理据，不然，对汉字的科学性将是一个极大的伤害。

理据对汉字发展演变的诸多细节都有影响与制约，值得充分、系统地展开研究。这对于我们认识现行汉字以及进一步优化汉字都有较为深远的意义。

主要参考文献

[1] 曹先擢：《汉字文化漫笔》，语文出版社，1992。

[2] 陈立：《战国文字构形研究》，台湾大学博士学位论文，2004。

[3] 陈炜湛：《古文字趣谈》，上海古籍出版社，2005。

[4] 董琨：《古文字形体讹变对〈说文解字〉的影响》，《中国语文》1991年第3期。

[5] 段玉裁：《说文解字注》，上海古籍出版社，1988。

[6] 费锦昌：《海峡两岸现行汉字字形的比较分析》，《语言文字应用》1993年第1期。

[7] 冯寿忠：《汉字笔画的异质变形概观》，《语文通讯》2001年第68期。

[8] 冯玉涛：《古文字讹变问题研究回顾与再探》，《华侨大学学报》（哲学社会科学版）2015年第4期。

[9] 傅永和、李玲璞、向光忠：《汉字演变文化源流》，广东教育出版社，2012。

[10] 高家莺、范可育、费锦昌：《现代汉字学》，高等教育出版社，1993。

[11] 郭锦桴：《汉语与中国传统文化》，商务印书馆，2010。

[12] 郭沫若：《中国古代社会研究》，商务印书馆，2011。

[13] 何九盈、胡双宝、张猛：《汉字文化大观》，人民教育出版

社，2009。

[14] 何琳仪：《说秋》，《江苏纪念甲骨文发现100周年甲骨文与商代文明国际学术研讨会论文选集》，1999。

[15] 黄德宽、常森：《汉字阐释与文化传统》，中国科学技术大学出版社，1995。

[16] 黄德宽主编《古文字谱系疏证》，商务印书馆，2007。

[17] 季素彩：《汉字形体讹变说》，《汉字文化》1994年第2期。

[18] 李乐毅：《80%的简化字是"古已有之"的》，《语文建设》1996年第8期。

[19] 李玲璞、臧克和、刘志基：《古汉字与中国文化源》，贵州人民出版社，1997。

[20] 李圃主编《古文字诂林》，上海教育出版社，1999~2005。

[21] 李孝定：《甲骨文字集释》，台北，中研院史语所，1965。

[22] 李学勤主编《字源》，天津古籍出版社，2012。

[23] 李宗焜：《甲骨文字编》，中华书局，2012。

[24] 梁东汉：《汉字的结构及其流变》，上海教育出版社，1959。

[25] 林志强：《关于汉字的讹变现象》，《福建师范大学学报》（哲社版）1999年第4期。

[26] 刘钧杰、李行健：《常用汉字意义源流字典》，华语教学出版社，2011。

[27] 刘兴均：《汉字的构造及其文化意蕴》，人民出版社，2014。

[28] 刘又辛：《汉语汉字答问》，商务印书馆，1997。

[29] 刘钊：《古文字构形学（修订本）》，福建人民出版社，2011。

[30] 罗常培：《语言与文化》，北京大学出版社，2009。

[31] 罗振玉：《殷虚书契考释三种》，中华书局，2006。

[32] 马叙伦：《说文解字六书疏证》，上海书店，1985。

[33] 齐元涛、符渝：《汉字的理据缺失与重构》，《北京师范大学

学报》（社会科学版）2006 年第 1 期。

[34] 裘锡圭：《古文字论集》，中华书局，1992。

[35] 裘锡圭：《文字学概要（修订本）》，商务印书馆，2013。

[36] 容庚：《金文编》，中华书局，1985。

[37] 申小龙：《汉语与中国文化》，复旦大学出版社，2008。

[38] 苏培成：《现代汉字学纲要》，北京大学出版社，1994。

[39] 苏新春：《汉字文化引论》，广西教育出版社，1996。

[40] 孙雍长：《汉字构形的思维模式》，《湖北大学学报》（哲学社会科学版），1990 年 04 期。

[41] 孙雍长：《汉字构形的心智特征（上）》，《古汉语研究》1994 年第 2 期。

[42] 孙雍长：《汉字构形的心智特征（下）》，《古汉语研究》1994 年第 3 期。

[43] 孙雍长：《汉字文化具象——从甲文、金文看古代的田猎》，《五邑大学学报》（社会科学版）1995 年第 1 期。

[44] 孙雍长：《体现在甲骨文构形上的一种狩猎手段——释圉、囱、萑诸字》，《湖北大学学报》（哲学社会科学版），1992 年第 4 期。

[45] 汤馀惠主编《战国文字编》，福建人民出版社，2001。

[46] 万业馨：《思维的发展与汉字符号体系的形成》，《南京大学学报》1989 年第 6 期。

[47] 王艾录：《汉语理据词典》，电子科技大学出版社，2014。

[48] 王宝珍：《汉字与中国文化》，首都经济贸易大学出版社，2011。

[49] 王初庆：《汉字结构析论》，中华书局，2010。

[50] 王贵民：《汉字与文化》，中国人民大学出版社，2005。

[51] 王立军等：《汉字的文化解读》，商务印书馆，2012。

[52] 王梦华：《汉字字形的混误和讹变》，《东北师大学报》（哲社

版）1992年第5期。

[53] 王宁：《汉字构形理据与现代汉字切分》，《语文建设》1997年第3期。

[54] 王宁：《汉字构形学讲座》，上海教育出版社，2002。

[55] 王宁：《汉字与文化》，《北京师范大学学报》1991年第6期。

[56] 魏建功：《汉字形体变迁史》，商务印书馆，2013。

[57] 邢福义：《文化语言学》，湖北教育出版社，1990。

[58] 许慎：《说文解字》，中华书局，1963。

[59] 姚淦铭：《汉字文化思维》，首都师范大学出版社，2008。

[60] 于省吾：《甲骨文字诂林》，中华书局，1996。

[61] 曾宪通：《汉字源流》，中山大学出版社，2011。

[62] 张公瑾：《汉字的文化属性》，《民族语文》1991年第1期。

[63] 张桂光：《古文字中的形体讹变》，《古文字研究》（第十五辑），中华书局，1986。

[64] 张涌泉：《汉语俗字研究（增订本）》，商务印书馆，2010。

[65] 张玉金：《汉字研究的文化学方法》，《辽宁师范大学学报》1992年第5期。

[66] 赵平安：《隶变研究》，河北大学出版社，2009。

[67] 赵学清：《战国东方五国文字构形系统研究》，上海教育出版社，2005。

[68] 郑振峰：《甲骨文字构形系统研究》，上海教育出版社，2006。

[69] 朱良志、詹绪佐：《汉字的文化功能》，《天津师范大学学报》1994年第1期。

[70] 邹晓丽：《基础汉字形义释源（修订本）》，中华书局，2007。

[71] 左民安：《细说汉字——1000个汉字的起源与演变》，九州出版社，2005。

后　记

　　本书系教育部人文社会科学研究规划基金项目（18YJA740044）、中央高校基本科研业务费青年教师创新项目（2014094）成果。

　　杨树达先生主张："凡形义不能密合之字，形义二事必有一误。"笔者深以为然，故在具体的研究中总是力求找到最合理的形义关联作为讨论的出发点。本书重在通过客观的汉字演变事实探讨字形变化与理据调整之间的关系。因为研究必须从客观的字形材料出发，讨论必须建立在可靠的字形演变的链条之上，挖掘细节，思考原因，这使得整个研究过程琐碎而艰难。很多时候一个问题往往又牵扯出另一个问题来，有时候卡在一个点上怎么也想不通，有时候一个字讲通了，相关的一组字都迎刃而解，豁然开朗。

　　笔者有两点深切的感受。一是要沉潜细致。不少汉字在厘清字形的历史细节之后，发现并非如想象一般，常让人感叹："当初以为是那样的，结果却是这样的。"这种新的发现往往给人以惊喜，也提醒我们，科学研究要从事实出发，只有脚踏实地，才能有所发现，想当然往往会错过很多真相，而真相汇集起来就有可能呈现出一定的规律。二是汉字一直维持着较强的体系性。不少汉字虽然形体变化很大，但如果放在整个汉字体系里看，是有一些共性的，这些共性有的可以讲清楚一定的道理，而有的可能纯粹是手写使然，但不管怎样，总有一些字可以相互为证，如果分析正确，甚至会在讨论其他看似无关的字时，发现也可以提供一定的旁证，这样的小惊喜在研究过程中会不断出现，我戏称之为："当你正确时，你会发现全世界都站在你这一边。"这些小惊喜增添了许多研究的乐趣，有利于积攒学术自信。

当然，我们不得不承认，就目前的文字资料而言，有少数汉字还无法给出圆满的解释，只能尽可能地提出接近真相的一种猜想。之所以说接近真相，是因为汉字的规律性为猜想提供了正确的可能。至于猜想到底是否正确，则有待新资料的发现，以补全演变链条上的空缺，毕竟研究必须从事实出发。

非常感谢我的博士后合作导师卢烈红先生、博士导师程邦雄先生在研究过程中的悉心指导。书中古字形、生僻字较多，排版易出现讹误，责任编辑宋淑洁女士做了大量细致琐碎的工作，谨致谢忱。

谭 飞

2019 年 8 月 25 日

图书在版编目(CIP)数据

汉字字形与理据的历时互动研究/谭飞著. -- 北京：社会科学文献出版社，2019.10
（文澜学术文库）
ISBN 978 - 7 - 5201 - 5486 - 4

Ⅰ.①汉… Ⅱ.①谭… Ⅲ.①汉字 - 字形 - 演变 - 研究 Ⅳ.①H123

中国版本图书馆 CIP 数据核字（2019）第 192336 号

·文澜学术文库·

汉字字形与理据的历时互动研究

著　　者／谭　飞

出 版 人／谢寿光
组稿编辑／恽　薇　高　雁
责任编辑／宋淑洁

出　　版／社会科学文献出版社（010）59367226
　　　　　 地址：北京市北三环中路甲29号院华龙大厦　邮编：100029
　　　　　 网址：www.ssap.com.cn
发　　行／市场营销中心（010）59367081　59367083
印　　装／三河市尚艺印装有限公司

规　　格／开　本：787mm×1092mm　1/16
　　　　　 印　张：24.5　字　数：316千字
版　　次／2019年10月第1版　2019年10月第1次印刷
书　　号／ISBN 978 - 7 - 5201 - 5486 - 4
定　　价／148.00元

本书如有印装质量问题，请与读者服务中心（010 - 59367028）联系

▲ 版权所有 翻印必究